Ischchan Tschiftdschjan (Hg.), geboren in Beirut (Libanon), studierte Theologie und Armenologie am Seminar des Katholikosats des Großen Hauses von Kilikien (Antelias). Er edierte das armenologische Jahrbuch des Katholikosats: *Hask.* Zurzeit studiert er Evangelische Theologie an der Universität Leipzig.

Zum 90. Gedenkjahr des Völkermordes an den Armeniern 1915-2005

Stimmen aus Deutschland

Antworten, Aufsätze, Essays, Reden, armenische Augenzeugenberichte

Herausgegeben von
Ischchan Tschiftdschjan

Mit einem Geleitwort von
S. H. Aram I. Katholikos
des Großen Hauses von Kilikien

Druckerei des
Armenischen Katholikosats des Großen Hauses von Kilikien
Postfach 70317
Antelias-Libanon
www.cathcil.org
Umschlaggestaltung: Lutz Reinboth – Leipzig/Germany
Foto: Oğuzlu genannte Kirchenruine in Oğuzlu, etwa 40 km
östlich von Kars (heutige Osttürkei, ehemalige
armenische Provinz Ayrarat), errichtet gegen Ende des 9. Jh.,
restauriert 1001. Aufnahme: 2004.
Satz: Lutz Reinboth – Leipzig/Germany
Printed in Lebanon
2005

Bestellbar unter:
cathcil@cathcil.org
ischchan@hotmail.com
ischchan@gmx.net

ISBN 3-00-017182-7

Inhalt

Antworten

Aufsätze

Essays

Reden

Augenzeugenberichte

Anhang

Geleitwort

Gedächtnis und Gerechtigkeit

In den letzten Jahren fing man an, die Begriffe "Gedächtnis" und "Gerechtigkeit" besonders im Rahmen der auf Völkermord und Menschenrechte bezogenen Fragen öfters zu betonen.

Gedächtnis hat einen entscheidenden Ort im Leben eines Individuums oder eines Volkes. Gedächtnis ist ein lebenswichtiger Faktor, der einem Individuum oder einem Volk Identität gibt, Kontinuität sichert und seine Existenz festigt. Verlust des Gedächtnisses bedeutet in der Tat Verlust der Identität und Kontinuität. Bewahrung des Gedächtnisses ist kein bloßer Versuch, die Vergangenheit zu bewahren, sondern die Voraussetzung, die Gegenwart zu konsolidieren und die Zukunft zu gestalten. Vergangenheit, Gegenwart und Zukunft bilden eine Einheit. Es ist unmöglich sie voneinander zu trennen. Durch das Gedächtnis lebt Vergangenheit in der Gegenwart und Gegenwart öffnet sich zur Zukunft.

Gerechtigkeit ist keine bloße Begrifflichkeit, sondern einer der allerwichtigsten Faktoren, die die Identität eines Individuums oder eines Volkes sublimieren und seine Existenz sichern. Gerechtigkeit ist gottgegebene Gnade: eine der dem Menschen gewährten höchsten Gaben. Eine menschenzentrierte Annäherung an Gerechtigkeit ist aus der Sicht des christlichen Glaubens inakzeptabel. Der Mensch hat kein Recht einem anderen Menschen das gottgegebene Geschenk zu nehmen, es sich anzueignen oder damit zu handeln. Gerechtigkeit gehört gleichermaßen allen: all denen, die ihr Leben in Rechenschaft, Verantwortung und Gehorsam gegenüber Gott führen.

Die Begriffe "Gedächtnis" und "Gerechtigkeit" haben eine dauerhafte Präsenz im Lebenswörterbuch des armenischen Volkes. Das armenische Volk, das Opfer eines Völkermordes wurde, kann seine Vergangenheit nicht vergessen und sein Gedächtnis verraten. In der Tat erlebten neue Generationen den Völkermord nicht mit, aber sie erfahren davon in Familie, Kirche und Schule. Sie sind mit diesem kollektiven Gedächtnis aufgewachsen. Durch Familienerzählungen und historische Beweise wurde im kollektiven Bewusstsein der neuen Generationen die Überzeugung tief verwurzelt, dass gegen das eigene Volk ein Unrecht begangen wurde, das bis heute fortdauert. Die Erlebnisgeneration erinnert sich und erinnert die nachfolgenden Generationen und dieses Erinnern wird in Verlangen nach Gerechtigkeit verwandelt. Ein Licht setzt man nicht unter einen Scheffel, sagt die Bibel. Man kann Wahrheit nicht verleugnen, Vergangenheit nicht vergessen, Gerechtigkeit nicht vernachlässigen. Das sind Grundüberzeugungen, die aus dem christlichen Glauben hervorquellen.

Mit dieser Annäherung schützte und verkündete die Armenische Kirche Wahrheit und Gerechtigkeit. Der durch die osmanische Türkei im Jahre 1915 geplante und verübte Völkermord am armenischen Volk, der erste im 20. Jahrhundert, ist eine historische Tatsache, deren Anerkennung durch die ganze Welt und besonders durch die Türkei eine gebotene Notwendigkeit ist. Wenn die gegenwärtige Welt Sorge und Ehrgeiz um Gerechtigkeit und Menschenrechte trägt, ist es nötig, dass sie den Völkermord an den Armeniern anerkennt. Wenn die Türkei heute danach strebt, an der auf humanitären Werten basierenden und auf Gerechtigkeitsprinzipien stehenden europäischen Wertegemeinschaft teilzunehmen, muss sie den von ihren Vorfahren durchgeführten Völkermord offiziell anerkennen. Deutschlands Verurteilung, Anerkennung und Entschädigung des Völkermordes an dem jüdischen Volk, verübt unter Adolf Hitler im Dritten Reich, soll als ein aussagekräftiges Beispiel für die Akzeptanz der Wahrheit und für die Umsetzung der Gerechtigkeit dienen. Diese Einstellung soll das vorbildhafte Prinzip aller Völker und Staaten werden.

Mit besonderer Freude begrüßen und unterstützen wir diese deutschsprachige Publikation, die aus Anlass des 90. Gedenkjahres des Armenischen Völkermordes erscheint, vorbereitet von Ischchan Tschiftdschjan, der sein Studium in Deutschland weiterführt. Wir freuen uns, dass in diesem Band Theologen, Historiker,

Psychologen, Geistliche, Schriftsteller und junge Intellektuelle zu Wort kommen. Einige von ihnen kennen wir persönlich. Mit ihnen haben wir im Rahmen der Ökumenischen Bewegung gewirkt. Wir freuen uns, dass diese Personen, die die gesellschaftliche Mentalität Deutschlands vertreten, ihre Bedenken, Ansichten und Erwartungen deutlich äußern und im Besonderen die Notwendigkeit der Wahrheit, des Gedächtnisses, der Anerkennung, der Gerechtigkeit und der Versöhnung betonen. Man muss über diese Fragen öffentlich sprechen; man muss darüber im Rahmen der Beziehungen von Staat und Religion sprechen; man muss darüber im Rahmen des zwischenkirchlichen und interreligiösen Dialogs sprechen. Über diese Fragen müssen wir auch auf der Ebene der wechselseitigen Beziehungen der Völker sprechen, wenn wir überhaupt ein neues System der gegenseitigen Völkerbeziehungen bilden wollen, um die Menschheit zu einer besseren Zukunft zu führen.

Aus diesem Anlass möchte ich allen Autorinnen und Autoren meinen besonderen Dank aussprechen, die sich durch diesen Band am 90. Gedenken des Armenischen Völkermordes und der öffentlichen Diskussion über die darauf bezogenen, entfalteten Fragen beteiligen. Insbesondere möchte ich Ischchan Tschiftdschjan danken, der durch seine unermüdlichen Bemühungen ein solches wichtiges Projekt ermöglichte. Ich möchte dieses kurze Geleitwort mit den folgenden Worten meiner Botschaft abschließen, die ich am Gedenktag, dem 24. April 2005, am zentralen Gedenkort des Völkermordes an den Armeniern in Deir-el-Zor zu der mehrere tausende zählenden Volksmenge sprach: *„Wir halten die Türkei nicht für einen Feind! Völker und Staaten müssen mit den Prinzipien des wechselseitigen Respekts und Vertrauens zusammenleben. Aber wie kann ein solches Zusammenleben möglich sein, wenn Gerechtigkeit und gegenseitige Achtung der Menschenrechte fehlen? Wir sind Nachkommen eines Volkes, das unter einem Völkermord gelitten hat und wir verlangen Anerkennung und Entschädigung des an unseren Vorfahren begangenen Völkermordes! Haben wir etwa keinen Anspruch, die Rechte unserer Märtyrer zu hüten? Haben wir etwa kein Recht, die Türkei, ihre Regierung, ihr Volk und besonders ihre neuen Generationen daran zu erinnern, dass durch ihre Vorfahren ein Völkermord an unserem*

Volk verübt wurde und sie verpflichtet sind, es zu akzeptieren? Fast alle Völkermorde in den letzten 90 Jahren wurden anerkannt und entschädigt. Wenn die Türkei an die Menschenrechte glaubt, wenn die Türkei die von der internationalen Gemeinschaft anerkannten Werte, Gesetze und Prinzipien achtet und mit diesem Engagement Mitglied der UNO ist und sich bemüht auch der Europäischen Union beizutreten, ist sie verpflichtet den Völkermord an den Armeniern offiziell anzuerkennen und das armenische Volk zu entschädigen.“

Aram I. Katholikos
des Großen Hauses
von Kilikien

Antelias-Libanon, den 3. Mai 2005

Einleitung

Völkermord – in festem Plural

Medz Jeghern – Großes Verbrechen
Tzeghasbanutjun – Stammes-/ Volkstötung, Genozid
(Medz) Aghed – (Große) Katastrophe
Aksor – Exil, Vertreibung
Tschart, Godoradz – Massaker
Nachdschir – Massaker, großer Verlust
Darakrutjun – Deportation
Medz Vodschir – Großes Verbrechen
Sbant – Abschlachten
Tebk – Geschehen
Prnakaght – Zwangsauszug
Sulum (siehe am Ende der Einleitung) usw.

Am Anfang dieser Einleitung soll mit der Fülle der oben genannten Begriffe, die sowohl in der armenischen Erinnerungsliteratur, als auch im Volksmund häufig vorkommen, weniger erschreckt, als auf den Reichtum der Ausdrücke hingewiesen werden, die Inhalt, Dimension und verschiedene Aspekte des Völkermordes in der Sprache bewahren. Diese sind geprägte Begriffe, die sich auf die Sache des Völkermordes beziehen und sie von vielen Seiten beleuchten. Die Vielseitigkeit der geplanten Vernichtung der westarmenischen Bevölkerung mit all ihren Schichten innerhalb des Osmanischen Reiches wird in diesen Worten als großes Verbrechen, Volkstötung, große Katastrophe, Massaker, großer Verlust, Deportation, Zwangsauszug, Abschlachten, "Geschehen" zu einer plastischen Wahrheit. Eine Vielzahl der Definitionsmöglichkeiten könnte so die Härte des Ereignisses als reicher Verlust für eine breite Wahrnehmung und Präsenz retten.

Die Begriffe tragen das Ereignis als Erinnerung. Das geschieht im Ausdruck der Betroffenen, die Erfahrungen zur Schrift oder zur Rede brachten. Diesseits der Erinnerungssprache, die offiziellen Berichte und Unterlagen der europäischen und amerikanischen Diplomaten und inoffiziellen Persönlichkeiten untersuchend, formuliert eine Reihe internationaler Historiker und Genozidforscher seit Jahrzehnten: Was gegen das armenische Volk in Kleinasien 1915/16 im offiziellen und geheimen Auftrag der jungtürkischen Regierung begangen wurde, ist als "Völkermord" zu bezeichnen – ein geplantes Verbrechen, ein Mord an der Gesamtheit eines Volkes und seinem kulturellen sowie materiellen Eigentum. Die folgenden und weitere Tatsachen, dass erstens eigentlich nicht die gesamte armenische Bevölkerung des Osmanischen Reiches vernichtet wurde – manche Städte wie Konstantinopel und Smyrna wurden wie auch immer "verschont"; dass zweitens das Geschehen von der offiziellen türkischen Seite bis heute nicht als Völkermord akzeptiert, sondern verleugnet wird; dass drittens die Begriffe "Völkermord" und "Genozid" Anfang des 20. Jahrhunderts noch nicht entwickelt waren, können zwar aus neutraler Sicht nachfragende Laien von der Wahrheit ablenken und sogenannte andere zu berücksichtigende "Schwerpunkte" des Ereignisses ans Licht bringen, führen aber hauptsächlich zu einer in der Nähe der türkischen strengen Verleugnungspolitik stehenden Annäherung an das Thema, die im besten und aufgeklärtesten Fall die Wahrheit des Völkermordes auf der Ebene des offenen Diskurses halten will. Eine solche Haltung steht aber im Gegensatz zur Genozid-Wahrheit, weil man dabei Erinnerung und Dokumentation nicht ernst nimmt.

Das vielfach dokumentierte Erlebnis der grausamen Tatsache steht am Anfang. Danach erst kommen dessen Verleugnung oder Bestätigung als Reflexion und Kommentar. Die ursprünglichen Erlebnisse: vernichtet werden und gezielt vernichten, sollen vor der "Manipulation" der Reflexion bewahrt bleiben. Gemeint ist hier die zum Zweck der vorherbestimmten Ausgangspunkte instrumentalisierte Reflexion und nicht die der Analyse der Sache an sich. Die Unterscheidung zwischen den tendenziellen Ausgangspunkten und der sachlichen Analyse bildet den Anfang einer sachgerechten Aufarbeitung.

In der Verschiedenheit der oben aufgeführten Begriffe spiegelt sich die Verschiedenheit des Völkermordes selbst. Auch die wissenschaftlichen Disziplinen und ihre Unterdisziplinen, die ihn bearbeiten, sind zahlreich: Geschichte, Politikwissenschaft, Theologie, Rechtswissenschaft, Soziologie, Philosophie, Pädagogik, Psychologie, Literatur- und Sprachwissenschaft, Architektur, Musik, angewandte Kunst, Wirtschaft, Landwirtschaft... Die Lehrkräfte genannter Disziplinen wurden ermordet, ihre Leistungen und die entsprechenden Institutionen wurden teilweise zerstört: in dieser Weise kamen die Disziplinen in ihrer damaligen Entwicklung zu einem Abbruch. Die Vernichtung selbst der Disziplinen im Völkermord darf nicht außer Acht bleiben. Völkermord vernichtet alle Schichten und Zeugnisse eines Volkes oder einer Glaubensgemeinschaft, soweit er kann. Die Gesamtheit des Verlustes in ihren vielen Bereichen bleibt statistisch nicht völlig erfassbar. Man zieht zuallererst die Menschenopfer in Betracht. Die genannten Disziplinen stehen aber heute noch, 90 Jahre nach dem Ereignis, vor der Aufgabe, sein Ausmaß weiter zu erforschen und zu definieren.

Die Disziplinen erörtern den Völkermord an einem Ort jenseits des bloßen Statements. Das Beharren auf dem Völkermord in Ritualen der Armenier als eine jährlich sich wiederholende Bestätigung der geerbten Erinnerung gegen die dauerhafte Verleugnung durch die türkische Politik lässt die historische Tatsache nicht auf der Ebene der wissenschaftlichen Gelassenheit, weil die Tatsache auf der Tagesordnung bleibt. Sie tritt in die armenische Gegenwart auf eine stark spürbare Art und Weise ein. Auf der türkischen Seite wird die Verleugnung gefördert und zur offiziellen Wahrheit gemacht. Sie produzierte in den letzten Jahrzehnten Gegenerlebnisse, Gegenmodelle, Gegendenkmäler, Gegenliteratur, Gegengebeine, Gegenleben. Diese Komplexität kann zu Gunsten beider Seiten nur dann abgebaut werden, wenn der Völkermord zuallererst zum öffentlichen Thema wird, zum freien Gespräch und Dialog kommt. Völkermord, die Endstation einer Geschichte, darf den Weg zur eigenen Geschichte öffnen, zum Anfang sowohl für die Armenier als auch die Türken werden. Er darf diskursfähig sein, aber nicht zum Diskurs allein bestimmt sein. Die Erinnerungen bleiben unauslöschbar. Sie werden der Nachkommenschaft selbstverständlich auch im Diskurs nicht beraubt, sondern stiften den Ausgangspunkt des Diskurses.

Heute kommt der Völkermord an den Armeniern auf vielen Ebenen zur Sprache: Der 90. Jahrestag gab und gibt noch Anlass zum Gedenken und zu wissenschaftlichen Veröffentlichungen auf armenischer und internationaler Ebene weltweit; das Thema des EU-Beitrittes der Türkei trägt zur Aktualisierung des Völkermordes hauptsächlich im europäischen Raum bei; einige weitere Parlamente erkannten vor Kurzem den Völkermord offiziell an; die Türkische Republik wird dazu aufgefordert, sich mit dem Thema zu beschäftigen. Das 90. Gedenken bietet tatsächlich die Möglichkeit, wenn wir einmal die möglichen politischen Hinter- und Beweggründe ausblenden, über alte Verhältnisse zwischen beiden Völkern und Staaten wieder nachzudenken. Diese Möglichkeit kann zu einer realen Chance werden, wenn die Konfrontationsbereitschaft mit der Vergangenheit ein normales Vorgehen bildet, wenn Strafe, Zwang und Verbot keine Rahmenbedingungen sind.

Die Beiträge dieses Bandes stammen – von einer Schweizer Ausnahme abgesehen – von deutschen Autorinnen und Autoren. Deutsch-armenische Beziehungen gehen bis zum Mittelalter zurück. Ende des 19. und Anfang des 20. Jahrhunderts kamen deutsch-armenische kulturelle Beziehungen hauptsächlich durch die Leistung der in Deutschland studierenden Armenier zu einem Höhepunkt. Ihre Dissertationen, spätere Publikationen und kulturelle Aktivitäten in Armenien, Deutschland und ihren Herkunftsländern bezeugen einen lebendigen Kulturaustausch. Im Ersten Weltkrieg war das deutsche Kaiserreich verbündet mit dem Osmanisch-Türkischen Reich. Die 1914 gegründete Deutsch-Armenische Gesellschaft und andere Organisationen pflegen in bescheidenem Ausmaß den Kulturaustausch weiter. Heute wirken in Deutschland mit Tagungen, Ausstellungen und Publikationen Forschungs- und Dokumentationszentren für armenische Studien: Informations- und Dokumentationszentrum Armenien (Berlin), Dr. Johannes-Lepsius-Archiv (Halle-Potsdam), Institut für Diaspora- und Genozidforschung (Bochum) u.a. Einzelne Armenologen, vor allem Theologen und Philologen sind an den deutschen Universitäten tätig. Trotz aller begrüßenswerter Bemühungen muss eingestanden werden, dass armenische Studien in Deutschland im Allgemeinen und Studien über den Völkermord an den Armeniern im Besonderen keine Selbstverständlichkeit bilden.

Seit Januar dieses Jahres ist der Armenische Völkermord zum Thema in den deutschen Medien geworden. Wie viele der Autorinnen und Autoren dieses Buches erwähnen, war der Ausgangspunkt dieses Interesses die Streichung (und Wiederaufnahme) eines halben Satzes aus dem Geschichtslehrplan der 9./10. Schulklasse im Bundesland Brandenburg: eines halben Satzes zur ganzen Wahrheit des Genozids. Darauf folgte der CDU/CSU-Antrag an den Bundestag, zum 90. Jahrestag der „Vertreibungen und Massaker an den Armeniern am 24. April 1915“ zu gedenken. Am 21. April wurde im Bundestag dieser Antrag beraten. Die Erklärung der Evangelischen Kirche in Deutschland sowie zahlreiche Zeitungsartikel, kirchliche und kulturelle Gedenkveranstaltungen und Publikationen setzten ein gutes Zeichen des Interesses. Am 15. Juni verabschiedete der Bundestag einen Antrag an die Bundesregierung mit Stimmen aller Fraktionen, in dem die vor 90 Jahren durch die jungtürkische Regierung verübten „Vertreibung und Massaker an den Armeniern 1915“ verurteilt wurden. Dies stellte eine erstmalige offizielle Beschäftigung mit dem armenischen Genozidthema auf der deutschen politischen Ebene dar.

Deutschlands Erfahrungen mit zwei Weltkriegen, besonders mit dem Dritten Reich und dem Holocaust, führten mit Recht zur Losung *Nie wieder*. Dies ist eine entschlossene Antwort auf jede Art der Entmenschlichung. Das Festhalten an ihr weist auf die Macht des Gedächtnisses hin. In Deutschland ist man moralisch verpflichtet sicherzustellen, dass kein Opportunismus, keine Begriffspielerei und kein Verzicht auf Benennung einer genozidären Tatsache mit ihrem eigenen Namen gegen das Gedächtnis wirkt.

Dieser Band entstand auf Initiative des Armenischen Katholikosats des Großen Hauses von Kilikien, des armenischen Kirchenzentrums im Libanon (Antelias). Hier wurde das allererste armenische Genoziddenkmal, die *Kapelle des Hl. Erzmärtyrers Stephanus* bis 1935 aufgebaut, in der Gebeine der Opfer bis heute bewahrt werden. Das Katholikosat selbst wurde zum Opfer des Völkermordes. Es musste seinen jahrhundertealten, historischen Sitz in Sis (heutige Kleinstadt Kozan bei Adana im historischen Kilikien, in der Südtürkei) im September 1915 verlassen und dem

Deportationszug Richtung Syrien, ins Ungewisse folgen. Ein neuer Anfang war nicht zu erwarten. Auf dem Gelände eines amerikanischen Heimes für armenische Waisenkinder des Völkermordes erstand aber in den 30er Jahren das Katholikosat von Kilikien wieder.

Als eine der ältesten Institutionen, die die Genozidspuren tragen und aus besonderem Anlass des 90. Gedenkjahres kam das Katholikosat auf die Idee dieser Publikation. Sie beinhaltet: *Antworten* auf bestimmte Fragen, *Aufsätze, Essays* und *Reden* der deutschen Akademiker, Wissenschaftler, Intellektuellen u.a. und ins Deutsche übersetzte *armenische Augenzeugenberichte*. Das *Geleitwort* schrieb Seine Heiligkeit Katholikos Aram I.

In den *Antworten* werden Begegnungen mit dem Völkermord, Positionen dazu und Überlegungen darüber zu Papier gebracht. Die Autorinnen und Autoren sind evangelische Theologen (9), evangelische Vikare (4), evangelische Pfarrer (3), katholische Priester (2), Schriftsteller (2), Linguisten (2), Historiker (2), Publizisten (2), Studenten (2 – im Fach Theologie/Geschichte und Germanistik/Geschichte/Philosophie), eine Landesbischöfin, ein freier Berater, eine Literaturwissenschaftlerin, ein Religionswissenschaftler, eine Redakteurin, ein Studienleiter, eine Historikerin, ein Soziologe und ein Doktorand (im Fach Kulturgeografie): insgesamt 37 Personen, die sich bereit erklärten, auf unsere Fragen kurze Antwort-Beiträge zu schreiben. Bei der großen Mehrheit von ihnen ist die Lektüre von Franz Werfels berühmten Roman der erste Beweggrund; einige unterstützen wissenschaftlich die Auseinandersetzung mit der Völkermordthematik, andere fühlen sich mit der Armenischen Kirche und dem armenischen Schicksal christlich-theologisch verbunden; einige kamen in ihrer Studienzeit fachlich, andere durch Bekanntschaft in Berührung mit dem Armenischen und dem Völkermord; einer schrieb einen Roman, der andere bereitete Fernsehprogramme vor, beide überzeugt und engagiert; einige machten die Erfahrung der Begegnung mit den Nachkommen der Opfer, andere arbeiteten mit ihnen im wissenschaftlichen oder ökumenischen Bereich zusammen; einige publizierten Dokumente und Untersuchungen, andere lernten durch diese Publikationen den Völkermord kennen; weitere besuchten das historische Land, die Republik Armenien oder armenische Diasporaländer und kamen zufällig mit dem Völkermord in Berührung; der Sohn des großen Armenierhelfers, Dr. Johannes Lepsius, sowie eine Literaturwissenschaftlerin stehen in einer familiären Beziehung zum Thema; bei vielen spielt der EU-Beitritt der Türkei im Rahmen der türkischen Vergangenheitsaufarbeitung im Zusammenhang des Völkermordes eine wichtige Rolle. Thematische Wiederholungen und ähnliche Äußerungen sowie miteinander vergleichbare Bedenken sind bei vielen gegenwärtig. Diese Herangehensweise finden wir natürlich, unvermeidbar und verständlich. Hier fehlen die kritischen und selbstkritischen Betrachtungen nicht. Keine Einstimmigkeit wird hiermit angeboten, sondern eine Verschiedenheit der Annäherungen an die eine zentrale Thematik und an ihre Nebenthemen.

Diese Stimmen ziehen die Trennlinie zwischen der Rede und dem Verschweigen, dem Interesse und dem Desinteresse, der Anwesenheit und der Abwesenheit und machen dadurch die Beschäftigung mit der Sache überhaupt möglich.

Die *Aufsätze* haben hauptsächlich einen Schwerpunkt, sind aber von den *Essays* nicht weit entfernt. *Hilmar Kaiser* (Historiker) fasst die verschiedenen Aspekte seiner Veröffentlichungen zum Völkermord zusammen und betont besonders die Notwendigkeit des sachlichen Umgangs mit den Quellen. *Hans-Walter Schmuhl* (Historiker) entfaltet die historischen Hintergründe des Genozids und die europäische, insbesondere deutsche Rolle darin. Er verweist auf die Lücke einer intensiveren und gemeinsamen historischen Untersuchung. *Otto Luchterhandt* (Jurist) erinnert an die eindeutige Tatsache, dass dem Armenischen Völkermord keine historischen Beweise fehlen, um ihn zu bestätigen. Er kritisiert die jüngste politische Initiative der Türkei, eine Historikerkommission zu gründen, weil die Aufgabe der Bestätigung des Völkermordes nicht in der Entscheidung des untersuchenden Historikers, sondern des Juristen liegt. *Esther Schulz-Goldstein* (Psychoanalytikerin) stellt dar, wie aus der Vergangenheit geerbte Homogenisierungsideologie und staatlicher Nationalismus der Türkei den Umgang mit der eigenen Geschichte versperren: Barbarei wird negiert, Tabus werden gefördert, Abwehrmechanismen werden institutionalisiert, man entwickelt eine eigene Schamkultur und auf der armenischen Seite bleibt die Wunde mit negativen Konsequenzen offen. *Dominik J. Schaller* (Historiker) thematisiert Vergleich und Zusammenhänge zwischen dem Völkermord an den Armeniern und dem Holocaust, sozioökonomische Ähnlichkeiten und Schicksalsbewältigung bei den beiden Völkern, sowie die Beziehungsgeschichte beider Katastrophen. *Georg Meggle* (analytischer Philosoph) nimmt die schreckliche Frage ernst: „Was geht uns, nach 90 Jahren, heute noch der Völkermord an den Armeniern an?" Dazu erklärt er zunächst ein paar Dinge, die der Erklärung dringend bedürfen, z.B. die Definition von "Völkermord" und unsere moralischen Rechte auf bzw. unsere Verpflichtungen zur (Mitteilung der) Wahrheit. Dann betrachtet er den Völkermord im Lichte dieser Erklärungen.

Die *Essays* sind meistens motiviert durch persönliche Beziehungen. *Tessa Hofmann* (wissenschaftliche Angestellte, Publizistin) macht die lange und mühsame Geschichte ihrer Begegnung mit, ihres Engagements für und ihres Kampfes um das Armenische und den Völkermord zum Thema. Als Wissenschaftlerin, Publizistin und Menschenrechtlerin sammelte sie ihre Erfahrungen mit Studien, populärwissenschaftlichen Büchern und Öffentlichkeitsarbeit. Hier stellt sie ihre Arbeit, die deutsche, türkische und armenische Rezeption des Völkermordes dar und sieht als einzige Möglichkeit für die Zukunft die Anerkennung des begangenen Unrechts. *Wolfgang Benz* (Antisemitismusforscher) erinnert kurz an die unzureichende deutsche Rezeption des Völkermordes an den Armeniern, an das Desinteresse der deutschen Politiker bezüglich des Völkermordes im Gegensatz zu den Franzosen und an den Brandenburger Skandal der türkischen diplomatischen Intervention in Deutschland. *Wolf-Dieter Just* (Sozialethiker, Sozialphilosoph) berichtet über seine Erfahrungen im Rahmen der zum Genozid organisierten Tagungen an der Evangelischen Akademie Mühlheim. Hier wird die zustimmende und ablehnende Einstellung besonders türkischer Intellektueller präsentiert. *Adelheid Latchinian* (Literaturwissenschaftlerin) skizziert das Profil eines der deutschen Augenzeugen des Völkermordes, Armin T. Wegner, der als Sanitätssoldat tragische Szenen fotodokumentierte und literarische Werke zum Armenierschicksal verfasste. *Jürgen Gispert* (Ethnologe) denkt anhand seiner Überlegungen zum Genozid-Film „Ararat" von Atom Egoyan über die besondere Präsenz der Vergangenheit der Armenier in ihrer Gegenwart nach. *Huberta von Voss* (Buchautorin, Journalistin) erzählt von ihrer Beziehung zu zahlreichen armenischen Persönlichkeiten, in deren Leben und Gedächtnis der Genozid ein zentrales Faktum bildet. Sie geht auf die notwendige Position, Rolle und Verantwortung internationaler Organisationen, europäischer Staaten, Deutschlands und der Türkei zum Genozid ein. *Jochen Mangelsen* (Schriftsteller) erzählt, wie er durch seine armenische Frau den Armeniern und dem Genozid begegnete und sich als Deutscher mit dem armenischen Schicksal eng verbunden fühlt. *Kurt Oesterle* (Schriftsteller) erinnert sich an seine zufällige, persönliche Beziehung zu einem armenischen Jungen, durch welchen er seinen Zugang zur Geschichte der Armenier in Württemberg fand. *Bettine Reichelt* (Pfarrerin, Buchautorin) meditiert über das menschliche Leid, wobei sie das verschwiegene Leid der Armenier hervorhebt und die Notwendigkeit der persönlichen Stellungnahme und der Hoffnung im Leid gegen den Zorn betont.

Die *Reden* sind zu unterschiedlichen Anlässen gehalten. *Wolfgang Huber* (Bischof, Ratsvorsitzender der EKD) spricht von der christlichen und kulturellen Präsenz der Armenier weltweit, ihrem Schicksal und der Notwendigkeit der Auseinandersetzung mit diesem, indem er das Werk von Huberta von Voss kurz rezensiert. *Helmut Donat* (Verleger) gibt einen Überblick zu seiner Begegnung mit dem Armenischen im Allgemeinen und mit dem Genozid. Er bringt die Überlebenskraft der Armenier nach jeder Katastrophe zur Sprache.

Die ins Deutsche übersetzten *armenischen Augenzeugenberichte* als Stimmen der Betroffenen sind ein notwendiger Bestandteil dieser Publikation. So wird das authentische armenische Erlebnis gemeinsam mit den deutschen Reflexionen präsentiert, denn mit der Wahrnehmung des Ursprünglichen werden die Kommentare verständlicher.

Im *Anhang* sind Erklärungen einiger kirchlicher und kultureller Organisationen und Bundestags-Dokumente abgedruckt.

Dieses Buch möchte dem Gedenken an die circa 1,5 Millionen armenischen Menschenopfer und die zahlreichen, zerstörten und vernichteten Kulturgüter (Kirchen und Schulen, Literatur und Presse, Handschriften und Dialekte u.a.) einen breiteren Raum bieten, indem es zu diesem entscheidend tragischen Ereignis der neuzeitlichen Geschichte des armenischen Volkes Äußerungen, Stellungnahmen, Überlegungen, Fragestellungen aus Deutschland sammelt und präsentiert. Das hiermit dargebotene Bild will sich als ein allgemeines, kein vollständiges zeigen. Daher geht es nicht etwa um "wichtige" und "unwichtige" Stimmen, sondern einfach um Stimmen, die sich im Rahmen dieser Initiative äußern wollten.

Ein Akt des Gedenkens, diese Aktion der Stimmensammlung aus Deutschland, versteht sich u.a. als Entfaltung der Suche nach der gerechten Sache des armenischen Volkes, solange der Völkermord von der offiziellen Nachkommenschaft der Täter, d.h. der Türkischen Republik bis heute in Frage gestellt, verleugnet, verschwiegen, tabuisiert, relativiert, d.h. verachtet, nicht ernst genommen wird. Im Gedenken wollen wir diese Stimmen hören als Mitdenken, Mitstellen, Mitfühlen offener und beantworteter Fragen zum Trauma.

Diese *Stimmen aus Deutschland* sollen eigentlich überhaupt nicht als eine Art Präsentation einer "Bestätigung" für die Wahrheit des Völkermordes verstanden werden, sondern als Beteiligung am Gedenken. Die in der armenischen Identität durch die erzählten und geschriebenen Familiengeschichten, sowie in der Literatur und Kunst unendlich bewiesene Tatsache; das nach einem gewaltsamen Bruch fern von der Heimat wiedergewachsene armenische Leben und die Weiterblüte des Kulturellen; die bis zum heutigen Tage im historischen Land zerstört und ruiniert bewahrten, vielfältig noch präsenten Spuren der Armenier; die von offiziellen und inoffiziellen Persönlichkeiten beschriebenen und dokumentierten Zeugnisse benötigen keine Art der Beweisaktion. Dies Ganze soll aber mit anderen, in diesem Fall mit Deutschen geteilt werden, damit sich der Gedenkraum ausdehnt.

Die Bezeichnungen *"Völkermord an den Armeniern"* (syntaktisch), *"Armenischer Völkermord"* (im Sinne eines Genetivus objektivus), *"türkischer Völkermord an den Armeniern"* (die Rollen deutlich erklärend) werden im Buch von verschiedenen Autorinnen und Autoren unterschiedlich benutzt. Sie alle weisen selbstverständlich auf die gleiche Tatsache hin, die irgendwann auch in Deutschland unabhängig von den Formulierungsformen zu einer unbezweifelbaren Selbstverständlichkeit werden muss. Der Begriff "Gedenkjahr" im Titel möchte dem Gedenken das ganze Jahr 2005 zur Verfügung stellen.

Für die Realisierung dieses Bandes möchte ich mich herzlich bei S. H. Aram I. Katholikos des Großen Hauses von Kilikien für seine Unterstützung und sein Geleitwort bedanken, sowie bei Archimandrit Vater Krikor Chiftdjian für seinen Beistand. Den Autorinnen und Autoren dieses Buches gilt ein besonderer Dank, da erst durch deren Bereitschaft und Engagement dieses Buch zu Stande gekommen ist. Gedankt sei weiterhin Herrn Prof. Dr. Georg Meggle, Dirk Klingner, Martin Nelskamp und einer Reihe von türkischen, deutschen und armenischen Freundinnen und Freunden für ihre Hilfe, Bemerkungen und Beratungen, ohne die diese Arbeit unmöglich gewesen wäre.

Um die genauere Bedeutung des Begriffs *Sulum,* der am Anfang dieser Einleitung am Ende der kurzen Liste steht, herauszufinden, reichte das mir vorliegende armenische Wörterbuch nicht aus. Zufällig fand ich in einem türkisch-deutschen Wörterbuch die turkisierte Form des armenischen Wortes: *Zulüm* (ungerechte Behandlung, Ungerechtigkeit, Rechtsbeugung, Grausamkeit, gewaltsame Unterdrückung z.B. einer Bevölkerung).

Das vielschichtige Wesen des Völkermordes entfaltet sich auch z.B. bis zur Übernahme und Aneignung, d.h. zur Anerkennung eines armenischen Genozid-Synonyms in der türkischen Sprache. Und dies nur als eine Kleinigkeit.

Der Herausgeber

Leipzig, im Juli 2005

Fragen

Der folgende Fragebogen wurde an etwa 160 deutsche Akademiker gesandt, von denen 37 mit einem kurzen oder langen Beitrag antworteten. Die restlichen 17 Autorinnen und Autoren haben Aufsätze, Essays verfasst bzw. schon gehaltene Reden zur Verfügung gestellt. Der Fragebogen war als Anregung und Erinnerung an die persönliche Begegnung mit dem Thema "Armenischer Völkermord" gedacht. Mit der Freiheit, nicht alle Fragen zu beantworten, haben wir gerechnet. Dass in den Antworten oft über die Fragen hinaus Problem- und Fragestellungen entstanden sind, halten wir für vorteilhaft.

Die persönliche Beziehung zum Thema führt manche Autorinnen und Autoren zu den Einzelheiten ihrer eigenen Biografie, so dass das Thema dadurch sehr lebensnah dargestellt wird.

Die fünfte und sechste Frage wurde nicht an alle Befragten geschickt.

1. Wann und aus welchem Anlass sind Sie dem Thema "Armenischer Völkermord" begegnet? Was für einen Prozess hatte diese Begegnung von ihren Anfängen bis heute?
2. Wie würden Sie Ihr Interesse für den Armenischen Völkermord bezeichnen (Wissenschaft, Engagement, Überzeugung, allgemeines Interesse, usw.)?
3. Wie würden Sie von der Bedeutung der offiziellen Anerkennung des Völkermordes durch die Nachkommen der Täter sprechen?
   Sehen Sie unterschiedliche bzw. ähnliche Bedeutungsschichten der Anerkennung z.B. für die Nachfolger der Täter und die der Opfer, für die weitere Prägung und Bildung der Identität von beiden?
   Kann eine politische Anerkennung zum Verstehen und Verarbeiten der Katastrophe beitragen?
4. Wie würden Sie sich zu einem politisch geduldeten Leidensschicksal verhalten?
5. Was für einen Definitionsraum würden Sie dem gedulde-

ten (im Gegensatz zum anerkannten) Leid geben?

6. Wie schätzen Sie in Deutschland
   a) die wissenschaftliche Arbeit über den Völkermord ein?
   b) die Bekanntmachung des Völkermordes ein?
   c) die vorhandenen Kenntnisse über ihn ein?

Antworten

München, den 4. Februar 2005

Zu dem Problem des Völkermordes an den Armeniern kann ich selbst nichts beitragen. Ich war zwar mehrfach in Armenien und habe die Forschungen des armenischen Historikers durch ein Stipendium an dem von mir geleiteten Institut für Europäische Geschichte gefördert, der die deutschen Akten über den Völkermord besichtigte. Wardges Mikaelian hat 1989 über „Die Politik des deutschen Kaiserreichs gegenüber dem Nahen Osten und Transkaukasien im Ersten Weltkrieg“ geforscht. Er hat darüber in Jerewan auch etwas veröffentlicht.

Prof. Dr. Karl Otmar Freiherr von Aretin
Prof. em. für Zeitgeschichte an der TU Darmstadt

Puchheim, den 21. Februar 2005

Der Völkermord an den Armeniern im Jahr 1915 ist ein offenes Kapitel in der europäischen Geschichte der unversöhnten Grausamkeiten des 20. Jahrhunderts. Zu dieser Geschichte gehören auch die Völkermorde der Deutschen an den Hereros in Namibia, und später an Juden und anderen europäischen Völkern während der nationalsozialistischen Diktatur, sowie eine ganze Reihe spät- und postkolonialer Grausamkeiten unserer europäischen Nachbarn im Osten und Westen.

Der vom Ersten Weltkrieg überschattete Genozid im Osten der Türkei wird bis heute in der europäischen Öffentlichkeit an den Rand gedrängt. Dass ich während meines Studiums der evangelischen Theologie davon erfuhr, verdanke ich dem Engagement ausgewählter Professoren, sowie der Präsenz von Studenten aus orientalisch-orthodoxen Kirchen. Begegnungen mit Syrern und Armeniern gehören zu den erfreulichsten Erfahrungen meines Studiums.

An der EKD ist der Völkermord nicht spurlos vorübergegangen. Im Jahr 2003 ließen sich Studierende und junge Akademiker im Rahmen einer Tagung des Jungen Forums Orthodoxie in Wittenberg von der Thematik berühren.

Insgesamt bleibt das Thema jedoch unter der Decke der öffentlichen Diskussion. Die vereinzelten Bestrebungen, den Völkermord in die Diskussion um den EU-Beitritt der Türkei mit einzubringen, tragen meist den Geruch der Instrumentalisierung zu Gunsten anderer politischer Ziele.

Ich selbst fühle mich zu schlecht informiert, um den Genozid von mir aus thematisieren zu können. Mein Interesse an dieser Geschichte ist eher von allgemeinem Interesse.

Vertieft werden könnte es im Rahmen einer konkreten Frage: Was fördert und was hindert die Versöhnung politischer Verbrechen? Welche Rolle spielt dabei die Religion? Einen Vergleichsrahmen bieten die Aufarbeitung der Stasi-Vergangenheit in der DDR, die „Wahrheits- und Versöhnungskommission“ in Südafrika, die Versöhnungsarbeit in Ruanda oder in den Staaten auf dem Gebiet des ehemaligen Jugoslawiens.

Diese Interessenslage schmälert nicht die Einsicht, dass das Unrecht an den Armeniern unversöhnt ist. Erschreckend ist das Bestreben der türkischen Regierung, den Genozid zu tabuisieren. Ende Januar 2005 meldete die Presse, dass der politische Druck der Türkei dazu geführt hat, das Thema Völkermord aus brandenburgischen Schullehrplänen nach zwei Jahren wieder zu entfernen. Diese Einflussnahme geht zu weit.

Die langfristigen politischen Folgen für die Identität von Opfern und Tätern, die der Fragebogen zu thematisieren bittet, vermag ich nicht einzuschätzen. Mich stimmt nachdenklich, dass auf europäischer Ebene – und da möchte die Türkei in Zukunft genauso dazugehören wie Frankreich oder Großbritannien – kein Bewusstsein dafür ausgebildet ist, dass das Schweigen über Verbrechen das Zusammenleben der Völker behindert.

Dankbar bin ich, dass Armenier trotz aller Frustrationen bereit sind, über ihre Geschichte zu informieren. Ich bin beeindruckt von dem christlich motivierten Friedenswillen, den ich bei Kommilitonen und Kommilitoninnen aus Armenien erfahren habe.

Gunther Barth
ev. Vikar

Wolfen, den 12. Juni 2005

Im Oktober 1976 habe ich an einer Studienreise durch die Osttürkei teilgenommen, die ich für mich "Auf den Spuren der Armenier" genannt habe.

In Trabzon haben wir ein verlassenes griechisches Kloster besucht, das an einem steil aufragenden Felsen gebaut war. Der kurdische Reiseführer erklärte uns die offizielle Version: Während des Ersten Weltkriegs hätten sich die Mönche bewaffnet und hätten auf türkische Truppen geschossen. Daraufhin seien sie alle erschossen worden. Da musste ich ungläubig lachen. Als ich ihn bat, uns die Wahrheit zu sagen, fügte er hinzu: „Warten Sie, bis wir in unsrem eigenen Land sind."

Unsere nächste Station war Erzurum. Dort sagte er der Gruppe: „Wenn ich da unten die Wahrheit sage und jemand hört mich und zeigt mich an, dann bin ich meine Lizenz los und ich komme ins Gefängnis. Und ich rate Ihnen, kommen Sie nie in ein türkisches Gefängnis."

Von da an hat er uns die Ruinenstädte der Armenier von Kars und Ani und viele andere Orte wahrheitsgemäß erklärt. Die staatlich-türkische Version, die Armenier hätten einen unabhängigen eigenen Staat mit Waffengewalt zu erzwingen versucht, nannte er ein Märchen; das sei nur die Begründung – bis auf den heutigen Tag, – um den Völkermord an den Armeniern zu rechtfertigen.

Pater Fritz Biermann
kath. Pfarrer i. R.

Öhringen, den 29. Januar 2005

Zuerst habe ich vom Völkermord an den Armeniern in einer Radiosendung gehört. Ich glaube, damals war ich gerade 18. Dabei wurde Franz Werfels Roman „Die vierzig Tage des Musa Dagh“ erwähnt und zitiert. Das merkte ich mir gewissermaßen als Buchtipp, bis ich den Roman eines Tages selber zu lesen begann. Von da an ließ mich das Thema nicht mehr los. Wie kann es sein, dass ein so gravierendes Ereignis in der Geschichte überhaupt nicht mehr im Bewusstsein der meisten Menschen ist? Diese Frage ließ mich nach Büchern über Armenien suchen, denn ich wusste ja eigentlich selbst nichts über die Geschichte Armeniens.

Zur gleichen Zeit etwa beschloss ich, das Studium der Theologie zu beginnen, um evangelischer Pfarrer zu werden. In Werfels Roman zog mich daher nicht nur die Geschichte des armenischen Volkes in ihren Bann, sondern zugleich auch die verschiedenen Pfarrergestalten des Romans. Werfel schildert sie eindrücklich. Insbesondere natürlich Pfarrer Lepsius und sein verzweifeltes Engagement. Am Anfang meiner Auseinandersetzung mit dem Thema "Armenischer Völkermord" steht also eine sehr persönliche Verzahnung geschichtlichen Interesses mit einer autobiografischen Entwicklung zum Beruf des Pfarrers. Während meines Studiums habe ich versucht, beides zu vertiefen und eng zusammenzuhalten. So lernte ich ein wenig Altarmenisch, interessierte mich für Ostkirchenkunde und fand schließlich Gelegenheit zum Studium in Jerusalem. Dort konnte ich der armenischen Gemeinde begegnen, mich mit ihrer Geschichte vertraut machen. Wissenschaftliche Arbeit, Engagement und allgemeines Interesse sind dabei sicher ineinander gelagert.

Ganz gewiss aber ist es meine Überzeugung, dass es unmöglich ist, ein Thema wie den Völkermord an den Armeniern zu umgehen. Wir haben leider nicht die Kraft, uns mit all den Verbrechen auseinander zu setzen, die wir als Menschen in Vergangenheit und Gegenwart doch selbst zu Stande bringen. Soweit es in unserer Macht steht, sollten wir es aber doch versuchen. Als Deutscher und als Christ sehe ich es als meine erste Verantwortung um

Vergebung für den Mord an Gottes auserwähltem Volk zu ringen. Die Auseinadersetzung mit der türkisch-armenischen Geschichte lässt mich aber gerade im Blick auf unsere eigene, deutsche Geschichte fragen, inwiefern nicht dieser erste Völkermord des vergangenen Jahrhunderts Stufe auf dem Weg hinab in die Schoah war. Als Kriegspartner des damaligen Osmanischen Reiches trägt das Deutsche Reich Mitschuld am Geschehen des Völkermordes an den Armeniern. Es ist aber auch bis heute mitverantwortlich an der Vertuschung des Geschehens. Eine offizielle Anerkennung des Völkermordes durch die Nachkommenschaft der Täter hätte meines Erachtens nicht nur Auswirkungen auf das armenisch-türkische Beziehungsgefüge, sondern insbesondere auch auf unser deutsch-jüdisches. Mir ist es wichtig, an dieser Stelle einmal zu sagen, dass Leiden, welcher Art auch immer, niemals eine Sache des Vergleichens sein kann. Leiden und Sterben sind immer absolut. Sie müssen in jedem Fall daher auch als Absolutes gelten gelassen werden. Ihre Bedeutung mag dabei im Einzelnen noch so unterschiedlich sein. Die Schoah hat ihre erschreckende Einzigartigkeit darin, dass sie mitten in Gottes Augapfel, das von ihm erwählte Volk gestoßen hat. Der Völkermord an den Armeniern aber ist und bleibt ebenso ein Verbrechen und Völkermord. Solches nicht anerkennen zu wollen oder zu können, führt meines Erachtens unweigerlich zu gesellschaftlichen Verdrängungseffekten und Traumata. Für die türkische Geschichtsschreibung hieße eine offene Auseinandersetzung mit der Vergangenheit, zu einer eigenen ungekränkten Identität zu finden, die nicht von ihrem Staatsgründer Atatürk als Symbol neuen Selbstbewusstseins abhängig ist, da seine Person mit den verheerenden Kämpfen an der armenisch-türkischen Grenze zu verbunden ist. Es hieße sicher zugleich sich mit den Spannungen zwischen Laizismus und Fundamentalismus auseinander setzen zu müssen, ohne in Machtkämpfe gegeneinander verfallen zu dürfen. Das Aufspüren einer neuen Identität, wie ich es hier andeute, ist nicht wenig verlangt und ist in jedem Falle unnütz, solange es nur von außen angeraten wird. Freilich ist eine Anerkennung des Völkermordes als solchen auch für die armenische Seite kein leichtes Unterfangen.

Ein vernichtendes Schicksal wie das eines Völkermordes erlitten zu haben, bedarf eines geduldigen Auslotens der eigenen, bleibenden Identität: Einer Identität, die sich nach der und durch die Katastrophe hindurch erhalten hat. Das armenische Selbstverständnis erlaubt unterschiedliche Deutungen der eigenen Vergangenheit. Unterschiedliche Interpretationen der Geschichte kursieren unter Ost- und Westarmeniern, die jeweils einen anderen Schwerpunkt in der Definition der eigenen Nation zu setzen wissen. Vor allem in Ostarmenien liegen trotz aller Kontinuität des Christentums in Armenien kommunistisch geprägte Denkmuster vor, die versuchen, das Leiden abzuschütteln und dem christlichen Glauben der Armenier ganz allein die Schuld für all das Übel zuzuschreiben. Die Vorstellung eines stabilen und siegreichen Armeniens ist nicht selten gepaart mit einer gedanklichen und realpolitischen Nähe zur Ideologie des Sowjetreiches und seines Nachfolgestaates Russland. Dagegen versucht man unter Westarmeniern eher, das Leiden gerade als sinnvoll zu begreifen, indem man es als Zeugnis des Volkes für den Tod und die Auferstehung Christi wertet. Ein Martyrium des Volkes, das sich ganz in die Leidensnachfolge des Einziggeborenen stellt. Der Begriff der armenischen Nation changiert so zwischen den Bildern der siegreichen und der trauernden "Mutter Armeniens". Wird der Völkermord an Armeniern nun von anderen als solcher anerkannt, so kann es nicht ausbleiben, dass Armenier gefragt werden, warum sie solches erleiden mussten und wozu. Gut möglich, dass die Deutung der Vergangenheit und die Definition der bleibenden Identität dabei miteinander in Konflikt geraten. Doch können und dürfen nur Armenier selbst letztlich über die Auslegung ihrer Vergangenheit befinden und definieren, was sich daraus für ihr Selbstverständnis und den Begriff ihrer Nation erschließen lässt. Die Deutungen mögen changieren und wanken so sehr sie wollen, das Faktum des Mordens an Millionen von Armeniern können sie nicht beheben, dieses bleibt fester Bestand armenischer Geschichte und Identität.

Das oben Angedeutete lässt erkennen, dass ich mich selbst leider eher als einen Nachkommen der Täter sehen muss. Dazu will ich mich verhalten. Das heißt aber eben auch, dass ich denen, die ein Leidensschicksal zu erdulden hatten, kaum zu sagen habe, wie sie sich dazu verhalten können, sondern ich habe von denen zu lernen, die erduldeten. Ich habe ihren Mut zu bewundern, neu und immer neu ihr Ja zum Leben zu sagen. Mahnen, dass solches nicht wieder geschehen darf, können wir gemeinsam. Derjenige von uns aber der erleiden musste, muss dem Tod dabei trotzen. Darüber staune ich. Das Staunen nicht lassen und denen die mahnen, folgen. Das ist alles, was ich mir vorgenommen habe.

Michael Dullstein
ev. Vikar

Hamburg, den 17. März 2005

In meiner Schulzeit während der siebziger Jahre, in der Oberstufe eines hessischen Gymnasiums, kam der Völkermord an den Armeniern vor, aber nur als Fußnote zur deutschen Geschichte. Wir Schüler erfuhren darüber nichts weiter, weder über das Volk der Armenier, von dem niemand in der Klasse etwas wusste, noch über die Zeit oder den Ort. Lehrer und Schüler waren vollauf damit beschäftigt, sich mit der deutschen Vergangenheit, vor allem mit dem Holocaust, auseinander zu setzen. Der Völkermord wurde erwähnt, ohne dass wir Schüler die Geschehnisse dort, im früheren Osmanischen Reich, in irgendeiner Weise hätten einordnen können. Warum dann überhaupt die Erwähnung? Vielleicht nur als Hinweis darauf, dass es in der nahen Geschichte noch einen anderen Völkermord gegeben hatte. Vielleicht auch, um den Holocaust zu relativieren.

Irgendwann während meines Slawistikstudiums fiel mir Ossip Mandelstams „Reise nach Armenien“ in die Hand. Da taucht der verfolgte russische Dichter noch ein letztes Mal in eine wunderbare Welt voller Wärme und Herzlichkeit ein, ein Land, wo Milch und Honig fließen, die weitest möglich vom Moskauer Machtzentrum entfernte Gegend innerhalb des Sowjetreiches. Aber immer wieder durchzieht ein eigenartiger Schmerz dieses Reisebuch, das Wissen um die Geschehnisse im Osmanischen Reich. Dem verfemten Dichter und Juden bescherten die Armenier eine kurze Zeit des Aufatmens.

Zehn Jahre nach dem Zerfall der Sowjetunion besuchten der Fotograf Erol Gurian, dessen Vater aus einer armenischen Familie stammt, und ich die unabhängige Republik Armenien. Anlass war ein einmaliges, kirchliches Jubiläum, die Armenische Kirche wurde 1700 Jahre alt und gehört damit zu den ältesten Kirchen der Welt, und das evangelische Magazin „Chrismon“ wollte darüber berichten. Man schickte uns als Begleiter zunächst einen Studenten der Anfangsklasse. Er war unbefangen und neugierig, tief erfüllt vom Stolz auf die uralte christliche Tradition der Armenier, die sie durch die Jahrhunderte gegen eine andersgläubige religiöse

Umgebung verteidigt und bewahrt hatten. Für ihn stand fest, dass er und seine Klassenkameraden, die jugendlichen Priesterschüler, bereit sein würden, ihre Identität als Christen und Armenier zur Not auch mit der Waffe in der Hand zu verteidigen. Als Jugendlicher lebte er im Bewusstsein davon, dass die Armenier auch weiter bedroht waren. Ganz anders als für angehende Pfarrer in Deutschland war eine Verweigerung des Wehrdienstes für ihn nicht nur keine Perspektive, sondern eine fragwürdige Sache.

Wie eine offene Wunde, die nicht verheilen kann, schmerzt viele Armenier noch heute der Völkermord und verhindert eine Aussöhnung mit den muslimischen Nachbarn – auch wenn die Geschehnisse schon ein Menschenalter zurückliegen. Die fortgesetzte Leugnung durch die türkische Seite lässt die Armenier in Ungewissheit darüber, ob sich ein ähnliches Verbrechen nicht wiederholen könnte. Solange die Täter bzw. ihre Nachkommen den Massenmord an den christlichen Minderheiten in ihrem früheren Machtbereich nicht offen legen und dafür die Verantwortung übernehmen, wird das Verbrechen gedeckt und im Grunde weiterhin gutgeheißen. Das fast ein Jahrhundert währende, aggressive Zudecken und Verschweigen nährt auf beiden Seiten bestehende Ängste. Ohne Öffnung der Archive, ohne ehrliche Debatte und ohne Schuldeingeständnis der türkischen Regierung kann eine Versöhnung nicht stattfinden.

Allzu lange sind die Armenier mit ihrem Verlangen nach einem Schuldeingeständnis der türkischen Regierung allein geblieben. Mir steht noch das einzige Zimmer einer armenischen Familie in einem Dorf nahe dem Kloster Chor Virap vor Augen. In dem Zimmer gab es nichts außer Tisch, Stühlen und einer grandiosen Aussicht auf den Ararat. Das einzige Bild, das die Familie besaß, war ein Wandbehang, der noch mal den Ararat zeigte, zusammen mit Noah und der Arche; nur diesmal von der anderen, der türkischen Seite, von dort, wo die Armenier ihn früher, vor dem Genozid, gesehen haben. Merkwürdig: Du hast den Ararat vorm Fenster und hängst ihn dir noch mal als Bild an die Wand.

Aber das Bild war der ganze Stolz der Familie, und besagte für sie: Wir Armenier sind von Gott gewollt. Denn dem Mythos nach stammen die Armenier direkt vom biblischen Noah ab. Gleichzeitig drückt das Bild auch die Sehnsucht nach dem Leben vor dem Genozid aus, als sie als anerkannte Minderheit inmitten anderer Völker lebten, eine Sehnsucht nach Überwindung des Leids und Versöhnung.

Seltsamerweise haben bittere Erfahrungen die sprichwörtliche Gastfreundschaft der Armenier nicht beschädigt, sondern eher beflügelt. In keinem Land saßen wir so oft – nämlich jeden Tag unseres Aufenthalts – an einem heimischen Tisch, an reich gedeckten Tafeln genauso wie bei sehr armen Familien, die trotzdem zu sich einluden. Die Familie erzählt den Fremden ihre Geschichte, sie werden umsorgt und neugierig befragt, wie es bei ihnen zu Hause zugeht. Ein Muslim kann dabei ein ebenso gern gesehener Gast sein wie ein Christ oder ein Jude, darüber berichtete ein Student aus Afghanistan, der mehrere Jahre lang in Armenien lebte. In der Kunst der Gastfreundschaft wie in der Treue zu ihrer Tradition und Geschichte lassen sich die Armenier kaum übertreffen.

Um sich in der türkischen Gesellschaft und bei der türkischen Regierung Gehör zu verschaffen, reicht das aber nicht aus. Die Armenier sind auf die Unterstützung der Menschen in den christlichen oder ehemals christlichen Ländern Europas angewiesen, gerade in der Gegenwart, wo die Aufnahme der Türkei in die Europäische Gemeinschaft zur Debatte steht. Wenn sie sich des armenischen Anliegens annehmen, tun die Europäer vor allem sich selbst einen Gefallen. Denn das Gesicht eines Landes wie auch das einer Staatengemeinschaft zeigt sich im Umgang mit den Minderheiten.

Hedwig Gafga
Redakteurin beim ev. Magazin „Chrismon“

Köln, den 19. Februar 2005

Als Überlebender des Holocaust musste ich feststellen, dass alle Welt von dem Völkermord an den Juden im deutschbesetzten Europa während des Zweiten Weltkriegs weiß, aber nur wenige von dem Völkermord an den Armeniern im Türkisch-Osmanischen Reich 1915/16. So machte ich es mir als Publizist zur Pflicht, meinen Teil zur Beseitigung dieser Unkenntnis beizutragen. Das tue ich seit 25 Jahren durch zahlreiche Publikationen, Reden und die WDR-Fernsehdokumentation „Die armenische Frage existiert nicht mehr“ – Tragödie eines Volkes“, die trotz starken türkischen Protests am 21. April 1986 im ARD-Programm ausgestrahlt wurde.

Ich werde meine Arbeit an der armenischen Sache, für die ich von der Heiligen Apostolischen Kirche Armeniens am 15. November 2004 den hohen Orden *Surb Sahak-Surb Mesrop* bekam, auch künftig fortsetzen.

Mein Engagement für die armenische Sache erklärt sich aus den Erfahrungen als Jude in Hitlerdeutschland, angesichts zahlreicher Analogien und Parallelerlebnissen von Armeniern und Juden, und ihrem gemeinsamen Schicksal des Völkermordes im Abstand von wenig mehr als einer Generation.

Es kann keine Versöhnung zwischen Armeniern und Türken geben ohne die offizielle Anerkennung des Völkermordes an den Armeniern, staatlich erklärt und in den Lehr- und Schulbüchern in den Unterricht als Bestandteil und historisches Faktum der türkischen Geschichte integriert. Nur solche Anerkennung kann zum Verstehen und Verarbeiten der Katastrophe beitragen.

Wie zu meinem eigenen Leidensschicksal: Die Wahrheit muss an den Tag. In diesem Fall die Wahrheit des Völkermordes an den Armeniern 1915/16, mit Mord, Raub, Vergewaltigung und Zerstreuung in einer Diaspora von ungewisser Dauer.

Dr. phil. h.c. Ralph Giordano
Publizist

Halle/Saale, den 8. März 2005

In dem Melanchthon-Arbeitskreis, der sich wissenschaftlich und sprachlich mit den orthodoxen Kirchen befasst, arbeitet auch ein Pfarrer aus der Potsdamer Gegend mit. Da ich als Fachmann für die orthodoxen Kirchen schon immer auch an der Armenischen Apostolischen Kirche interessiert war, hat dieser Pfarrer mich bereits im Jahre 1976 in Potsdam einer der Töchter von Johannes Lepsius, Veronika Lepsius, vorgestellt. Da der evangelische Theologe Dr. Johannes Lepsius weltweit als bedeutender Helfer und Anwalt des armenischen Volkes anerkannt ist, der auch die früheste und wichtigste Dokumentation über den Armenischen Genozid publiziert hat, war mit dem Kontakt zu Veronika Lepsius auch schon die direkte Begegnung mit dem Thema "Armenischer Völkermord" gegeben. Die bis heute nicht ersetzte Genozid-Dokumentation von Lepsius kursierte bereits als Typoskript 1915 in ganz Deutschland und wurde dann im Juli 1916 auch als gedrucktes Buch, obwohl von der deutschen Militärzensur verboten, in 20.500 Exemplaren in ganz Deutschland verteilt.

Dies ist der berühmte „Bericht über die Lage des armenischen Volkes in der Türkei“ (Potsdam 1916; 1919 erschien die 2. Auflage und auch weitere Auflagen unter dem Titel „Der Todesgang des armenischen Volkes. Bericht über das Schicksal des armenischen Volkes in der Türkei während des Weltkrieges“. Die Dokumentation von 1916 erschien 1916 und 1918 auch auf Französisch und 1919 in Konstantinopel auf Armenisch. Die französische und die armenische Version sind in Frankreich und im Libanon mehrfach nachgedruckt worden).

Die Begegnung mit Veronika Lepsius und mit dem Thema "Armenischer Völkermord" in der Tradition von Dr. Johannes Lepsius hat mein Leben und meine Arbeit verändert. Ich habe mich als Mensch und Wissenschaftler verpflichtet gefühlt, das Erbe von Johannes Lepsius, seinen Einsatz gegen den Völkermord an der armenischen Bevölkerung im Osmanisch-Türkischen Reich in das Bewusstsein aller Deutschen zu bringen und ihn und sein Werk auch international besser bekannt zu machen. Es ging und geht mir dabei nicht in erster Linie um Johannes Lepsius, sondern um das armenische Volk, für welches er sich in Wort und Tat eingesetzt hatte.

So baute ich von 1981 an das Dr. Johannes-Lepsius-Archiv auf, veranstaltete 1986 das erste Internationale Johannes-Lepsius-Symposium, an welchem auch Vertreter von Etschmiadzin und Antelias teilnahmen. Seit 1985 übersetzte ich zusammen mit Frau Dr. Armenuhi Drost-Abgarjan, gefördert von der Deutschen Forschungsgemeinschaft (DFG), den gesamten *Scharaknotz* ins Deutsche. Denn es geht uns darum, mit Hilfe des Lepsius-Archivs sowohl den Genozid zu erforschen wie auch, im bewussten Kontrast dazu, die armenische Kultur bekannt zu machen, da man dieses Volk nicht allein durch das Thema Genozid kennen lernen kann, aber den Genozid in aller seiner Furchtbarkeit umso besser beurteilen kann, je besser man die armenische Kultur kennt.

1988-1993 arbeitete ich als Direktor der Studienabteilung der Konferenz Europäischer Kirchen (KEK, Genf). In dieser Zeit (Erdbeben in Armenien, Artzach-Konflikt, Balkan-Konflikte) wirkte ich in der KEK für die Intensivierung der Beziehungen zu den orthodoxen Kirchen, besonders zur Armenischen Apostolischen Kirche, war Mitorganisator der Begegnung in Montreux zwischen Katholikos Vazgen und dem Scheich-ul-Islam aus Baku und vermittelte Hilfe für die armenischen Flüchtlinge aus Aserbaidschan.

Nach der Rückkehr aus Genf an die Martin-Luther-Universität Halle-Wittenberg leitete ich in einem umfangreichen Projekt, gefördert durch die VolkswagenStiftung Hannover, die sachthematische Erfassung und Publikation der Dokumente und Zeitschriften des Dr. Johannes-Lepsius-Archivs, also eine Publikation, die den Armenischen Völkermord zum zentralen Thema hat. Zusammen mit Dr. Axel Meissner wurde der 600-seitige *Katalog* der Lepsius-Dokumente und Zeitschriften zusammengestellt, die große *Mikrofiche-Edition* herausgegeben (Dokumente, Zeitschriften, gedruckte Genozid-Dokumentationen; ca. 50.000 Seiten) und das 600-seitige *Thematische Lexikon zu Personen, Institutionen, Orten und Ereignissen* verfasst (München, K. G. Saur Verlag, 1998-2004).

Aus der armenologischen Arbeit und der Genozid-Erinnerungsarbeit ist auch die Gründung des Mesrop Zentrums für Armenische Studien an der Stiftung Leucorea in der Lutherstadt Wittenberg erwachsen. Das Mesrop Zentrum hat die Weltkonferenz „Armenien 2000“ anlässlich des 1700. Jubiläums der Armenischen Kirche organisiert, zu welcher parallel die international hochbeachtete Ausstellung „Der gerettete Schatz der Armenier aus Kilikien“ in Zusammenarbeit mit dem Katholikosat des Großen Hauses von Kilikien lief. Diese Ausstellung war mitten in Deutschland eine große Erinnerung an den Armenischen Genozid. Tausende von Besuchern kamen aus ganz Deutschland und auch aus vielen Ländern weltweit. Die Wirkung war so gut, dass die Ausstellung dann auch (in kleinerem Format) in Athen am Benaki-Museum 2002 gezeigt wurde. Das Buch „Der gerettete Schatz der Armenier aus Kilikien“ (mit wunderbaren Fotos von Klaus E. Göltz) in deutscher und englischer Version ist eine bleibende Publikation, die weit in Deutschland und im Ausland verbreitet wurde und das Thema "Armenischer Genozid" bekannt macht.

Ebenfalls im Jahr 2000 organisierte die Staatsbibliothek Berlin in Zusammenarbeit mit unserem Mesrop Zentrum den ersten deutschen Armenologen-Tag in Berlin, auf welchem auch der Genozid thematisiert wurde. Eine Begleitausstellung, die deutschlandweit beachtet wurde, zeigte die reichen Schätze an *Armeniaca* der Staatsbibliothek, darunter an hervorgehobener Stelle die Genozid-Dokumentationen von Lepsius und damit verwandte Publikationen. Auch diese Ausstellung wirkt durch das Buch „Armeni syn die menschen genant“ in ganz Deutschland weiter. Ungewöhnlicherweise ist die erste Auflage des Katalogs ausverkauft, so dass eine zweite Auflage gedruckt wurde.

In derselben Zeit wurde mit Hilfe Potsdamer Freunde der Förderverein Lepsius-Haus Potsdam e.V. gegründet, wo nun bald eine deutsch-armenische Gedenkstätte, eine Archivforschungsstelle und ein Konferenz-Begegnungszentrum fertiggestellt wird. Sowohl die Publikation des Lepsius-Archivs wie auch die Rekonstruktion des Lepsius-Hauses in Potsdam haben in ganz Deutschland und darüber hinaus ein lebhaftes Echo hervorgerufen. Nicht nur die sogenannten Intellektuellen, sondern auch der "einfache Mann" vor dem Fernseher weiß durch unsere Arbeit nun etwas über den Armenischen Völkermord.

Denn als Antwort auf den Protest der türkischen Botschaft Berlin wurde am 3. September 2001 eine Report-Sendung aus Mainz im Ersten Deutschen Fernsehen ausgestrahlt, die das Thema "Armenischer Genozid" in Verbindung mit Lepsius schlagartig Millionen von Zuschauern in Deutschland deutlich machte. Wo immer wir jetzt Menschen in Deutschland treffen, bei den meisten ist das Thema "Armenischer Genozid" durch den Kampf um das Lepsius-Haus und durch die populäre Report-Sendung bekannt.

Ähnliche Öffentlichkeitswirkung zeigte zu Beginn des Jahres 2005 der Streit um das Thema "Armenischer Genozid" in den Schul-Lehrplänen des Bundeslandes Brandenburg (mit seiner Hauptstadt Potsdam). Der Genozid war im Land Brandenburg als dem einzigen Bundesland in Deutschland aufgrund des Wirkens unseres Lepsius-Haus-Vereins von Ex-Bildungsminister Steffen Reiche auf den Lehrplan gesetzt worden. Die türkische Botschaft hatte wieder dagegen protestiert. Als das Thema dann unverständlicherweise aus dem Lehrplan herausgenommen wurde, erhob sich ein großer, öffentlicher deutscher und internationaler Mediensturm dagegen, so dass dieser Fehler wieder korrigiert wurde. Nun wird aufgrund dieses Vorgangs auch die Forderung erhoben, dass in allen deutschen Bundesländern der Armenische Genozid auf die Lehrpläne kommt. Unser Lepsius-Archiv hat auch bereits Schulbuchverlage unterstützt, die das Kapitel "Armenischer Völkermord" in ihre Lehrbücher übernommen haben. So wird Anfang April 2005 ein Geschichtslehrbuch für Berlin erscheinen, das ein mit Hilfe des Lepsius-Archivs verfasstes Genozid-Kapitel enthält.

Die bisher größte Wirkung aus der Fortsetzung der Lepsius-Tradition hat sich nun gerade im Jahre 2005, dem 90. Gedächtnisjahr des Armenischen Völkermordes ergeben. Bundestagsabgeordnete, die jetzt aufgrund der Informationen und Wirkungen des Lepsius-Archivs ihr erzwungenes Schweigen zum Armenischen Völkermord brechen wollen, haben mit Hilfe des Lepsius-Archivs einen Antrag verfasst, der kurz vor dem 24. April 2005 im Deutschen Bundestag eingebracht werden soll und die deutsche Regierung auffordert, der Opfer des Armenischen Völkermordes zu gedenken und die eigene Rolle im Ersten Weltkrieg kritisch zu erforschen. Die türkische Regierung wird aufgefordert, sich offen mit ihrer eigenen Geschichte in diesem Zusammenhang zu befassen und ihre Verantwortung gegenüber dem armenischen Volk wahrzunehmen. Im April 2000 war eine Petition beim Bundestag eingereicht worden, den Armenischen Völkermord anzuerkennen, aber diese Petition war noch gescheitert.

Der bereits publizierte Text des Antrags einer Gruppe von Bundestagsabgeordneten hat weltweit Aufsehen erregt, da damit in Deutschland, dem alten und neuen Verbündeten der Türkei, ein klarer politischer Kurswechsel in der Frage des Armenischen Genozids bevorsteht. Dies hat auch die türkische Regierung bemerkt und nun bereits mehrmals den deutschen Botschafter in Ankara einbestellt. Aber offenbar ändert nun auch das Auswärtige Amt Berlin seine Position und sieht den Armenischen Genozid nicht mehr als ein politisches Tabu-Thema. Die deutsche Botschaft in Ankara hat sich nun, im Jahre 2005, mit den Dokumentationen von Lepsius versorgt. Die gesamte Entwicklung ist von deutscher Seite nicht antitürkisch gemeint. Vielmehr wächst das Bewusstsein, dass eine echte Freundschaft mit der Türkei, wobei die Freundschaft zu Armenien nicht ausgeschlossen ist, sich nur auf der Basis von Wahrheit gestalten kann.

So kann insgesamt gesagt werden, dass die Wiederbelebung der Lepsius-Tradition in Deutschland von 1976 an eine kräftige Wirkung entfaltet und das Bewusstsein von dem Faktum des Armenischen Völkermordes in Deutschland wiedererweckt hat. Die Kämpfe sind noch nicht zu Ende, aber das frühere Schweigen ist prinzipiell gebrochen.

Prof. Dr. Hermann Goltz
Leiter des Dr. Johannes-Lepsius-Archivs Halle-Potsdam
und des Seminars für Konfessionskunde der Orthodoxen Kirchen
Theologische Fakultät an der Martin-Luther-Universität
Halle-Wittenberg

Leipzig, den 5. April 2005

Lange Zeit verband ich mit "Armenien" nur eine ferne Sowjetrepublik am östlichen Ende meines Vorstellungshorizontes. Damals war die DDR klein und Reisen in das große Bruderland "Sowjetunion" fast nur organisiert oder auf spezielle Einladung möglich, zudem auch ziemlich teuer.

Diese Wahrnehmung änderte sich, als ich an einem schneereichen Januarabend Ende der 1970er Jahre in einem Abteil der Deutschen Reichsbahn saß, um zu einem dreimonatigen Praktikum in eine Kirchgemeinde im oberen Erzgebirge zu fahren. Vorsichtshalber hatte ich mich für die Fahrt und für weitere Eventualitäten mit Lesestoff reichlich eingedeckt. So saß ich im Zug und hatte eher zufällig ein Taschenbuch des Aufbau-Verlags mit dem Titel „Die Vierzig Tage des Musa Dagh“ in den Händen.

Was sich anfangs wie ein Buch aus der Reihe "spannend erzählt" las, wurde immer beklemmender. Es dauerte etliche Seiten, bis ich begriff, dass das, was da geschildert wurde, einen tatsächlichen Hintergrund besaß und auf den Berichten des Pfarrers Johannes Lepsius aufbaute.

Dieses Thema hat mich seit jener Zeit nicht mehr losgelassen. Aus Zeitungsnotizen und anderen Veröffentlichungen begann sich ein unvollständiges, mosaikartiges Bild in meiner Vorstellung zusammenzusetzen.

Seitdem ich (1998) die Leitung des Evangelischen Studienhauses in Leipzig übernommen habe, bin ich durch den langjährigen Bewohner Ischchan Tschiftdschjan erneut mit diesem Thema konfrontiert worden. Er stellte die Brücke zu Dr. Lasarjan her und regte den Besuch der Armenienausstellung in Halle 2000 an. Durch ihn kam es zu einer Vorstellung der traditionell armenischen Gebiete vor einem nicht geringen Teil der reichlich 100 Bewohner des Hauses. Zeitweise trafen sich armenische Studenten zu einem festen Zirkel im Studienhaus.

Mit Bewegung erlebte ich, wie eine armenische Familie in der Ev.-Luth. Kirche zum Hl. Kreuz in Leipzig-Neustadt ihren schon nicht mehr ganz kleinen Sohn durch einen armenischen

Priester taufen ließ.

All das, was für mich sonst nur den Hauch des Exotischen gehabt hätte, ist mir mit der zunehmenden Kenntnis des Geschicks des armenischen Volkes Zeugnis für dessen Lebens- und Glaubenskraft, aber zugleich auch Vergegenwärtigung der großen Tragik eines alten Kulturvolkes.

Zugleich beschäftigte mich eine Frage. Anfang der 30er Jahre wurde durch Franz Werfel von der Vernichtung wesentlicher Teile eines ganzen Volkes berichtet. Wäre dieses grausame Geschehen damals in der Öffentlichkeit in ein breiteres Bewusstsein gelangt, vielleicht wäre es dem braunen Regime nicht gelungen, einen entscheidenden Teil des deutschen Volkes zu einem neuen Genozid anzustiften?

Nicht um alte Rechnungen aus der Geschichte zu begleichen oder Schuld gegeneinander aufzuwiegen, sondern um künftig Vergleichbares zu verhindern, sollte die Geschichte dieses Genozids nicht vergessen werden.

Pfarrer Christoph Grunow
Ev.- Luth. Kirche zum Heiligen Kreuz,
Leipzig-Neustadt

Wentorf bei Hamburg, den 17. März 2005

Ausgangspunkt meiner Arbeiten über den Völkermord an den Armeniern war zweifellos der Holocaust an den Juden, mit dem ich mich seit meiner Jugend beschäftige. Eines Tages las ich dann eine Art Tagebuch eines Verfolgten (Jacques Der Alexanian: „Le ciel était noir sur l'Euphrat"), doch es war nicht ein gejagter Jude, der da sprach, sondern ein Armenier. Da erst wurde mir klar, dass die Armenier ein sehr ähnliches Schicksal erlitten hatten wie die Juden und ich begann mich mit dem Thema zu beschäftigen.

Das Resultat war anfangs eine Serie im Hamburger Wochenmagazin DER SPIEGEL, bei dem ich damals arbeitete. Wenige Jahre später verfasste ich ein Buch über den Völkermord, dem nunmehr ein weiteres gefolgt ist („Der Völkermord an den Armeniern 1915/16"), das eine Auswahl von zum größten Teil unveröffentlichten Akten des Auswärtigen Amts über den Genozid enthält – eine Art von Fortsetzung und Ergänzung der Arbeit, die Johannes Lepsius 1919 begonnen hatte. Allerdings sind die in diesem Buch veröffentlichten Akten garantiert nicht manipuliert.

Die Beweggründe meiner Arbeiten über den Völkermord haben sich im Laufe der Zeit verändert. Anfangs war es allgemeines Interesse, es folgten Engagement sowie Überzeugung und mit der Dokumentation kam auch die Wissenschaft hinzu.

Für mich ist es eine Selbstverständlichkeit, dass ein Völkermord aufgearbeitet und von den Tätern, aber auch von anderen, anerkannt wird, wenn es sich eindeutig um einen Genozid handelt, der ja inzwischen international definiert worden ist. Die Nichtanerkennung eines Völkermordes wird von vielen Autoren ja als eine weitere Dimension des Genozids angesehen, eine Auffassung, die ich teile. Zweifellos lenkt eine Anerkennung beispielsweise durch ein Parlament die Aufmerksamkeit auf den Genozid und kann für die Nachfahren der Opfer die Verarbeitung der Ungeheuerlichkeiten erleichtern.

Für die Türkei stellt sich die Frage anders. Ich glaube, dass es sich keine Nation erlauben kann, seine Geschichte zu ignorieren. Wir Deutsche hatten den großen "Vorteil", dass uns nach dem

Zweiten Weltkrieg durch die komplette Niederlage gar nichts anderes übrig blieb, als den Holocaust anzuerkennen und aufzuarbeiten. Ich weiß nicht, wie es bei uns gewesen wäre, ohne diesen Zwang. Für die Türkei stellt sich nunmehr die Auseinandersetzung mit dem Völkermord an den Armeniern noch unter einem anderen Winkel. Ich halte es für ausgeschlossen, dass die europäischen Staaten eine Türkei akzeptieren, die den Völkermord nicht einmal offen diskutiert. Und am Ende einer offenen Diskussion kann nur die Anerkennung stehen, weil die Fakten zu eindeutig sind.

In Deutschland ist die wissenschaftliche Arbeit über den Völkermord an den Armeniern völlig unterentwickelt. An keiner Universität wird darüber hinreichend geforscht. Leider wird der Wunsch von Johannes Lepsius, den Völkermord an den Armeniern dokumentarisch umfangreich zu erfassen, auch von der Lepsius-Forschung nicht erfüllt. Das mit bedeutenden Mitteln publizierte Lepsius-Archiv ist vor allem ein Personalarchiv, das nur wenig originäres Material zum Völkermordgeschehen enthält, das nicht bereits veröffentlicht und damit bekannt wäre. So bleibt die eigentliche Erforschung des Völkermordes weiterhin wenigen Privatpersonen vorbehalten, die mit ihren begrenzten Mitteln arbeiten müssen. Es ist sehr zu hoffen, dass sich in Deutschland bald die Geschichtswissenschaften an den Universitäten oder Organisationen wie das renommierte Münchner Institut für Zeitgeschichte der wissenschaftlichen Forschung des Völkermordes an den Armeniern annehmen.

Wolfgang Gust
Publizist

Leipzig, den 12. April 2005

Wie wenig der Völkermord an den Armeniern in Deutschland rezipiert wird, zeigt schon meine persönliche Unwissenheit. Als ich gegen Ende des ersten Studienjahres im Rahmen eines Seminars über die christlichen Minderheiten des Nahen Ostens einem sehr engagiert und emotional vorgetragenen Referat über die Vertreibung und Ermordung der armenischen Bevölkerung Anatoliens lauschte, blieb ich leicht verwirrt zurück, war es doch das erste Mal überhaupt, dass ich von der Existenz des armenischen Volkes vernahm.

Eingehender beschäftigte ich mich mit der Thematik erst wieder während der vergangenen zweieinhalb Jahre, nachdem ich die Arbeit an meiner Dissertation in der Türkei aufgenommen hatte; da sich diese u.a. auch mit dem Verblassen nationaler und religiöser Identitäten im Kontext globaler *"popular cultures"* beschäftigt, bot es sich geradezu an, die armenische Frage im Verlauf der Untersuchung aufzugreifen, und sie als Indikator für nationale und religiöse Feindbilder und deren Bedeutung für das Denken und Handeln der jungen Generation zu verwenden. Abseits von den Interviews, die ich in diesem Zusammenhang führte, begegnete ich im Alltag immer wieder Diskussionen, die um das Thema *"soykırım"* – also "Völkermord" – kreisten. Teils waren diese von großer Offenheit im Umgang mit der Geschichte geprägt, teils aber auch von einem hohen Maß an Unwissenheit und Ignoranz. Deutlich zeichnete sich ferner Unverständnis hinsichtlich des internationalen Drucks um eine offizielle Anerkennung des Völkermordes und die damit verbundene Übertragung von Schuld auf die heutige Generation ab.

Was im Verlauf mehrerer Interviews ebenfalls angesprochen wurde, war die Tabuisierung armenischer Wurzeln in der eigenen Familiengeschichte. Über Erlebnisse von Vertreibung und Zwangsarbeit etwa wurde von Seiten der Großeltern- und Elterngeneration stets nur unter vorgehaltener Hand gesprochen. Diese weit verbreitete Praxis der Tabuisierung und Stigmatisierung alles Armenischen weicht allmählich einer Praxis der kritischen Auseinandersetzung mit der Geschichte, wobei diese nicht in nationaler Selbstkritik verharrt, sondern sich gleichermaßen auf Aspekte des europäischen Imperialismus und armenischen Nationalismus richtet. Selbst wenn dieser Prozess der Enttabuisierung also in naher Zukunft eine intensivere Auseinandersetzung mit den Fragen des Völkermordes und dessen schrittweise Aufarbeitung bewirken sollte, wird dies sicherlich nicht zu einer vorbehaltlosen Anerkennung von Schuld, sondern stattdessen zu einer Reihe unangenehmer Fragen sowohl an die Adresse einiger europäischer Staaten und als auch an diejenige Armeniens führen.

Die Frage nach der Bedeutung einer offiziellen Anerkennung des Völkermordes lässt sich aus verschiedenen Perspektiven beantworten: Für die Nachkommen der Vertriebenen und Ermordeten ist in diesem Zusammenhang sicherlich die damit verbundene Anerkennung des widerfahrenen Leids und die Rehabilitierung der Opfer von zentraler Bedeutung. Schlimmer noch als das erfahrene Leid scheint die Verleugnung, dass ein solches überhaupt jemals zugefügt wurde. Eine offizielle Anerkennung des Völkermordes hätte somit v.a. die symbolische Bedeutung, dass den Opfern von Gewalt und Vertreibung endlich Gerechtigkeit widerführe.

Die Frage der offiziellen Anerkennung ist zugleich eine Frage des politischen Kontextes, in dem diese stattfindet. Wichtiger als der formale Akt der Anerkennung scheint mir eine kritische Auseinandersetzung mit der Geschichte, die keinen Raum mehr lässt für die (Re)Konstruktion und Instrumentalisierung nationalpolitischer Feindbilder. Eine ausschließlich unter außenpolitischem Druck zu Stande kommende Anerkennung des Völkermordes käme aus türkischer Perspektive einem Akt der Demütigung gleich, in dem letztlich alte Feindbilder ihre Bestätigung erfahren. Es wäre dies eine erzwungene und keine aufrichtige Anerkennung, die statt einer ernsthaft kritischen Auseinandersetzung mit der Thematik den Weg zu bereiten, neuen Hass sät.

Die türkische Gesellschaft befindet sich gegenwärtig in einem rasanten Prozess politischen Wandels, der in direktem Zusammenhang mit jenen umfassenden Reformanstrengungen steht, die im Hinblick auf die bevorstehenden EU-Beitrittsverhandlungen von staatlicher Seite vorangetrieben werden. Wenngleich sich die Nachhaltigkeit der von Parlament und Regierung auf den Weg gebrachten Reformen erst noch beweisen muss, so scheinen die Veränderungen in einigen Bereichen des alltäglichen Lebens doch zumindest allmählich zu greifen. Neben verschiednen Aspekten des türkischen Minderheitenrechts – so tauchen beispielsweise plötzlich in Istanbuler Geschäften Sparten für kurdische Musik auf – gilt dies v.a. für das Recht auf Meinungs- und Pressefreiheit. Wenngleich dies nicht über die anhaltende Torpedierung unangenehmer Medienberichterstatter von Seiten der Regierung hinwegtäuschen darf, so ist es den Medien mittlerweile doch möglich über politisch hoch brisante Themen, wie Folter oder eben den Armenischen Völkermord (*"soykırım"*) zu berichten. Mit einer weiteren Stärkung der Meinungs- und Pressefreiheit wird auch das Thema Völkermord früher oder später ins Zentrum des öffentlichen Interesses rücken. Die innenpolitischen Voraussetzungen waren diesbezüglich noch nie so gut wie heute. Ohne eine auf diesem Wege ausgelöste innenpolitische Debatte über das Thema halte ich eine offizielle Anerkennung von Mord und Vertreibung oder gar Völkermord für extrem unwahrscheinlich. Für die türkische Gesellschaft wäre die kritische Aufarbeitung der Geschehnisse von 1915-23 zweifellos ein wichtiger Schritt auf dem Weg zu größerer politischer Meinungsfreiheit und der Etablierung zivilgesellschaftlicher Strukturen. Ferner könnte dies indirekt eine fruchtbare Debatte über Gewalt als legitimes Mittel der Konfliktbewältigung in Politik und Alltag anstoßen.

Viel wichtiger als der formale Akt einer offiziellen Anerkennung des Völkermordes ist meiner Ansicht nach das Aufbrechen stereotyper Feindbilder und der Kampf gegen den nationalistischen und religiösen Identitätswahn, liegt doch hier der Schlüssel zur Vermeidung zukünftiger gewaltsamer Konflikte. Hierin sollte das eigentliche Ziel liegen, das in allem Streben um Anerkennung des begangenen Unrechts nicht aus den Augen verloren werden darf.

Die Anregungen zum Schreiben dieses Papiers beinhalteten auch die Frage nach dem persönlichen Verhalten im Falle eines politisch geduldeten Leidensschicksals. Nun ist es so, dass mein

Großvater im Jahre 1938 unter der nationalsozialistischen Herrschaft verhaftet und nach langem Weg durch mehrere deutsche Arbeits- und Konzentrationslager schließlich in einer Dachauer Außenstelle auf Schloss Hartheim zusammen mit tausenden Anderer in einer Gaskammer ermordet wurde. Niemals gab es eine Aufklärung der Umstände, unter denen er verhaftet und später ermordet wurde, niemals eine offizielle Entschuldigung oder Rehabilitierung seiner Person, von einer finanziellen Entschädigung ganz zu schweigen. Selbst die einzelnen Stationen seines Leidensweges mussten von meiner Mutter erst in mühevoller, jahrelanger Recherchearbeit rekonstruiert werden. Hinzu kommt der Aspekt der Tabuisierung nationalsozialistischer Verbrechen in Familie und Gesellschaft: das offizielle Gedenken an die Leiden der Arbeitslager wurde noch Jahrzehnte später von lokalen Ortsverbänden der CDU unterbunden, womit diese als Lobby jener auftraten, die von Zwangsarbeit und neu geschaffenen Arbeitsplätzen in den Lagern profitierten. Daneben steht schließlich das Leiden meiner Mutter und Großmutter, ihren Vater und Mann verloren zu haben. Wenngleich es sich hier um ein Einzelschicksal handelt, das nicht mit der Vertreibung und Ermordung der armenischen Bevölkerung Anatoliens zu vergleichen ist, kann ich doch den Wunsch nach Gerechtigkeit, Aufklärung und Anerkennung sehr gut nachvollziehen. Allerdings ist mir auch klar, dass es nach mehr als 90 Jahren kein Eingeständnis von Schuld mehr geben kann. Wer sollte dies nach so langer Zeit tun? Wichtiger ist mir vielmehr, dass die heutige Generation Verantwortung dafür übernimmt, jegliche Form der Gewaltherrschaft bereits in ihren Anfängen zu unterbinden.

Pierre Hecker
Doktorand im Fachbereich Kulturgeografie
Zentrum für höhere Studien an der Universität Leipzig

Berlin, den 14. Juni 2005

Es war im Jahr 1970, als ich zum ersten Mal beschloss, ein Buch über den Völkermord an den Armeniern zu schreiben. Ich wusste fast nichts über die Armenier. 15 Jahre machte ich Quellenstudien zuerst in der Public Library in New York, dann in Berlin. Ich fand viel historisches Material, aber nicht ethnologisches. Erst in San Francisco fand ich das richtige. Ich machte Fotokopien und nahm das Material nach Berlin. Es waren vor allem Berichte über das Leben der Armenier in Anatolien im 19. Jahrhundert, über Sitten und Gebräuche, Religion und Sprache.

1986 begann ich mit dem Schreiben. Ich kannte den großen Roman von Franz Werfel, „Die vierzig Tage des Musa Dagh", wollte aber etwas ganz anderes machen und so schrieb ich meinen Roman im Stil eines orientalischen Märchens, das aber alle historischen Fakten enthielt. Ich nannte mein Buch „Das Märchen vom letzten Gedanken." Das Buch ist mit tiefer Liebe für das armenische Volk geschrieben. Das Buch erhielt den Alfred Döblin Preis. Es wurde auch ins Armenische und Russische übersetzt. Als ich vor drei Jahren in Armenien war, wurde ich wie ein Volksheld gefeiert, täglich berichtete das Fernsehen und die Presse über mein Buch. Ich wurde vom Außenminister empfangen und vom Katholikos. Eine armenische Truppe führte „Das Märchen vom letzten Gedanken" als Theaterstück auf und im armenischen Schriftstellerverband machte man mich zum Ehrenmitglied. Die Armenier glaubten nicht, dass ich Jude war und kein Armenier, weil sie behaupteten, ein Buch mit so genauen Details über das armenische Gefühls- und Kulturleben kann nicht von einem Außenseiter geschrieben werden.

Ich liebe Armenien und hoffe nur dass die Türkei den Völkermord endlich anerkennt.

Edgar Hilsenrath
Schriftsteller

Heimburg/Ostharz, den 19. März 2005

Während meines Theologiestudiums bin ich im Rahmen mehrerer Tagungen und Begegnungen mit Armeniern der Diskussion um den Armenischen Völkermord und dessen Folgen begegnet. Prägend sind für mich jedoch meine Erfahrungen, die ich 2001/02 während meines Studiums an der Near East School of Theology in Beirut (Libanon) gemacht habe. Die Near East School of Theology (NEST) ist eine Hochschule mehrerer protestantischer Kirchen im Nahen Osten, mit Studierenden aus Syrien, dem Iran, Libanon, Palästina und anderen Ländern.

In der Begegnung mit meinen armenischen Kommilitoninnen und Kommilitonen an der NEST ist mir bewusst geworden, wie wichtig, auch über die konfessionellen Unterschiede zwischen der Armenisch-Protestantischen und Armenisch-Orthodoxen Kirche hinaus, die gemeinsame nationale und kulturelle Identität der in der Diaspora lebenden Armenier ist.

Etwa 5% der libanesischen Bevölkerung sind Armenier. Die Armenisch-Orthodoxe Kirche ist die viertgrößte christliche Konfession im Libanon. Auch unter den protestantischen Kirchen des Libanon stellen die Armenier einen bedeutenden Anteil dar. Die meisten armenischen Familien im Libanon siedelten sich nach 1915 dort an, nachdem sie aus ihren ursprünglichen Gebieten vertrieben worden waren. Im Laufe der Jahre haben sie sich in die wirtschaftliche und politische Situation des Libanon integriert, ohne jedoch ihre Identität preiszugeben.

Zu den beeindruckendsten Erlebnissen gehörte für mich zweifellos der Besuch des Armenischen Katholikosats von Sis in Antelias. Die geretteten Schätze der armenisch-christlichen Kultur, die im dortigen Museum ausgestellt sind, sind Zeugen einer langen, eindrucksvollen Geschichte. Die Kirche auf dem Katholikosatsgelände, errichtet im Gedenken an die Opfer des Völkermordes, zeugt von dem schweren Verlust, den die Armenier 1915 erlitten.

Mich erfüllen die Berichte über den Armenischen Völkermord und dessen Folgen mit Trauer. Mit Trauer um die vielen Opfer, die unschuldig und infolge von Gewalt ihr Leben verloren haben. Die Erinnerung an die Opfer von 1915 und das Unrecht, das den Armeniern damals geschehen ist, lässt die andauernde Diskussion um die politische Anerkennung des Genozids von 1915 unverständlich erscheinen.

Hier ist natürlich zunächst die Türkei zu nennen. Aber auch innerhalb der EU haben noch nicht alle Länder die Geschehnisse von 1915 als Völkermord anerkannt. Da ab Oktober 2005 die Beitrittsverhandlungen zwischen der EU und der Türkei beginnen, hat diese Frage nicht nur für die Armenier Bedeutung, sondern wird auch politisch brisant. Ich wünsche mir eine ehrliche, sachliche Auseinandersetzung mit der Türkei. Die Beitrittsverhandlungen stellen eine große Chance dar, die, richtig genutzt, den Weg zu einer Aufarbeitung der Ereignisse von 1915 freimachen kann.

Eine Türkei, die volles Mitglied der EU werden will, sollte ermutigt werden, sich der Frage nach der Wahrheit des Genozids zu stellen und so den Weg der Auseinandersetzung und Versöhnung zu gehen, den viele Länder in der EU beschritten haben.

Seit 90 Jahren bemühen sich die Armenier darum, in ihrem Leid anerkannt zu werden. In diesem Bemühen sollten sie unterstützt werden. Eine Anerkennung des Leides erscheint mir notwendig, wenn der Weg zur Versöhnung gegangen werden soll. Bemerkenswert finde ich, trotz aller Bemühungen der Armenier um Anerkennung des Völkermordes, dass sie nicht dabei stehen geblieben sind, sondern sich unter Bewahrung ihrer Geschichte, Kultur und Tradition in ihre Diaspora-Situation, zumindest im Libanon, integriert haben.

Holger Holtz
ev. Vikar

Tbilissi, den 14. April 2005

Ich war noch ein kleines Kind, konnte kaum selber lesen, da hat mir meine Mutter immer wieder von Büchern erzählt, die sie selber gerade las. Ich genoss diese Momente. Sie eröffneten mir eine Welt, die ich mir damals aus eigener Kraft noch nicht erschließen konnte. Einmal erzählte sie mir von einem christlichen Volk und dessen Glauben, und davon, dass es vor vielen hundert Jahren für dieses Volk zu den normalen Dingen gehört habe, sich über die Natur Jesu Christi zu unterhalten: war er geschaffen oder ist er geboren? Mich haben damals theologische Fragen interessiert, wenn ich natürlich längst nicht alles verstand, was sie da erzählte, als sie mich an ihrer Lektüre von Franz Werfels „Die 40 Tage des Musa Dagh“ teilhaben ließ.

All das hatte ich eigentlich bereits vergessen, als 1988, ich war 23 Jahre alt, Nachrichten aus der damaligen Sowjetunion nach Deutschland kamen. Berichtet wurde von dem Konflikt um Berg-Karabach, von Großdemonstrationen in – Armenien. Dieses Wort rührte mich seltsam an. Was war das für ein Volk, wo lebte es? Langsam kamen die Erinnerungen an die Erzählungen meiner Mutter wieder, und mit ihnen ein warmes Gefühl und großes Interesse.

So nahm alles seinen Anfang. 1988 wechselte ich von Heidelberg an die Universität Frankfurt, wo ich Internationale Beziehungen studieren wollte. Teil meiner Studien war die "Nationalitätenproblematik in der Sowjetunion", wie es damals hieß. 1992/93 ging ich als DAAD-Stipendiat für ein Jahr nach Armenien. Ein bisschen Armenisch hatte ich noch in Frankfurt gelernt, genug, um auf dem Markt um *Lawasch, Rehan, Kotem, Lolik* und andere Köstlichkeiten feilschen zu können. Höhere Weihen der armenischen Sprache erlangte ich erst in den langen kalten Wintermonaten im Wohnheim auf dem Maschtoz-Prospekt. Kakerlaken in der Küche, die von ungewöhnlichen Kochgewohnheiten anderer ausländischer Mitbewohner profitierten, und immer wieder *„lujs tschka, dschur tschka, hats tschka, wotsch mi ban tschka“* („Es gibt keinen Strom, kein Wasser, kein Brot: es gibt gar nichts“).

Das Leben war nicht leicht im Winter 1992/93. Lähmung des öffentlichen Lebens. Gerüchte statt Informationen. Aber auch Berichte aus Karabach, und dann der erste Besuch dort im Sommer 1993. Zerstörte Dörfer, stolze Menschen. Immer wiederkehrende Diskussionen um die Frage, was für Auswege es für Armenien gebe. Geopolitische Zwangslage, historisches Gedächtnis und die Konsequenzen, die aus geschichtlicher Erfahrung zu ziehen seien – ein alles durchdringendes, sehr kontrovers diskutiertes Thema.

Anfang Februar 1998 dann war meine Doktorarbeit im Fach Politikwissenschaft fertig. Sie trägt den Titel „Geopolitische Zwangslage und Nationale Identität: Die Konturen der innenpolitischen Konflikte in Armenien“ und handelt von dem Auseinanderbrechen der Karabach-Bewegung um Fragen von Identitäts-Räson und Staats-Räson: Im Kern also der Frage, ob die Armenier ihr einziges Land, die Republik Armenien retten können indem sie mit der Türkei ein gedeihliches Miteinander entwickeln *ohne* die Anerkennung des Genozids als Vorbedingung, oder ob sie gegebenenfalls sogar dieses Land opfern müssen um der eigenen Identität willen, die eng verknüpft ist mit dem (geleugneten) Genozid von 1915. Beide Seiten (ich habe unter anderem den Disput zwischen Daschnaken und der Armenischen Gesamtnationalen Bewegung um Lewon Ter-Petrosjan analysiert) argumentieren in existenziellen Kategorien, attestieren der jeweils anderen Seite Verrat an der armenischen Sache und prophezeien, sollte das armenische Volk der Politik der anderen Seite folgen, den Untergang desselben. Die Grundlinien dieses Disputs waren lange vor dem Entstehen der Karabach-Bewegung sichtbar und setzen sich bis in die Gegenwart in ungeminderter Schärfe fort.

1998/99 habe ich dann ein Jahr für den persönlichen Beauftragten des amtierenden OSZE-Vorsitzenden für den Karabach-Konflikt gearbeitet und war ein ganzes Jahr in Baku, Jerewan und Stepanakert: Faszinierende Einblicke in die Struktur dieses Konflikts, aber nicht mehr von der Perspektive eines Wissenschaftlers, sondern in einem diplomatischen Kontext.

Meine Arbeit zog mich weiter, nach Georgien, wo mich beruflich die Entwicklung dieser turbulenten kleinen Kaukasusrepublik beschäftigte, aber natürlich ist meine Verbindung zu Armenien, den Menschen und zu der Thematik nie abgerissen.

Die Bürger einer sich erweiternden Europäischen Union können die Wiederkehr des Völkermordes an den Armeniern in die politische Debatte in den letzten Jahren verfolgen. Die Diskussion um die Anerkennung des Völkermordes an den Armeniern durch den Nachfolger des Osmanischen Reichs, die Türkei, ist von großer Bedeutung nicht nur für die Armenier sondern auch für die Türken.

Für die Armenier ist die Anerkennung von Bedeutung, weil damit ein tiefer Wunsch nach historischer (!) Gerechtigkeit erfüllt würde (die Toten bleiben tot, man kann sie nicht mehr um Verzeihung bitten). Damit würde der zweite (weiße) Genozid durch das Vergessen und Leugnen beendet.

Die offizielle Türkei wehrt sich mit vielen Mitteln nicht nur gegen die Anerkennung sondern auch (noch) gegen eine substanzielle Debatte, allerdings erscheint es auch manchem türkischen Wissenschaftler, dass die Anerkennung wichtig wäre, da die Leugnung und Tabuisierung von Verantwortung aus dem, was die Väter und Mütter getan haben, keine gute psychologische Voraussetzung für die weitere Entwicklung einer offenen, demokratischen Gesellschaft darstellen kann. Die Frage ist, ob man der Türkei und den Türken ihre eigene Art und Geschwindigkeit im Umgang mit den Geschehnissen um das Jahr 1915 gestatten soll, oder inwieweit es legitim ist, sich auch von außen, aus Europa in diese Debatte einzuschalten. Die gesellschaftliche Debatte in der Türkei um den Völkermord an den Armeniern hat gerade erst begonnen. Erst seit wenigen Jahren wird in der Türkei offener geredet über die Zeit, die Werfel in seinem „Musa Dagh" beschrieb. Und wer will schon sagen, inwieweit die graduelle, langsame und bislang noch vage Annäherung an die EU den Knoten lockern half?

Es handelt sich um ein Dilemma: Auf der einen Seite sollte der Türkei eine eigene, eine türkische Debatte ermöglicht und sie nicht bevormundet werden, auf ihrem Weg hin zu einer ehrlichen Auseinandersetzung mit dieser auch für sie schmerzhaften Thematik. Auf der anderen Seite gilt es, die Erwartungen der Armenier zu respektieren, der Opfer des türkischen Völkermordes, die auf eine offizielle Anerkennung ihres Leidens bestehen. Ein formelhafter Kompromiss um diese Frage, nur um die EU-Europäer zufriedenzustellen, würde diesen Prozess "abtreiben", er wäre nicht gut für eine mögliche türkisch-armenische Versöhnung.

Im Kaukasus greifen alle diese Themen ineinander, sind unlösbar verbunden: Das Streben nach einem ideellen Europa ebenso wie kleinkreisige Xenophobie und Arroganz gegenüber dem anderen Volk. Eine offener werdende Debatte um Geschichte (und Geschichtsschreibung) ist nicht nur der Türkei zu wünschen.

Dr. Volker Jacoby
freier Berater

Hannover, den 7. März 2005

Armenien – das war für mich erst ein Thema, als ich Bischof Bozabalian beim Ökumenischen Rat der Kirchen kennen lernte. Ein sanftmütiger, aber überzeugender Mann, der mir bei unseren Zentralausschusssitzungen immer wieder von Armenien erzählte. Eine tiefere Begegnung gab es nach einer Niederlage. Ich hatte versucht, den Zentralausschuss in Moskau 1989 mit anderen zu überzeugen, dass die Menschenrechtsverletzungen in Rumänien verurteilt werden müssten. Mit großem Pathos wurde erklärt, das seien die emotionalen Auswüchse einer jungen Deutschen. Die Fakten würden klar bezeugen, dass es Freiheit auch für Christen in Rumänien sowie die Minderheiten gebe. Das war einer der seltenen Fälle, in denen ich vor Enttäuschung, Trauer, Zorn und Scham über die offensichtliche Verdrehung der Tatsachen mit Tränen in den Augen den Plenarsaal verließ. An dem Abend luden mich die Mitglieder der armenischen Delegation zum Essen ein und versuchten, mir – in der Bundesrepublik aufgewachsen – zu erklären, dass manchmal die Spielregeln eben so seien, dass die Wahrheit nicht Oberhand gewinnt und ich lernen müsste, einen langen Atem zu haben. So lange es her ist, habe ich diesen bei aller Ernsthaftigkeit geradezu fröhlichen Abend in lebhafter Erinnerung. Anschließend dachte ich: „Die Lektion lautet, du brauchst Geduld, damit die Wahrheit ihren Ort findet."

Und dann 1990 konnte ich zu einer ökumenischen Konferenz nach Armenien ins Kloster Etschmiadzin fahren. Das war eine der beeindruckendsten Reisen in meinen knapp 20 Jahren in Gremien des Ökumenischen Rates der Kirchen. Ich habe sie damals festgehalten in einem Artikel unter der Überschrift „Mutter Armenien weint".[1] Erst dort erfuhr ich von der Tragödie des armenischen Volkes 1915/16, von der mehr als 4000 Jahre alten Geschichte, von Verfolgung, Eroberung und Exilierung, bedingt durch die strategische Lage des Landes. Die unvorstellbare Orgie des Hasses und der Gewalt, der vor 90 Jahren rund 1,5 Millionen

1 Junge Kirche 10/1990, S. 569ff.

Armenier zum Opfer fielen, wurde wieder und wieder sichtbar in Monumenten und hörbar in Geschichten. Dass es mit Johannes Lepsius ein deutscher Theologe war, der den Völkermord an den Armeniern dokumentiert hat, das hat mich damals ungeheuer bewegt. Und nach dem Besuch habe ich selbstverständlich sofort „Die vierzig Tage des Musa Dagh" von Franz Werfel aus dem Jahre 1933 gelesen. Für mich bezeugt dieser Roman bis heute symbolisch das Leid von Menschen, die verfolgt, ja ermordet werden, und auch den Mut, der aus dem Glauben kommt, den Mut, entschlossen für die Freiheit einzutreten. Dass dieser Roman im selben Jahr erschienen ist, in dem in Deutschland ein Regime an die Macht kam, das entschlossen war, das Judentum in Europa auszurotten, bewegt mich bis heute.

Ich habe damals eine große Zuneigung zu den Armeniern entwickelt. Oft konnte ich erleben, dass in einem fremden Land – beispielsweise in Chile – der Katholikos Aram I. (der Vorsitzender des Zentralausschusses des Ökumenischen Rates der Kirchen ist), von Exil-Armeniern, wo immer wir waren, mit großer Freude, großem Respekt empfangen wurde. Ein ganzes Volk in der Diaspora voller Zuneigung und mit deutlichem Bewusstsein für die eigenen Wurzeln – das hat mich immer wieder beeindruckt. Dass die Armenier ihren eigenen Glauben, ihre persönliche Prägung mitten in der Orthodoxie bewahrt haben, auch das finde ich eindrücklich. Orthodoxie ist eben nicht monolithisch, sondern es gibt innerhalb der Orthodoxie eine je ganz besondere, eine tiefe kulturelle und auch nationale Prägung des Glaubens. Oder aus evangelischer Perspektive gesprochen: letzten Endes gibt es bei aller Einheit Vielfalt, wie im Protestantismus auch.

Und schließlich hat sich bei meinem Besuch Trauer breit gemacht. Das ist der Verlust der Unabhängigkeit zur Zeit der Sowjetunion, die Zerstörung der Hoffnung auf eine eigene Republik. Verkraftet werden muss der Verlust von Land, das Drama von Berg-Karabach mit den Armeniern mitten in Aserbaidschan und pogromartigen Übergriffen, von denen immer wieder erzählt wurde. Und schließlich der Schmerz der aufgezwungenen Grenzziehung, der den Berg Ararat, der von weiten Teilen Armeniens sichtbar ist, auf dem Gebiet der Türkei festschrieb. Und zusätzlich das Drama des Erdbebens vom 7. Dezember 1988, das für viele längst vergessen ist und sich doch in den Seelen der Kinder beispielsweise fest eingeprägt hat. Wir haben damals einige betroffene Gebiete besucht, das war bewegend.

In Deutschland ist der Völkermord an den Armeniern in den vergangenen Wochen interessanterweise in der Tagespresse zum Thema geworden. Anlass war allerdings nicht die Lektüre von Lepsius, sondern das einzige Bundesland, in dem der Genozid von 1915 im Geschichtslehrplan der 9. und 10. Schulklasse aufgenommen war. Aufgrund einer diplomatischen Intervention der Türkei wurde dieses Thema in Brandenburg aus den Geschichtsbüchern gestrichen. Das hat zu heller Empörung geführt, viele Menschen, Forscher, Politiker haben energisch dafür plädiert, den Mord an den Armeniern als Beispiel für Gewalt und Völkerhass in den Plänen des Geschichtsunterrichtes zu belassen. Dies ist inzwischen geschehen...

Für die Evangelische Kirche in Deutschland ist es eine Grundüberzeugung, bei den Diskussionen um einen möglichen Beitritt der Türkei in die EU bzw. den nun beschlossenen Beitrittsverhandlungen neben Menschen- und Frauenrechten sowie der Religionsfreiheit immer als entscheidendes Kriterium auch die offizielle Anerkennung des Völkermordes an den Armeniern als Voraussetzungen einzufordern.

Ich habe hohen Respekt vor dem armenischen Volk, das seine Identität durch alle Verfolgung immer wieder bewahrt hat. Vor allem hoffe ich, dass es bei einem überzeugenden Weg bleibt, die eigene Identität gewaltfrei in der Tradition des christlichen Glaubens zu verteidigen. In Etschmiadzin hat mich sehr berührt, dass der inzwischen verstorbene damalige Katholikos deutsch sprach. Er war bei einer deutschen Familie aufgewachsen und hatte doch seine armenische Identität bewahrt. Verbunden fühle ich mich, wenn sie danach fragen, nicht nur aus allgemeinem Interesse, sondern weil die Armenier für die weltweite christliche Gemeinschaft Glaubenszeuginnen und Glaubenszeugen der allerersten Stunde sind. Bei aller Verschiedenheit, die Geschwister an sich haben, sind wir Schwestern und Brüder in der Nachfolge Jesu Christi.

Und ob nun die Arche Noah einst dort landete oder nicht –

der Berg Ararat ist wohl weltweit ein Symbol für Armenien. So hoffe ich, dass der Wandbehang der weinenden "Mutter Armenien" im Kloster Etschmiadzin vielleicht eines Tages ein Gegenüber erhält, einen Wandbehang, auf dem "Mutter Armenien" sich freuen kann über die friedliche Existenz ihres Volkes in gesicherten Grenzen, in Anerkennung der Geschichte und in Gemeinschaft mit Christinnen und Christen in aller Welt.

Dr. Dr. h.c. Margot Käßmann
Landesbischöfin der Ev.-Luth. Landeskirche Hannovers

Leipzig, den 30. März 2005

Vor zwölf Jahren entdeckte ich in einer Leipziger Buchhandlung den Band „Der Völkermord an den Armeniern. Die Tragödie des ältesten Christenvolkes der Welt“ von Wolfgang Gust. Damals, im Jahre 1993, war ich 20 Jahre alt. So begann die Beschäftigung mit einem Thema, das mich seitdem nicht mehr losgelassen hat. Es folgte die Lektüre von Franz Werfels Roman „Die vierzig Tage des Musa Dagh“ und einiger Schriften von Johannes Lepsius. Darüber hinaus beschäftigte ich mich aber auch mit Geschichte, Landeskunde und der Kirche Armeniens. Meine Kenntnisse vertiefte ich später durch den Besuch von Lehrveranstaltungen an der Theologischen Fakultät in Halle/Saale bei Dr. Chatschik Lasarjan, Diakon der Armenischen Apostolischen Kirche. In einem Gemeindekreis meiner Kirchengemeinde, der Evangelisch-Lutherischen Auferstehungsgemeinde Leipzig-Möckern, wurde die Geschichte Armeniens und des Völkermordes an den Armeniern mehrmals thematisiert. Im Gedenkjahr 2005 soll in einem unserer Gemeindeabende an den Völkermord erinnert werden. Auch der Gottesdienst am 24. April wird im Zeichen der Erinnerung an die schrecklichen Ereignisse vor 90 Jahren stehen. Die Vorstellung von Jochen Mangelsens Buch „Ophelias lange Reise nach Berlin“ in einem Gemeindekreis soll im Herbst erfolgen.

Besonders betroffen war ich von der Tatsache, dass die Türkei den vom Osmanischen Reich an den Armeniern begangenen Völkermord bis heute leugnet. Auch in Deutschland haben immer noch viele Menschen von den Verbrechen, die im Ersten Weltkrieg am armenischen Volk in der Türkei verübt worden sind, nichts gehört. Hier ist noch viel Aufklärungsarbeit nötig. Dabei muss auch die Mitschuld der "christlichen" Staaten Deutschland und Österreich-Ungarn zur Sprache kommen, die von den Geschehnissen im verbündeten Osmanischen Reich wussten, aber nicht eingegriffen haben. Von deutscher Seite sollte Druck auf die Türkei ausgeübt werden, den Völkermord an den Armeniern endlich als historische Tatsache anzuerkennen. Ein erster Schritt wäre die Aufarbeitung und Anerkennung des Völkermordes durch das deutsche Parlament. In vielen anderen Staaten (z.B. Frankreich, Schweiz, Belgien, Vatikanstaat, Polen, Slowakei) ist das bereits geschehen. Deutschland kommt hier, so denke ich, eine besondere Verantwortung zu, wird doch Adolf Hitler der Ausspruch „Wer redet heute noch von der Vernichtung der Armenier?“ (1939) zugeschrieben. „Vielleicht hatten die deutschen Völkermörder das Muster des Holocaust an den Juden im Genozid an den Armeniern gefunden?“, so fragt Wolfgang Gust in seinem Buch. Gut wäre es, wenn der Völkermord an den Armeniern bundesweit Aufnahme in die Lehrpläne der Schulen fände. Auch zu erwartende türkische Proteste – siehe das Beispiel Brandenburg – dürfen davon nicht abhalten.

Die Armenier in der Türkei wurden nicht zuletzt wegen ihres christlichen Glaubens verfolgt, deportiert und ermordet. In einem islamischen türkischen Nationalstaat hatten sie (wie z.B. auch die Griechen) keinen Platz mehr. Trotz mancher Bekehrungsversuche sind nur wenige Armenier vom christlichen Glauben abgefallen. Das Festhalten am Christentum durch 1700 Jahre hindurch, die sehr oft von andersgläubigen Fremdherrschern geprägt waren, hat mich tief beeindruckt und ist ein weiteres Motiv, das mich zur Beschäftigung mit den Themen Armenien und Völkermord angeregt hat.

Eine offizielle Anerkennung des Genozids am armenischen Volk durch den Nachfolgestaat des Osmanischen Reiches könnte zu einem Neuanfang in den Beziehungen zwischen Armenien und der Türkei führen. Auch über eine Entschädigung des armenischen Volkes müsste nachgedacht werden, gleichwohl der Verlust an Menschenleben, Kulturgütern und der Heimat eines Großteils des armenischen Volkes nicht durch Geldzahlungen wieder gutgemacht werden kann. Nicht zuletzt könnten von einer Aufarbeitung der Geschichte auch die Armenier und alle Christen in der Türkei profitieren. Eine Entschädigung der Armenier sollte auch durch Finanzierung von Kirchen und Kulturzentren in der Türkei durch den türkischen Staat erfolgen, da längst nicht alle armenischen Gemeinden über eigene Räumlichkeiten verfügen. Auch die Erschwernisse, die christlichen Kirchgemeinden und Schulen das Leben schwer machen, müssten endlich aus dem Weg geräumt werden.

Der von der Türkei angestrebte Beitritt in die Europäische Union erfordert eine Aufarbeitung der eigenen Geschichte und den Schutz der christlichen Minderheit. Armenien und die Anerkennung des Völkermordes an den Armeniern müssen von der europäischen Politik bedacht werden, wenn es zu einer gedeihlichen Zusammenarbeit mit der Türkei kommen soll.

Dirk Klingner
Student der Theologie und Geschichte an der Universität Leipzig,
Vorsitzender des Kirchenvorstandes der Ev.-Luth. Auferstehungs-
kirchgemeinde zu Leipzig-Möckern

Leipzig, Ende April 2005

Mit der Vertreibung und Ermordung eines großen Teiles des armenischen Volkes bin ich zuerst vor Jahrzehnten durch Franz Werfels „Die 40 Tage des Musa Dagh“ konfrontiert worden – ein mich erschütternder Bericht. Allerdings war mir damals das Problem der politischen Anerkennung dieser Tragödie, auch in Deutschland, noch nicht bewusst. Nach allem, was über die Umstände des Schweigens auf deutscher Seite bekannt geworden ist, begrüße ich es ausdrücklich, dass die deutsche Politik sich jetzt dieses verdrängten Themas annimmt. Gleichzeitig erhoffe ich mir freilich auch von türkischer Seite eine angemessene Anerkennung dessen, was tatsächlich geschehen ist. Es muss sicherlich in Rechnung gestellt werden, dass die Situation des Ersten Weltkriegs und darin diejenige der Bündnispartner schon damals und dann in der Folge eine auch nur einigermaßen zureichende Sicht auf die Geschehnisse verhindert hat. Andererseits dürfte die mittlerweile (beginnend schon mit Johannes Lepsius) erfolgte Dokumentation und historische Erforschung der damaligen Ereignisse heute keinen Zweifel daran lassen, dass es sich um Völkermord im Sinne der UNO-Definition von 1948 handelt. Deshalb ist es ein dringendes Erfordernis, dass es auch auf politischer Ebene zu einer ausdrücklichen Anerkennung des damals Geschehenen kommt und damit den Opfern und ihren Nachkommen ein Stück nachträglicher Gerechtigkeit widerfährt. Eine solche auch politische Aufarbeitung ist in den vergangenen Jahrzehnten in Deutschland im Blick auf die durch den NS-Staat verübten Verbrechen erfolgt, sie erfolgt neuerdings auch im Blick auf die Vernichtung des Herero-Stammes in Afrika am Anfang des 20. Jahrhunderts. Auch die Vernichtungsmaschinerie des Stalinismus wird seit langem nicht mehr geleugnet. Ich halte – nach meinem jetzigen Erkenntnisstand – eine ausdrückliche Anerkennung des an dem armenischen Volk verübten Genozids durch die türkische Seite (ebenso wie durch Deutschland als ehemaligen Verbündeten der Türkei) für eine entscheidende Voraussetzung dafür, dass ernsthaft über einen Beitritt der Türkei zur Europäischen Union nachgedacht wird.

Es mag aber noch auf eine andere Seite des Verhältnisses zum armenischen Volk hingewiesen werden. Auch diese andere Seite hat für mich einen persönlichen Bezug: nämlich die Wiener Begegnungen mit dem armenischen Erzbischof von Wien und Zentraleuropa, Prof. Dr. Mesrob K. Krikorian. Armenien hat sich vom Beginn des 4. Jahrhunderts an als christliches Volk verstanden, noch bevor durch Kaiser Konstantin das Christentum zur offiziellen Religion im Römischen Reich wurde. Armenien gehört damit zu den ältesten christlichen Völkern. Die Armenische Kirche hat später – trotz ihrer Kritik an dem sogenannten (monophysitischen) Eutychianismus – die Beschlüsse des Konzils von Chalkedon im 5. Jahrhundert (451), die das Verständnis der Person Christi (sogenannte Zwei-Naturen-Lehre) betrafen, abgelehnt. Dafür waren sowohl theologische wie auch politische Gründe maßgebend. Theologisch fürchtete man bei der Zwei-Naturen-Christologie um die gottmenschliche Einheit der Person Christi. Politisch und kirchenpolitisch war die Armenische Kirche auf ihre Selbstständigkeit gegenüber dem Römischen Reich und der westlichen sowie östlichen Reichskirche bedacht. Seither war die Armenische Kirche von den Kirchen im Römischen Reich getrennt.

Im Zeitalter der Ökumenischen Bewegung im 20. Jahrhundert ist es jedoch zu neuen Begegnungen und Gesprächen zwischen den getrennten Kirchen gekommen. Seit 1964 fanden Konferenzen mit Vertretern (chalkedonensischer) orthodoxer Kirchen statt, ab 1971 wurden in Wien (unter maßgeblicher Beteiligung von Mesrob Krikorian) Begegnungen mit Vertretern der westkirchlichen Tradition (römisch-katholisch und evangelisch) veranstaltet. Die sogenannte „Wiener christologische Formel“ von 1991 zeigt, wie wir heute gemeinsam das Geheimnis Christi bezeugen können, ohne die zwischen uns nicht konsensfähigen Formulierungen des Konzils von Chalkedon zu gebrauchen.

Auf diese Weise kam und kommt es zu einer ganz neuen Gemeinschaft mit einer der ältesten christlichen Kirchen der Welt. Wir begegnen dem Reichtum dieser Kirche und sind als Christen bestürzt darüber, was unseren Glaubensbrüdern im 20. Jahrhundert an Verfolgung widerfahren ist.

Vermutlich sind die Ereignisse vor 90 Jahren nicht primär

durch religiöse Faktoren bedingt, sondern eher durch politische und ökonomische Interessengegensätze und durch den Gesichtspunkt nationaler Identität. Ganz gewiss ist aber zur Aufarbeitung und Befriedung der entstandenen Situation auch eine grundlegende religiöse Toleranz zwischen christlichem und muslimischem Glauben notwendig. Auch das muss in Gesprächen mit der Türkei thematisiert werden. Wir in Deutschland haben allen Anlass, uns auf das mit dem armenischen Volk gemeinsame christliche Erbe zu besinnen, aber dabei zugleich eine Offenheit gegenüber Andersglaubenden (in unserem Falle konkret: den muslimischen Gläubigen) zu praktizieren, die trotz bleibender Gegensätze das im Erbe Abrahams gründende Gemeinsame sachgerecht würdigt.

Prof. Dr. Ulrich Kühn
Prof. em. für Systematische Theologie
an der Universität Leipzig

Leipzig, im Februar 2005

1957/58 absolvierte ich als Slawistik-Studentin der Leipziger Universität mein 3. Studienjahr an der Universität Sofia/Bulgarien, wo ich den ebenfalls dort studierenden armenischen Studenten Sarkis Latchinian aus Beirut/Libanon kennen lernte, der später mein Ehemann wurde.

Damals wusste ich noch nichts vom tragischen Schicksal des armenischen Volkes, und leider trifft das bis heute auf einen größeren Teil meiner Landsleute zu. Erschüttert war ich zu hören, wie, warum und durch wen 1915 zwei Drittel der im historischen Westarmenien beheimateten armenischen Bevölkerung grausam umgebracht wurde und dass dieser Völkermord an 1,5 Millionen Armeniern ganz unmittelbar auch die Familie von Sarkis betroffen hatte. Sein Großvater mütterlicherseits, Haroutioun Kederian, ein angesehener Lehrer, Dichter, Publizist und Dolmetscher aus Sis, wurde gleich zu Beginn der Hauptphase, nämlich im April 1915 zusammen mit anderen Vertretern der armenischen Intelligenz auf brutalste Weise mit Felsbrocken erschlagen. Einem Teil der Familien Kederian und Latchinian gelang damals die Flucht nach Frankreich und Uruguay bzw. über Syrien nach dem Libanon, wo Sarkis' Eltern mit vier kleinen Kindern in einem Flüchtlingscamp am Rande von Beirut Zuflucht fanden.

Bald konnte ich feststellen, dass dieses traumatische Ereignis auch in der Persönlichkeit von Sarkis seinen Niederschlag gefunden hatte: In seiner ernsten, verantwortungsbewussten Haltung dem Leben gegenüber (das ja eben keine Selbstverständlichkeit ist), in seiner uneingeschränkten Bereitschaft, fern der Heimat viel zu lernen und zu leisten, in seiner lebens- und berufsbestimmenden Solidarität mit den benachteiligten, d.h. ungerecht behandelten Menschen und Völkern...

Mein Vater, Kurt Skonietzki, – Gymnasiallehrer, Historiker, Christ – nahm dann die Begegnung mit seinem armenischen Schwiegersohn zum Anlass, bereits Anfang der sechziger Jahre im damaligen Merseburger Staatsarchiv nach den Schriften von Johannes Lepsius zu recherchieren und sie auszuwerten.

Dies war eine wichtige Anregung auch für mich, nach dem Studienabschluss, ersten Berufsjahren am Slawischen Institut der Leipziger Universität und der Geburt dreier Kinder – aus Erschütterung um und Bewunderung für das armenische Volk eigene wissenschaftliche Bemühungen zu entwickeln, um die weithin gähnende Unwissenheit der Deutschen um die Geschichte und Kultur des armenischen Volkes und den von ihm durchlittenen Genozid zurückdrängen und allmählich überwinden zu helfen.

Aus persönlicher Betroffenheit, aus wissenschaftlichem Interesse und aus einem prinzipiellen Gerechtigkeitsstreben entschied ich mich – neben meiner Lehr- und Forschungstätigkeit zur russischen Literaturgeschichte – für eine zusätzliche, zeit- und kraftaufwändige Arbeit, bei der ich Erfolge und Misserfolge erlebte. Da die Bekanntmachung mit dem Völkermord an den Armeniern dabei unweigerlich stets ins Zentrum rückte, erlaube ich mir, auf diesen Arbeitsprozess etwas detaillierter einzugehen.

Ich musste mir nicht nur – teilweise mit Unterstützung meines Mannes – die Grundlagen der armenischen Sprache, Kenntnisse der armenischen Geschichte und Literatur aneignen, sondern auch die Abhängigkeit solcher Bestrebungen von der gesellschaftspolitischen Entwicklung in unserem Lande erfahren, die einer Veröffentlichung dabei gewonnener Ergebnisse zeitweise förderlich, zeitweise aber auch hinderlich war.

Als ich 1964 einige – zusammen mit meinem Ehemann – ins Deutsche übertragene Gedichtproben aus der armenischen Literatur des 20. Jahrhunderts (von Je. Tscharenz, H. Schiraz, M. Markarian und G. Emin) zusammen mit einem einordnenden, also das historische Schicksal des armenischen Volkes charakterisierenden Text (natürlich unter Einbeziehung des Genozids) der Redaktion der kulturpolitischen Wochenzeitung „Sonntag“ (heute „Freitag“) zusandte, erhielt ich das Ganze mit einem zwar freundlichen, aber doch irritiert-ratlosen Schreiben zurück. Die Zeit war offensichtlich noch nicht reif für dieses Anliegen.

Das änderte sich erfreulicherweise seit Beginn der siebziger Jahre. Unser Lehrstuhl machte – besonders in der Forschung – Ernst mit der Tatsache, dass es sich bei der russischen Literatur des 20. Jahrhunderts um eine Vielzahl unterschiedlicher Nationalliteraturen (also u.a. auch der armenischen Literatur) handelte.

Verlage und Zeitschriften suchten deshalb dringend wissenschaftliche Kompetenz für Gutachten, Editionen, Rezensionen. Besonders der Berliner Verlag Volk und Welt machte sich verdient um die Veröffentlichung erster Auswahlbände aus dem Schaffen H. Tumanians, A. Isahakians, P. Sewaks und H. Matewosians, die ich entweder mit Gutachten oder mit Rezensionen in der literaturwissenschaftlichen Zeitschrift „Weimarer Beiträge" (2/1973,11 /1977, 4/1980) begleiten konnte.

Auch der Leipziger Verlag Bibliographisches Institut unterstützte diesen Bekanntmachungsprozess mit der Edition eines dreibändigen „Lexikons fremdsprachiger Schriftsteller" (1977, 1979, 1980), wozu ich über vierzig Artikel über das Leben, Schaffen und die Rezeption armenischer Schriftsteller beisteuerte. Diese Linie setzte der genannte Verlag auch 1983 mit der Veröffentlichung eines ersten Hochschullehrbuches („Einführung in die multinationale Sowjetliteratur") fort, wozu ich u.a. ein Überblickskapitel über die armenische Literatur von den Anfängen bis zur Gegenwart schrieb. Ein solches erschien von mir später auch in „Kindlers Neues Literaturlexikon", Band 20 (München 1992). Forschungsergebnisse zum Thema „Leipzig und Armenien. Zu kulturellen Beziehungen im 19. und 20. Jahrhundert" konnte ich neuerlich auch in den Band „Osteuropa in Tradition und Wandel. Leipziger Jahrbücher", Band 3 (1) 2001 einbringen. Andererseits scheiterte eine zwischen dem Verlag Volk und Welt und mir als Herausgeberin, teilweise Übersetzerin und Nachwortautorin vertraglich vereinbarte Anthologie „Armenische Erzählungen des 20. Jahrhunderts" (432 Seiten) im Endstadium, also nach der Druckfahnenkorrektur: Infolge der politischen Wende verzichtete der Verlag im März 1990 auf die Fertigstellung und Auslieferung dieses und anderer Buchprojekte aus Sorge um den Absatz und seine weitere Existenz. Tatsächlich wurde er wie die meisten DDR-Verlage bald geschlossen und ein Großteil der verbliebenen Bücher vernichtet.

Eine offizielle und damit politische Anerkennung des Völkermordes durch möglichst viele Regierungen Europas und der Weltgemeinschaft, insbesondere natürlich durch die Regierungen der Türkei und Deutschlands halte ich für unumgänglich. Nur eine solche könnte die Nachkommen der Opfer, aber möglicherweise auch die der Täter endlich von einer traumatischen, schwer erträglichen geistig-seelischen Last (des Geleugnetwerdens bzw. des Verleugnens) befreien. Das erfordert aber auch von beiden unmittelbar betroffenen Seiten innere Größe: Von den Nachkommen der Täter, sich ehrlich und uneingeschränkt zur Schuld und Verantwortung ihrer Vorfahren zu bekennen und diese aufrichtig zu bedauern; von den Nachkommen der Opfer die Kraft, diese Schuld trotz aller Verluste und Wunden zu vergeben und – ganz im Sinne der christlichen Ethik, aber auch der europäischen humanistischen Aufklärung (siehe Lessings „Ringparabel") – zur Versöhnung bereit zu werden.

Die Regierung der Bundesrepublik Deutschland, die zu beiden Seiten freundschaftliche Beziehungen unterhält, könnte hierbei vielleicht eine besonders wirksam vermittelnde, unterstützende Rolle spielen. Bekanntlich übernahm sie – mit allen Konsequenzen – die Verantwortung für den Holocaust, den die deutschen Nazis fast ungehindert an 6 Millionen Juden begehen konnten. Aber ihr Bekenntnis zu einer Mitwisserschaft und schweigenden Duldung des – nur 20 Jahre zuvor verübten – Genozids an den Armeniern steht noch aus. Den fatalen inneren Zusammenhang zwischen beiden Völkermorden kann man übrigens den Worten Adolf Hitlers entnehmen, die dieser am 22. August 1939 vor den militärischen Befehlshabern auf dem Obersalzberg bei der unverblümten Propagierung seiner Vernichtungsstrategie äußerte, wobei er die Teilnahms- und Gedächtnislosigkeit der Weltöffentlichkeit triumphierend einkalkulierte, indem er sagte: „Dschingis Chan hat Millionen Frauen und Kinder in den Tod gejagt... und wer redet heute noch von der Vernichtung der Armenier?"

Man sollte daraus ableiten: Wegschauen und Verschweigen kann einen Genozid nicht ungeschehen machen, sondern vielmehr dessen Wiederholung in noch grausameren Formen und Dimensionen nur begünstigen. Deshalb ist ein ehrliches Wort darüber von offizieller türkischer, aber eben auch deutscher Seite – zumal im Hinblick auf eine künftig angestrebte gemeinsame Politik in der Europäischen Union unabdingbar.

Dieser politische Schritt sollte im Namen einer besseren, konstruktiveren und vor allem friedlichen Zukunft untersetzt werden durch eine uneingeschränkte Aufklärung besonders der jüngeren Generation über die Geschichte unserer wie anderer Völker – vor allem des tragischen 20. Jahrhunderts: Der jungen Generation muss vor Augen geführt werden, dass die Blutspur mehrerer grausamer Völkermorde – an den Hereros in Deutsch-Südwestafrika (1906), an den Armeniern (1915), an den Juden, Sinti und Roma (1933-45) in die beiden opferreichen Weltkriege mündete bzw. in deren Schatten verlief und selbst in den Jahrzehnten danach weitergezogen wurde, wie die Massenmorde in Guatemala (1954), in Kambodscha (Anfang der 80er Jahre) und in Ruanda (Mitte der 90er Jahre) beweisen. Immer diente eine chauvinistisch-rassistische "Theorie" dazu, die Ausrottung schwächerer Völker zu "legitimieren". Die Verbreitung eines fundierten und differenzierten historischen Wissens sollte also diese und andere Zusammenhänge aufhellen, könnte vor der Verführungskraft neuerlicher Rattenfänger schützen und uns vor der Wiederholung solchen Grauens bewahren. Gemeinsam müssen wir uns ehrlich und geduldig um die Ausprägung und Pflege einer entsprechenden Erinnerungskultur bemühen, denn in der globalisierten Welt bestätigt sich fast täglich aufs Neue: „Es gibt kein fremdes Leid".

Ein politisch geduldetes Leidensschicksal erwächst leider immer noch aus dem historisch tradierten, faktisch unterschiedlichen Gewicht und Wert von Völkern und Staaten. Wenn wir heutzutage aber von "Weltgemeinschaft" sprechen und auch aus Gründen der historischen Einsicht und Humanität, dürften wir solches nicht mehr hinnehmen, d.h. wir sollten es dem betroffenen Volk, also in diesem Kontext dem armenischen, nicht mehr zumuten. Zugemutetes bzw. erduldetes Leiden eines Volkes halte ich für ungerecht, es lähmt schöpferische Kräfte, verdunkelt das Leben. Es ist unsere humane und politische Aufgabe, dem armenischen Volk endlich die Bewältigung seines historischen Traumas zu ermöglichen und es dabei auf jegliche Weise zu unterstützen.

Die Tiefe der durchlittenen Unmenschlichkeit könnte – und das ist meine Hoffnung – das armenische Volk in seiner kleinen Republik und in der Diaspora aber auch auf eine neue Höhe des

Denkens führen. Sie könnte es gewissermaßen moralisch verpflichten und befähigen, seinen ganz eigenen Beitrag zur Ausprägung eines neuartigen Ethos zu wagen. Dem entspricht natürlich nicht die kürzlich getroffene Entscheidung der armenischen Regierung, mit der Entsendung von etwa 50 Soldaten die "Koalition der Willigen" im Irak auffüllen zu helfen, also makabererweise in jener Region, wo vor 90 Jahren tausende von Armeniern qualvoll ihr Leben ließen bzw. in beträchtlicher Zahl heute leben...

Sollte das leidgeprüfte, tapfere, kreative und über die Welt verstreute armenische Volk nicht vielmehr ganz andere Zeichen setzen, nämlich in Umkehrung alles Bisherigen bei der Verwirklichung einer Vision vorangehen? Sollte es nicht

- Angst, Hass und Gewalt im Kleinen und Großen grundsätzlich auf solidarische Weise überwinden helfen? Sollte es nicht mutig
- Völker, Religionen, Kulturen, Werte in ihrer Unterschiedlichkeit tolerieren? Sollte es nicht ausdrücklich auf der Gleichberechtigung im Umgang zwischen kleinen und großen Völkern beharren? Sollte es nicht
- das Recht aller auf Leben und die Entfaltung der menschlichen Wesenskräfte anmahnen, das Recht auf wechselseitige materielle und kulturelle Bereicherung und vor allem auf Frieden?

Das wäre die konsequenteste Schlussfolgerung aus der durchlittenen Tragödie und ein lebensnotwendiger Lichtblick für das armenische Volk selbst und die Völkergemeinschaft.

Dr. habil. Adelheid Latchinian
Dozentin em. für Russische Literaturgeschichte
an der Universität Leipzig

Heidelberg, den 9. März 2005

Vor sieben Jahren konnte ich, zusammen mit mehreren Familienangehörigen, an der eindrucksvollen Feier zum Gedenken an den Völkermord an den Armeniern in Jerewan teilnehmen. In der Gedenkstätte wurde damals eine Tafel zu Ehren von Johannes Lepsius angebracht, der seit den brutalen Massakern von 1895 am Schicksal der Armenier großen Anteil genommen hatte. Lepsius, ein evangelischer Pfarrer, unterstützte mit dem von ihm gegründeten Hilfswerk Waisenhäuser, Krankenstationen, Schulen und Fürsorgeeinrichtungen für die Hinterbliebenen, er gründete auch eine Teppichfabrik in Urfa. Mit seinen Mitstreitern, unter ihnen der Theologe Martin Rade mit dessen Zeitschrift „Die christliche Welt“, bemühte er sich, in Deutschland und der Schweiz für die Lage der Armenier im Osmanischen Reich Interesse zu wecken, Spenden für die Hilfsprogramme zu sammeln und für die Menschenrechte der Armenier und ihr Recht auf Selbstverwaltung zu werben. Alle diese Anstrengungen und auch die internationalen Interventionen zu Gunsten der Armenier konnten die tragischen Ereignisse im Jahr 1915 nicht verhindern. Vom Mantel des Ersten Weltkriegs und der Feldzüge der Türken und Russen in Ostanatolien und im Kaukasus verdeckt, veranlasste die damalige Regierung die Verfolgung und Vertreibung der Armenier. Diese "ethnische Säuberung" brachte der Mehrheit des armenischen Volkes im Territorium des Osmanischen Reiches den grausamen Tod. Johannes Lepsius hat diese Verbrechen gegen die Menschlichkeit 1915/16 dokumentiert und dagegen seine im Deutschen Reich unterdrückte Stimme erhoben. Sein Leben war 30 Jahre lang mit dem Schicksal der Armenier eng verbunden. Noch kurz vor seinem Tode 1926 bemühte er sich um die Gründung einer armenisch-deutschen Akademie in Potsdam, um das reiche kulturelle Erbe Armeniens zu pflegen und die deutsch-armenischen Beziehungen zu fördern. In seiner Familie blieben sein Wirken und der Völkermord an den Armeniern unvergessen.

Die 90. Wiederkehr des Beginns der Verfolgung und Ermordung ist ein Trauertag für alle Armenier. Er ist weltweit ein Gedenktag an ein furchtbares Ereignis in der Geschichte von "ethnischen Säuberungen" und des durch sie ausgelösten Todes und Leidens von Millionen von Menschen. Noch immer verweigert die Türkei die Anerkennung dieses furchtbaren Geschehens und damit die Ehrerbietung gegenüber den Opfern. Wir Deutsche haben besonderen Anlass, uns von dem Schicksal der Armenier mahnen zu lassen. 1915 deckte die deutsche Regierung die Morde an den Armeniern mit dem Argument der "Waffenbrüderschaft" mit den Türken im Ersten Weltkrieg. Heute dürfen wir Deutsche uns dem Interesse der Türken an der Verharmlosung, ja Leugnung des Völkermordes an den Armeniern nicht fügen, gerade auch nicht mit dem Argument, man müsse den Weg der Türkei in die Demokratie und die Europäische Union unterstützen. Aus unserer historischen Schuld an der systematischen Ermordung der europäischen Juden folgt eine besondere Verpflichtung, für die Menschenrechte einzutreten. Über die Verbrechen anderer können wir uns angesichts unserer eigenen Geschichte moralisch nicht erheben. Aus deutscher Sicht verbindet sich mit der Anerkennung des Völkermordes an den Armeniern keine Anklage gegen die heutige Türkei. In den letzten Jahrzehnten ist aber nicht nur in Deutschland eine Erinnerungskultur auch an die dunklen Seiten der eigenen Geschichte entstanden. Sie dient der Bewusstmachung von Verbrechen und der Versöhnung, befreit die Zukunft von traumatischen Erinnerungen, die durch Leugnung doch nicht vergehen.

Wir können die Türkei nicht zwingen, ihre Politik der Leugnung des Völkermordes an den Armeniern aufzugeben. Aus unserer eigenen Geschichte können wir ihr nur raten, dies zu tun. Sie würde dadurch Ansehen und Selbstgewissheit gewinnen. Es liegt im Interesse Europas, im Bereich der Europäischen Union und der ihr assoziierten Staaten einen Raum des Friedens, der Freiheit und der Menschenwürde zu gestalten, die Grenzen der Türkei gesichert und deren Beziehungen zur Republik Armenien friedlich paktiert zu sehen. Die türkisch-armenische Grenze muss geöffnet werden für den Verkehr von Gütern, Personen und Ideen, sie sollte für beide Länder zu einer "versöhnten" Grenze werden, so wie es die Oder-Neiße-Grenze zwischen Deutschland und Polen wurde.

Die Türkei wehrt sich mit allen Mitteln gegen die Verwendung des Ausdrucks "Völkermord". Wenn man mit diesem Ausdruck das nationalsozialistische Menschheitsverbrechen des Judenmordes, des Holocaust, assoziiert, kann man diese Abwehrhaltung bis zu einem gewissen Grade verstehen. Zwar ist die "ethnische Säuberung" und der dadurch verursachte Massentod der Armenier ein "Völkermord", doch gibt es gute Gründe, ihn von dem Mord an den europäischen Juden zu unterscheiden, nicht jeden Völkermord auf die Ebene des Holocaust zu stellen. Die Verständigung zwischen Türken und Armeniern sollte nicht von Anfang an durch den Begriff "Völkermord" verstellt werden. Es geht um die Anerkennung des tragischen Schicksals der Armenier im Osmanischen Reich als eines damals in seiner Existenz bedrohten Volkes und um seine großen menschlichen, territorialen und kulturellen Verluste.

Die Verbrechen der Vergangenheit sind geschehen, sie können nicht wieder gutgemacht werden. Sie sind die Folge eines fanatischen Nationalismus, der im Zuge von Nationalstaatsbildungen häufig entsteht. Immer wenn Existenz und Geltungsanspruch einer Nation mit ihrer inneren Homogenität nach ethnischer Herkunft, kultureller Einheitlichkeit und religiöser Gemeinsamkeit begründet werden, kommt es zu Unterdrückung, Vertreibung und "Umvolkung" von Minderheiten. So war es auch im Falle der Türkei. Das Osmanische Reich war ein Vielvölkerverband, der sich weit über das Territorium der heutigen Türkei hinaus erstreckte. Die türkische Nation formte sich erst im Prozess seiner Auflösung. Der ethnische und kulturell homogenisierte europäische Nationalstaat diente dabei als Modell, das durch internationale Interventionen im Jahre 1914 verstärkt wurde. Die Armenier waren das erste Opfer des türkischen Nationalismus, es folgte Anfang der 20er Jahre die Aussiedlung der Griechen aus Kleinasien, und auch die bis in die jüngste Zeit andauernde Unterdrückung der Kurden steht in diesem Zusammenhang. Der Verständigung mit den Griechen muss nun die Aussöhnung mit den Armeniern folgen. Dazu bedarf es eines Bemühens um die Anerkennung der tragischen Geschichte. Heute ist die Türkei eine selbstbewusste Nation, sie sollte die Verbrechen, die bei ihrer Entstehung begangen wurden, anerkennen. Die Demokratisierung der Türkei verschiebt die Grundlage der politischen Nation von deren erzwungener kollektiver Homogenität auf das Kriterium der Geltung staatsbürgerlicher Gleichheitsrechte. Damit wachsen hoffentlich auch die Chancen für eine befriedete Nachbarschaft von Armeniern und Türken.

Diese hatte auch Johannes Lepsius erstrebt. Er war ein Freund der Armenier, aber kein Feind der Türken.

Prof. Dr. Dr. h.c. M. Rainer Lepsius
Prof. em. für Soziologie an der Universität Heidelberg

Freiburg/Essen, den 4. Februar 2005

Im Sommer 1986 drehte ich mit zwei Kameraleuten einen Film, „Die Bagdadbahn“, über die Eisenbahnlinie also, die um 1900 von Deutschen begonnen wurde, mit der das "Deutsche Reich" Kaiser Wilhelms II. im Auftrag der osmanischen Regierung eine Bahnverbindung von Deutschland bis in den Orient errichten wollte, über einen Bahnbau, der damals für viel Aufregung sorgte. Vor allem England und Russland fürchteten um die Regionen, in denen sie ihren Einfluss festigen wollten, ihre kolonialen Machtpositionen. Der Bau der Bagdadbahn war einer der vielen Gründe dafür, dass es 1914 zum internationalen Kampf kam, zum Ersten Weltkrieg.

Bei unserer Suche nach dem alten Streckenverlauf kamen wir schließlich über Adana hinaus nach Ostanatolien, über Gaziantep bis an den Euphrat, wo die Bahn noch heute auf einer vom Deutschen Reich errichteten Stahlbrücke den Strom überquert. Unterwegs fielen uns hier, an der Nordost-Ecke des Mittelmeers, ringsum auf den Bergen die zahlreichen Ruinen auf, Reste von Burgen oder Klöstern. Wir haben lange fragen müssen, bis uns jemand sagen konnte, um welche alten Anlagen es sich da handelte. Zweifellos gab es schon seit der Zeit der Kreuzzüge an dieser strategisch wichtigen Ecke stets ein besonderes Bedürfnis nach Sicherheit, nach Sicherung der Handelswege und der Heerstraßen.

Schließlich konnten uns Dorfbewohner immerhin sagen, dass die Ruinen auf den Bergen ringsum „von Armeniern“ gebaut worden seien. Wir bestiegen mit unserer schweren Kamera-Ausrüstung für den Film „Die Bagdadbahn“ einige dieser Anhöhen. Die Wege waren schlecht, da war nichts repariert, es gab keinerlei Spuren von Sanierungen, auch keine Hinweise für Touristen, aber in den Ruinen christliche Zeichen, Kreuze, Kapellen und Reste einer Architektur, die an die Gotik erinnerte.

Und damals erinnerte ich mich auch vage an Berichte von einem Völkermord, der an Armeniern begangen worden sei. Es war nicht einfach, genauere Informationen zu bekommen. Gerade Deutsche, die knapp dreißig Jahre nach 1915 in einem unbegreiflichen kollektiven Wahn ebenfalls Massenmorde begangen haben, sollten die Hintergründe und Ursachen der Massaker am armenischen Volk besonders interessieren.

Es scheint mir so, als ob auch die menschliche Population ab und zu einem rattenhaften Vernichtungsfuror verfällt, einem Zustand, der rational nicht mehr erklärbar ist, vielleicht sind da kollektive Angstlähmungen am Werk, allgemeine Wahnvorstellungen. Dann scheint es so zu sein, als ob plötzlich allen klar wird, alles Übel dieser Welt habe seine Ursache in einer bestimmten Rasse oder einem bestimmten Volk, und wenn man diese Rasse, dieses Volk oder diese Religion ausrottet, dann werde alles gut – so etwa, in aller Kürze, rast dann der Irrsinn.

Ich denke, in Deutschland ist nach der entsetzlichen Judenvernichtung immerhin eine demokratische Verfassung entstanden, deren Hauptanliegen auch in der Türkei Geltung haben müsste, eigentlich in allen Völkern. Das deutsche „Grundgesetz“ erklärt gleich zu Beginn: „Die Würde des Menschen ist unantastbar.“ Das heißt, jeder Mensch, gleich ob Mann oder Frau, ob Türke oder Armenier oder Kurde, gleich ob Moslem oder Christ oder Nichtgläubiger – jeder Mensch hat als Mensch ein Grundrecht auf Leben, auf Anerkennung seiner Existenz. Wenn dieses Grundrecht, das auch in der UNO-Charta festgeschrieben wurde, zum Grundgesetz aller Staaten werden könnte, zu einer Grundvoraussetzung für alles menschliche Miteinander, dann wären Unsäglichkeiten wie die von 1915 oder die von 1933 bis 1945 unmöglich. Ich weiß, auf dem Papier kann man weise Grundsätze formulieren. "Papier ist geduldig", sagt man in Deutschland. Es kommt dann darauf an, dass diese hilfreichen Grundsätze in Jedermanns Bewusstsein hineinwachsen – das braucht seine Zeit, das braucht viele Generationen, und einen Beitrag dazu sollte auch das Jahr 2005 liefern, das neunzigste Gedenkjahr der Armenier.

Jürgen Lodemann
Schriftsteller

Lauenburg/Elbe, den 6. März 2005

Hineingeboren in ein Jahrhundert der Völkermorde habe ich den Genozid am armenischen Volk erst spät wahrgenommen. Meine Kindheit in Lodz in Polen erlebte ich im Schatten des 500 Meter entfernten jüdischen Ghettos. Das Nachdenken über die deutsche und westlich-christliche Verstrickung in die Schoah als Völkermord an den Juden hat mich dann durch mein Theologiestudium begleitet. Bei der späteren Zuwendung zur Geschichte der protestantischen Mission stieß ich auf Verheerungen der deutschen Kolonialherrschaft, beispielsweise auf den Völkermord an den Hereros 1904 im heutigen Namibia. So kam es, dass ich auf das leidvolle Schicksal der Armenier erst relativ spät aufmerksam wurde.

Das geschah auf dem Umweg über die Literatur: Bereits als Student zog mich Franz Werfels historisches Epos „Die vierzig Tage des Musa Dagh“ in seinen Bann. Die heldenhafte Figur des Gabriel Bagradian und der Widerstandskampf der armenischen Männer und Frauen in den Bergen nahe dem altchristlichen Zentrum Antiochia begegneten mir so zum ersten Mal im grausigen Detail. Obwohl Werfel ja nur einen kleinen Ausschnitt der Katastrophe darstellt, wurde sie in dieser Konkretheit für mich umso packender. Das tragische Schicksal der armenischen Menschen machte mich tief betroffen. Jahre später suchte ich mit meiner Frau die Region des Musa Dagh auf, um die Orte von damals selber zu sehen.

Dieser persönliche Zugang, der Betroffenheit zulässt, ist wahrscheinlich ein Schlüssel für alle, die nicht als Angehörige des armenischen Volkes von innen her zu seiner Geschichte und dieser besonderen Katastrophe Zutritt haben. Bei dem Versuch, mit türkischen Kollegen in Hamburg ein Seminar über die Dokumentation abzuhalten, die der Ökumenische Rat der Kirchen 1984 veröffentlichte („Armenien: Tragödie ohne Ende“), lernte ich jedenfalls, wie dokumentarisch belegte Fakten an Menschen abprallen, die niemals eine persönliche Begegnung mit Armeniern hatten und für die das armenische Schicksal lediglich einen Teil einer ideologischen Auseinandersetzung darstellt. Man bekam permanent das Zitat von Mustafa Kemal Atatürk vorgehalten: „Der Armenier-Konflikt, den man mehr zugunsten der Interessen der kapitalistischen Länder der Welt als zugunsten der wirklichen Interessen des armenischen Volkes zu lösen sucht, fand seine beste Lösung durch das Abkommen von Kars“ (aus der Eröffnungsrede vor dem türkischen Parlament am 1. März 1922). Damit war der Genozid, der natürlich als solcher nicht anerkannt wurde, historisch und politisch abgehakt.

Wie dargelegt, verdanke ich den Zugang zum Leiden der armenischen Menschen der empathischen Darstellung konkreter Lebensschicksale durch jüdische Schriftsteller, an erster Stelle Werfel. Später hat mich das Buch des in Leipzig geborenen Edgar Hilsenrath „Das Märchen vom letzten Gedanken“ nicht los gelassen. Er beschreibt da bekanntlich in dramatisch-poetischer Sprache die Ereignisse von 1915 rund um die anatolische Kleinstadt Bakir, die er sich nicht „den ersten Holocaust dieses Jahrhunderts“ (Erstveröffentlichung: 1989 bei Piper) zu nennen scheut. Offensichtlich ist es nicht zufällig, dass jüdische Menschen mit ihrer eigenen Erfahrungsgeschichte von Ausgrenzung, Verfolgung und Genozid die Leidensgeschichte des armenischen Volkes besonders sensibel und eindringlich nachzeichnen. Sie haben jedenfalls das Verdienst, sie in monumentalen literarischen Dokumenten für den deutschen Sprachraum erschlossen zu haben. So ist die "armenische Tragödie" jedem deutschen Leser und jeder deutschen Leserin, die sich darum bemüht, zugänglich.

Ich hatte dann auch eine Chance, armenischen Menschen und den Ereignissen des Genozids buchstäblich näher zu kommen. Sie ergab sich aus meinem sechsjährigen Aufenthalt im Libanon, verbunden mit einer akademischen Lehrtätigkeit in Beirut. Ich hatte in dieser Zeit zahlreiche armenische Kollegen zum Beispiel an der Haigazian-Universität, armenische Bekannte und Freunde, Nachbarn und Geschäftsleute, Künstler, wie den im ganzen Orient bekannten Fotografen Manoug oder wie unseren Arzt, einen Armenier, kennen gelernt. Sie luden uns zu Musikaufführungen armenischer Chöre und Orchester, zu Vernissagen armenischer Maler, in ihre Familien und zu ihren Gedenktagen ein. Damals, 1970 habe ich den 24. April als Gedenktag an den Genozid zum ersten Mal bewusst miterlebt. Tiefere Einblicke erhielt ich durch Kontakte zur theologischen Ausbildungsstätte in den Bergen über Antelias und im Katholikosat selber. Dort wurde gerade die Bibliothek mit wertvollen Handschriften weiter ausgebaut und ein armenisches Museum aufgebaut, das inzwischen in vollem Umfang zugänglich ist. Die persönliche Verbindung zu drei einander folgenden Oberhäuptern der Armenischen Kirche, zu den Katholikoi Khoren, Karekin und Aram, ermöglichte Einsichten in die reiche Geschichte, die vielschichtige christliche Identität, aber auch in die aktuelle Lage des armenischen Volkes.

Zuallererst beeindruckte mich die unglaubliche Aufbauleistung, die von den westarmenischen Menschen nach der Katastrophe gerade auch im Libanon als ihrem neuen Lebensmittelpunkt erbracht worden ist. In Anjar in der Beka-Ebene haben die Überlebenden vom Musa Dagh ihr Gemeinwesen mit Kirchen und Schulen wieder erstehen lassen. Vor den Toren Beiruts war in Bourdj-Hammoud eine Großstadt armenischer Prägung entstanden. Mit zähem Fleiß und kreativer Intelligenz hatten sich armenische Flüchtlinge hier ein Zentrum von Handel und Handwerk geschaffen, das dem gesamten Libanon zugute kam. Darüber hinaus war im Großraum Beirut an vielen Stellen die kaufmännische und organisatorische, die intellektuelle und künstlerische Präsenz von Armeniern zu spüren: in Eliteschulen und Universitäten, im kulturellen wie im wirtschaftlichen Leben des Landes. Das in Antelias wiedererrichtete Katholikosat bildet dafür nicht nur den geistlichen und geistigen Mittelpunkt als Zentrum der alle Armenier verbindenden christlichen Tradition, sondern auch als Erbe des königlichen Hauses von Kilikien den völkischen. Unvergesslich bleiben für mich die großen kirchlichen und zugleich völkischen Feierlichkeiten, zu denen Tausende strömten, nicht zuletzt die 1700-Jahr-Gedenkveranstaltungen an die Christianisierung des armenischen Volkes 2001. Sie alle fanden immer auch im Schatten der Märtyrerkirche neben der Kathedrale als Erinnerungsort mit den Gebeinen unzähliger Opfer des Genozids statt.

So wurde jedes Mal in der Begegnung mit Armeniern die Erinnerung an die Verfolgungen wach gehalten. Was ich vorher literarisch vermittelt bekommen hatte, erfuhr ich jetzt von Zeitzeugen aus Marasch oder Kessab, die selber noch die furchtbaren Geschehnisse als Kinder erlebt hatten, oft als Waisen in einer Familie allein übrig geblieben waren. So entstand für mich ein langsamer Prozess, in dem ich mitzuvollziehen lernte, was den Armeniern angetan worden war. Es ging dabei einmal darum, das Ausmaß der Katastrophe begreifen zu lernen, das ja nicht nur in weit über einer Million Ermordeten und unzähligen Folgeopfern besteht, sondern auch in zerstörtem und geraubtem Eigentum, in vernichteten Kulturschätzen und vertriebenen Bevölkerungen, im Verlust des Jahrhunderte alten westarmenischen Siedlungsgebietes und vielem mehr. Die Tiefe des menschlichen Leides und der Verletzung eines ganzen Volkes, das ohnehin eine lange, schwere und verlustreiche Geschichte hinter sich hatte, wie wir sie in der westlichen Christenheit kaum ermessen können, verstand ich dann eher beim ergreifenden Mitvollziehen der Erinnerung an den besonderen Gedenktagen im April jedes Jahres: beispielsweise beim 55. Gedenktag in Beirut, beim 70. in Nikosia auf Zypern, beim 75. in der Paulskirche in Frankfurt am Main und beim 85. in Deir-el-Zor, dem Endpunkt am Euphrat des schrecklichen Todesmarsches von 1915.

Im Rückblick verstehe ich diesen langen und langsamen Prozess als ein Stück T r a u e r a r b e i t, deren Grundlage ist, dass ich als historisch denkender Mensch die deutsche Komplizenschaft am Genozid als geschichtliches Faktum erkannt und akzeptiert habe. Deutlich dokumentiert worden war die Komplizenschaft des Deutschen Reiches so frühzeitig wie 1916, als der evangelische Pfarrer Dr. Johannes Lepsius seinen „Bericht über die Lage des armenischen Volkes in der Türkei“ in Potsdam veröffentlichte. Dem folgten über die Jahrzehnte noch viele andere, gut recherchierte Darstellungen, beispielsweise neulich der Band von Wolfgang Gust „Der Völkermord an den Armeniern“ (München und Wien 1993). An Möglichkeiten, sich zu informieren, lag es also nicht. Nur scheint die Offenlegung von Fakten noch nicht für sich selber ein Unrechtsbewusstsein zu schaffen. Dafür braucht es, wie ich es selbst erlebt und dargestellt habe, lebendige Begegnungen mit den betroffenen Menschen. Darauf weisen auch die Erfahrungen mit Aussöhnungsprozessen zu unseren Nachbarn nach dem letzten Weltkrieg hin: Jugendaustausch, wechselseitige Besuche, gemeinsame Projekte und Partnerschaften, aber auch die Wahrnehmung der anderen über Kunst und Literatur trieben die deutsche Aussöhnung mit Frankreich, Polen und auch Israel an. Hier ist im Blick auf das armenische Volk noch wenig geschehen und offenbar gar nichts, was die Türkei angeht.

Erst wenn ein Unrechtsbewusstsein entsteht und wenigstens exemplarisch immer wieder öffentlich benannt wird, sehe ich eine Chance für ein politisch wirksames Eingeständnis von Verantwortung. Dass dies wünschenswert wäre, ist für mich keine Frage. Ohne Anerkennung der Verantwortung für den Genozid seitens des türkischen Staates wird eine Aussöhnung nicht möglich sein. Ähnliches gilt aber auch für die Komplizenschaft der deutschen Seite. Zaghafte Signale in diese Richtung waren in der bereits genannten Gedenkfeier 1990 in der Paulskirche zu hören, als die damalige Bundestagsvizepräsidentin Renate Schmidt die Gedenkrede hielt. Doch ich habe nicht ohne Grund gleich am Anfang an die Schwierigkeiten erinnert, die wir von deutscher Seite mit der Anerkennung des Völkermordes an den Hereros haben. Die Problematik hängt mit der Frage nach dem Rechtssubjekt zusammen, das die Verantwortung übernehmen soll. Das war in unserem Fall das alte deutsche Kaiserreich, dessen Rechtsnachfolge umstritten bleibt, zumal wenn es dabei um mögliche Entschädigungen geht. Die Frage lässt sich nicht in erster Linie formalrechtlich lösen. Politischer Druck von außen und Lobbyarbeit stoßen da auf Grenzen. Denn politisch ist ohne ein Unrechtsbewusstsein im Volke nichts durchsetzbar. Im Falle der Anerkennung der schuldhaften deutschen Verantwortung für den Völkermord an den Juden wirkte beides zusammen, Unrechtsbewusstsein und politischer Druck.

Für den Völkermord am armenischen Volk trifft der tragische Aspekt zu, dass er einer der ersten im letzten Jahrhundert war. Ein keimendes Unrechtsbewusstsein bei uns ist verschüttet unter der Verantwortung für so viel mehr Unrecht, das folgte. In der Türkei, wo es nach meiner Wahrnehmung überhaupt noch nicht existiert, ist seine mögliche Entfaltung zuzementiert durch eine nationale Identität ohne historisches Bewusstsein und ohne religiöse Wurzeln. Hier könnte jedoch in der Zukunft eine Chance im Prozess der von der Türkei gewünschten EU-Beitrittsverhandlungen liegen. Sie müssen Fragen nach moralischen Werten und den Grundlagen für eine europäische Wertegemeinschaft mit beinhalten. Dazu gehört auch vorrangig die Armenierfrage. Und die Kirchen Europas, verbunden in der Konferenz Europäischer Kirchen, sollten in dieser Richtung deutliche Signale setzen und eine Wertediskussion, gerade auch am Beispiel des Genozids an den Armeniern, einfordern.

Prof. Dr. Paul Löffler
Prof. em. für Ökumenewissenschaft, ehemaliger Studienleiter der Missionsakademie an der Universität Hamburg

Tübingen, den 1. Februar 2005

Nach dem Zweiten Weltkrieg, es war wohl 1947, las ich den Roman von Franz Werfel „Die vierzig Tage des Musa Dagh“ und war tief ergriffen vom Leiden des armenischen Volkes im Osmanischen Reich während des Ersten Weltkriegs. Ich war aufmerksam geworden und fand später Genaueres über dieses dunkle Kapitel jener Zeit. Völkermorde geschehen oft in Zeiten des Kriegs. Dann sind die Menschen und Regierungen mit anderen Dingen beschäftigt und die Wahrheit kann verschwiegen werden. 1915 war das deutsche Kaiserreich mit dem Osmanischen Reich im Krieg verbündet. Darum schwieg die deutsche Reichsregierung und machte sich durch Präsenz deutscher Offiziere unter von der Goltz Pascha durch Schweigen mitschuldig. Das war und bleibt eine Schande. Bis heute beschwören deutsche Regierungen die engen, geschichtlichen Beziehungen zur Türkei und setzen das Schweigen von 1915 fort und lassen sich durch Vertreter der türkischen Regierung gelegentlich dazu erpressen, in den Schulen nichts von diesem Thema, vom ersten Völkermord des 20. Jahrhunderts zu berichten. Es ist nicht gut, gegen die Wahrheit zu leben. Auf dem Verschweigen und Verdrängen liegt kein Segen Gottes. Die heutige Türkei ist nicht dasselbe wie das Osmanische Reich und sie ist kulturell und religiös durchaus in der Lage, in das Licht der Wahrheit zu treten und mit den Schatten jener schrecklichen Zeit zu leben. Die Bundesrepublik Deutschland hat es mit den Völkermorden, die das Deutsche Reich im Zweiten Weltkrieg an Juden und slawischen Völkern verübt hat, sehr viel schwerer. Wir leben in den Schatten von "Auschwitz" mit der Pflicht zur Friedenspolitik. Warum soll der Türkei etwas Entsprechendes nicht möglich sein? Nur die Wahrheit macht uns frei. Erst die Wahrheit gibt den Opfern ihre Würde zurück und lässt ihre Nachkommen in Frieden leben.

Mein persönliches Interesse am Armenischen Völkermord entsteht aus Solidarität mit den Opfern von Unrecht und Gewalttat und ist in der ökumenischen Gemeinschaft mit der Armenischen Kirche lebendig. „Wo ein Glied leidet, leiden alle anderen Glieder mit“. Das ist eine alte christliche Wahrheit. Solange den Opfern des Armenischen Völkermordes keine Gerechtigkeit widerfährt, bleibt er ein Schmerz für die ganze Christenheit auf Erden. Wir beten für sie und wissen, dass sie in jedem Gottesdienst bei uns gegenwärtig sind.

Die Opfer von Unrecht und Gewalttat und ihre Nachkommen haben immer ein langes Gedächtnis. Weil die Erinnerung schmerzt, bleibt das Gedenken lebendig. Die Täter von Unrecht und Gewalttat haben demgegenüber nur ein kurzes Gedächtnis. Sie vergessen, verdrängen, beschönigen und entschuldigen sich selbst. Um in das Licht der Wahrheit zu kommen, sind darum die Täter und ihre Nachkommen auf die Opfer und deren Nachkommen angewiesen. Man muss sich die Leidensgeschichten der Anderen erzählen lassen, man muss zuhören und sich in den Anderen hineinversetzen, um sich dann selbst von außen zu erkennen und sich mit den Augen der Opfer sehen zu lernen. Erst dann kann es zum Verstehen der Anderen kommen und – das ist wichtig – zur Selbsterkenntnis. Nicht umsonst haben Regierung und Kirchen in Südafrika für die Aufarbeitung der Täter- und Opfergeschichten im Apartheidregime die „Wahrheitskommissionen“ eingerichtet. Es wäre gut, wenn es für die Aufarbeitung des Armenischen Völkermordes von 1915 in der Türkei und in Armenien sowie zwischen den Christen und Muslimen in den betroffenen Völkern eine ähnliche „Wahrheitskommission“ gäbe unter Aufsicht der Vereinten Nationen.

„Vergessen führt ins Exil – Erinnern beschleunigt die Erlösung“ steht auf dem jüdischen Yad Vashem in Jerusalem. Diese Weisheit gilt nicht nur für Juden, sondern auch für alle Menschen. Wer die Opfer vergisst, tötet sie zum zweiten Mal, wer ihre Namen und ihr Schicksal erinnert, bewahrt ihre Würde und bringt sie zu Gott.

Nicht anerkanntes, sondern verachtetes und im Stillen erduldetes Leiden kann seine Sprache in den Klagepsalmen des Alten Testaments finden. Für mich persönlich wurde in dunklen Zeiten der Kriegsgefangenschaft Psalm 39 wichtig. Theologisch gehört es für mich in den Definitionsraum der Theologie des Kreuzes. Von dem gekreuzigten Christus sagt Jesaja 53,3: „Er war der Allerverachtetste, voller Schmerzen und Krankheiten…“. Der gekreuzigte Christus ist der göttliche Bruder der Opfer von Unrecht und Gewalttat. Die manche nicht anerkennen wollen, sind die ersten in seiner rettenden Gemeinschaft.

Prof. Dr. h. c. Jürgen Moltmann D.D.
Prof. em. für Systematische Theologie
an der Evangelisch-theologischen Fakultät
der Universität Tübingen

Jerusalem/Leipzig, im Frühjahr 2005

In den Straßen des armenischen Viertels der Jerusalemer Altstadt habe ich vor einigen Jahren alte, verwitterte und zum Teil zerrissene und beschmierte Karten an den Wänden und Toren gesehen. Der Inhalt dieser ersten Karten am Eingang des Viertels war nicht lesbar und ihre Intention nicht erkennbar. Erst beim weiteren Weg durch das Viertel konnte man vor dem Museum der Armenier einige noch lesbare Plakate finden. Sie wiesen auf den türkischen Genozid an den Armeniern hin, der im Jahr 1915, im Schatten des Ersten Weltkriegs, 1.500.000 armenische Menschen das Leben gekostet hat. Die ungefähre Zahl der Opfer, ihr Leidensweg und die Orte der Massaker waren auf dieser Karte in aller Nüchternheit nachvollziehbar.

Ich war erstaunt, hier erstmalig von einem Völkermord zu erfahren, dessen Opferzahl der Zahl der in Auschwitz Ermordeten sehr nahe kommt. In der Stadt wo ich in Yad Vashem mit den furchtbaren Ausmaßen des deutschen Holocaust konfrontiert wurde und wo die Erinnerungskultur gerade den sich verantwortlich fühlenden Deutschen erschüttert, wurde ich auf eine länger zurückliegende Massenermordung aufmerksam, von der ich bis dahin noch nie auch nur irgendetwas gehört hatte.

Meine Erinnerung an Armenien beschränkte sich auf eine Tagesschau-Nachricht, die ich als kleines Kind gesehen hatte. Sie berichtete von dem blutigen und brutalen Kampf zwischen Armenien und Aserbaidschan um die Region Berg-Karabach. Der Bericht von aufgeschlitzten Bäuchen schwangerer Frauen hat mich so erschüttert, dass sich mir diese für ein Kind scheinbar schwierigen Namen der Länder tief eingeprägt haben.

Nach der Verbindung von kindlicher Erinnerung und dem Erlebnis in Jerusalem war ich eher passiv bemüht in meinem Bewegungskreis mehr zu diesem Thema zu erfahren, Näheres herauszufinden. Ich kann nicht sagen, dass ich aktiv gesucht hätte, doch scheint mir unter den grundsätzlichen Bedingungen der heutigen Informationsfülle eine anfängliche Sensibilisierung zunächst ausreichend, um Näheres über einen Sachverhalt zu erfahren. Die

Informationen, die ich erhielt, waren immer spärlich, weil in nur sehr wenigen Foren offen über dieses Thema gesprochen wird. Eine öffentliche Auseinandersetzung mit diesem Thema schien mir bisher nie erkennbar. An Sachinformationen erfuhr ich jedoch mit der Zeit so viel, dass ich diese Informationen in mein bisheriges Wissen aus der Beschäftigung mit der Geschichte des 20. Jahrhunderts in Europa einbezogen habe.

Durch diese Informationen wurde für mich mit einem Mal die häufig ins Feld geführte Absolutheit und Unvergleichbarkeit der Schoah zumindest ein Stück weit in Frage gestellt. Es gab sowohl *vorher* als auch nachher moderne Völkermorde. Bis heute kann ich nur und weiterhin festhalten, dass in ihrer historischen Gesamtheit die Schoah an Grausamkeit und vor allem technischer Kälte des Vollzugs dieses Mordens nicht übertroffen und wohl nicht zu übertreffen ist. Sie bleibt darüber hinaus der am modernsten technisierte und industrialisierte Völkermord der Geschichte, der aber auch am weitesten bekannt, aufgearbeitet und international anerkannt ist. Es gibt zwar noch immer einzelne Menschen, die seinen nachgewiesenen Vollzug leugnen, doch sind sie, zumindest in der westlichen Welt, marginal. (Ich habe Yad Vashem auch schon mit einer Gruppe chinesischer Studenten besucht, die ganz erstaunt waren, was es dort für Bilder gab und überhaupt nicht wussten, womit sich dieses Museum beschäftigt. Europäische Völkermorde interessieren in China scheinbar nicht.) Wenn auch eine irgendwie geartete Entschädigung derartigen Leids weder individuell noch kollektiv möglich ist, wurde im Falle der Schoah der erste Versuch unternommen, die Schuld des staatlichen deutschen Rechtsvorgängers weitestgehend "wieder gutzu machen". Es fand und findet ein aktiver Umgang mit der geschichtlichen Schuld statt.

Aber von diesem Moment in Jerusalem an war die Schoah für mich nicht mehr *so* singulär, wie sie es vorher war und eben nicht mehr *völlig* unvergleichlich. Ich habe mich gefragt: Wäre es bei den technischen Gegebenheiten späterer Jahre möglicherweise schon in der jungen Türkei zu einem noch größeren und schrecklicheren Massenmord gekommen? Wäre es dann noch immer in den Wirren des Ersten Weltkriegs untergegangen? Diese Fragen sind bis heute unbeantwortet und weil sie hypothetisch sind, müssen sie es wohl auch bleiben.

Wichtiger, aber genauso unbeantwortet, sind die Fragen nach einem heutigen Umgang mit diesem Teil der türkischen Geschichte, der zu der verdrängten und unterdrückten Geschichte gehört. Über diese Verdrängung kann auch nicht die frühe Beschreibung und literarische Bearbeitung des Völkermordes durch den jüdischen Dichter Franz Werfel hinwegtäuschen, der sich so zu einem Propheten der ganz eigenen Art machte.

Im Chor weiterer Wiedergutmachung von historischen Verbrechen aufstrebender und sich emanzipierender Völker, wie etwa der Opfer der spanischen Eroberung Südamerikas und der nicht weniger brutalen und völkermordenden Eroberung des nordamerikanischen Westens durch europäischstämmige Einwanderer und sich amerikanisch fühlende Siedler, schien mir der armenische Ruf immer vergeblich verhallen zu müssen. Eine derartig umfassende juristische Aufarbeitung von Weltgeschichte scheint mir nicht denkbar und auch nicht wünschenswert. Sie könnte derartige geschichtliche Ereignisse zumal bei dem derzeitigen Stand der Aufarbeitung nicht entscheidbar machen. Doch gibt es historische Schuld, mit der man umgehen muss.

Was mir jedoch im Umgang mit dem Armenischen Völkermord von unbedingter Bedeutung scheint, ist zunächst die Anerkennung der Tat überhaupt und die Möglichkeit zu einem öffentlichen Umgang mit ihr, also die Möglichkeit einer historischen Aufarbeitung. Die seinerzeit ins Feld geführte türkische Argumentation vom russlandfreundlichen Verhalten der Armenier und die Angst vor Unterwanderung kann keine hinreichende Begründung sein, planmäßig eine dreihundertköpfige geistige Elite in einer Nacht kopflos zu machen und Hunderttausende weiterer Opfer folgen zu lassen.

Eine mögliche und möglichst offen zu führende Diskussion über Ereignisse der Vergangenheit und ihre Aufarbeitung sind dringend notwendig. Sie muss so weit gehen wie möglich.

Die Notwendigkeit der Beschäftigung mit dem geschichtlichen armenischen Leid, das zu einer scheinbar breiten Diasporaexistenz geführt hat, sollte zudem dazu genutzt werden, die Fragen zu diskutieren, wie breit eine solche Geschichte von regionaler Tat und breiter Wirkung durch Diasporaexistenz der Überlebenden führen kann.

Ist es eine Nationalgeschichte, die vornehmlich Türken und Armenier betrifft? Sollte es als Teil der europäischen Geschichte verstanden werden und somit als mögliches Beispiel der geschichtlichen Probleme dieses Entstehungsprozesses? Und wie sieht dann europäische Geschichte aus und wie versteht sie sich? Setzt Europa ein gemeinsames Geschichtsverständnis voraus? Besonders als Voraussetzung einer fortgesetzten Einigung? Oder handelt es sich um ein Ereignis, das sich an den Randschauplätzen des Ersten Weltkriegs abgespielt hat und sollte in diesem Zusammenhang rezipiert werden?

Wie zu ersehen ist, wirft der türkische Genozid an den Armeniern für mich mehr Fragen auf, als er beantworten kann. Es sind jedoch wichtige Fragen, die auf ihre Bearbeitung warten.

Martin Nelskamp
Student der Germanistik, Mittleren und Neueren Geschichte
und Philosophie an der Universität Leipzig

Zürich, im März 2005

„[...] unsere Vergangenheit verändert sich mit unserer Gegenwart. Was jetzt passiert, verändert das Gestern. Das eigene Verhältnis zum Land kann mit demjenigen zur eigenen Familie verglichen werden. Man muss damit leben können.“

(Orhan Pamuk in *Der meistgehasste Türke,* Interview von Peer Teuwsen im „Magazin der Sonntagszeitung“, Februar 2005)

Meine Begegnung als Deutscher mit dem armenischen Volk und seiner Vergangenheit hat ihren Ursprung in meinem Studium der indogermanischen Sprachen. In diesem Fach kann man lernen, dass die armenische Sprache mit der unsrigen verwandt ist, da beide von derselben (indogermanisch genannten) Ursprache abstammen. Man kann sich dort selbst davon überzeugen, dass die Ähnlichkeit z.B. der armenischen Wörter *tur, lujs, vosd, gov, schun, mug* mit unseren gleichbedeutenden Wörtern *Tür, Licht, Ast, Kuh, Hund, Maus* nicht auf Zufall beruht. Nach intensiverem Studium auch anderer Sprachen versteht man, dass armenisch *tscherm* (warm) mit unserem *Thermometer* zu tun hat, die armenische *gin* (Frau) mit der *Queen* verwandt ist und man sich in einem armenischen *bardez* (Garten) wie im *Paradies* fühlen muss.

Inzwischen habe ich Armenier in und aus einem Dutzend verschiedener Länder – darunter in Armenien selbst – getroffen, schätzen und lieben gelernt. Genau betrachtet haben diese Menschen nicht unbedingt immer viel gemeinsam: Sie leben in verschiedenen Kulturen (wie das ja seit Jahrhunderten schon teilweise der Fall ist), sprechen nicht mehr alle dieselbe Sprache und haben eine sehr unterschiedliche Einstellung zu ihrer Kirche und ihrem Volk. In einem Punkt herrscht jedoch offenbar Einigkeit unter Armeniern jeglicher Herkunft: das Bewusstsein, dass ihr Volk unter den Osmanen im letzten Jahrhundert geplantermaßen fast vollständig eliminiert wurde und der Ärger darüber, dass diese geschichtlichen Tatsachen von der türkischen Nachfolgeregierung bis heute vehement geleugnet oder gar ins Gegenteil verkehrt werden. Die Nachkommen der überlebenden Armenier müssen also nicht nur die Folgen von Vertreibung, Verfolgung und Auslöschung von Verwandten und ganzer Familien tragen, sondern auch die Bürde, selbst als *einziger* "lebender Beweis" der von den Türken bestrittenen Geschehnisse herhalten zu müssen. Von daher ist verständlich, dass das Wissen um den Völkermord und die Bezeugung desselben für viele Armenier automatisch einen wichtigen Platz für ihr persönliches Selbstverständnis und das ihres Volkes einnimmt. Dass das Verbrechen geleugnet wird, diese doppelte Tragik, ist so bei den Armeniern zu einem kollektiven Trauma geworden, das von Generation zu Generation quasi weitervererbt wird.

Ein damit verbundenes Thema, das sich jedoch nicht erst seit dem letzten Jahrhundert wie ein roter Faden durch die armenische Geschichte zieht und in Liedern besungen wird, ist das der verlorenen Heimat. Dem heutigen durchschnittlichen Mitteleuropäer, der in einem Staatsgebilde mit mehr oder minder festgefügten Grenzen lebt, wird dieser Begriff wahrscheinlich nicht in seiner ganzen Tiefe zugänglich sein: Was Heimat bedeutet, wird oft erst dem Auswanderer oder Vertriebenen, dem Heimatlosen ganz bewusst. Viele Armenier haben in der "Fremde", gerade in europäischen Ländern, eine neue Heimat gefunden. Tatsächlich verfügen die meisten Armenier, die ich kenne, über ein außerordentliches Maß an gesellschaftlicher Integrationsfähigkeit und Anpassungsvermögen neben einem großen Talent für Sprachen. Einige jener Diaspora-Armenier betrachten die Republik Armenien, die gleichsam auf einem Nebenschauplatz vor gut fünfzehn Jahren unvermutet nach dem Zerfall der Sowjetunion autonom geworden ist, als ihre "neue" Heimat, in der sie zumindest seelisch sesshaft werden. Für manche dagegen ist und bleibt ihr Heimatland verloren, da es sich unerreichbar auf türkischem Gebiet befindet, obwohl es 1918 für knapp zwei Jahre zur Unabhängigkeit gelangte – eine heute fast vergessene historische Episode. Interessanterweise konzentriert sich aber der Heimatbegriff der Diaspora-Armenier weniger auf jenes geografische Gebiet – dafür hat es sich innerhalb von Jahrtausenden stetig zu sehr verändert – als vielmehr auf einen Punkt: den berühmten Berg Ararat, den alttestamentlichen Nabel der Welt.

Gibt es eine Lösung für den Schmerz der Armenier? Für viele ist die Anerkennung des Völkermordes durch die Welt und vor allem durch die Türkei, wofür sie sich engagieren und kämpfen, die Grundvoraussetzung für das Ende ihres Leids. Ihrer Geschichte Recht und Wahrheit zu verschaffen, das ist zweifelsohne ein ehrenwertes Ziel. Und ja, sicher würde eine internationale und türkische Anerkennung des Genozids der armenischen Seele auf eine Weise Frieden und Ruhe verschaffen und die scheinbar unheilbaren Wunden sich schließen lassen. Sie könnte vielleicht einen Schlussstrich unter den Völkermord ziehen und ihn zu den anderen Kapiteln ihrer jahrhundertelangen leidvollen Geschichte legen.

Ich verstehe euren Schmerz, meine armenischen Freunde! Aber Hand aufs Herz: Glaubt ihr etwa, dass der Genozid dadurch historischer und wahrer wird, dass möglichst viele europäische Privatpersonen und Staaten ihn anerkennen? Arche Noah und Ararat-Nostalgie – reicht das aus, damit *sie* euch zu eurer rechtmäßigen Vergangenheit verhelfen? Oder ist es vielen Bürgern westlicher Länder letztlich nicht einerlei, ob ihr nun im Völkerkunde- oder im Völkermordmuseum verstaubt? Glaubt ihr so sehr an die Wahrhaftigkeit in der Politik etwa der Deutschen, denen ihr heute noch dankt für Lepsius und Werfel, während deren Gedenkhäuser dank türkischer Lobbyisten geschlossen bleiben?

Und die Türken – wer kennt sie besser als ihr? – haben sie sich jemals durch Politik anderer zu etwas zwingen lassen? Ist dies wahrscheinlicher, als dass sie mit der Zeit selbst reif werden und sich eines Tages ehrlich mit ihrer eigenen Geschichte auseinander setzen? Die türkische Regierung gibt diesbezüglich derzeit keinen Anlass zur Hoffnung, wohl aber Bekenntnisse wie die des Schriftstellers Orhan Pamuk und der Historiker Taner Akçam und Osman Köker.

Habt ihr euch je in eurer Geschichte auf jemand anders verlassen können als auf euch selbst? Nein! Denn darin ändert sich die Geschichte nicht. Dass die Welt den Völkermord anerkennt, darauf können sich die Armenier nicht verlassen und sie sollten sich als Volk und auch individuell nicht in Bezug auf ihre *zukünftige* Geschichte davon abhängig machen. Eine derartige, von anderen getragene Vergangenheitsbewältigung ist kein Garant für eine bessere Zukunft. Auch eine Anerkennung wird das "Woher kommen wir?" und "Wohin gehen wir?" des armenischen Volkes und jedes Einzelnen nicht beantworten; noch das Parlament zu Jerewan ändern!

Eine jahrtausendealte Kultur und eine jahrhundertealte christliche Tradition sind nicht Lorbeeren, auf denen sich ein Volk ausruhen darf – sie sind vielleicht die Chance, um auf dem Weg weiterzugehen, der es soweit getragen hat. Aber nicht indem ihr euren Kindern vom Völkermord predigt und sie Geld für die Straßen von Karabach sammeln lasst und darüber vergesst, ihnen eure persönliche Lebensgeschichte zu erzählen, sie ihre Muttersprache zu lehren und ihnen Sayat Nova zu singen. Ihr rühmt euch, ein altes und traditionsreiches Volk zu sein. Doch ihr seid so alt, dass ihr zu den Völkern gehört, denen andere sagen müssen, wer ihr seid. Viele von euch kennen ihre Kultur selbst nur mehr aus Büchern und haben den Bezug zu traditionellen Feier- und Namenstagen verloren. Natürlich ist vieles davon auf die immer noch andauernden Auswirkungen des Völkermordes und die gewaltsame Entwurzelung eines Großteils der Armenier zurückzuführen. Die Beschäftigung mit der Geschichte und dem Völkermord ist deshalb wichtig und kann heilsam sein, der Kampf für die Anerkennung des Völkermordes sollte jedoch dabei nicht als *alleinige* Volks- und Selbstidentifikation missbraucht werden. Andererseits glaube ich, dass die Armenier neben diesem leidvollen Kampf eine Menge an kulturellem Erbe und Fertigkeiten an ihre Kinder und an die Welt weiterzugeben haben. Immer wieder sehen wir, dass sich Armenier in vielen Ländern der Erde in verschiedenen Bereichen wie Musik, Kunst, Handwerk und Sport in hervorragendem Maße auszeichnen und dabei oft erstaunliches Geschick zeigen, Altes mit Neuem zu verbinden.

Es bleibt dem armenischen Volk zu wünschen, dass es mit seiner eines Tages hoffentlich allseits anerkannten Geschichte zur Ruhe kommt und so auch der Zukunft unbeschwerter entgegenschauen darf. Wann immer die Armenier sich persönlich und ihrem Volk gegenüber die Verantwortung nicht nur in Bezug auf die Vergangenheit, sondern auch im Hier und Jetzt tragen, wird das Lebendigsein ihrer faszinierenden, einzigartigen Kultur, die immer durch Innovationsfreude geglänzt hat, in der Gegenwart und auch in Zukunft zu diesem Ziel beitragen. Denn „was jetzt passiert, verändert das Gestern."

Dirk Nowak M.A.
Assistent am Indogermanischen Seminar
der Universität Zürich

München, den 26. Januar 2005

Das Thema des 1915 an den in der Türkei lebenden Armeniern begangenen Völkermordes ist mir zuerst begegnet durch das Buch von Franz Werfel: „Die vierzig Tage des Musa Dagh“ (1933). Die Lektüre liegt jetzt schon viele Jahre zurück, und ich habe seitdem mit großem Interesse alle Nachrichten darüber verfolgt, auch die Stellungnahme Frankreichs, die eine türkische Anerkennung der Tatsache des Völkermordes forderte, sowie die Berichte über das beschämende Schweigen Deutschlands zu diesem Thema während des Ersten Weltkrieges, weil man meinte, auf den Bundesgenossen Türkei Rücksicht nehmen zu müssen. Mein Engagement ist begründet in christlicher Solidarität mit dem armenischen Volk, und ich hielte es für wichtig, wenn die heutige Türkei diese traurige Tatsache ihrer Geschichte anerkennen und nicht mehr ihre Erwähnung sogar unter Strafe stellen würde: das wäre wichtig als Voraussetzung für eine Aussöhnung der heutigen Türkei mit den Armeniern, ähnlich wie die deutsche Anerkennung der Verbrechen des Völkermordes an den Juden die Voraussetzung für eine Aussöhnung mit dem jüdischen Volk und dem Staat Israel gewesen ist. Aus alledem ergibt sich meine Stellungnahme zu den letzten beiden Fragen. Als Christ fühle ich mich verpflichtet zu Sympathie mit einem Leidensschicksal, wie es das armenische Volk getroffen hat, und zwar in besonderem Maße, weil es sich dabei um ein Gebot christlicher Solidarität handelt.

Prof. Dr. Dr. h.c. Wolfhart Pannenberg D.D. (mult.) F.B.A.
Prof. em. für Systematische Theologie
Institut für Fundamentaltheologie und Ökumene
Evangelisch-theologische Fakultät
an der Ludwig-Maximlians-Universität München

Leipzig, Ende März 2005

Mein Interesse an Armenien, seiner Geschichte, Kultur und Sprache, das heißt: seinen Menschen in Vergangenheit und Gegenwart, reicht etwa vierzig Jahre zurück. Als ich auf der Universität Leipzig Sprachen des Vorderen Orients bei Lehrern aus Leipzig und Halle studierte, stieß ich naturgemäß auch auf das Armenische. 1965 kaufte ich mir ein kurzes russisches Lehrbuch der armenischen Sprache, das 1959 in Jerewan erschienen war, und fand in einem Leipziger Antiquariat eine ältere kleine Einführung von C. Kainz. Durch beide konnte ich mir einige Grundkenntnisse aneignen und versuchte mich dann an älteren historischen Texten. Andere Aufgaben überlagerten diese dilettantischen Beschäftigungen. Doch die Aufmerksamkeit für Armenisches blieb erhalten und die Einsicht, wie stark Armenier die Geschichte Westasiens mitgeprägt haben, wurde erweitert. Persönlich fühlte ich mich natürlich auch durch „Die vierzig Tage des Musa Dagh" von Franz Werfel angesprochen.

Vor rund dreißig Jahren wurde diese Zuwendung erneut angeregt. Während eines längeren Aufenthalts in Syrien Anfang der Siebziger lernte ich mehrere Armenier kennen. Das Interesse für ihre persönliche Geschichte und ihre Sprache führte zu herzlichen Kontakten, die zwanzig Jahre später wieder aufgefrischt und vertieft wurden. Es waren kleine Unternehmer in Damaskus, von denen einer seine Firma inzwischen erweitern und modernisieren konnte. Seine Familie stammt aus Sassun und nach Fragen erzählte er mir auch die Geschichte der Männer und Frauen, deren Fotos in seinem Büro an der Wand hingen, und zeigte mir auf einer Karte Kleinasiens die Orte, woher sie gekommen waren.

In Leipzig stieß ich in dieser Zeit auf zwei Publikationen, die ich aus unterschiedlichen Gründen für besonders wertvoll halte. Mein Hallenser Kollege Burchard Brentjes veröffentlichte 1973 im Leipziger Verlag Koehler & Amelang „Drei Jahrtausende Armenien", damals ein Unikum und beliebt wie viele der kulturhistorischen Überblicksdarstellungen dieses eifrigen Autors. Von diesen war sie mir allerdings die liebste. 1974 brachte die Evangelische Verlagsanstalt Berlin die romanhafte, illustrierte Biografie der dänischen Krankenschwester Karen Jeppe von Alfred Otto Schwede heraus, die nicht nur ich, sondern meine ganze Familie, auch Verwandte und Freunde mit größter Sympathie gelesen haben. Gerade in christlichen Kreisen dürfte dieses Buch Wissen über das Schicksal der Armenier verbreitet haben. Und nicht zuletzt habe ich über Jahrzehnte die Bemühungen von Hermann Goltz in Halle um den tapferen Johannes Lepsius mit Interesse verfolgt.

So waren Grundlagen gelegt, die immer wieder bewusst oder durch Zufälle erweitert und gefestigt wurden. Es waren also nicht nur die erschütternden Nachrichten aus dem Jahr 1915, sondern das Vorher und das Nachher, nicht nur das Lesen von Berichten und Darstellungen unterschiedlicher Art aus jener Zeit, sondern auch Begegnungen mit Enkeln und Urenkeln derer, die diese Massaker zwar überlebt, aber Verwandte, Landsleute und auch ihre historische Heimat verloren hatten.

Der Völkermord an den Armeniern ist geschehen, hat unsagbares Leid über die Armenier gebracht und die jahrhundertealten Beziehungen zu ihren Nachbarn belastet. Eine wichtige Voraussetzung für ihn war der Krieg, der immer fanatisiert, entmenschlicht und brutalisiert. Und jeder Krieg hat auch Langzeitfolgen, er führt zu Mord und Raub, Vertreibungen und Zerstörungen. Die Generationen, die ihn erlebt haben, und auch die Nachfolgenden müssen dieses Erbe tragen und anerkennen, um zu verhindern, dass neues Unrecht entsteht und dass die Beziehungen zwischen Völkern über Jahrzehnte gestört werden.

Ich bin sicher, der Völkermord an den Armeniern wird anerkannt werden. Die Zeichen erscheinen günstig. Die Anerkennung wird vor allem ideell heilen und befreien und neue Aussichten für alle Betroffenen eröffnen, um in einem geschichtsmächtigen, aber auch immer wieder gefährdeten Gebiet wichtige Voraussetzungen für sicheres, normales Zusammenleben und für eine differenzierte Sicht auf die Vergangenheit zu schaffen.

Jeder kann und muss auf seine Art dazu beitragen.

Prof. Dr. Holger Preißler

Prof. für Vorderorientalische Religionsgeschichte und Islamwissenschaft am Religionswissenschaftlichen Institut der Uni-Leipzig

Berlin, im Februar 2005

Gerne entspreche ich der Bitte um einen Beitrag zur Publikation eines deutschsprachigen Bandes aus Anlass des 90. Gedenkjahres an den Armenischen Völkermord. Ich tue das umso lieber, als ich S. H. Katholikos Aram I., unter dessen Schirmherrschaft diese Publikation erscheint, seit vielen Jahren durch unsere gemeinsame Verantwortung in der Leitung des Ökumenischen Rates der Kirchen eng verbunden bin.

Ich bin dem Thema "Armenischer Völkermord" zunächst und vor allem im Rahmen meiner kirchlich-ökumenischen Arbeit begegnet. Seit mehr als 35 Jahren war ich im Ökumenischen Rat der Kirchen engagiert, davon während 21 Jahren in Leitungsfunktionen. Die Armenische Apostolische Kirche ist eine der ältesten Mitgliedskirchen des Ökumenischen Rates und das Schicksal des armenischen Volkes und seiner Kirche war für den Ökumenischen Rat seit langem ein zentrales Anliegen, sowohl aus christlich-geistlichen wie auch aus politischen Gründen. Der Ökumenische Rat hat sich seit seiner Gründung 1948 für Frieden und Versöhnung eingesetzt. Eine der Voraussetzungen für gelingende Versöhnung ist die Anerkennung geschehenen Unrechts. Der Armenische Völkermord war der erste Akt dieser Art in der blutigen Geschichte des 20. Jahrhunderts. Es ist bekannt, dass Hitler bei der Planung des Völkermordes an den europäischen Juden zur Abwehr von Einwänden auf die mangelnde Reaktion nach dem Armenischen Völkermord hingewiesen hat. Der Ökumenische Rat hat immer wieder die entscheidende Bedeutung der UN-Konvention gegen den Völkermord von 1948 betont und die Anerkennung des Armenischen Völkermordes durch die Türkei gefordert.

Für mich persönlich war es ein entscheidendes Erlebnis, als ich bei meinem ersten offiziellen Besuch als Generalsekretär des Ökumenischen Rates der Kirchen in Armenien in Begleitung von S. H. Katholikos Karekin I. die Gedenkstätte in Jerewan besuchen konnte. Aus Deutschland kommend, konnte ich mich des Eindrucks nicht erwehren, die schrecklichen Bilder von gemarterten Menschen schon einmal gesehen zu haben, und zwar aus den

Konzentrationslagern in Deutschland. Ich spürte eine tiefe Verbundenheit und Solidarität im Erschrecken und in der Scham über menschliche Grausamkeit. Später dann habe ich die Berichte über die Vertreibung der Armenier aus Kilikien und ihrer endgültigen Neuansiedlung im Libanon gelesen. Im vergangenen Jahr konnte ich mit meiner Frau bei einer Reise nach Syrien auch die eindrucksvolle Gedenkstätte in Deir-el-Zor sehen, die Erinnerungen an meinen früheren Besuch in Jerewan wieder wach rief. Schließlich bin ich durch persönliche Verbindungen zu Prof. Hermann Goltz in Halle und durch einen Besuch des Lepsius-Hauses in Potsdam auf die Rolle des deutschen Orientalisten Dr. Johannes Lepsius aufmerksam geworden, der schon 1915 vergeblich versucht hat, durch einen Bericht über die Lage des armenischen Volkes in der Türkei internationale Aufmerksamkeit auf den Völkermord an den Armeniern zu lenken.

Mein Interesse und meine Betroffenheit durch den Armenischen Völkermord gründet daher in der tiefen Überzeugung, dass derartige Verbrechen, wie sie sich leider in den letzten 90 Jahren noch mehrmals wiederholt haben, mit allen verfügbaren Mitteln verhindert werden müssen. Die internationale Gemeinschaft muss lernen Wege zu finden, wie die Verantwortung zum Schutz der jeweiligen Bevölkerung vor Gewalttaten, vor allem wenn sie von der verantwortlichen Regierung des betreffenden Landes ausgehen, wirksam wahrgenommen werden kann. Darüber hinaus verbindet mich inzwischen mit dem armenischen Volk und seinem Schicksal die langjährige persönliche Bekanntschaft und Zusammenarbeit mit zwei der bedeutenden geistlichen Führer, d.h. Katholikos Karekin I. und Katholikos Aram I. Auch Katholikos Vazgen und den heutigen Katholikos Aller Armenier Karekin II., habe ich persönlich kennen und schätzen gelernt. Es handelt sich für mich also nicht allein um ein allgemeines und in gewisser Weise prinzipielles Interesse. Vielmehr ist meine Anteilnahme durch persönliche Begegnungen geprägt und vertieft worden.

Ich habe daher großes Verständnis dafür, dass die Armenier seit langem darauf drängen, dass die Tatsache des Völkermordes durch die heutige Regierung der Türkei offiziell anerkannt wird. Auch hier kommen für mich persönliche und allgemeinere, politische und rechtliche Gesichtspunkte zusammen. In Deutschland hat es mehrere Jahrzehnte gedauert, bis das barbarische Wüten von deutschen Soldaten und Sondereinsatz-Kommandos in Polen und unter den Völkern der ehemaligen Sowjetunion öffentlich anerkannt wurde. Dies war ein erster, unumgänglicher Schritt auf dem Weg zu einer langsamen Aussöhnung. Auch wenn die ursprünglichen Täter und Opfer nicht mehr leben, bleibt die Last der Erinnerung und sie wirkt weiter unter den Nachkommen.

In vielen Ländern, in denen massive Menschenrechtsverletzungen geschehen sind, hat es in den letzten Jahren Versuche gegeben, die traumatischen Erfahrungen durch sogenannte „Wahrheits- und Versöhnungskommissionen“ aufzuarbeiten. Dabei ist deutlich geworden, dass es um der Wiederherstellung der Würde der Opfer, ihrer Angehörigen und Nachkommen willen von entscheidender Bedeutung ist, dass die Täter oder ihre Nachkommen sich zu ihrer Verantwortung bekennen, selbst wenn eine "Wiedergutmachung" nach menschlichem Ermessen nicht möglich ist. Eine auf systematischer Unterdrückung oder gar Völkermord aufbauende nationale Identität kann auf Dauer keinen Bestand haben. Das Zerbrechen des südafrikanischen Apartheidregimes sollte ein mahnendes Beispiel sein. Andererseits zeigt die Auseinandersetzung mit der deutschen Verantwortung für den Völkermord an den Juden und ihre offizielle, politische Anerkennung, verbunden mit Schritten der Wiedergutmachung, dass auf diese Weise das Verstehen und die Verarbeitung der geschichtlichen Katastrophe gefördert werden können, und zwar sowohl für die Täter wie für die Opfer und ihre jeweiligen Nachkommen.

Jedes politisch geduldete Leidensschicksal eines Volkes oder von größeren Bevölkerungsgruppen hinterlässt Wunden, die in die kollektive Erinnerung eingehen und oft über Generationen nachwirken. Die Geschichte der Völker in der Balkanregion, die in den letzten Generationen mehrmals Opfer von politischen Machtkämpfen, imperialer Unterdrückung, Umsiedlung und Vertreibung gewesen sind, ist ein mahnendes Beispiel. Nach dem Zerfall der früheren staatlichen Ordnung brachen die alten Wunden wieder auf und entluden sich in grausamen Bürgerkriegen. Die Versöhnung der Erinnerungen auf Seiten der Täter wie der Opfer ist eine unabdingbare Voraussetzung dafür, dass eine neue, dauerhafte Ordnung entstehen kann. Das humanitäre Völkerrecht bietet für die Aufarbeitung solcher Leidenserfahrungen einen Rahmen, der neuerdings durch die Einrichtung des internationalen Strafgerichtshofes verstärkt worden ist. Die friedliche und weitgehend gewaltfreie Überwindung des Apartheidregimes in Südafrika bietet ein eindrückliches Beispiel, wie angesichts des Leidensschicksals der schwarzen Bevölkerungsmehrheit eine neue, gerechte Ordnung geschaffen werden kann.

Auch die Anerkennung der Täter oder ihrer Nachkommen, dass sie für die Verursachung von Leid an anderen Menschen oder Bevölkerungsgruppen verantwortlich sind, schafft das erduldete Leid und die Erinnerung daran nicht aus der Welt. Und dennoch ist es für die Würde der Opfer von entscheidender Bedeutung, dass Verantwortung benannt und übernommen wird. Im Falle von Völkermord legt die UN-Konvention über die Verhütung und Bestrafung von Völkermord eindeutig fest, dass die Verantwortlichen bestraft werden müssen. Diese verbindliche Strafandrohung hat immer wieder dazu geführt, dass sich nicht nur die Täter selbst, sondern auch die internationale Gemeinschaft der Anerkennung des Tatbestandes von Völkermord zu entziehen suchen. Sie scheuen die Folgen, die eine öffentliche Anerkennung oder Entschuldigung haben könnte. Eine besonders zynische Form des Ausweichens ist der Versuch, die Opfer selbst für ihr Leid verantwortlich zu machen. Der bewusste Versuch, die Strafverfolgung von Personen oder Personengruppen, die für massive Menschenrechtsverletzungen verantwortlich sind, zu vermeiden oder zu verhindern, ist zu einem brennenden Problem in vielen Ländern und für die internationale Ordnung geworden. Die heilende Kraft der Klage und der Trauer über erlittenes Leid kann sich erst dann erweisen, wenn sich die Leidenden nicht verstecken oder selbst rechtfertigen müssen, sondern darauf vertrauen können, dass ihr Schicksal öffentlich anerkannt ist. Dies ist der tiefe, geistliche Sinn von öffentlichen Klage- und Trauerritualen, sowie von Gedenkstätten, die zur Besinnung einladen. In diesem Sinn unterstütze ich den Versuch, durch Stimmen aus Deutschland, und das heißt einem Land, das schmerzliche Erfahrungen mit zugefügtem und erduldetem Leid, aber auch mit der Notwendigkeit, die Verantwortlichen zur Rechenschaft zu ziehen, gemacht hat, dem Gedenken an den Armenischen Völkermord einen anerkannten Platz im öffentlichen Bewusstsein zu geben.

Prof. Dr. Konrad Raiser
Prof. em. für Systematische Theologie und Ökumenik
an der Ruhr-Universität Bochum,
ehemaliger Generalsekretär des Ökumenischen Rates der Kirchen

Kassel, Anfang Juli 2005

Anlässe der Begegnung sind Lektüre, Teilnahme am Seminar über Völkermorde und ihre Verhinderung an der Universität Bielefeld (bei Herrn Dr. Hans-Walter Schmuhl). Ich war zeitweilig tätig an der missionsdiakonischen Ausbildungsstätte Malche in Porta Westfalica, deren Gründer, Pastor Lohmann, einer der wenigen war, der sich vor 100 Jahren für die Armenier eingesetzt und den „Christlichen Hilfsbund im Orient" gegründet hatte.

Mein Interesse nenne ich Wissenschaft, Überzeugung, Engagement nur sehr eingeschränkt, da meine ganze Kraft den Überlebenden des Völkermordes in Ruanda gilt. Aber wer das Schicksal der Opfer eines Genozids kennt, den interessieren auch die Opfer anderer Völkermorde – oder?

Eine offizielle Anerkennung durch die Nachkommen der Täter ist unabdingbar. Die deutsche Geschichte und Haltung zeigt, dass eine rückhaltlose Anerkennung der eigenen Schuld nichts Ehrenrühriges ist, sondern ganz im Gegenteil Respekt verschafft. Sie ist Voraussetzung für die Aufnahme in die zivilisierte Gesellschaft wie die EU. Und das Beispiel Ruanda, wo die Wunden noch viel frischer sind, Mörder und Angehörige der Ermordeten auf engstem Raum zusammenleben, zeigt, dass Schuldeingeständnis, Reue, Bitte um Vergebung die Mindestvoraussetzungen für Versöhnung sind, die nicht einfach eingefordert werden kann.

Mein Leserbrief („Frankfurter Allgemeine Zeitung", 5. Juli 2005, S. 8) spricht für sich, Sie können ihn gern als Antwort auf die vierte Frage abdrucken:

Das Unfassbare ist geschehen!

Tausende von Türken – angestiftet von der türkischen Regierung – gehen auf die deutschen Straßen und wagen es, gegen die von allen Fraktionen getragene Entschließung des Deutschen Bundestages zu protestieren, die fürchterlichen "Massaker" an den Armeniern zu verurteilen. Und das war noch verharmlosend ausgedrückt – das Europäische Parlament war da im Jahr 2000 eindeutiger. Damit ist wahr geworden, was die türkische Regierung schon vor Jahren in unfassbarer Dreistigkeit angedroht hatte, dass Tausende von Türken auf die Straßen gehen würden, wenn die Stadt Potsdam das Wohnhaus von Dr. Johannes Lepsius zur Gedenkstätte ausbauen würde. Dieser evangelische Theologe war einer der wenigen, der den Mut hatte, 1915 unermüdlich auf den bevorstehenden und dann durchgeführten Völkermord hinzuweisen und sogar die Hauptverantwortlichen türkischen Massenmörder – natürlich vergeblich – von ihrem Vorhaben abbringen zu wollen – Franz Werfel hat ihm in seinem auf historischen Recherchen beruhenden großen Roman „Die vierzig Tage des Musa Dagh" ein Denkmal gesetzt. Angesichts des Versagens vieler Völker, auch der deutschen Regierung, die ihren Verbündeten nicht verprellen wollten, verdient dieser einsame Rufer gerade in diesem Jahr unser öffentliches Gedenken.

Die brandenburgische Landesregierung hat sich damals einschüchtern lassen. Jetzt versuchen die Türken wieder, ihre unglaubliche Geschichtsfälschung und skrupellose Leugnung des millionenfachen Leids der Armenier durchzusetzen. Und dann noch mit dem Argument, diese Diskussion würde die EU-Beitrittsverhandlungen der Türkei gefährden. Im Gegenteil ist festzustellen, dass die Türkei nur dann der EU beitreten dürfte, wenn sie sich vorbehaltlos und reumütig zu dem ersten großen Völkermord des 20. Jahrhunderts bekennt, bei dem nicht 500.000 sondern 1,5 Millionen Armenier auf grausamen Todesmärschen und vielerlei qualvolle Todesarten auf dem Weg und in der Wüste ausgelöscht werden sollten.

Bei uns kann zu Recht jeder juristisch verfolgt werden, der den Holocaust an den Juden leugnet oder verharmlost – und wir sind stolz auf diese Rechtspraxis. In der Türkei ist es genau umgekehrt: da riskiert jeder ins Gefängnis zu kommen, wenn er nur den Völkermord an den Armeniern beim Namen nennt. Diese skandalöse Praxis, die jeden Demokraten nur mit Abscheu erfüllen kann, hat z.B. dazu geführt, dass ein Pastor in der Türkei, der auch nur ganz vorsichtig den Völkermord angesprochen hatte, vor Gericht gestellt wurde und nur durch Tausende von Unterschriften und den persönlichen Einsatz von zwei Bundestagsabgeordneten freikam. So menschenrechtswidrig dies schon in der Türkei ist, so wenig dürfen wir zulassen, dass diese Geschichtsverfälschung auf Kosten der Armenier auch noch bei uns erlaubt wird.

Darum fordere ich alle Menschenrechtsorganisationen, alle Parteien und Kirchen, die Friedensbewegung, alle Opfer von Völkermorden, die jüdische Gemeinschaft in Deutschland sowie alle demokratischen Türken auf, zu Zigtausenden auf die Straßen zu gehen, um gegen diese Dreistigkeit und vor allem für das Gedenken an den systematisch geplanten Völkermord und das unsägliche Leid der armenischen Frauen, Männer und Kinder vor 90 Jahren zu demonstrieren. Die Medien sollten Anlass haben, nicht von der menschenverachtenden Leugnung sondern dem Aufstand für das solidarische Gedenken und die Achtung vor den überlebenden Armeniern zu berichten.

Dr. Wolfgang Reinhardt
Koordinator der Deutschen Arbeit
für Solace Ministries (Trostdienste) Ruanda

Berlin, den 15. März 2005

Meine erste Begegnung mit dem Thema "Völkermord an den Armeniern" (bitte diese Formulierung verwenden, nicht andersherum, sonst meint man noch, was die türkische Regierung heute behauptet, die Armenier hätten ihn begangen) kam in meinem Theologiestudium in Tübingen durch Anmerkungen in dem bekannten Werk zur Kirchengeschichte von Karl Heussi zu Stande, mit der fast alle evangelischen Theologen die Kirchengeschichte einpauken. Dort waren Hinweise auf die Bedrückung durch die Jungtürken zu finden, mit denen zusammen die Armenier zuerst Freiheitsrechte erkämpft hätten, und die dann zur Vernichtung von Armeniern und Griechen in der Türkei schritten (von den christlichen Syrern ist dort nicht die Rede gewesen). Auch der Einsatz von Johannes Lepsius für die Armenier ist erwähnt. Auf die Armenier als heutige Kirche stieß ich erst wieder in Berlin. Mit dem Gemeindevorsteher Bedros Dikicyan schloss ich Freundschaft bei einer Ausstellung der armenischen Chatschkare, die in der evangelischen Kreuzkirche zu sehen war, wo die armenisch-apostolische Kirchengemeinde zu Gast war. Daraufhin trug ich das Thema der armenischen Kirche, Kultur und des Genozids in die Erwachsenenbildungsarbeit im evangelischen Bildungswerk Berlin ein, wo wir seit 1980 im Haus der Kirche regelmäßig gemeinsame Kultur- und Gedenkveranstaltungen, insbesondere zum 24. April durchführten, wodurch die Berliner Öffentlichkeit auf die Armenier aufmerksam gemacht wurde. Vertieft haben wir dieses Interesse mit Studienfahrten nach Sowjetisch- oder Türkisch-Armenien, bei denen zum ersten Mal hundert deutsche und armenische Teilnehmer beteiligt waren. Wir feierten 1981 Ostern in Etschmiadzin und wurden von S. H. Vazgen I. empfangen, wie bei späteren Studienreisen auch. Hierbei hat uns teilweise der damals noch als Priester in Jerewan tätige jetzige Katholikos Aller Armenier S. H. Karekin II. in die historischen Klosteranlagen im Norden wie Sanahin geführt. Durch die Freundschaft mit verschiedenen armenischen und deutschen Forschern wie Hambarzum Petrosian und Hermann Goltz habe ich immer mehr und Genaueres zum Thema und zu den deutsch-armenischen Beziehungen auch im 19. Jahrhundert erfahren, so dass ich seit 25 Jahren um diesen Themenkreis bemüht bin. Auf das Leid insbesondere der Kilikien-Armenier und die Fortführung der Tradition des Großen Hauses von Kilikien sind wir in Deutschland insbesondere durch die verdienstvolle Ausstellung der Schätze des Katholikosats in Antelias in Halle in Anwesenheit S. H. Katholikos Aram I. und im Kontext der durch Hermann Goltz einberufenen Weltkonferenz „Armenien 2000" aufmerksam gemacht worden.

Mein Interesse berührt die verschiedenen in der Frage[1] genannten Motive. Sie müssen natürlich alle mit konkretem Engagement verbunden sein, um positive Entwicklungen zu fördern, sei es kirchlich-ökumenisch, sei es politisch-international. Ich hebe einiges hervor.

Das wissenschaftlich-theologische Interesse bezieht sich auf den reichen Schatz armenischer Liturgie (z.B. die Gebete des Hl. Gregor von Narek, in denen der evangelische Christ eine gleichgestimmte Frömmigkeit empfindet), die Illuminationen zur Hl. Schrift (aufgrund der Originale im Matenadaran bzw. ausgezeichneter Farbbild-Veröffentlichungen schon in sowjetischer Zeit), die armenischen Beiträge zur Geschichte des Christentums im Orient und heute in der Ökumene. Hier bewundere ich insbesondere die Vorträge von S. H. Karekin I. (in Englisch, durch Frau Sona Eypper ins Deutsche übertragen, zum Teil von mir gegengelesen) und die Vorträge und Initiativen S. H. Aram I. in seiner Arbeit im Zentralausschuss des Ökumenischen Rates Genf, bei Kirchentagen wie in Stuttgart und bei ökumenischen Treffen zur Rekonfiguration der Ökumenischen Bewegung heute, wie zuletzt in Antelias erörtert. Ich halte das Studium der altorientalischen Orthodoxie als eines weiteren Typus der Kirche, welche die frühe Christenheit mit den späteren, auch evangelischen Kirchen verbindet, für außerordentlich wichtig in der gesamten Ökumenischen Bewegung, und halte z.B. eine Position wie des Nerses Schnorhali, der zu unterscheiden wusste zwischen den zentralen Glaubensaussa-

1 Gemeint ist die zweite Frage.

gen und der Variabilität in den Riten, für wegweisend bis heute. Dazu gehört die maßgeblich von Erzbischof Mesrop Krikorian, Wien, geförderte Verständigung zwischen den abendländischen chalkedonensischen Kirchen und den orientalischen vorchalkedonensischen. Die einverständige Aufarbeitung der verschiedenen christologischen Terminologien ist weit fortgeschritten, so dass nicht mehr von "häretischen" (wie noch bei Heussi, 10. Auflage 1949), sondern auch bei uns von orthodoxen Kirchen gesprochen werden kann und muss. Dies sollte auch formal noch feierlich festgestellt werden, worum ich im Bereich der EKD bemüht bin.

Das kirchliche und kulturelle Interesse ist nicht immer vom politischen abzutrennen. Um einen Beitrag zur Widerlegung der aserbaidschanischen Geschichtslüge bezüglich Arzach (Berg-Karabach) – die Armenier seien dort erst nachträglich eingewandert – zu geben, habe ich die erste deutschsprachige Veröffentlichung zur Kultur und zur Kirche in Arzach herausgegeben, wo der Nachweis allein schon durch die abgebildeten Kirchbauten seit dem 4./5. Jahrhundert gegeben ist. Ebenso sind die Versöhnungsbemühungen des ÖRK mit islamischen Geistlichen dokumentiert.

Kirchlich-ökumenisch dienen der Verbindung ökumenische Gottesdienste und Begegnungen einschließlich der in Anwesenheit S. H. Karekin I. in Berlin und Potsdam vor wenigen Jahren und der für den 23. April und 14. Mai dieses Jahres im Berliner Dom (ev.) und in St. Hedwig (röm.-kath.) geplanten. Dauerhaft werden wir diese Arbeit in der Johannes-Lepsius-Gesellschaft betreiben, die sich um die Wiederherstellung des ehemaligen Wohnhauses in Potsdam bemüht. Bei der Stadtverordnetenversammlung in Potsdam konnten wir die Benennung einer Johannes-Lepsius-Straße erreichen, deren Name in Anwesenheit von S. H. Aram I. und des Generalsekretärs des ÖRK Prof. Dr. Konrad Raiser übereignet wurde.

Das politische Interesse zielt auf Unterstützung der Verbesserung der Beziehungen zwischen unseren Ländern durch Kontakte hier und Begegnungen in beiden Ländern, insbesondere aber durch Unterstützung einschlägiger Initiativen bezüglich einer endlichen Anerkennung des Genozids am armenischen Volk durch die deutsche Politik. Ihr diente die Überreichung einer Petition mit mehreren tausend Unterschriften – darunter auch viele von hier lebenden Türken – an den Bundestagspräsidenten und die Unterstützung der „Arbeitsgruppe Anerkennung". – Soeben wurde ein Seminar gemeinsam mit der Gesellschaft für bedrohte Völker und der Evangelischen Akademie zum neuesten Stand der Genozidforschung durchgeführt, dessen Impulse ebenfalls der derzeit im Bundestag zu erwartenden Debatte um eine Anerkennung des Genozids von deutscher Seite zum 90. Jahrestag zugeführt werden.

Die offizielle Anerkennung und damit der Verzicht auf die fortdauernde Verleugnung ist für die geistig-moralische Selbstreinigung der türkischen Politik von großer Bedeutung. Sie ist erforderlich unter nationalen Aspekten als Verzicht auf Unwahrhaftigkeit und fortdauernde Diskriminierung eigener Staatsbürger. Erst recht unter religiösen: sofern es eine religiös-islamische Öffentlichkeit in der Türkei gibt, darf von ihr erwartet werden, dass sie einem politischen Umdenken den Weg bereitet und ihn erleichtert (wie z.B. die evangelische Kirche es mit ihrer Ostdenkschrift gegenüber Polen tat). Eine religiös orientierte Regierung wie die jetzige sollte diesen Mut leichter finden als die bisherigen Regierungen der rein nationalistischen Parteien. Das in Desinformation gehaltene *türkische Volk* hat es ebenfalls nicht verdient, mit einer Geschichtslüge leben zu müssen. Dass viele türkische Staatsbürger dies längst durchschaut haben und es auch leid sind, von der Weltöffentlichkeit als nicht geständige Nachfahren der Verantwortlichen für die Verbrechen angesehen zu werden, sondern stattdessen aufrichtige Aussprache, Wahrhaftigkeit und Versöhnung mit den christlichen Mitbürgern suchen, zeigen die zahlreichen Unterstützer der „Arbeitsgruppe Anerkennung" und der risikoreichen Kampf für Bürgerrechte unter Anwältinnen und Anwälten und in Bürgerrechtsorganisationen. Dabei geht es zugleich auch um andere Geschichtsverfälschungen, wie bezüglich der "Bergtürken" (= Kurden) und einer vielfachen Geschichte von innenpolitischer Gewaltanwendung gegen eigene Bürger gleich welcher Ethnie und Religion. Insofern ist es eine Frage, die einer demokratischen, zukunftsbereiten und die universellen Werte akzeptierenden Türkei den Weg finden hilft. Für eine etwaige Verbindung mit der EU ist es eine *conditio sine qua non*.

Durch Anteilnahme (Empathie, Sympathie), die aber nicht stumm bleibt, sondern die berechtigten Anliegen der Leidenden auch politisch unterstützt, würde ich mich zum Leidensschicksal verhalten.

Zur Frage 6:

a) Die *wissenschaftliche Arbeit* über den Völkermord an den Armeniern ist ja seit Johannes Lepsius („Armenien und Europa", „Todesgang des armenischen Volkes", „Deutschland und Armenien" – hier die Aktenedition) sowie Armin T. Wegner (Bilddokumente) und anderen, europäischen Forschern wie Yves Ternon möglich gewesen, aber war offensichtlich lange vernachlässigt. Aus neuerer Zeit nenne ich die einschlägige, intensive Arbeit aus dem kirchlichen Bereich durch Hermann Goltz, aus dem Bereich der Zeitgeschichts- und Genozidforschung durch Tessa Hofmann neben anderen. Wichtige Anstöße gaben der deutschen Forschung aber auch die Veröffentlichungen insbesondere von Vahakn Dadrian (armenisch) und Taner Akçam (türkisch; Letzterer insbesondere durch Veröffentlichung türkischsprachiger Quellen).

b) Die genannten deutschen Forscher mit ihren Instituten und den einschlägigen Initiativen haben verdienstvoller Weise auch in die *Öffentlichkeit* hineingewirkt. Hierzu hat selbstverständlich auch die Deutsch-Armenische Gesellschaft mit ihrer Zeitschrift, mit Tagungen und Einladungen an Politiker beigetragen. Dennoch bedurfte es für die öffentliche Wahrnehmung Armeniens und seines Schicksals immer wieder aufsehenerregender Ereignisse wie das mutige Aufbegehren in der späten Gorbatschow-Ära, dann das schlimme Erdbeben, das eine unwahrscheinliche öffentliche Hilfsbereitschaft für Armenien auslöste, und den Berg-Karabach-Konflikt. Nachdem mehrere Staaten und kirchliche wie internationale Organisationen vorangegangen waren, scheint jetzt endlich Deutschland (das auch wegen der eigenen Verbundenheit mit der Türkei im Ersten Weltkrieg und so in gewissem Maß auch in Mitverantwortung, dann durch die große Zahl von über 2 Millionen türkischer Mitbürger sich zu keiner Erklärung wie in Frankreich entschließen konnte und so bislang in dieser Frage eine klägliche Rolle spielt) ebenfalls eine Erklärung in den Bundestag zur Abstimmung zu bekommen, wobei aber noch immer nicht klar ist, ob der Wortlaut die Sache hinreichend und ehrlich beschreibt.

c) Insgesamt ist das Wissen auch in Deutschland in der breiteren Bevölkerung begrenzt anzusetzen. Dennoch herrscht in der Öffentlichkeit kein Zweifel am Genozid-Charakter der damaligen Verbrechen. In den Debatten um einen EU-Beitritt spielt die Frage eine erhebliche Rolle, und wird dies zunehmend tun. Je mehr die Türkei etwa weiterhin abwiegelt und verleugnet, und sogar eigene Staatsbürger wie Historiker, Dichter, Anwälte, Journalisten, Lehrer, die auf ehrliche Geschichtsaufarbeitung drängen, bestraft, desto hartnäckiger wird die Frage aufgeworfen werden. Bereits jetzt ist in den Medien klar, dass die Verleugnungspolitik gescheitert ist. Und Versuche, wie im Bundesland Brandenburg vor Kurzem, auf den inländischen Geschichtsunterricht einzuwirken, hin zu einem Verbot der Thematisierung des Genozids wie seit Kurzem in der Türkei, haben sich bereits als "Eigentore" erwiesen: die Presse empörte sich einhellig. Der Hauptton aber war bereits Ironie. Eine solche Politik kann in der deutschen und europäischen Öffentlichkeit nicht länger ernst genommen werden. Die Türkei wäre ihrerseits gut beraten, ihre eigene Öffentlichkeit korrekt zu informieren und so einen Zukunftsweg aus der Sackgasse heraus selber zu eröffnen.

Pfarrer Manfred Richter
Leiter des Kunstdienstes der Ev. Kirche
mit Sitz am Berliner Dom

Heidelberg, den 26. April 2005

Zu 1. Ich habe schon als Kind in meinem Elternhaus von Johannes Lepsius und seinem Einsatz für die verfolgten Armenier gehört und gelesen; später gehörte die Lektüre von Franz Werfels „Die vierzig Tage des Musa Dagh“ zu meinen beeindruckendsten Leseerlebnissen. Wissenschaftlich hat dann die Freundschaft mit Hermann Goltz in Halle und die Kollegenschaft mit Friedrich Heyer die Beziehung zum Armenienproblem auf eine solide Basis gestellt.

Zu 2. Alles zusammen.

Zu 3. Es ist die einzige Möglichkeit, wie Wunden heilen können und in der Türkei ein Klima der Toleranz und des Respekts vor der Andersartigkeit des Anderen sich entwickelt. Das wäre zum Segen für alle Beteiligten.

Zu 4. Ich würde alles in meinen Kräften Stehende einsetzen, um zu verhindern, dass Völkermord ohne Folgen bleibt.

Prof. Dr. Adolf Martin Ritter
Prof. em. für Historische Theologie
an der Ruprecht-Karls-Universität Heidelberg

Krakau, den 4. April 2005

Die Beschäftigung mit der armenischen Philologie, zumal vorzugsweise der altarmenischen, bedeutet nicht zwangsläufig, dass das Engagement in Bezug auf den Genozid an den Armeniern am Anfang des 20. Jahrhunderts größer ist, als etwa das hinsichtlich der Ausrottung der nordamerikanischen Indianer im 19. Jahrhundert. Es ist aber auch nicht notwendigerweise geringer als das einiger "professioneller" Genozidforscher, die im akademischen Betrieb nicht Fuß fassen konnten und nun unter – von keinerlei Sachkenntnis getrübten – Herabsetzung der traditionellen Disziplinen der Armenistik als "verstaubt" mit ihrem für die deutsche Gesellschaft angeblich überaus wichtigen Forschungsgegenstand einen Seiteneinstieg versuchen.

Es bleibt freilich nicht aus, dass sich durch den stetigen Umgang mit armenischer Sprache und Kultur, vor allem, wenn diesem wichtige Stationen der wissenschaftlichen Laufbahn zu verdanken sind, eine gewisse Solidarität mit den Sprach- und Kulturträgern ergibt, die es einem unmöglich macht, einer Aufforderung von armenischer Seite, sich über den Genozid zu äußern, nicht nachzukommen.

Immerhin ist das in Rede stehende Geschehen so präsent, dass sich anlässlich bestimmter Ereignisse der Tagespolitik Assoziationen einstellen. Wenn beispielsweise kürzlich die Nennung des Holocaust und des stalinistischen Terrors sozusagen in einem Atemzug zu einem veritablen Politskandal führte, so muss man sich nach der Stellung des vermutlich durch das größte Ausmaß gekennzeichneten Völkermordes, d.h. eines Verbrechens an einem durch Sprache und Kultur und nicht durch Rasse oder Religion definierten Kollektivs, des 20. Jahrhunderts in der Rangliste – *sit venia verbo* – des Leidens fragen. Des Weiteren ist der Gedanke unvermeidbar, dass die "Musa-Dagh-Lüge" bei Überlebenden und Verwandten der Opfer die nämlichen Empfindungen ausgelöst haben bzw. auslösen dürfte wie bei Überlebenden und Angehörigen der Opfer der nationalsozialistischen Verbrechen deren Leugnung.

Die Präsenz des Genozids im Bewusstsein des Sprachwissenschaftlers ist allein schon durch den Umstand bedingt, dass Völkermord auch Sprachtod bedeuten kann. Im Falle des Armenischen sind diatopische Sprachvarianten betroffen. Das Zeugnis der armenischen Dialekte, in Sonderheit der westarmenischen, hat für das Verständnis der Entwicklung vom Mittel- zum Neuarmenischen große Bedeutung. Die Bestandsaufnahme der armenischen Dialekte in Ostanatolien war bis zum Zeitpunkt des Genozids nicht weit vorangeschritten. Was vorliegt, ist häufig spärlich oder durch unzureichende Methodik nur bedingt verwertbar. Viele Varianten des Armenischen sind vermutlich erloschen. Zu retten, was noch vorliegt, ist aus bekannten Gründen nicht möglich. Die Aussicht, dass sich die Sachlage ändert, bevor alles erloschen ist, erscheint gering.

Die Hoffnung, dass wissenschaftliche oder populärwissenschaftliche Auseinandersetzung mit dem Völkermord und Tribunale von Sachverständigen relevanter Disziplinen der armenischen Sache dienen könnten, erscheint naiv.

Prof. Dr. Ralf-Peter Ritter
Prof. für Ungarische Sprachwissenschaft
Lehrstuhl für Ungarische Philologie
der Jagellonenuniversität, Krakau-Polen

Bad Lausick, den 25. Februar 2005

Mit dem Völkermord an den Armeniern wurde ich erstmals in meiner Schulzeit konfrontiert. Ich bin mir aber nicht mehr sicher, ob damals im Rahmen des Geschichtsunterrichts auch über den Völkermord der Armenier geredet wurde. Zumindest kaufte ich in meinen letzten zwei oder drei Schuljahren (also 1991-1994) eine Dokumentation (ein Buch) über einen Prozess in der Weimarer Republik. Ein Opfer des Völkermordes hatte auf deutschem Boden einen der damaligen verantwortlichen Türken ermordet. In dem nachfolgenden Prozess wurde er – nach meiner Erinnerung – freigesprochen. Später las ich natürlich den Roman „Die vierzig Tage des Musa Dagh“ von Franz Werfel.

Mein Interesse an diesem Thema schwankt zwischen einem allgemeinen Interesse an (europäischer) Geschichte und der festen Überzeugung, dass die Menschenrechte eine notwendige Basis jeder menschlichen Gesellschaft sind. Aus diesem Grund befürworte ich u.a. auch Organisationen wie *amnesty international*, die sich für Flüchtlinge und Verfolgte einsetzen.

Ein offizielles türkisches Eingeständnis, dass es im Namen des türkischen Staates zu einem Massenmord an mehreren Millionen seiner Bürger kam, ist meines Erachtens ein unverzichtbarer Schritt für die Türkei. Da die unmittelbar betroffene Generation mittlerweile größtenteils verstorben ist, handelte es sich hierbei eher um einen symbolischen Akt, als um finanzielle Entschädigung. Trotzdem wäre selbst ein rein symbolischer Akt äußerst wichtig und würde die Gültigkeit der Menschenrechte sowie die Demokratie in der heutigen Türkei stärken.

Durch eine Anerkennung würde eine Versöhnung zwischen den Nachfahren der Opfer und den Nachfahren der Täter möglich. Andererseits könnte die heutige Türkei durch die Auseinandersetzung mit der uralten Kultur und Geschichte der Armenier auf dem Gebiet der heutigen Türkei selbst viel über sich und ihre eigene Kultur lernen.

Ich wüsste nicht, welchen Nachteil eine Anerkennung des Völkermordes für die Türkische Republik mit sich brächte. Eine weitere Verdrängung dieser Untaten ließe eher auf ein gestörtes Selbstbild der Türkischen Republik schließen. In der Psychologie gelten bekanntlich Menschen, die ihre "dunklen Seiten" verdrängen, als krank. Vielleicht hätte so die Anerkennung weit größere und positivere Folgen für die heutige Türkei als für das armenische Volk. (Ich befürworte die Aufnahme der Türkei in die EU, jedoch müsste vorher auch der Völkermord an den Armeniern anerkannt werden.)

Auf jeden Fall kann eine politische Anerkennung zum Verstehen und der Verarbeitung dieser Katastrophe beitragen, sowohl bei Türken als auch bei Armeniern, und bei allen Menschen, die ein Interesse daran haben, dass ähnliche Morde nicht mehr geschehen. (Bekanntlich wusste ja Hitler, dass der Völkermord an den Armeniern keine Konsequenzen für die Täter mit sich gebracht hatte.)

Ein schwer zu beantwortende Frage ist, wie ich mich als Betroffener einer politischen Verfolgung verhalten würde. Müsste ich um Leib und Leben fürchten, so würde ich wohl versuchen zu fliehen. Andererseits weiß ich natürlich, wie ungern reiche Länder verfolgte Menschen aufnehmen.

Soweit es möglich wäre, würde ich versuchen, über Information anderer Menschen und durch Gespräche die Situation zu verbessern. Eine solche Arbeit ist aber sicherlich nicht immer möglich.

Wolfram Rohloff
ev. Vikar

Hamburg, den 8. März 2005

Das Schicksal des armenischen Volkes bewegt mich seit meiner Schul- und Studienzeit. Im Mai 1957 erhielt ich den Roman von Franz Werfel „Die vierzig Tage des Musa Dagh“ als Dankgeschenk nach einer Romführung und einem Ausflug zu den Ruinen von Ostia antica. Ich las ihn mit großer Spannung zu Beginn unserer Ferien in San Pastore, der Sommervilla des deutschen Kollegs in Rom. Franz Werfel hatte ihn 1933 geschrieben, „um das unfassbare Schicksal des armenischen Volkes dem Totenreich allen Vergessens zu entreißen.“

So war ich gut vorbereitet und wirklich interessiert an der Begegnung mit Armeniern, die mir dann durch unseren Freundeskreis Philoxenia geschenkt wurde. Durch Philoxenia lernte ich den heutigen Katholikos Aller Armenier kennen, Karekin II. Nersissian, der von 1972-1976 armenischer Seelsorger in Deutschland war und an mehreren Philoxenia-Begegnungen teilnahm.

Nach meiner Versetzung nach Hamburg im Jahre 1977 bekam ich Kontakt zum Armenischen Kulturverein in Hamburg e.V. Er organisierte 1981 eine Fahrt nach Armenien, an der ich teilnehmen konnte. Karekin Nersissian war damals Generalvikar der Diözese Jerewan. Mit seinem Dienstwagen fuhr er mich privat durch die Ararat-Ebene, u.a. zum Kloster Chor Virap im sowjetisch-türkischen Grenzgebiet und nach Tsaghkatzor, dessen Klosterkirche damals noch eine Ruine war.

1984 war ich zum zweiten Mal in Armenien, diesmal mit einer Studienreise der Arbeitsgemeinschaft Christlicher Kirchen in Hamburg. Wir konnten bei diesem Besuch das 30-jährige Dienstjubiläum des Katholikos Vazgen I. mitfeiern. Karekin Nersissian war inzwischen Bischof der Ararat-Ebene geworden.

1984 war der Katholikos des Großen Hauses von Kilikien Karekin II. Sarkissian Gast bei einer Philoxenia-Begegnung in Altenberg. Er predigte im Altenberger Dom über „Das Zeugnis der Heiligen und Märtyrer“ und sprach als armenischer Christ von der langen Geschichte der ältesten christlichen Kirche, die schon im Jahr 301 ein christliches Königreich war. Wir konnten diese Predigt 1985 in unserem Sammelband „PHILOXENIA II“ (Flacius-Verlag, Fürth) veröffentlichen. Zu dieser Publikation schrieb uns der Katholikos das Geleitwort und verwies auf den hl. Gregor den Erleuchter, der sagte: „Die Herrlichkeit Gottes beginnt mit dem Kreuz.“

Bei diesem Deutschland-Besuch kam Karekin II. auch nach Hamburg. Wir bereiteten ihm mit der Arbeitsgemeinschaft Christlicher Kirchen einen ökumenischen Empfang in der Katholischen Akademie Hamburg. So waren wir dankbar erfreut, als er am 4. April 1995 mit dem Namen Karekin I. als Katholikos Aller Armenier nach Etschmiadzin gewählt wurde. Ich begegnete ihm noch zweimal: Zunächst bei der Zweiten Europäischen Versammlung in Graz im Juni 1997, wo er das vielleicht wichtigste und eindruckvollste Referat zum Thema "Versöhnung" hielt, dann aber auch noch einmal bei einem Besuch und Empfang in Hamburg (beim Evangelischen Missionswerk).

Deshalb waren wir mit allen Armeniern erschüttert über seinen nach menschlichem Ermessen zu frühen Tod im Jahre 1999, auf den die Wahl meines Freundes Karekin Nersissian zum Katholikos Aller Armenier als Karekin II. folgte.

Ihn und das gewandelte kirchliche Leben im freien Armenien nach dem Ende der Sowjetzeit konnte ich im Jahre 2001 erleben, als ich mit der Pilgerfahrt der armenischen Diözese in Deutschland zu den Jubiläumsfeierlichkeiten nach Armenien fuhr, zu meiner dritten Reise dorthin. Bei der festlichen Feier der Ölweihe in Etschmiadzin begegnete ich dort auch dem jetzigen Katholikos des Großen Hauses von Kilikien Aram I. Keshishian.

Durch diese Philoxenia-Begegnungen, Reisen und Gespräche wurde meine Kenntnis über die armenische Tragödie von 1915 ständig vertieft. In der Katholischen Akademie Hamburg haben wir immer wieder Veranstaltungen zu diesem Thema durchgeführt. Erwähnt sei vor allem unsere Tagung von 1988: „Armenien – Kleines Volk mit großem Erbe“, die ich auch als Band 6 unserer Akademie-Publikationen herausgeben konnte (leider vergriffen). Auch jetzt werden wir in diesem Jahr am 27. April zum Gedenken an die Gräuel vor 90 Jahren eine Abendveranstaltung mit Ralph Giordano in unserer Akademie haben, zu der Erzbischof Karekin Bekdjian, Bischöfin Maria Jepsen und Weihbischof Dr. Hans-Jochen Jaschke ihre Teilnahme zugesagt haben. Wie schon in früheren Jahren setzen wir uns dafür ein, dass sich der Deutsche Bundestag mit dieser Thematik beschäftigt. Wenn unsere Abgeordneten es schon nicht fertig bringen, dem Beispiel der Französischen Nationalversammlung zu folgen und das Pogrom an den Armeniern als Genozid/Völkermord zu bezeichnen, sollten sie wenigstens die deutsche Mitverantwortung an diesem Verbrechen eingestehen und das armenische Volk im Namen des deutschen Volkes um Verzeihung bitten. Die deutsche Verstrickung besteht u.a. in der Ausbildung türkischen Militärs, im Gewährenlassen von türkischen (oder kurdischen) Verbrechen an Armeniern trotz präziser Kenntnisse über diese Untaten, in einer staatlich gelenkten, armenierfeindlichen Berichterstattung und vor allem im öffentlichen Schweigen über diese Gräueltaten.

Immer drängender wird natürlich die Frage, wie sich die Türkei, die eine Mitgliedschaft in der Europäischen Gemeinschaft anstrebt, der historischen Wahrheit stellen und die Leugnung der Geschehnisse während des Ersten Weltkriegs überwinden kann. Hierzu könnte eine Brücke sein, dass mit Atatürk ein neues Kapitel der türkischen Geschichte aufgeschlagen wurde, das sich in vielen Punkten von der Politik der Hohen Pforte des Osmanischen Reiches absetzte. Auch sollte eingehender geprüft werden, wieweit kurdische Milizen auf der Suche nach zusätzlichen Wohngebieten nur zu gern die christliche Bevölkerung in der Osttürkei schikaniert und vielleicht über das Ausmaß türkischer Anweisungen hinaus grausam ermordet haben.

Überall in den Gebieten des alten Armenien stößt man auf die Kreuzsteine (Chatschkare). Als Votivsteine, Gedenksteine, Grabsteine wurden sie aufgestellt bei Klöstern und Kirchen. Von tiefer Bedeutung scheinen mir diese Chatschkare für Armenien: dieses christliche Volk, das in seiner Geschichte das Kreuz des Herrn so auffällig mittragen musste, hat es auch in seiner Kunst besonders zu meditieren gewusst. Immer wieder haben die Armenier wegen ihres Glaubens Unsägliches erduldet – von Persern (Parsen), Tataren, Mongolen, Russen, Türken, Kurden, Sowjets.

Deshalb ist jeder Kreuzstein ein Glaubenszeugnis für dieses „Volk unter dem Kreuz".

Pfarrer Msgr. Wilm Sanders
Kath. Gemeinde St. Ansgar
Kl. Michaeliskirche, Hamburg

Göttingen, den 21. Januar 2005

In meiner Zeit als wissenschaftliche Hilfskraft bei Professor Hage in einem Projekt zum syrischen Christentum in Zentralasien fand ich eines Tages, als ich mit meinem damaligen Chef auf dem Weg zum Essen in der Zentralmensa in Göttingen war, eine einfache Paperback-Ausgabe des stenografischen Berichtes zum Prozess gegen den armenischen Attentäter des einstigen türkischen Innenministers Talaat Pascha auf dem Tisch einer für die bedrohten Völker kämpfenden Vereinigung in Deutschland. Ich kaufte diesen billigen Nachdruck des einst von Armin T. Wegner mit einem Vorwort versehenen Buches und begann mich sofort für die geschilderten Vorgänge zu interessieren. Es erwuchs die Idee, darüber eine zweite große Arbeit anzufertigen, bei der ich alle Akten deutscher Missionsgesellschaften sichten wollte, die für den Völkermord relevant sein könnten.

Das war 1980. Da ich aber meine erste große Arbeit erst 1984/85 abschloss und dann zunächst Pfarrer in einer großen Gemeinde wurde und meine Lehrverpflichtungen an der Universität nur nebenher wahrnehmen konnte, kam es zunächst nicht zur Ausführung des Planes. In meiner Gemeinde lernte ich dann Armenier kennen, die kein Wort Armenisch mehr sprachen und auch zur Geschichte ihres Volkes und ihrer Kirche nur noch über sehr vage Kenntnisse verfügten. Dennoch begann ich 1986 mit der Arbeit. Zunächst sichtete ich die Archive der Umgebung. Die Ergebnisse dazu sind bis heute nur teilweise veröffentlicht. Noch bei der Weltkonferenz „Armenien 2000“ in Halle trug ich etwas zu den Materialien aus dem Hermannsburger Missionsarchiv vor, das bis dahin noch von keinem Forscher wahrgenommen worden war. Doch erfuhr ich, dass Uwe Feigel in Kiel gleichzeitig an der Thematik arbeite. Angesichts meiner Arbeitssituation, die mir nur in der Freizeit erlaubte, das Thema weiter zu verfolgen, gab ich meinen ursprünglichen Plan auf. Ich begann mich nun auf den nach Deutschland verbrachten Nachlass Wegners zu konzentrieren, weil ich die verblüffende Entdeckung gemacht hatte, dass die Wegner-Forschung den Nachlass bis dahin nie wirklich genutzt hatte und die konkret zu erhebenden Fakten nur mit dessen Veröffentlichungen und allgemeiner Literatur zum Thema bestritten. Meine Überraschung war groß, wieviel Material sich dort erhalten hatte. Über Jahre opferte ich all meinen Urlaub, um mich in Marbach im Literaturarchiv einzufinden, die Texte zu sichten und abzuschreiben. Frau Kowaliska-Wegner gab mir die Rechte zum Abdruck der wichtigsten Texte, die ich aber erst viel später tätigte. (Etwa zu Wegners ersten und wenig mutigen Bemerkungen während des Krieges in seinem Vortrag über den Generalfeldmarschall von der Goltz oder seinen damals aufsehenerregenden Vortrag in der Urania, mit dem die Missionsgesellschaften und die Deutsch-Armenische Gesellschaft auf den Völkermord aufmerksam machen wollten, um die Friedensverhandlungen der Nachkriegszeit im Sinne einer proarmenischen Lösung zu beeinflussen.) Aus dieser Arbeit erwuchs mit viel Schwierigkeiten neben meiner Pfarrstelle und meinen Universitätsverpflichtungen mein Buch über Wegner als Augenzeugen des Völkermordes. Ganz nebenbei entdeckte und veröffentlichte ich einen Brief Franz Werfels an Wegner, in dem Werfel rechtfertigte, warum er berechtigt sei, den Roman über den Völkermord an den Armeniern zu schreiben, was Wegner mit allen Mitteln zu verhindern suchte, da er meinte, nur er allein – wegen seiner Augenzeugenschaft – sei dazu berechtigt, solch einen Roman zu schreiben. Der von mir erstmals entdeckte und veröffentlichte Brief Werfels dürfte eines der wichtigsten Dokumente zur Entstehung des Romans zum Musa Dagh sein. Nicht auszudenken, was dem Gedenken an den Völkermord verloren gegangen wäre, wenn Wegner Werfel hätte überzeugen können.

Die Öffentlichkeit in Deutschland war kaum für dieses Thema sensibilisiert. Der Völkermord war in Vergessenheit geraten. In den ersten 25 Jahren des 20. Jahrhunderts war das noch sehr anders gewesen. Zuweilen, etwa bei Lesungen in Kirchengemeinden in den 80er und frühen 90er Jahren des 20. Jahrhunderts musste ich noch massive Überzeugungsarbeit auch in an sich aufgeschlossenen Kreisen leisten. Obwohl ich mich der Sache zunächst mit einem unparteiischen Standpunkt zu nähern versuchte und dies in meinem Buch auch meine durchgehalten zu haben, konnte ich auf Dauer einer Stellungnahme auf außerwissenschaftlichem Gebiet nicht ausweichen. Seither bin ich oft Redner bei Vorträgen zum Völkermord an den Armeniern. Aber auch zu den mittlerweile in das Spektrum meiner Untersuchungen mit aufgenommenen Parallelvorgängen im Blick auf die Syrisch-Orthodoxen (Aramäer) und Nestorianer (Assyrer), habe ich – wo immer mir das möglich war – an Aktionen beteiligt, mich Akademien zur Verfügung gestellt und schließlich auch spezielle Veranstaltungen zum Völkermord an den Armeniern meinen Studenten an der Universität angeboten. Der Völkermord an den Armeniern gehört für mich zu den Prüfsteinen aufrechter Verständigungsbemühungen auch im christlich-islamischen Dialog, selbst wenn ich dafür, wie bei der Sommeruniversität an der Evangelischen Akademie Loccum, die stets wesentlich von türkischen Muslimen mitgetragen und gestaltet wird, erhebliche Turbulenzen in Kauf nehmen muss. Das widerfuhr mir immer wieder. Auch angesichts der Tatsache, dass ich bei einem Fernsehinterview anlässlich des Streits um das Lepsius-Haus mir herausnahm, von "Völkermord" zu sprechen, was die anderen Interviewpartner tunlichst vermieden hatten. Tags darauf wurde ich schon von Drohungen und abschätzigen Briefen und E-Mails heimgesucht.

Solche Missstimmungen haben es aber bis heute nicht verhindert, dass ich immer wieder mit aufgeschlossenen deutsch-türkischen Studierenden diesen Sachverhalt offen anspreche und dabei auch verstanden werde. In diesem Zusammenhang freue ich mich besonders über eine Initiative türkischer Völkermordgegner, bei denen ich einmal in Frankfurt sprach. Engagement, Theologie, Wissenschaft werden in meinem Arbeiten an einem Punkt wie dem des Völkermordes an den Armeniern in einer Weise von außen zusammengeführt, wie sie es mehr auch nicht von innen sein könnten. Mich in meinen Intentionen nicht instrumentalisieren lassen zu wollen, gehört dennoch zu meinen Grundeinstellungen. Das Thema ist zu ernst. Zu oft wurde es von Menschen genutzt, denen nicht an Sachdienlichkeit lag, sondern daran, sich persönlich hervorzutun. Der Schaden, der besonders durch unseriöse Forschung entstand, bleibt groß. Jede unseriöse Forschung auf diesem Gebiet, die als solche entdeckt wird, läuft Gefahr, dem

Zweifel am Gesamtvorgang zu dienen. Zugleich habe ich als Theologe, Kirchenhistoriker und Wissenschaftler natürlich eine andere Aufgabenstellung zu bewältigen als der Politiker oder Menschenrechtsaktivist. Überschneidungen sind aber in diesem Bereich unausweichlich. Sie müssen nur auch deutlich und redlich so benannt werden. Die Gespräche, die ich zur Anerkennung des Völkermordes mit türkischen Gesprächspartnern führe, lasse ich geleitet sein von den Voraussetzungen meines Gegenübers. Besonders interessant fand ich die Arbeit einer deutsch-türkischen Doktorandin aus der Germanistik, die mich bat, eines der Koreferate zu ihrer Doktorarbeit zu übernehmen. Sie war und ist Germanistin. Ihr Thema behandelte wesentliche Aspekte herausragender Schriftsteller der türkischen Migranten in Deutschland. Die Frage der Identität stellt sich da alltäglich selbst bei den in Deutschland längst erfolgreich etablierten und preisgekrönten deutsch-türkischen Autoren. Und es ist interessant, dass dabei das Thema des Völkermordes an den Armeniern wiederholt auftritt. Und sei es auch nur – wie in dem berühmtesten dieser Werke – als sehr ambivalente Parallelsetzung der deutschen "Negatividentität" – wie das die Bundespräsidentschaftskandidatin Schwan einmal nannte – mit einer konstruierten, türkischen Negatividentität; was die Juden den Deutschen, das die Armenier den Türken. Solche Versuche bleiben begrenzt und erklären sich auch aus der Befremdung vieler türkisch-muslimischer Mitbürger in Deutschland zum deutschen Umgang mit der Geschichte und dem offenen Eingeständnis der Schuld seitens Deutschlands und der Deutschen nach dem Zweiten Weltkrieg. Ein Umstand, der sich auch für viele türkische Migranten nicht recht mit ihrem Geschichtsbewusstsein vereinbaren lässt und der dem Hang zu einer heroischen Geschichtsschreibung in der Türkei so diametral widerspricht.

Das Täter-Opfer-Schema, so zutreffend es weithin für die historische Situation ist, taugt nicht für die zukünftige Lebensgestaltung, nur für die eindeutige Aufarbeitung der Vergangenheit. Wäre es anders, würde dies zu Rachegefühlen und Diffamierungen seitens der Opfer gegenüber den Tätern führen, die keine dauerhafte Veränderung bewirkten, sondern neues Leid vorprogrammierten. Ob die politische Anerkennung der Verarbeitung nutzen kann, lässt sich nicht mit letzter Sicherheit sagen. Bislang gehört das Geschehen für die Armenier in Deutschland – soweit ich das als Außenstehender wahrnehmen kann – zu einem der wenigen einigenden Elemente. Weder die Sprache konnte das bis heute leisten, noch die Religion, noch Kultur und Religion. Wenn die Anerkennung positiv auf eine weiter zu befördernde einige Identität wirken soll, so muss dafür der Boden bereitet sein und muss armenische Identität wesentlich über das kurzfristigere, gemeinsame Anliegen auf ein längerfristiges hinausweisen. Ein solches lässt sich zurzeit aber seitens unserer armenischen Mitbürger nur schwer erkennen. Politisch begründete Leidensschicksale kennzeichnen viele Menschen, mit denen ich lebe, auch in meiner Familie. Theologisch bin ich seit Jahrzehnten der theologischen Einsicht Albert Schweitzers gefolgt: „Ich bin Leben, das Leben will, inmitten von Leben, das Leben will“. An diesem Grundsatz hat sich Umgang mit an Verfolgung Leidenden zu bewähren, ob sie Zigeuner oder Homosexuelle, ob sie gestürzte Machthaber oder Parias sind. Mit allen mir eigenen menschlichen Schwächen habe ich das praktisch gelebt – etwa als Erzieher in einem Heim mit Schwererziehbaren oder als Gefängnispastor. Mit allen mir eigenen Schwächen lebe ich dies in meinem wissenschaftlichen und kirchlichen Umfeld eingedenk der Verfolgung meines Großvaters im Deutschland Hitlers und der Sensibilität für das Anderssein, das mir durch die Tatsache zuwuchs, dass ich der Sohn eines Blinden bin, der Landpfarrer in einem norddeutschen Dorf war. Das Anderssein und die Fremdheit sind stets Teil meiner Identität und Existenz gewesen. Ob ich sie produktiv zu nutzen wusste, werden Menschen der Nachwelt zu beurteilen haben. Ich weiß, dass diese Position mir auch seitens meiner armenischen Freunde oft keine Freunde macht, aber die Blindheit der Feinde von einst rechtfertigt nicht die Blindheit gegenüber den Andersgearteten von heute.

Die wissenschaftliche Arbeit über den Völkermord an den Armeniern ist heute entfalteter als vor 24 Jahren, als ich damit anfing. Es fehlt nicht an politischem Aktivismus Betroffener und an politischer Aufklärung interessierter Wissenschaftszweige. Doch die nüchterne Aufarbeitung historischen Materials bedarf noch über Jahrzehnte großer Anstrengungen, sorgfältiger Kleinarbeit und sachgerechter – nicht verzweckt gedachter – Aufarbeitung im Zusammenspiel mit der internationalen Forschung und eines Tages hoffentlich auch der unvoreingenommenen türkischen Forschung. Gerade angesichts des stetig wachsenden Bevölkerungsanteils türkischer Muslime in Deutschland und des stetig zurückgehenden christlichen Bevölkerungsanteiles wäre es wichtig, das Thema ausreichend in den Schulbüchern zu verankern. Angesichts der wenigen Armenier in Deutschland wird nicht mit einem intensiven Dialog durch Koexistenz in unserem Land über dieses Thema zu rechnen sein. Mehr als einmal habe ich an türkischen Mitmenschen erlebt, welche Nöte sie auf sich nehmen mussten, wenn sie sich auch nur für die Thematik interessierten. Die dann sich von ihrer Umwelt gegen sie richtende, mentale und soziale Kälte ließ viele gleich wieder resignieren. Tiefer als alle Öffentlichkeitsarbeit würde ein guter Geschichtsunterricht dazu führen, eine Humanitätsdebatte im Rahmen des Religionsunterrichtes (Folgen missverstandener ethnisch-religiöser Säuberung; die Notwendigkeit lebendiger Koexistenz für tragfähigen Dialog in den Ländern des Nahen Ostens anstelle des abgehobenen interreligiösen Dialogs jenseits der Probleme) oder des Literaturunterrichtes (der an den Schulen schon des Umfanges wegen nicht gelesene Roman Werfels in Aufarbeitung oder moderne türkische Autoren mit dazu zu bietenden Sachinformationen). Dahin führen bislang nur erste Schritte.

Prof. Dr. Martin Tamcke
Direktor des Instituts für Ökumenische Theologie,
Orientalische Kirchen- und Missionsgeschichte
an der Georg-August-Universität Göttingen

Bad Boll, den 1. Februar 2005

Dem Thema "Armenischer Völkermord" bin ich in der Literatur begegnet. Es hat mich aber zunächst nicht weiter beschäftigt. Bei der Weltausstellung in Hannover „Expo 2000“ besuchte ich den armenischen Pavillon und betrachtete eingehend die ausgestellten Bilder vom Genozid. Dort fand ich auch das berüchtigte Zitat von Adolf Hitler: „Wer spricht heute noch von den Armeniern?“. Dieses Zitat rüttelte mich fast noch mehr auf als die Ausstellung selbst, da ich es in zynischer Weise bestätigt fand. Ich beschloss darauf hin, etwas für meine Bildung zu tun und las den bekannten Roman von Franz Werfel. Zum Jubiläum der Armenischen Kirche organisierte ich eine Tagung, die sich mit den verschiedensten Aspekten der armenischen Tragödie beschäftigte. Ich fand Kontakt zur armenischen Gemeinde in Göppingen-Bartenbach, traf in der Vorbereitung verschiedene armenische Familien und erlebte die Brisanz des Gedenkens. Auf der Tagung erschienen nämlich türkische Journalisten, die völlig verzerrt vom Tagungsgeschehen berichteten. Später organisierte ich eine Studienreise in die Republik Armenien und besuchte die Gedenkstätte in Jerewan. Bei einer späteren Studienreise nach Syrien hatte ich Gelegenheit, am Euphrat entlang zu fahren und die Gedenkstätte in Deir-el-Zor zu besuchen. Aus diesem Anlass beschäftigte ich mich auch mit der Lage der Armenier in Syrien.

Ich bedauere sehr, dass mir das Problem nicht schon in meiner Schul- und Studienzeit begegnet ist. Erst sehr spät lernte ich die verdienstvollen Arbeiten von Pfarrer Lepsius kennen und verfolge seitdem alle Bemühungen, den Völkermord an den Armeniern bewusst zu machen und in die politische Auseinandersetzung einzubringen.

Mein Interesse am armenischen Schicksal verbindet sich mit dem Eintreten für die universale Bedeutung der Menschenrechte. Ich halte sie für allgemein gültig und nicht kulturell beschränkt.

Die offene und ehrliche Auseinandersetzung mit den dunklen Seiten der eigenen Geschichte ist von jedem Volk zu verlangen. Wir Deutschen wissen, dass dies eine schmerzhafte und langwierige seelische Arbeit ist. Sie muss unterstützt werden durch den politischen Willen der Regierung, durch Engagement der zivilgesellschaftlichen und religiösen Organisationen.

Deswegen gehört die Anerkennung und Auseinandersetzung mit dem Völkermord der Türken an den Armeniern für mich zur Voraussetzung der Verhandlung über eine eventuelle Mitgliedschaft der Türkei in der Europäischen Union. So wenig man sich vorstellen kann, dass Deutschland jemals den Zugang zu internationalen Institutionen gefunden hätte, wenn es den Mord an den Juden und anderen leugnen würde, so wenig kann man dulden, dass die Türkei ihre eigene Vergangenheit verdrängt. Es tut einer jeden Mehrheitsgesellschaft gut, wenn sie ihre Geschichte einmal aus der Perspektive der jeweiligen Minderheiten betrachtet. Die Lebensqualität der Minderheiten ist gewissermaßen der Test für die Qualität einer demokratischen Gesellschaftsordnung überhaupt.

Die Erinnerung der Opfer ist immer ausführlicher und längerwährend, als die Erinnerung der Täter. Letztlich ist dieser Prozess aber für beide befreiend. Darum ist es unerträglich und politisch zu bekämpfen, wenn die Türkei diplomatischen Druck ausübt, um die offene Debatte über den Völkermord an den Armeniern zu unterdrücken. Dabei ist immer zu fragen, wie die verfolgten Minderheiten selbst mit ihren Minderheiten umgegangen sind, solange sie Macht und Möglichkeiten zur Diskriminierung hatten. Letztendlich ist zu hoffen, dass die künftige politische Entwicklung dazu führt, dass Gerechtigkeit für alle durchgesetzt werden kann.

Pfarrer Wolfgang Wagner
Studienleiter an der Ev. Akademie Bad Boll

Bielefeld, den 2. Februar 2005

Mir als Historiker war der Genozid an den Armeniern natürlich bekannt, aber ich bin noch einmal mit besonderem Nachdruck auf ihn gestoßen worden, als ich mich gegen den Beitritt der Türkei zur EU ausgesprochen habe.

Mein Interesse am Armeniermord ist vor allem wissenschaftlicher Natur, es entspricht aber auch meiner Überzeugung, immer wieder mit Nachdruck auf solche Formen des Genozids als Historiker und Staatsbürger hinzuweisen.

Ich bin kein Turkologe und auch kein Nahostexperte, aber es scheint mir unverändert ein Skandal zu sein, dass auch die Regierung der Türkischen Republik noch immer keine Diskussion des Armeniermords gestattet, sie vielmehr mit Sanktionen strafrechtlich verfolgt. Eine Anerkennung des Staatsverbrechens ist eine Voraussetzung für die Verarbeitung dieses Genozids im Ausland, aber auch in der Türkei selber.

Diese Frage[1] scheint mir sehr allgemeiner Natur zu sein, hat aber in Deutschland natürlich die 15 Millionen Vertriebenen und Flüchtlinge aus Osteuropa und Ostdeutschland auch betroffen. Kein vernünftiger Mensch wird Ihnen das Mitgefühl versagen.

Prof. Dr. Hans-Ulrich Wehler
Prof. em. für Allgemeine Geschichte
Fakultät für Geschichtswissenschaft, Philosophie
und Theologie der Universität Bielefeld

1 Gemeint ist die vierte Frage.

Berlin, den 10. März 2005

Ich kann mich nicht erinnern, dass der Völkermord an den Armeniern Thema im Geschichtsunterricht in meiner Schule gewesen wäre. Die Bündnispolitik der Mächte zu Beginn des 20. Jahrhunderts, das Wettrüsten, schließlich der Erste Weltkrieg und der Untergang des deutschen Kaiserreiches wurden ausführlich besprochen. Ich erinnere mich außerdem an den Begriff vom *kranken Mann am Bosporus* für das Osmanische Reich im 19. Jahrhundert, an zeitgenössische Karikaturen in deutschen Zeitungen, an die begehrlichen Blicke, die die Großmächte auf das auseinander brechende Imperium geworfen hatten, auch an die Hellenenbegeisterung in Deutschland, auch an einzelne strategische Schachzüge in diesem Raum. Vielleicht tue ich meinen sehr guten Geschichtslehrern Unrecht, weil ich mich nicht erinnere. Das will ich offen lassen. Aber eigentlich hat mich alles, was dort verhandelt wurde, brennend interessiert.

Erst als ich auf dem Historikertag in München 1996 auf einem der Büchertische beim Vorbeischlendern das Buch von Martin Tamcke („Armin T. Wegner und die Armenier", Hamburg 1996) die Hand nahm, erfuhr ich bewusst etwas von dem Völkermord an den Armeniern. Das Buch war mir aufgefallen, weil die Beziehungen zwischen Europa und dem Orient eines der Felder war, die ich in meinem Studium bearbeitet hatte. Das Foto von Armin T. Wegner auf dem Buchdeckel, in einer Sanitäteruniform und der Kefiya auf dem Kopf, erinnerte mich an Bilder von Thomas E. Lawrence in englischer Uniform und Kefiya, der sich bekanntlich zur gleichen Zeit im Vorderen Orient aufhielt. Thomas E. Lawrence' autobiografische Erzählung besaß ich seit vielen Jahren. Über seine exzentrische Lebensweise, seine Feldstudien über Kreuzfahrerburgen, seine seltsame Haltung zu den Beduinen, seine politische Funktion und die Aktivitäten der Engländer in diesem Gebiet – darüber hatte ich etwas erfahren. Tamckes Buch behandelte etwas anderes, wie sich bald herausstellte, als ich im Stehen zu lesen begann.

Immerhin hatte ich zu diesem Zeitpunkt ein geschichtswissenschaftliches Studium abgeschlossen und als Nebenfach ein orientwissenschaftliches Fach absolviert; immerhin hatte ich in einem orientchristlichen Gebiet meine Abschlussarbeit geschrieben – und trotzdem war mir das, was ich las, völlig neu. Wie ist das möglich? War ich im Studium faul gewesen? Oder war das Wort "Völkermord" in meinen Seminaren wirklich nie gefallen?

Noch immer war mir die aktuelle politische Dimension des Völkermordes unbekannt. Damit wurde ich erst konfrontiert, als ich meinem freundlichen Lehrer, dem syrisch-orthodoxen Subdiakon Amill Gorgis in Berlin, bei der Korrektur seiner deutschen Übersetzung von syrischen Augenzeugenberichten aus dem Völkermord helfen durfte. Wenig später wurde in Diyarbakir der syrisch-orthodoxe Priester Akbulut angeklagt. In der türkischen Zeitung „Hürriyet“ erschien am 4. Oktober 2000 ein Interview mit ihm, in dem er aufgefordert worden war, zu der Frage Stellung zu nehmen, ob es einen Völkermord an den Armeniern gegeben habe. Akbulut bejahte dies. Er fügte hinzu, dass die syrisch-orthodoxen Christen ebenfalls massiv davon betroffen waren. Wegen dieser Anklage wurden in Berlin Demonstrationen und Diskussionsveranstaltungen mit deutschen, armenischen und türkischen Politikern und Menschenrechtlern organisiert.

Und ich muss zugeben, dass ich erst jetzt wirklich begriff, worin heute der empörende Skandal besteht, welche unselige Rolle der türkische Geschichtsunterricht, die türkischen Gesetze und türkische Historiker darin spielen – und dass dies von den deutschen Politikern und den deutschen Historikern geduldet wird, als würden wir sonst die Außenpolitik der Kaiserzeit verteidigen oder beschönigen.

Das war eine Seite der Türkei und Deutschlands, die mir bis dahin unbekannt war. Mir war an dem friedlichen Zusammenleben mit der Türkei und mit den türkischen Nachbarn im Berliner Stadtteil Kreuzberg gelegen. Ich mochte die freundlichen Gemüsehändler, meine Marktfrau, die türkischen und kurdischen Intellektuellen, die hier in diesem Viertel leben. Ich war bestürzt darüber, dass gerade in diesem Viertel, in dem politische Bildung, politischer Protest und emanzipatorisches Bestreben von je her ganz an der Oberfläche der Alltagskultur liegen, wo Plakate die Straßen säumen, wo Feuerwände mit kämpferischen Parolen beschrieben werden, das Unrecht an den orientalischen Christen in der Türkei damals und das Unrecht an ihrer Geschichte heute kein Thema ist.

Ich begriff erst jetzt, dass es politische Gründe geben kann, heute wie damals, in den Beziehungen zwischen Deutschland und der Türkei nicht allzu viel Aufhebens um den Völkermord zu machen. Diese Vorstellung ist für mich erschreckend und absurd, nicht nur, weil die ganze Welt an der Wende vom 19. zum 20. Jahrhundert auf dem Gebiet des Osmanischen Reiches präsent war, Beobachter besaß und selbstverständlich genauestens informiert war über das, was sich hier zutrug. Als Historiker bestürzt mich der Gedanke, wie offenbar historisches Bewusstsein manipulierbar ist, wie gefährdet es ist, wie vergesslich eine Gesellschaft ist und wie wenig das historische Bewusstsein einer Gesellschaft etwas mit ihrer Vergangenheit zu tun hat.

Während wir Historiker über die Theorie der historischen Erkenntnis diskutieren, bildet sich Erkenntnis und Überzeugung nicht in der freien Debatte der Wissenschaftler, sondern durch Manipulation. Wir sind uns unserer historischen Erinnerung, unserer Erkenntnisse und unserer Methoden viel zu sicher. Wir sehen nicht, dass Völkern Geschichte (von Genugtuung ganz abgesehen) vorenthalten wird, und dass etwa eine Generation, höchstens zwei Generationen, auszureichen scheinen, um historisches Wissen vollständig untergehen zu lassen. Auch in Deutschland ist das möglich. Und dies alles, obwohl Deutsche um die Jahrhundertwende und in den Jahrzehnten darauf intensiv und in allen verfügbaren Medien über die Armenierfrage diskutiert haben und obwohl wir gerade in Deutschland die gesellschaftspolitische Funktion von Geschichtsschreibung und von Erinnerung sehr hoch einschätzen. Welche Konsequenzen hat diese Tatsache für unser Fach?

Ich wünschte mir, Historiker in Deutschland würden eine theoretisch und methodisch informierte Diskussion um die geschichtswissenschaftliche Dimension der politischen Anerkennung des Völkermordes führen. Sie sollten um der Würde unseres Faches willen den Kampf um Erinnerung, den die Opfer bislang mit viel zu wenigen Wissenschaftlern und zu geringen Mitteln führen müssen, ernst nehmen und die Diskussionen aufgreifen. Auf internationalen Kongressen sollten sie ihre türkischen Kolleginnen und Kollegen im Namen der Normen und Standards des Faches dazu auffordern, sich daran zu beteiligen.

Dr. Dorothea Weltecke
Seminar für Mittlere und Neuere Geschichte
an der Georg-August-Universität Göttingen

Priestewitz, den 22. Februar 2005

Man erlaube mir, auf die fünf gestellten Fragen zum Völkermord an den Armeniern in indirekter Weise einzugehen.

Mein zwei Jahre älterer Bruder sagte eines Tages zu mir: „Das Buch musst du unbedingt lesen“. Das war vor fünfzig Jahren, 1954, ich war sechzehn Jahre alt, und verschlang das so dringend empfohlene Buch während ich mit einer Erkältung im Bett lag. „Die vierzig Tage des Musa Dagh“ von Franz Werfel hatten meinen Bruder und mich zum ersten Mal mit dem Schicksal der Armenier während des Ersten Weltkriegs konfrontiert und eine Ahnung des Leidens dieses Volkes im Bewusstsein hinterlassen.

Der Völkermord begegnete mir vielleicht zehn Jahre später erneut durch ein schmales Buch: „Geliebte fremde Mutter“ von Alfred Otto Schwede. Während des Theologiestudiums in Leipzig hatte ich weder von der Armenischen Kirche noch vom Völkermord etwas gehört (oder es überhört), so fesselte mich dieses Buch von neuem und weckte ein gewisses Interesse, das aber keineswegs zielgerichtet war.

In der DDR war der Büchermarkt überschaubarer als in der Bundesrepublik und so erregte eine Bücherreihe gleichen Formates, aber ohne übergreifendes Thema, vom Verlag Koehler & Amelang, Leipzig, großes Interesse. Aus dieser Reihe erwarb ich „Drei Jahrtausende Armenien“ von Burchard Brentjes (1. Auflage: 1973). Das Buch überzeugt mich noch heute durch seine Qualität, sowohl was die geschichtliche wie die kunstgeschichtliche Darstellung anbetrifft, als auch durch seinen umfangreichen Anhang, seine Zeittafeln, sein Literaturverzeichnis, die zahlreichen Abbildungen, sein Namensregister, einschließlich Karte. „Der Todesgang des armenischen Volkes“: mit diesem Kapitel beginnt das Buch, vorangestellt sind ihm die Zeilen von Nahabed Kutschak: „Denk ich dem Schicksal der Verbannung nach, in dem ich schmachte, füllen meine Augen mit Tränen sich; ich irre ruhelos von Land zu Land wie Flüsse ruhelos eilen...“.

Da die Informationsmöglichkeiten in der DDR beschränkt bzw. ideologisch gelenkt gewesen sind, waren viele Menschen umso wacher für das außerhalb der offiziellen Linie vorhandene Angebot an Büchern. Deshalb erwähne ich den jährlich von Oskar Thulin herausgegebenen Kalender „Zum Lobpreis Gottes"; in ihm waren häufig Aufnahmen von armenischen Klöstern und Kirchen zu finden.

Mitte der neunziger Jahre gab mir einer meiner Söhne Edgar Hilsenraths Roman „Das Märchen vom letzten Gedanken". Dieses Buch vermochte ich, angesichts der geschilderten Grausamkeiten bei den Verhören, nicht weiterzulesen. Höchstens durch einhundert Seiten habe ich mich widerstrebend durchgekämpft. Eingeprägt hat sich mir der Satz: „Gott hat Glasaugen"; damit sollte ausgedrückt werden: Er sieht nichts von den unvorstellbaren Leiden. Wenn nun dieser Satz, aus dem Zusammenhang gerissen, blasphemisch wirkt, mag er doch um seiner Bildhaftigkeit willen einmal so stehen bleiben.

Von neuem griff ich zu diesem Buch, weil die Evangelische Akademie Meißen eine Studienreise für Ende Mai 2004 nach Armenien anbot. Die lebendigen Schilderungen des Alltags der Armenier auf den Dörfern zum Ausgang des 19. bzw. zu Beginn des 20. Jahrhunderts im zweiten Teil des Romans versöhnten mich mit dem furchtbaren ersten Teil.

Neben dem Studienmaterial der Akademie und dem Reiseführer von Frau Jasmine Dum-Tragut „Armenien entdecken", sowie Tessa Hofmanns „Annäherung an Armenien" waren mir zwei Bücher in der Vorbereitung der Reise besonders eindrücklich.

Der wunderschöne Bildband „Der gerettete Schatz der Armenier aus Kilikien" von Hermann Goltz ließ mir nun die Geschichte des Kilikischen Königreiches der Armenier anschaulich werden. Diese war jedoch nicht die Hauptsache, sondern die Rettung der armenischen liturgischen Kunstschätze. Auf dem Hintergrund der unvorstellbar grausam durchgeführten Vertreibung, die dieses Buch ebenfalls dokumentiert, wirkt die Rettung und Erhaltung dieser Kunstschätze für die Nachwelt wie ein Wunder. Der Begriff des "Wunders" scheint wohl für das Gefühl berechtigt, nicht aber für die Sache. Das Buch beschreibt in Dokumenten eindrücklich, wie die Armenier diese ihre Kultur- G ü t e r unter bedingungslosem Einsatz ihres Lebens retteten. Neben den hervorragenden Aufnahmen der liturgischen Gewänder und Geräte macht die Zuordnung der liturgischen Texte zu den Gewändern und Geräten den Bildband so wertvoll.

Neben diesem Bildband wirken Agapi Mkrtchians „Träume zwischen Orient und Abendland“ sehr bescheiden. Durch ihre Gedichte konnte ich etwas von der inneren Verbundenheit der Armenier mit dem, was ihnen Heimat ist, erahnen. Sie schreibt: „Wie ein Riese stehe ich mit meinen Beinen fest auf der Erde; mit dem einen Bein schöpfe ich die Kraft aus meinem Heimatland, mit dem anderen Bein ebne ich hier meinen Weg.“ ....

Von dem auf einer Bergkuppe liegenden Kloster Chor Virap aus sah unsere Reisegruppe auch auf die Grenze zwischen der Türkei und Armenien. Sie wirkt mit ihrem Stacheldraht und den Wachtürmen dazwischen hart und unerbittlich, trennt nicht nur zwei Länder sondern Völker.

Nur einige allgemeine Gedanken kann ich zur dritten Frage äußern:

Unerklärlich ist mir, warum die türkische Regierung bis heute den Völkermord leugnet, ja sogar politischen Druck auf andere Staaten ausübt, zu dieser Tatsache möglichst zu schweigen. Diese Haltung macht Versöhnung und damit Heilung der Wunden im kollektiven Gedächtnis der Armenier unmöglich.

Der Leugnung des Völkermordes als einer historischen Tatsache muss auch um der eineinhalb Millionen Opfer willen widersprochen werden, d.h. auch der Umdeutung und Verharmlosung. Davon zu trennen ist m.E. die Schuldfrage. Ich denke, ein Schuldeingeständnis kann nur freiwillig und aus freier Gewissensentscheidung erfolgen.

Vielleicht könnte die "Entspannungspolitik" der EU und der Bundesrepublik angesichts der Starren Ost-West Konfrontation im letzten Drittel des vergangenen Jahrhunderts ein Modell zur Entspannung zwischen Türken und Armeniern darstellen. Diese Politik nahm den "Gegner" als Partner ernst, sie wollte Bedrohungsangst abbauen, sie war zukunfts-, nicht vergangenheitsorientiert (KSZE-Konferenzen). Es sei daran erinnert, wie langwierig und schwierig der Prozess der Entspannungspolitik gewesen ist und wieviel Widerstände auch im Deutschen Bundestag ertragen werden mussten.

Neben dem verantwortlichen Handeln in der Politik hat es immer auch mutige Frauen und Männer gegeben, die aus eigener Friedens- und Versöhnungsbereitschaft heraus unabhängig von der "großen Politik" handelten.

Als ein Beispiel aus der evangelischen deutschen Kirche erwähne ich Lothar Kreyssing, der mitten im "Kalten Krieg" die Aktion Sühnezeichen als Beitrag zur Versöhnung ins Leben rief. Mir ist bewusst, wie fragwürdig Modelle und Vergleiche sind. Ich möchte nur meiner Überzeugung Ausdruck verleihen, dass das Handeln Einzelner, die mutig Grenzen überschreiten, sich mit schlimmen Tatsachen nicht einfach abfinden, letztlich viel bewirken und in Bewegung bringen kann. Ihr Tun steht unter der Verheißung Gottes.

Von den Indianern wird das Wort überliefert: „Rede mit deinem Feind erst, wenn du einen Tag in seinen Mokassins gelaufen bist.“ Es könnte sein, dass dem Hass der Türken auf die Armenier vor einhundert Jahren ein verletztes Nationalgefühl der Türken mit zu Grunde gelegen hat. Der im 19. Jahrhundert zerfallende osmanische Vielvölkerstaat, die Balkankriege, die Balkankonferenzen der Großmächte Russland, Deutschland, England und Frankreich werden von den Türken als demütigend empfunden worden sein. Vielleicht lohnt sich ein intensives Nachdenken darüber, welche Auswirkungen zum Beispiel auch die Flucht von Türken aus dem Balkan für die türkische Gesellschaft und ihr Selbstverständnis gehabt hat. Von der anderen Seite her zu denken, unvoreingenommen den sicher zahlreichen Wurzeln des ethnischen Konfliktes nachzuspüren; auch das könnte mit ein Beitrag zum Verstehen und zur Versöhnung sein. Hilsenrath lässt in seinem Roman solche Hintergründe und Zusammenhänge anklingen.

Die beiden von mir genannten Romane zum Völkermord sind großartige literarische Zeugnisse des Erinnerns. Dieses Erinnern ist um der Opfer willen, aber auch um der Zukunft willen immer wieder nötig, damit solch ein Verbrechen sich nicht wiederholt. Ich sehe in diesen Romanen aber auch eine Gefahr. Durch das Mitleid mit den Opfern, das sie hervorrufen und durch die Identifikation, die sich unwillkürlich mit den Leidenden vollzieht, entstehen im Kopf der Leser immer von neuem Bilder. Solche Bilder können ein Bild verfestigen, das für die Gegenwart nicht mehr stimmt. Die Franzosen und die Deutschen des 21. Jahrhunderts sind nicht mehr dieselben wie die des ausgehenden 19. Jahrhunderts. Gleiches gilt doch wohl für die Türken und Kurden, die in den Romanen geschildert werden.

Leid, und dies gilt besonders auch für das kollektiv erfahrene Leid von Völkern, bedarf des Erinnerns. Es darf nicht klein geredet, nicht weg diskutiert, nicht als verjährt angesehen werden. Im Erinnern aber muss, so denke ich, zugleich die Möglichkeit zu einer Heilung, zur Versöhnung, zur Überwindung liegen. Geschrieben sind diese Worte schnell, sie werden in der Kürze ihrer Formulierungen Fragen, vielleicht Widerstände hervorrufen. Wie Schritte zur Heilung und zur Versöhnung aussehen könnten, vermag ich nicht zu sagen. Ich vertraue darauf, dass Gottes Geist als ein Geist des Friedens einzelnen Menschen Mut und Ideen zu konkretem Handeln schenkt, und so dass das zarte Pflänzchen der Versöhnung und der Heilung wachsen kann.

Hans Wilzki
ev. Pfarrer i. R.

Aufsätze

Hilmar Kaiser

Aspekte eines Völkermordes

Der vorliegende Text hat nicht den Charakter eines wissenschaftlichen Beitrages. Vielmehr ist es meine Absicht, einem interessierten Publikum eine kurze Einführung in deutscher Sprache über meine wissenschaftliche Produktion und ihre Entstehung vorzulegen. Dies erscheint nützlich, da ich zumeist nicht in deutscher Sprache veröffentliche und die einzelnen Texte häufig in schwer zugänglichen Fachpublikationen erschienen sind. Die Beiträge entstanden im Rahmen laufender Debatten und haben in der Regel zum Ziel, bestimmte Thesen auf Grundlage von relevanten Quellen neu zu beleuchten und gegebenenfalls zu kritisieren. Es ist an dieser Stelle nicht meine Absicht, auf diese Debatten näher einzugehen. Einige dieser Diskussionen werden noch lebhaft geführt und die gebotene, gründliche Auseinandersetzung kann daher nur an anderer Stelle in der gebotenen Form geleistet werden. Meine kurzen Bemerkungen zu den einzelnen Texten sind keinesfalls erschöpfende Zusammenfassungen, sondern sollten lediglich als Hinweise zu einzelnen Aspekten verstanden werden. Die Texte verfügen über komplexe Anmerkungsapparate, die einem interessierten wissenschaftlichen Publikum weitergehende Informationen bieten. Trotz dieser Einschränkungen dürfen die hier vorliegenden Ausführungen durchaus als eine erste Einführung in verschiedene Aspekte des Forschungsstandes angesehen werden.

Mein Interesse am Armenischen Völkermord wurde besonders in den achtziger Jahren während zahlreicher Reisen in die Türkei geweckt. Ich besuchte jene kurdischen Provinzen, die bis 1915 auch den Kern Westarmeniens bildeten. In vielen Dörfern fand ich Ruinen armenischer Bauten vor, von denen manche nach Auskunft von Dorfbewohnern erst kürzlich von der türkischen Armee gesprengt worden waren. Häufig hatten die Explosionen massive Kirchengewölbe völlig zerstört. Besser war es armenischen Grabsteinen ergangen, die für neue Gebäude oder einfach als Sitzbänke genutzt wurden. Bei meinen Besuchen auf kurdischen Hochgebirgsalmen konnte ich zudem zahlreiche Zeugnisse armenischer Hirten sehen, die schlicht in die Felsen geritzt worden waren.

In Deutschland bemühte ich mich, das Gesehene zu vertiefen. Es stellte sich jedoch heraus, dass die Forschung zur neueren osmanischen Geschichte die Armenier weitgehend ignorierte. Ein kurzer Blick in die meisten Standardwerke oder ein Überblick über die Aufsatzliteratur konnte den Eindruck vermitteln, dass Armenier nie existiert hatten. Gleiches traf übrigens auch auf Kurden zu. Generell stand die Geschichte des osmanischen Staates und seiner Funktionäre im Vordergrund des Forschungsinteresses. Eine "Geschichte von unten" hatte nur geringe Fortschritte gemacht.

Ich entschloss mich daher, meine Aufmerksamkeit vorerst auf die spätosmanische Sozial- und Wirtschaftsgeschichte zu richten und meine Beschäftigung mit dem Armenischen Völkermord entsprechend zurückzustellen. Nach Durchsicht der Literatur kam ich zu dem Schluss, dass die Geschichte der kilikischen Çukurova ideale Voraussetzungen bot, um viele der verbreiteten Thesen zur spätosmanischen Gesellschaft einer kritischen Überprüfung auf Grundlage einer ausgezeichneten Quellenlage zu unterziehen. Mein Forschungsprojekt mündete schließlich in eine Dissertation mit dem Titel „Baghdad Railway Policies and the Socio-economic Transformation of the Çukurova (Cilicia) 1890-1915“, die am Europäischen Hochschulinstitut in Florenz verteidigt wurde. Wie der Titel bereits andeutet, hatte ich mein Forschungsvorhaben erweitert und den Völkermord mit einbezogen. Diese Entscheidung war das Ergebnis umfassender Archivforschungen. Die Aktenlage hatte bestätigt, dass der Armenische Völkermord die entscheidende historische Zäsur bildete, die das Ende der osmanischen Gesellschaftsformation markierte. Nach 1915 nahm die wirtschaftliche Entwicklung der Çukurova eine andere Richtung. Die Vernichtung der armenischen Bevölkerung und Vertreibung anderer Bevölkerungsgruppen, insbesondere der Griechen, führte zu einem Zusammenbruch der bis dahin rasant wachsenden privatwirtschaftlichen Industrie sowie einem ökonomischen Rückschlag. Türkische Nationalisten hatten es geschafft, eine der dynamischsten Regionen des Osmanischen Reiches im Namen einer "Nationalwirtschaft" zu ruinieren und hatten dabei eine Blutspur hinterlassen. Das traurige Ergebnis wurde dann als eine Unterentwicklung beschrieben, für welche die Opfer des Völkermordes verantwortlich gemacht wurden. Mit anderen Worten, bekannte Themen der Völkermordsleugner wurden auch auf die Sozial- und Wirtschaftsgeschichte angewandt.

Bei meinen Archivstudien erwies es sich als ein retardierendes Moment, dass beinahe keine zuverlässige Sekundärliteratur zur Verfügung stand. Dieser unbefriedigende Stand der Literatur war und ist zum Teil leider immer noch nicht auf Arbeiten zur Sozial- und Wirtschaftsgeschichte beschränkt. Vielmehr ergab ein Vergleich der einschlägigen Literatur zum Armenischen Völkermord mit den Quellen, dass erhebliche Mängel bestanden. Autoren benutzten Dokumente eher zur Illustrierung ihrer bestehenden Meinungen als zur kritischen Analyse. Dokumente wurden daher mitunter wissentlich ignoriert und auch falsch wiedergegeben. In diesen Fällen war und ist es das Ziel, eine politisch erwünschte Schlussfolgerung durchzusetzen. Diese Verzerrung des Quellenstandes entstammt dem Bedürfnis den Völkermord zu beweisen und den Leugnern effektiv entgegenzutreten. Zudem wurde die Erforschung einzelner Aspekte des Völkermordes vernachlässigt, wie zum Beispiel die wirtschaftlichen Beweggründe der Täter. Als Grundlage einer seriösen Diskussion des Völkermordes im Rahmen meiner Dissertation waren diese Texte unbrauchbar. Vielmehr galt es den Versuch zu unternehmen, die weit klaffenden Lücken wenigstens teilweise zu schließen.

In einer kleinen Schrift analysierte ich gängige Thesen zur Rolle von Armeniern und anderen nicht dominanten Gruppen in der osmanischen Wirtschaft. Diese beruhten nicht auf Quellenstudien, sondern rührten von einer unkritischen Übernahme älterer Veröffentlichungen her. Besonders problematisch war jedoch, dass der wichtigste Text keinen wissenschaftlichen Charakter hatte, sondern ein Propagandawerk mit deutlich rassistischen Tendenzen war. Hierdurch hatten diese Stereotypen Eingang in die neuere wissenschaftliche Literatur gefunden und wirkten lange in

Darstellungen der Armenier in der osmanischen Wirtschaft nach.[1] Solche zeitgenössischen Publikationen bildeten die ideologische Rechtfertigung für ein umfassendes osmanisches Regierungsprogramm. Ziel dieser Politik war eine Revolution der osmanischen Gesellschaft auf Grundlage einer nationalistisch-türkischen Ideologie. Die komplexe osmanische Gesellschaft sollte einer "türkischen" Platz machen. Der Völkermord an den Armeniern schuf hierfür die wirtschaftliche Grundlage. Die Enteignung und Tötung der Armenier finanzierte ein umfassendes Deportationsprogramm, das ohne armenische Gelder, Grundbesitz und andere Güter nicht realisierbar war. Wie auch bei anderen Beiträgen war ein entscheidendes Ergebnis dieser Arbeit, dass sich osmanische und westliche Quellen keineswegs widersprachen, sondern vielmehr ergänzten und bestätigten.[2]

Die bereits angeführte Diffamierung von Armeniern ist Bestandteil einer weitergehenden Kampagne. Offizielle, deutsche und osmanische Stellen bemühten sich seit 1915 die internationale Öffentlichkeit mit einer Desinformationskampagne in die Irre zu führen. Das eigentliche Ziel war es, dem ständig anwachsenden Informationsstand über die Abschlachtung der Armenier durch in Wahrheit haltlose Behauptungen entgegenzutreten. Auf osmanischer Seite befassten sich ausgerechnet jene Bürokraten mit dieser Aufgabe, die sich selbst aktiv an der Organisation und Ausführung der Morde beteiligten. Dem Mörder Ahmet Esat Uras gelang, wie anderen seiner Kollegen, die Fortführung seiner Karriere in der türkischen Nomenklatura der 1920-1940er Jahre. Die Identifizierung von Uras als einem Haupttäter ist wichtig, da seine Schriften noch heute von offizieller türkischer Seite als wissenschaftlich

---

1 Imperialism, Racism and Development Theories. The Construction of a Dominant Paradigm on Ottoman Armenians, Ann Arbor, MI, Gomidas Institute, 1997, 2nd ed. 2000.

2 1915-1916 Ermeni Soykırımı Sırasında Ermeni Mülkleri, Osmanli Hukuku ve Milliyet Politikaları, in: İmparatorluktan Cumhuriyete Türkiye´de Etnik Çatışma, ed. by Erik Jan Zürcher, İstanbul 2005, S. 123-156; (together with Fikret Adanir), Migration, Deportation, and Nation-Building: The Case of the Ottoman Empire, in: Migrations and Migrants in Historical Perspective. Permanencies and Innovations, ed. by René Leboutte, Bruxelles 2000, S. 273-292.

autoritativ angeführt werden. Mit der Offendeckung seiner tatsächlichen Funktion wird dies hoffentlich künftig unterbleiben.[3]

Die deutsche Rolle bei der Leugnung des Armenischen Völkermordes stand im Mittelpunkt einer parallelen Studie.[4] Ich fand heraus, dass nicht die osmanische Regierung, sondern deutsche Botschaftsangehörige in Konstantinopel die grundlegenden Thesen der Leugner entwickelt hatten. Obwohl diese Diplomaten in ihren Berichten fortlaufend über das genaue Gegenteil dieser Behauptungen berichteten, setzte die deutsche Regierung ihre antiarmenische Propaganda fort. Besonders peinlich für die Verantwortlichen war es, als Deutsche diese haarsträubenden Märchen öffentlich geißelten und damit die deutsche Politik international bloßstellten.[5]

Erst als die osmanische Regierung eine innenpolitische Kampagne startete, die eine deutsche Veranlassung für die Morde unterstellte, erwog die deutsche Regierung eine öffentliche Distanzierung von den Taten ihres osmanischen Verbündeten. In diesem Zusammenhang kam es dann zur endgültigen Festlegung der deutschen Politik durch Reichskanzler Bethmann-Hollweg. Der Kanzler dekretierte, dass deutsche Diplomaten eine Vernichtung der Armenier mit Rücksicht auf deutsche Interessen hinzunehmen hatten. Ein wirksamer Widerstand gegen die Morde war damit nicht nur unmöglich geworden, sondern konnte noch nicht einmal erwogen werden. Mit der Veröffentlichung dieser Entscheidung stellte ich im Jahre 1998 als Erster die ausschlaggebende Richtlinie der

---

3 Dall'impero alla repubblica: le continuità del negazionismo turco, in: Storia, verità, giustizia. I crimini del XX secolo, ed. by Marcello Flores, Milano 2001, S. 89-113.

4 Le génocide arménien: négation 'à l'allemande', in: L'actualité du Génocide des Arméniens. Actes du colloque organisé par le Comité de Défense de la Cause Arménienne, Paris 1999, S. 75-91.

5 Ein gutes Beispiel ist hierfür Harry Stürmers Buch, dem die deutsche Propaganda nichts entgegensetzen konnte: Two War Years in Constantinople. Sketches of German and Young Turkish Ethics and Politics. Revised and complete edition with annotations and an introduction by Hilmar Kaiser, London 2004.

deutschen Reichsregierung zum Armenischen Völkermord vor. Dieser Durchbruch in der Forschung warf ein bezeichnendes Licht auf häufig spekulative und auch durchaus die Quellenlage verkehrende Arbeiten anderer Autoren, die Verschwörungsthesen anhängen.

Die beschämende Politik der deutschen Regierung während des Völkermordes schloss allerdings eine aktive Teilnahme an den Verbrechen aus. Einzelne deutsche Offiziere, die diese klare Linie missachteten, konnten sich nur mit Mühe und zeitlich begrenzt auf ihren Posten halten oder wurden kurzfristig und entgegen den Wünschen des osmanischen Verbündeten abberufen. Die Trennlinie zwischen einer öffentlichen passiven Haltung und verdecktem Widerstand auf der einen und einer die Morde unterstützenden Politik oder gar Teilnahme auf der anderen Seite wurde anscheinend klar gesehen.[6]

In einer weiteren Studie diskutierte ich die Haltung der Deutschen Bank zum Armenischen Völkermord.[7] Es zeigte sich, dass die Deutsche Bank den Deportationen und dem Morden nicht tatenlos zusah. Vielmehr entstand ein verzweigtes Untergrundnetzwerk, das von der Zentrale in Berlin bis in die osmanische Provinz reichte. Armenier wurden versteckt, versorgt, und beschützt. In dramatischen Situationen widersetzte sich der Vertreter der Bank in Konstantinopel, Franz J. Günther, den Forderungen des osmanischen Innenministers, Talaat Beys. Er drohte mit der Unterbrechung des militärischen Nachschubs und damit dem Zusammenbruch der Dardanellenfront, falls seine armenischen Angestellten behelligt würden. Dieses herausragende Beispiel an Mut und Zivilcourage steht in leuchtendem Gegensatz zum Verhalten offizieller deutscher Stellen.

---

6 Eberhard Wolffskeel von Reichenberg, Zeitoun, Mousa Dagh, Ourfa. Letters on the Armenian Genocide, ed. and intro. by Hilmar Kaiser, Princeton, NJ, Gomidas Institute, 2001, 2nd ed. ibd. 2004.

7 The Baghdad Railway and the Armenian Genocide, 1915-1916. A Case Study in German Resistance and Complicity, in: Remembrance and Denial. The Case of the Armenian Genocide, ed. by Richard G. Hovannisian, Detroit, MI 1998, S. 67-112.

Überhaupt erwiesen sich Fallstudien als ein geeigneter Weg, um Widerstandspotentiale während des Völkermordes näher zu beleuchten. Der deutsche Vizekonsul in Erserum, Max Erwin von Scheubner-Richter, leistete über den Rahmen des offiziell genehmigten Einschreitens aktive Unterstützung für die Opfer, während Personen aus seinem Umfeld unter Gewaltandrohung gegen osmanische Offiziere einzelne Armenier retteten. Die Studie zu Erserum zeigte auch, dass die Rolle kurdischer Stämme bei der Ausrottung der Armenier eine direkte Verbindung zur osmanischen Zentralregierung bewies. Diese Stämme handelten nicht als selbstständige Einheiten, sondern bildeten ein Element des staatlichen Vernichtungsapparates.[8]

Das Thema "Widerstand" bot ebenfalls im Falle der Region Aleppo einen fruchtbaren Ansatz. Hier konnte ich die Verzahnung von armenischen und westlichen Aktionen zur Lebensrettung zeigen. Die US-amerikanischen und deutschen Konsulate bildeten in diesem Fall das Rückgrat einer verdeckten internationalen Hilfsaktion, deren Anfänge auf armenische Initiativen zurückgingen. Es wurde deutlich, dass Armenier keineswegs ihrer Vernichtung tatenlos zusahen. Vielmehr entstand ein humanitärer, gewaltfreier Widerstand, dessen Aktivisten sich aufopfernd für eine Zukunft der armenischen Nation einsetzten.[9]

Neben der Analyse wichtiger Aspekte des Völkermordes bildet die Erschließung neuer Quellen einen weiteren Teil meiner Arbeit. Im Laufe meiner Archivstudien gelang es mir neben unbeachtet gebliebenen zentralen Dokumenten, wie Bethmann-Hollwegs Entscheidung von 1915, auch bis dahin unbekannte Manuskripte aufzufinden. Einige von diesen eigneten sich zur Veröffentlichung als eigenständige Publikationen, wie das Tagebuch

---

8 'A scene from the Inferno.' The Armenians of Erzerum and the Genocide, 1915-1916, in: Der Völkermord an den Armeniern und die Shoah / The Armenian Genocide and the Shoah, edited by Hans-Lukas Kieser and Dominik J. Schaller, Zürich 2002, S. 129-186.

9 At the Crossroads of Der Zor. Death, Survival and Humanitarian Resistance in Aleppo, 1915-1917, Princeton, NJ, Gomidas Institute, 2001, 2nd ed. 2002.

der Missionarin Bertha Morley[10] oder die Memoiren-Veröffentlichung als eigenständige Publikationen, wie die des letzten US-Botschafters im Osmanischen Reich, Abram Elkus.[11] Das Ziel solcher Publikationen ist es, die Quellen einer breiteren Öffentlichkeit in leicht zugänglicher Form vorzulegen und damit Forschung und Lehre effizient mit neuen Materialien zu versorgen. Weitere Veröffentlichungen sind im Druck oder in Vorbereitung. Mein Ansatz orientiert sich weiterhin an Fallstudien. Wichtig erscheint mir dabei, neben der Vertiefung einzelner Aspekte des Völkermordes, das Verbrechen in größere Kontinuitätslinien einzuordnen. Meine Arbeit wird sich auch künftig vornehmlich an Fallstudien orientieren. Wichtige Einzelaspekte, wie zum Beispiel das Schicksal von Kindern und die Identität von Tätern, sollen hierdurch vertieft werden. Darüber hinaus erscheint eine präzisere Einordnung des Völkermordes in die Kontinuitätslinien der osmanischen Gesellschaft sowie die vielschichtige Gesellschaftsstruktur geboten. Allein hierdurch kann eine nationalistische Verengung der Perspektive nachhaltig vermieden werden.

Insgesamt zeigen die Darstellungen, dass sich osmanische und westliche Quellen ergänzen. Damit wird die zentrale Behauptung der Genozidleugner, dass die osmanischen Archive eine andere Sicht der Dinge nahe legen, nicht nur grundlos, sondern eine politisch motivierte Verfälschung des Sachstandes. Die deutsche Rolle des Völkermordes kann zurzeit noch nicht umfassend geklärt werden, da die deutschen Militärarchive für die Zeit des Ersten Weltkriegs weitgehend verloren gegangen sind.

Die türkischen Militärarchive sind, wie auch andere türkische Depositorien, für Historiker, die nicht im Dienste oder Sinne der Genozidleugnung arbeiten, immer noch nicht oder nur sehr beschränkt einsehbar. Die Rolle der deutschen Diplomatie hinge-

---

10 Bertha B. Morley, Marsovan 1915. The Diaries of Bertha Morley, ed. by Hilmar Kaiser, Princeton, NJ, Gomidas Institute, 1999, 2nd ed. 2000.

11 Abram Elkus, The Memoirs of Abram Elkus. Lawyer, Ambassador, Statesman, with a commentary by Hilmar Kaiser, Princeton, NJ/London, Gomidas Institute, 2005.

gen darf als hinreichend geklärt gelten. Eine antiarmenische Verschwörung bis hin zur aktiven Teilnahme an der Planung und Ausführung des Völkermordes hat nicht bestanden. Hingegen haben höchste deutsche Stellen eine wirksame Hilfe für die Armenier abgelehnt und das verbrecherische Verhalten des osmanischen Verbündeten mit Blick auf "deutsche Interessen" geduldet. Die bürokratische Planung und Ausführung des Völkermordes zeigt vielmehr, dass der Armenische Völkermord der "moderne Genozid" war, bei dem der gesamte Apparat des modernen Staates eingesetzt wurde. Genozidleugner und Verschwörungstheoretiker können diesem bedrückenden Befund nicht hinreichend Rechnung tragen. Solche konzeptionelle Verzerrungen haben die Forschung zum Armenischen Völkermord mit fatalen Folgen für unser Verständnis von potentiell genozidären Strukturen behindert. Die Überwindung dieser Situation muss ein wichtiges Anliegen weiterer Arbeiten sein.

Dr. Hilmar Kaiser ist Autor und Herausgeber zahlreicher Veröffentlichungen zum Armenischen Völkermord. Er lebt zurzeit zwischen Deutschland und Bangkok.

Hans-Walter Schmuhl

Deutschland, Armenien und die Türkei. Anregungen zu einem kritischen Trialog unter Historikern

I. „Wenn hinten, weit, in der Türkei, / Die Völker aufeinander schlagen", so ist dies seit Goethes Tagen für den deutschen Michel selten mehr als ein willkommener Anlass für erregte Stammtischdebatten, bei denen man mit wohligem Gruseln trefflich über "asiatische Wildheit", "islamischen Fundamentalismus" oder den "clash of cultures" räsonieren kann. So wird es auch in diesem Jahr sein, wenn sich der Beginn des Völkermordes an den Armeniern in der Türkei zum neunzigsten Mal jährt. Man wird – völlig zu Recht – die hartnäckige Weigerung des türkischen Staates, die außer jedem Zweifel stehende Tatsache des Völkermordes endlich anzuerkennen, scharf verurteilen, ebenso die strafrechtliche Verfolgung türkischer Wissenschaftler, Journalisten und Menschenrechtler, die sich offen zum Genozid an den Armeniern äußern, die infame Hetze türkischer Medien gegen kritische Stimmen aus dem Ausland, die auch vor Verleumdungen und Drohungen nicht zurückschreckt, die Versuche der türkischen Diplomatie, Forschung, Lehre und Unterricht in anderen Staaten durch massiven Druck in ihrem Sinne zu beeinflussen – wie die Brandenburger Schulbuchaffäre kürzlich noch einmal vor Augen geführt hat. Man wird die türkische Regierung daran erinnern, dass das Europaparlament im Jahre 1987 eine Resolution verabschiedet hat, die eine offizielle Anerkennung des Genozids zur Vorbedingung eines Beitritts der Türkei zur Europäischen Union erklärt. Und völlig zu Recht wird man die Türkei darauf hinweisen, dass ein Staat, der nicht bereit ist, sich der historischen Wahrheit zu stellen, Schuld anzuerkennen und Verantwortung zu übernehmen, in der Tat noch nicht reif für die "europäische Wertegemeinschaft" ist.

II. Deutsche Kommentatoren sollten jedoch nicht in selbstgerechter Empörung verharren. Es gilt, die Mitverantwortung Europas und vor allem auch Deutschlands für den Völkermord an den Armeniern des Osmanischen Reiches endlich in ihrer ganzen Tragweite zu erkennen und anzuerkennen. Die politische, militärische und finanzielle Schwäche des *kranken Mannes am Bosporus* ausnutzend, griffen die europäischen Großmächte England, Russland, Deutschland, Österreich-Ungarn und Frankreich im letzten Drittel des 19. Jahrhunderts massiv in die inneren Angelegenheiten des Osmanischen Reiches ein. Dabei legitimierten sie ihre Intervention völkerrechtlich mit dem Schutz der christlichen Minderheiten, die damit zum Spielball imperialistischer Politik wurden. Die Hohe Pforte reagierte darauf, indem sie – zumindest auf dem Papier – die Rechte ihrer christlichen Untertanen stärkte. *De facto* änderte sich an der Diskriminierung der christlichen Minderheiten freilich nichts. Im Gegenteil: Indem die europäischen Mächte die Minderheitenfrage als Hebel benutzten, um das Osmanische Reich auf einen halbkolonialen Status herabzudrücken, manövrierten sie die christlichen Bevölkerungsgruppen, vor allem die Armenier, wissentlich in eine überaus gefährliche Situation – schon in den 1890er Jahren ging Sultan Abdülhamit II. zur physischen Liquidierung der Armenier in Ostanatolien über, um in diesem umstrittenen Grenzraum vollendete Tatsachen zu schaffen. Die europäischen Mächte, die diese Massaker durch ihre perfide Politik mitverursacht hatten, beließen es bei scheinheiligen diplomatischen Protesten. Das Schicksal der Armenier war ihnen gleichgültig, die "Armeniergreuel" passten gut in ihr politisches Kalkül, boten sie doch einen willkommenen Vorwand zu immer neuen "humanitären Interventionen".

Armenier *und* Türken reagierten auf die imperialistische Politik der europäischen Mächte mit der Herausbildung einer nationalen Identität. Der Völkermord an den Armeniern war keineswegs primär das Resultat eines Religionskonflikts zwischen Muslimen und Christen. Es handelte sich vielmehr im Kern um den Konflikt zweier neu entstehender, in Konkurrenz zueinander stehender Nationalismen, des armenischen und des türkischen. Es war mithin eine *europäische* Idee, durch junge Intellektuelle in das Osmanische Reich importiert, die vor dem Hintergrund der tiefen Wirtschafts-, Staats- und Gesellschaftskrise des zerfallenden Vielvölkerreichs ihr destruktives Potential entfaltete. Der Völkermord geschah nicht, weil sich der im Entstehen begriffene türkische Nationalstaat von Europa abkapselte, sondern im Gegenteil: weil er sich nach europäischem Vorbild zu modernisieren und im europäischen Mächtesystem zu behaupten versuchte. Noch einmal: Die "ethnische Säuberung", welche die Jungtürken vor dem Hintergrund der bedrohlichen Kriegslage im Frühjahr 1915 in Gang setzten, war der europäischen Idee des ethnisch homogenen Nationalstaates verpflichtet. Sie brach mit der alten Reichsideologie des Osmanismus, und auch gegenüber dem Islamismus, mit dem Abdülhamit sein auseinander fallendes Reich hatte kitten wollen, bedeutete sie einen qualitativen Sprung. Auch in diesem Ideologietransfer liegt die Mitschuld Europas an der Vernichtung des armenischen Bevölkerungsteils des Osmanischen Reiches.

III. Eine ganz besondere Rolle spielte das Deutsche Reich. Bismarck hatte das Osmanische Reich anfangs lediglich als Manövriermasse für Kompensationen zwischen den europäischen Großmächten betrachtet. Doch schon bald wurde das existentielle Interesse des Deutschen Reiches am Erhalt des *status quo* im Osmanischen Reich deutlich, drohte sonst doch das kunstvoll arrangierte System der Interessengegensätze zwischen den europäischen Mächten auf dem Balkan, an den Meerengen und in Ägypten, mit dem Bismarck hoffte, den *cauchemar des coalitions* zu bannen, zusammenzubrechen. Mehr und mehr sah sich die deutsche Regierung gezwungen, das marode Regime Abdülhamits – und dann auch das Regime der Jungtürken – gegen alle Interventionen der konkurrierenden europäischen Staaten zu stützen, zumal das Engagement der deutschen Wirtschaft in der Türkei zusehends stärker wurde und damit auch handfeste ökonomische Interessen ins Spiel kamen. Aus dieser Leitlinie deutscher Orientpolitik ergab sich auch die Haltung des Deutschen Reiches in der "Armenischen Frage". Die deutschen Diplomaten wurden angewiesen, sie dilatorisch zu behandeln, oder anders ausgedrückt: vor den Massakern an Armeniern die Augen zu verschließen.

Dies war auch die Haltung der Reichsregierung gegenüber dem türkischen Verbündeten, als dieser sich angesichts des drohenden Zusammenbruchs der Kaukasusfront im Jahre 1915 an die "Endlösung" der "Armenischen Frage" machte. Die deutschen Diplomaten vor Ort wussten bis in alle Einzelheiten Bescheid über den laufenden Völkermord, sie beschränkten sich aber lange Zeit auf pflaumenweiche Eingaben an das jungtürkische Regime, in denen laue Besorgnis über die "bedauernswerten Vorkommnisse" geäußert wurde. Als einziger deutscher Botschafter legte Paul Graf Wolff-Metternich, der seinen Posten im November 1915 antrat, energischen Protest ein – er wurde nach knapp einem Jahr auf einen Protest des Kriegsministers Ismail Enver wieder abberufen. Insgesamt beschränkte sich die deutsche Diplomatie, gemäß den Vorgaben des Auswärtigen Amtes, im Wesentlichen darauf, im diplomatischen Schriftverkehr klarzustellen, dass die deutsche politische und militärische Führung mit dem Massenmord nichts zu tun hatte.

Hier begann jedoch bereits die Geschichtsklitterung. Denn die deutsche Militärmission war tief in den Völkermord verstrickt. Zwar stellten sich manche der etwa 800 deutschen Offiziere in der türkischen Armee schützend vor die Armenier in ihrem Einflussbereich. Andere jedoch drängten von sich aus auf die Deportation der Armenier und machten sich auf diese Weise mitschuldig am Verbrechen des Völkermordes. Der Marineattaché Hans Humann vermerkte am Rande eines diplomatischen Berichts über ein Massaker in Mossul, die Armenier würden „jetzt mehr oder weniger ausgerottet“; dies sei zwar „hart, aber nützlich“. Der Operationschef im türkischen Generalhauptquartier, Otto von Feldmann, räumte nach dem Krieg ein, dass er wie auch andere deutsche Offiziere „gezwungen“ gewesen seien, „ihren Rat dahin zu geben, zu bestimmten Zeiten gewisse Gebiete im Rücken der Armee von Armeniern frei zu machen“. Eberhard Graf Wolffskeel von Reichenberg leitete die Artillerieangriffe auf die Armenier, die sich in Urfa, Zeitun und am Musa Dagh verschanzt hatten.

Kritische Stimmen in Deutschland wurden von der Reichsregierung durch rigorose Zensurmaßnahmen zum Verstummen gebracht. Sicher: Pfarrer Johannes Lepsius und die Orientmission taten, was sie konnten, um durch eine Politik stiller Diplomatie auf die Verantwortlichen einzuwirken (wenngleich auch das Konzept des "Kulturimperialismus", dem die deutsche Orientmission folgte, einer kritischen Würdigung unterzogen werden müsste). Doch trotz der Sympathien des evangelischen Deutschlands für die armenische Sache darf nicht übersehen werden, dass die "Realpolitik" der Regierung in der deutschen Öffentlichkeit breite Unterstützung fand. Die Armenier wurden, wie die Juden, zur Zielscheibe eines rassistischen Diskurses – und antiarmenische Stereotypen fanden, etwa durch die Romane Karl Mays, weite Verbreitung.

Symptomatisch war die Haltung Friedrich Naumanns, der es schon anlässlich der Armeniermassaker der 1890er Jahre im Interesse deutscher Weltpolitik strikt abgelehnt hatte, sich für die armenischen Mitchristen einzusetzen, und von dieser Position auch angesichts des Völkermordes um kein Jota abrückte. „Metaphysik, Du bist die Dirne der Gewalt geworden.“ Mit diesen Worten kritisierte der Pazifist Heinrich Vierbücher rückschauend die Position Naumanns in der "Armenischen Frage". Und in der Tat: Bei der Grundsteinlegung des von der Türkisch-Deutschen Vereinigung getragenen „Hauses der Freundschaft“ (*Dostluk Yurtu*) am 28. April 1917 hielt Naumann im Festsaal des Galatasaray-Lyzeums in Pera einen Festvortrag zu dem Thema „Einheit und Fortschritt, unsere gemeinsame Losung“. Bei näherer Betrachtung stellt sich dieser Auftritt Naumanns in Konstantinopel als ein ungeheuerlicher Vorgang dar: Einer der bedeutendsten Repräsentanten sowohl des deutschen Linksliberalismus als auch des deutschen Kulturprotestantismus vollzog genau dort, wo zwei Jahre zuvor der Völkermord an den Armeniern begonnen hatte, ostentativ den Schulterschluss mit den Mördern: dem Komitee für Einheit und Fortschritt (*Ittihat ve Terakki Cemiyet*), der für den millionenfachen Massenmord verantwortlichen Partei der Jungtürken. Bis heute hat man von dieser Seite des liberalen Vordenkers Friedrich Naumann in Deutschland kaum Notiz genommen – auch nicht von Seiten der liberalen Friedrich-Naumann-Stiftung.

IV. In den letzten Jahren hat die Forschung zur gemeinsamen Geschichte der Deutschen, Türken und Armenier einige Fortschritte gemacht. Vieles bleibt jedoch noch zu tun. Eine am Fluchtpunkt der "Armenischen Frage" ausgerichtete Gesamtdarstellung der politischen, militärischen, wirtschaftlichen und kulturellen Beziehungen zwischen dem Deutschen und dem Osmanischen Reich von den 1870er Jahren bis 1918 ist nach wie vor ein dringendes Desiderat der Forschung, vor allem für die Zeit der jungtürkischen Herrschaft und des Ersten Weltkriegs. Die Rolle der deutschen Diplomaten, der Ingenieure und Manager der Bagdadbahn und anderer in der Türkei tätiger deutscher Unternehmen, vor allem aber des deutschen Militärs beim Völkermord an den Armeniern ist – trotz der überaus verdienstvollen Pionierstudie des Schweizer Historikers Christoph Dinkel – noch längst nicht hinreichend untersucht. Nebenbei: Bis heute fehlt es an einer gruppenbiografischen Studie, die über den weiteren Lebensweg jener 800 deutschen Offiziere Aufschluss geben könnte, die im Ersten Weltkrieg in der Türkei stationiert waren – hier mag noch manche Überraschung verborgen liegen, wie der Fall des Tropenmediziners Ernst Rodenwaldt zeigt, der im Ersten Weltkrieg als Beratender Hygieniker in der V. Türkischen Armee diente und im Zweiten Weltkrieg in verbrecherische Menschenversuche an farbigen Kriegsgefangenen verstrickt war. Auf diese Weise käme man einer empirischen Antwort auf die umstrittene Frage näher, ob und inwieweit Verbindungslinien vom Völkermord an den Armeniern zu den nationalsozialistischen Genoziden an Juden, Sinti und Roma und Slawen bestanden. Überhaupt wäre es lohnend, den Zeitraum bis 1945 in den Blick zu nehmen und die Beziehungen zwischen der Deutschen und der Türkischen Republik unter dem Gesichtspunkt der "Armenischen Frage" zu betrachten. Aber auch die deutsch-armenischen Beziehungen vom ausgehenden 19. Jahrhundert bis 1945 sind noch weitgehend *terra incognita* – von den Einflüssen des evangelischen Deutschlands auf die Erneuerung der Armenischen Kirche über das armenische Exil im Berlin der Weimarer Republik (das durch das Attentat Soghomon Teilirians auf den ehemaligen jungtürkischen Innenminister und Hauptverantwortlichen für den Völkermord Mehmed Talaat schlaglichtartig beleuchtet wird) bis hin zu den armenischen Zwangsarbeitskräften in der deutschen Wirtschaft während des Zweiten Weltkriegs oder der Rassenforschung an Armeniern in der von der Wehrmacht besetzten Bukowina, um nur einige wenige Beispiele zu benennen.

Es gäbe also viel zu tun für deutsche Historiker. Bezeichnend ist, dass sich bisher eher Außenseiter der akademischen Zunft mit Fragen der deutsch-türkisch-armenischen Beziehungen befasst haben. Es ist hohe Zeit, dass sich Hochschulen, außeruniversitäre Forschungseinrichtungen und die Deutsche Forschungsgemeinschaft diesem erinnerungspolitisch so wichtigen Themenfeld zuwenden und die Forschung anstoßen.

Es liegt auf der Hand, dass deutsche Forscher auf diesem Feld nur sinnvoll arbeiten können, wenn sie sich auf einen kritischen Dialog mit türkischen wie auch armenischen Forschern einlassen. Die armenischen, türkischen und deutschsprachigen Quellen müssen parallel ausgewertet, die völlig unterschiedlichen nationalgeschichtlichen Kontexte und Perspektiven zusammengeführt, unterschiedliche konzeptionelle und methodische Ansätze miteinander in Einklang gebracht werden. Die deutsche Geschichtswissenschaft könnte dabei eine vermittelnde Position einnehmen. Durch die jahrzehntelange Forschung zum Holocaust verfügt sie über ein bewährtes Instrumentarium zur historischen Genozidforschung, das sich mit Gewinn auch auf den Völkermord von 1915 anwenden ließe. Auf der Grundlage der deutschen Zeitgeschichtsforschung hat sich die Bundesrepublik ihrer historischen Verantwortung gestellt und eine Erinnerungskultur geschaffen, die für die Türkei ein Modell sein könnte. Auf türkischer Seite kommen für einen wissenschaftlichen Austausch freilich bisher leider nur wenige kritische Forscher in Frage, die zumeist außerhalb der Türkei leben und arbeiten. Gegenüber der etablierten Historikerschaft an den türkischen Hochschulen, wo noch immer die alten, kemalistischen Kader vorherrschen, gilt es eine klare Position einzunehmen: Wer im nationalen Interesse professionelle Standards historischen Arbeitens außer Acht lässt, hat in der internationalen *scientific community* nichts zu suchen. Kritik ist aus deutscher Perspektive aber auch an armenischen Historikern zu üben, die, rasch noch auf den Zug des "clash of cultures" aufspringend, den Völkermord von 1915 kurzschlüssig auf einen vermeintlichen "türkischen Nationalcharakter" oder auf einen dem Islam angeblich inhärenten Fundamentalismus zurückführen. Zur Erklärung, wie es zu dem Völkermord kommen konnte, tragen solche Deutungsangebote nichts bei. Ziel sollte ein kritischer Trialog sein, der die wissenschaftliche Aufarbeitung des Völkermordes vorantreibt und auf lange Sicht die Grundlagen für eine gemeinsame Erinnerungskultur legt. Vielleicht können dann eines Tages Armenier, Deutsche und Türken gemeinsam der Opfer des Völkermordes gedenken.

Postskriptum, Juli 2005

Soeben ist die von Wolfgang Gust herausgegebene Edition der Dokumente aus dem Politischen Archiv des deutschen Auswärtigen Amts zum Völkermord an den Armeniern 1915/16 erschienen, ein Meilenstein auf dem Weg der Aufarbeitung deutscher Mitverantwortung und Beteiligung an dem furchtbaren Geschehen. Der Appell an die deutsche historische Zunft, an die Geschichtsfakultäten, an außeruniversitären Forschungseinrichtungen und die Institutionen der Forschungsförderung, sich des Themas stärker anzunehmen, stellt sich vor diesem Hintergrund umso dringender. Auch in die Politik ist jüngst Bewegung gekommen, nachdem der Bundestag sich zur deutschen Mitverantwortung bekannt hat. Die Reaktionen von türkischer Seite sind indessen wenig ermutigend: Demonstration in Berlin, Kritik von der türkischen Regierung, die Absage eines wissenschaftlichen Kongresses in Istanbul auf Druck des Justizministeriums, die Hetzkampagne auf türkische Intellektuelle, allen voran Orhan Pamuk, die es wagen, das heiße Eisen anzufassen – das alles zeigt, wie weit der Weg der Türkei nach Europa noch ist. Denn eines ist sicher: Wie auch immer man die "europäische Wertegemeinschaft" definieren will, die Freiheit geschichtswissenschaftlicher Forschung und Lehre jenseits von Staatsräson und nationalem Interesse gehört zu ihren unverzichtbaren Kernbestandteilen. Die Türkei gehört nach Europa. Eine Vollmitgliedschaft in der Europäischen Union liegt im wohlverstandenen Eigeninteresse Europas, der Türkei – und auch der Republik Armenien. Der von Ministerpräsident Tayyip Erdoğan aufgebrachte Vorschlag einer internationalen Historikerkommission ist auch deshalb nachdrücklich zu unterstützen. Es wäre freilich eine Illusion, sollte die türkische Regierung eine solche Kommission nur als Plattform betrachten, um ihr nationales Geschichtsbild ohne

Rücksicht auf das Vetorecht der Quellen auf internationaler Bühne zu propagieren: Die historische Wahrheit lässt sich auf Dauer nicht unterdrücken, sie tritt – oft nach vielen Jahrzehnten – unverhofft wieder zu Tage und entwickelt eine ungeheure politische Sprengkraft.

Prof. Dr. Hans-Walter Schmuhl lehrt an der Fakultät für Geschichtswissenschaft, Philosophie und Theologie der Universität Bielefeld.

Otto Luchterhandt

Die Feststellung des Völkermordes an den Armeniern – kein "Historikerstreit", sondern Sache und Aufgabe des Juristen

(Memo für die Mitglieder des Deutschen Bundestages)

Zusammenfassung

1. Die Geschichte der Vernichtung großer Teile des armenischen Volkes vor 90 Jahren unter der Herrschaft der Jungtürken im Osmanischen Reich während des Ersten Weltkriegs ist wissenschaftlich nicht nur strukturell, sondern auch bis in die Einzelheiten soweit erforscht und hinreichend dokumentiert, dass das Tatsachenmaterial vollkommen für die Beantwortung der Frage ausreicht "War es Völkermord oder nicht?"

2. Die Antwort kann nur von Juristen – Richtern und Rechtswissenschaftlern – gegeben werden, weil das Wort "Genozid" bzw. "Völkermord" als Rechtsbegriff geprägt und entstanden ist, mit einem verbindlich definierten Inhalt nur als Straftatbestand existiert und seine Feststellung deswegen keine "Tatfrage", sondern eine "Rechtsfrage" ist.

3. Die (teilweise) Vernichtung des armenischen Volkes vor 90 Jahren erfüllt die Tatbestandsvoraussetzungen des Völkermordverbrechens sowohl in objektiver (Mordhandlungen usw.), als auch in subjektiver Hinsicht (Zerstörungsabsicht).

4. Die von der türkischen Regierung vorgeschlagene Bildung einer zweiseitigen, türkisch-armenischen Historikerkommission zur Aufklärung des Genozidvorwurfes wäre für die Beantwortung der Rechtsfrage "War es Völkermord?" letztlich bedeutungslos, denn die Rechtsfrage ist bereits beantwortet: Es war Völkermord!

5. Die gemischte Historikerkommission würde der türkischen These von der (angeblich) ungesicherten und unzureichenden Tatsachengrundlage des Völkermordvorwurfes konkludent auf politisch-diplomatischer Ebene Anerkennung verschaffen und

auf diese Weise die türkische Position der strikten Leugnung des Völkermordes jedenfalls bis zum Abschluss der Kommissionsarbeit international legitimieren. Offenkundig ist dies der eigentliche, der strategische Zweck des Vorschlages. Ebenso offenkundig zielt er darauf ab, die Türkei von dem Genozidproblem in den bevorstehenden EU-Beitrittsverhandlungen politisch zu entlasten. Es wäre fatal, wenn sie diese Ziele – und das auch noch mit deutscher Hilfe – erreichen würde.

6. Deutschland trägt in dem Streit um den Völkermord an den Armeniern historisch, politisch und moralisch, wegen seiner Verstrickung in schwerste Völkermordverbrechen in der ersten Hälfte des 20. Jahrhunderts, darüber hinaus aber auch deswegen eine besondere Verantwortung, weil das von der Bundesregierung verwaltete Archivmaterial aus der Zeit des deutschen Bündnisses mit dem Osmanischen Reich im Ersten Weltkrieg bereits für sich allein, d.h. ohne die Hinzuziehung türkischer Archive ungeklärten Zustandes und ungeklärter Qualität, für die verbindliche juristische Feststellung des Völkermordverbrechens ausreicht.

7. Die förmliche Feststellung "Es war Völkermord" ist von prinzipieller rechtlicher, moralischer und politischer Bedeutung. Die Vernichtung der Armenier im Osmanischen Reich war der erste große Völkermord im Europa des 20. Jahrhunderts. Seinen Opfern ist bis heute nicht einmal die minimale Genugtuung durch die Nation der Täter – das Eingeständnis der Tatsache selbst – zuteil geworden, von einer Sühne der Verbrechen ganz zu schweigen. Die Überlebenden, ihre Kinder und Enkelkinder haben auf eine minimale Genugtuung aber zumindest einen moralischen Anspruch. Förmliche Feststellungen des Völkermordes durch parlamentarische Gremien sind späte Akte historischer und moralischer Gerechtigkeit. Sie geben solche Genugtuung. Darüber hinaus tragen sie mit dazu bei zu verhindern, dass Völkermordverbrechen sprachlich zu "Deportationen", "ethnischen Säuberungen", "Umsiedlungen", "vereinzelten, spontanen Massakern" heruntergestuft, falsch etikettiert, bagatellisiert und verharmlost werden, um sie als unbequeme Tatsachen dann leichter vergessen zu machen.

Textfassung
Die Art und Weise, wie man sich in Deutschland mit den Verbrechen des Nazi-Regimes und insbesondere mit dem Völkermord an Europas Juden auseinander gesetzt hat und auseinander setzt, ist anerkanntermaßen eine der bedeutendsten Leistungen der Bundesrepublik. Zu Recht wird von Repräsentanten unseres Staates verkündet, dass diese Art des Umganges mit der Vergangenheit ein Teil der Identität unserer Nation sei. Nachdem solches Gedenken Jahrzehnte hindurch so gut wie ausschließlich der Judenvernichtung gegolten hatte, hat man in jüngerer und jüngster Zeit den Blick verstärkt auch auf andere unter deutscher Herrschaft begangene Völkermordverbrechen des 20. Jahrhunderts gerichtet und in die "Gedenkkultur" des Landes einbezogen: den Völkermord an den "Zigeunern" im NS-Staat und an den Herero in Deutsch-Südwestafrika (1904). Sensibel hat Deutschland auch auf genozidäre Gefahren- und Verdachtslagen in jüngerer Zeit, im Kosovo, Kongo und Sudan (Dar Fur) reagiert. So war es nur konsequent, dass Deutschland in vorderster Linie jener Staaten stand, welche 1998 in Rom die Verabschiedung des Statuts des (Ständigen) Internationalen Strafgerichtshofes und seine folgende Errichtung in Den Haag durchsetzten. Deutschland hat dadurch entscheidend dazu beigetragen, dass heute durch Artikel 5 und 6 des IStG-Statuts Völkermord als das schwerste strafwürdige Verbrechen auf Erden gewertet und gebrandmarkt ist.

Vor diesem Hintergrund bedeutender Zeugnisse moralisch-politischer Sensibilität für das Genozid-Phänomen ist es seltsam und erstaunlich zugleich, wie schwer sich die in Deutschland maßgebenden politischen Kräfte mit dem Völkermord an den Armeniern im Osmanischen Reich tun. Entgegen dem, was man erwarten sollte, nämlich einer festen, unmissverständlichen Solidarisierung mit dem Volk der Opfer, sind öffentliche Stellungnahmen zu dem Komplex eher vorsichtig-zurückhaltend, sichtlich bestimmt von der Rücksichtnahme auf Empfindlichkeiten des türkischen Staates und seiner Gesellschaft, aber auch von einer höchst seltsam anmutenden Rücksichtnahme auf die für schonungsbedürftig gehaltenen Gefühle der in Deutschland lebenden Türken und selbst der türkischstämmigen Deutschen, so als ob deren nationales Ehrgefühl durch die Feststellung des unter dem Regime der Jungtürken begangenen Völkermordes leiden und infolgedessen ihre Integrationsbereitschaft in den deutschen Staat Schaden nehmen könnte. Offensichtlich spielen hier außenpolitische, außenwirtschaftliche sowie innen- und insbesondere wahlpolitische Interessen eine hintergründige Rolle. Die laue, ausweichende, opportunistische Haltung Deutschlands in der armenischen Völkermordfrage ist bedrückend und beschämend. Sie ist unseres Landes unwürdig. Es ist höchste Zeit, das taktische Finassieren, die aus dem Schielen auf deutsch-türkische Wählerstimmen und Wirtschaftsinteressen herrührende Leisetreterei zu beenden und auch im vorliegenden Falle zu der in Fragen von Genozid unbedingt gebotenen eindeutigen Haltung und Sprache zu finden.

Die politischen Verantwortlichen in unserem Land sollten erkennen, dass Deutschland in der Diskussion um den Völkermord an den Armeniern aus doppeltem Grunde eine besondere Verantwortung zufällt: Zwar mag das Deutsche Reich keine unmittelbare Schuld an der Vernichtung der Armenier tragen, aber es war durch seine viel beschworene und – viel zu lange – gerühmte "Waffenbrüderschaft" mit der Türkei im Ersten Weltkrieg intensiv wie kein anderer europäischer Staat in die Geschehnisse vor 90 Jahren verstrickt. Daraus sind bis heute keinerlei Konsequenzen gezogen worden. Sie sollten nun wenigstens auf der moralischen, "idealpolitischen" Ebene gezogen werden. Deutschland sollte sich dazu umso stärker gedrängt fühlen, als es mit seinem massiven politischen Einfluss der Türkei mitentscheidend zu ihrem EU-Kandidatenstatus verholfen hat.

Informell wird mit dem Schritt weithin die Erwartung verbunden, die Türkei werde mit der Annäherung an die EU ihren sturen Kurs der Leugnung des Völkermordes an den Armeniern aufgeben. Die Erwartungen sind bislang herb enttäuscht worden. Die Türkei hat ihre repressive Politik gegenüber den nationalen, ethnischen und religiösen Minderheiten nicht korrigiert, sondern bestenfalls kosmetische Veränderungen an ihr vorgenommen und diese auf diplomatischem Parkett propagandistisch effektvoll in Szene gesetzt.

Gerade der Umgang mit der Völkermordfrage am Vorabend

ihres 90. Gedenktages (24. April) ist dafür exemplarisch. In der Sache ist die Haltung der Türkei völlig unverändert: auch die Regierung Erdoğans steht auf dem Standpunkt, das armenische Volk habe mit den Kriegsgegnern kollaboriert, sei folglich zu Recht "umgesiedelt" worden und habe sich deren böse Folgen deswegen selbst zuzuschreiben. Das werde voll und ganz durch die osmanisch-türkischen Archive bestätigt. Der armenische Gegenstandpunkt beruhe auf gefälschten Dokumenten.

Die türkische Regierung hält also die historische Frage im Wesentlichen für geklärt. Gleichwohl hat sie jüngst die Bildung einer gemischten, türkisch-armenischen Historikerkommission zur endgültigen Klärung der Streitfrage vorgeschlagen.

Was auf den ersten Blick als ein vernünftiger, fairer Vorschlag erscheint und in Politik und Öffentlichkeit von vielen vielleicht als Zeichen des politischen Einlenkens und der Dialogbereitschaft wohlwollend aufgenommen wurde, ist – leider – nichts anderes als ein diplomatisches, politisches Spiel: erstens ein Spiel auf Zeit, um sich nämlich in den EU-Beitrittsverhandlungen nicht durch die armenische Völkermordfrage "stören" zu lassen; zweitens ein Spiel mit einem Kommissionsverfahren, das zur wissenschaftlichen Ermittlung der historischen Wahrheit zwar denkbar ungeeignet ist, das sich aber beliebig in die Länge ziehen, politisch manipulieren, blockieren, auszehren und das man schließlich ergebnislos – im Dissens – unter wechselseitigen Schuldzuweisungen – enden lassen kann; drittens ein Spiel mit der historischen Wahrheit, denn würde die armenische Seite der Bildung der Kommission zustimmen, würde sie dadurch einräumen, dass die geschichtlichen Tatsachen noch klärungsbedürftig seien und deswegen die Feststellung des Völkermordes noch nicht möglich sei. Mit ihrer Zustimmung zu dem zweiseitigen, paritätischen Kommissionsverfahren würde sie auf internationaler Ebene *de facto* die Legitimität des türkischen Gegenstandpunktes der Völkermordleugnung anerkennen, ohne auf dessen Korrektur ernstlich hoffen zu können.

Um einem möglichen Missverständnis vorzubeugen: Natürlich ist es wünschenswert, dass sich die Geschichtswissenschaft und insbesondere die Historiker der betroffenen Nationen

in größerer Zahl, in voller thematischer Breite und mit noch größerem Engagement als bisher mit der Erforschung jenes düsteren Kapitels der türkisch-armenischen Beziehungen im Osmanischen Reich (aber auch noch danach!) beschäftigen. Man muss aber daran erinnern, dass eine solche wissenschaftliche Forschung bislang, und zwar massiv, gerade durch den türkischen Staat, seine Regierung und seine Sicherheitsorgane, behindert, bereichsweise überhaupt verhindert worden ist. Eine der Hauptursachen hierfür ist die Tatsache, dass die Türkei, ausgehend von einem in vielen Verfassungsbestimmungen festgeschriebenen militanten Nationalismus, ein bestimmtes nationales Geschichtsbild offiziell verbindlich vertritt, es im Staatsleben de facto kanonisiert hat und über die Bildungsinstitutionen praktisch durchsetzt. Eine echte grundrechtliche Freiheit geschichtswissenschaftlicher Forschung existiert deswegen in der Türkei bis heute nicht. Anstatt internationale Historikerkommissionen vorzuschlagen, sollte die türkische Regierung vielmehr die notwendigen rechtlichen und praktischen Schritte zur Garantie wirklicher Freiheit historischer Wissenschaft im eigenen Lande unternehmen!

Gegenüber den diplomatisch-politischen Manövern der türkischen Regierung auf dem Gelände der Völkermordfrage ist mit Nachdruck Folgendes festzustellen:

1. Die Frage, ob bestimmte Geschehnisse, Taten oder Tatsachen als Völkermord zu qualifizieren sind, ist ausschließlich eine juristische. Nur ein Jurist, sei er Richter oder Rechtsgelehrter, vermag die Frage fachgerecht zu beantworten. Das folgt aus der schlichten Tatsache, dass der Begriff des Völkermordes rein rechtlichen Ursprungs ist, nämlich nur als Norm und Tatbestand des Völkerrechts bzw. der Völkerstrafrechts existiert. Eine andere verbindliche Definition des Völkermordes als die im Artikel II der Genozidkonvention der Vereinten Nationen vom 9. Dezember 1948 bzw. in dem damit identischen Artikel 6 des IStG-Statuts von Rom (1998) gibt es nicht. Es kann deswegen letztlich nicht von politischem Belieben oder opportuner Zweckmäßigkeit abhängen, ob bestimmte geschichtliche Vorgänge als Völkermord-

verbrechen eingestuft werden. Das ist keine politische Frage, auch keine Frage der geschichtlichen Tatsachen, sondern allein eine Frage der juristischen Bewertung solcher Tatsachen, das heißt eine Rechtsfrage.

2. Die Vernichtung großer Teile des im Osmanischen Reich lebenden armenischen Volkes während des Ersten Weltkriegs, ihre ideologisch-politischen Hintergründe, tatsächlichen Abläufe, ihre Organisation, Formen und Maßnahmen der Durchführung, ihre Hintermänner, Täter und Teilnehmer, sind von der Geschichtswissenschaft seit langem so weitreichend untersucht und hinreichend aufgeklärt, dass die Rechtswissenschaft die Frage "War es Völkermord?" im Sinne des Artikels II der Genozidkonvention bzw. Artilels 6 des IStG-Statuts längst klar zu beantworten vermag. Der zusätzlichen Unterstützung von Seiten einer Historikerkommission bedarf sie nicht, selbst dann nicht, wenn eine solche Kommission von den Regierungen völlig unabhängig wäre und frei, ohne administrative Hindernisse, arbeiten könnte.

3. Das erforschte Tatsachen- und Archivmaterial reicht für die Beantwortung der Rechtsfrage völlig aus. Das Material ist erdrückend, und es spricht eine eindeutige Sprache: die massenhaften Verhaftungen, Selektionen, Deportationen, Enteignungen, Vergewaltigungen, Mordaktionen, Massaker usw. erfüllen offensichtlich den **objektiven** Tatbestand des Völkermordverbrechens.

Das von der Geschichtswissenschaft erforschte, ausgewertete und publizierte Material versetzt den Juristen darüber hinaus aber auch in die Lage festzustellen, dass alle jene Taten und Maßnahmen zusammenhängender Teil eines Gesamtplanes waren und in der Absicht (intent) begangen wurden, die „nationale, ethnische, rassische und religiöse Gruppe" der Armenier „als solche" (as such) ganz oder teilweise zu zerstören. Mit anderen Worten: die geschichtlichen Tatsachen liefern auch den Beweis dafür, dass der **subjektive** Tatbestand des Völkermordverbrechens erfüllt ist.

4. Die in der politischen Öffentlichkeit weit verbreitete Ansicht, niemand habe bisher den Beweis dafür erbringen können, dass die Vernichtung der Armenier von der Führung der Jungtürken politisch beabsichtigt und planmäßig durchgeführt worden sei, ist unzutreffend. Der Beweis ist längst erbracht, ja, er hätte

schon während der damaligen Vernichtungsaktionen als erbracht gelten können. Das lässt sich leicht zeigen:

a) Das die politische Organisation der Jungtürken "Ittihat ve Terakki" und namentlich Innenminister Talaat Pascha die das Verbrechen im ganzen Lande steuernde Kommandozentrale war, ist dokumentarisch durch die einschlägigen Forschungen und Publikationen erstens des türkischen Historikers Taner Akçam (Armenien und der Völkermord. Die Istanbuler Prozesse und die türkische Nationalbewegung, Hamburg 1996, S. 16f., 52ff.) und zweitens des amerikanischen Historikers (armenischer Abstammung) Vahakn N. Dadrian nachgewiesen worden (The Armenian Genocide in Official Turkish Records, in: Journal of Political and Military Sociology, Vol. 22 (1994), S. 6ff., 174f.). Beide Historiker stützen sich insbesondere auf die Akten bzw. das Beweismaterial aus jenen Strafprozessen, welche die osmanisch-türkischen Militärgerichte 1919-1921 gegen die gestürzten Führer der Jungtürken geführt hatten.

b) Der Beweis, dass die Vernichtung der Armenier nach Plan und zentral gesteuert erfolgte, hat sich ganz unabhängig voneinander sowohl den im Osmanischen Reich tätigen deutschen Diplomaten als auch den Diplomaten neutraler Staaten kraft der Evidenz der Geschehnisse, aber auch aufgrund offenherziger Einlassungen Innenminister Talaat Paschas förmlich von selbst aufgedrängt (vgl. dazu nur Johannes Lepsius: Deutschland und Armenien 1914-1918. Sammlung diplomatischer Aktenstücke, Potsdam 1919, S. 85ff.; Henry Morgenthau: The Tragedy of Armenia, London 1918). Sie haben diese Schlussfolgerung damals klar gezogen und zu Protokoll gegeben.

c) Gemäß der nunmehr vorliegenden Rechtsprechung internationaler Strafgerichtshöfe (Jugoslawien-Tribunal; Ruanda-Tribunal) zum Verbrechen des Genozids werden an den Nachweis, dass der subjektive Tatbestand des Völkermordes vollendet ist, dass also Vernichtungs- bzw. Zerstörungsabsicht vorliegt, geringere Anforderungen gestellt, als jene, welche die besagten Historiker Akçam und Dadrian erfüllt haben: erstens müsse zu Beginn der verbrecherischen Aktionen noch kein Vernichtungsplan vorliegen; er könne sich auch im weiteren Verlaufe ergeben; zweitens brauchten zum Nachweis der Vernichtungsabsicht keine Dokumente vorgelegt zu werden; der Beweis könne auch indirekt, d.h. über die indizielle Aussagekraft der begangenen Verbrechen und die Zusammenhänge der Geschehnisse geführt werden; drittens sei der Nachweis der teilweisen Vernichtung erbracht, wenn sich die verbrecherischen Taten gezielt gegen nach bestimmten Kriterien selektierte Teile der Bevölkerung von strategischer Bedeutung richte bzw. gerichtet habe (z.B. Angehörige der Intelligenz; Männer bestimmter Altersgruppen usw.).

Wer auch nur oberflächlich sich mit den Geschehnissen vor 90 Jahren in Anatolien befasst, wird schnell zu der Erkenntnis kommen, dass die vom Internationalen Jugoslawientribunal in seinem Urteil vom 2. August 2001 im Fall Krstic/Srebrenica aufgestellten Kriterien bzw. Indizien zur Feststellung der Vernichtungsabsicht erfüllt sind (www.un.org.icty/krstic/Trial1/judgement/comments.htm).

Gegen den hier eingenommenen Standpunkt wird jemand vielleicht folgenden Einwand erheben: Auch wenn die Vernichtung der Armenier im Ersten Weltkrieg nach Maßgabe der Genozidkonvention von 1948 Völkermord war, so komme doch eine rückwirkende Anwendung des völkerrechtlichen Strafdelikts aus rechtsstaatlichen Gründen nicht in Betracht.

Dies ist in der Tat ein gewichtiges Argument gegen Strafverfolgungsmaßnahmen. Um solche Maßnahmen geht es im vorliegenden Streit aber nicht, sondern darum, wie die Vernichtung der Armenier als nationale, ethnische und religiöse Gruppe während des Ersten Weltkriegs rechtlich einzustufen ist. Es würde, nebenbei bemerkt, gewiss keiner auf die Idee kommen, die Qualifizierung des "Holocaust" als Völkermord im Sinne der Genozidkonvention mit dem Argument zu bestreiten, dessen Tatbestand sei erst nach Verübung des Verbrechens normiert worden.

Dass es zumindest moralisch-politisch gerechtfertigt ist, genozidäre Verbrechen aus der Zeit vor Verabschiedung der Genozidkonvention juristisch als Völkermord zu bewerten und zu verurteilen, legt schließlich die Präambel der Konvention selbst nahe, denn die Genozidkonvention beruht, wie die folgende Passage aus ihrer Präambel zeigt, selbst auf einem in die Vergangenheit gerichteten Blick, und das war 1948 alles andere als verwunderlich. Auch und gerade die Erfahrung mit der Vernichtung des armenischen Volkes im Ersten Weltkrieg hat die Autoren zur Ausarbeitung der Konvention motiviert:

„In Anerkennung der Tatsache, dass der Völkermord [sic!] der Menschheit in allen [sic!] Zeiten der Geschichte [sic!] große Verluste zugefügt hat, und in der Überzeugung, dass zur Befreiung der Menschheit von einer solchen verabscheuungswürdigen Geißel internationale Zusammenarbeit erforderlich ist,[...]"

Die Türkei ist der Genozidkonvention bereits am 31. Juli 1950 beigetreten. Mit ihrem uneinsichtigen, sturen Verhalten in der armenischen Völkermordfrage ist sie weit entfernt vom Geist der Konvention.

Es ist eine moralische Pflicht und eine politische Aufgabe der EU-Staaten im Allgemeinen, Deutschlands im Besonderen, der türkischen Position durch eine klare, unmissverständliche und entschiedene Haltung im Streit um den Völkermord an den Armeniern entgegenzutreten.

Prof. Dr. Otto Luchterhandt ist Direktor der Abteilung für Ostrechtforschung an der Universität Hamburg.

Esther Schulz-Goldstein

Das Tabu als Basis paranoider Phantasmen in der türkischen Scham

„Es ist bereits mitgeteilt worden, dass die Regierung auf Befehl des Djemiet beschlossen hat, alle Armenier, die in der Türkei wohnen, gänzlich auszurotten. Diejenigen, die sich diesem Befehl und diesem Beschluss widersetzen, verlieren ihre Staatsangehörigkeit. Ohne Rücksicht auf Frauen, Kinder und Kranke, so tragisch die Mittel der Ausrottung auch sein mögen, ist, ohne auf die Gefühle des Gewissens zu hören, ihrem Dasein ein Ende zu machen.“[1]

Mit dieser Anordnung wurde das Lebensrecht der Armenier von dem Vertreter einer osmanischen Regierung aufgekündigt – mit Folgen bis ins letzte Glied ihrer Geschlechterkette. Auf gleicher Augenhöhe mit dem türkischen Innenminister namens Talaat, der die oben zitierte Anweisung im September 1915 unterschrieb und herausgab, befinden sich ausschließlich Regierungsvertreter anderer Völker. Und nur sie können mit der Anerkennung des Völkermordes an den Armeniern den Kindern und Kindeskindern der Überlebenden, das Recht zu leben zurückgeben.

1949 haben die Vertreter der Welt in Den Haag verkündet, dass jedes Volk ein Lebensrecht besitzt. Sie haben damals entschieden, dass Völkermord ein Verbrechen sei, das die Weltgemeinschaft zum

---

1 Der hier wiedergegebene deutsche Text ist eine Übersetzung des in der Schrift von Aram Andonian, Documents officiels concernant les Massacres arméniens, Paris 1920, wiedergegebenen französischen Textes. Die Übertragung aus dem Türkischen erfolgte in London und ist hinsichtlich der von der Verteidigung des Angeklagten Soghomon Teilirian überreichten fünf Originaldepeschen hier von sprachkundiger Seite nachgeprüft. Aus: Der Völkermord an den Armeniern vor Gericht. Der Prozess Talaat Pascha, hg. von Tessa Hofmann im Auftrag der Gesellschaft für bedrohte Völker, Reihe pogrom, Göttingen 1980, S. 133.

Eingreifen zwinge. Als die Amerikaner, die Deutschen, die Franzosen, die Italiener, die Russen und andere kumpelhaft[2] zusahen, wie im Osmanischen Reich, in der Übergangszeit und letztendlich in der Türkischen Republik, planmäßig Völkermorde[3] durchgeführt wurden, gab es noch keine Haager Konvention. Völkermorde in der Mehrzahl, denn die Armenier waren nicht die einzigen Opfer der osmanischen, später türkischen Zentralgewalt. Es starben syrische Christen im Tur Abdin und in Hakkari,[4] griechische Christen aus dem Pontos, Ionien (Westtürkei) und Kappadokien,[5] Christen und Juden (des Yischuf) in Palästina[6] und Zaza 1937/38 in Dersim.[7] Insgesamt haben annähernd 5 Millionen Menschen das Leben verloren.[8]

Für die Armenier jedoch heißt das, seit Den Haag wissen sie, ein Existenzrecht wäre möglich. Und genauso lange wird es ihnen verweigert von den Staaten, deren Regierungen und Parlamente ihr Schicksal für ungeschehen erklären. Wahrscheinlicher Grund: Man möchte die Türken nicht beleidigen. Es besteht aber ein Unterschied einerseits zwischen einer Beleidigung des Täters und andererseits dem Versuch – nun gemeinsam mit den Nachfahren der

---

2 Die Verhandlungspartner der Entente setzten sich gemeinsam mit Mitgliedern der Partei der Massenmörder an den Verhandlungstisch von Sèvres.

3 Vgl. Gabriele Yonan, Christliche Minderheiten in der Türkei. Ein Überblick, ZDWF-Schriftenreihe, Bonn 1992; Dies., Ein vergessener Holocaust. Die Vernichtung der christlichen Assyrer in der Türkei, Reihe pogrom, Göttingen 1989; Martin Tamcke, Der Genozid an den Assyrern/Nestorianern (Ostsyrische Christen), in: T. Hofmann (Hg.), Verfolgung, Vertreibung und Vernichtung der Christen im Osmanischen Reich 1912-1922, Münster 2004; Esther Schulz-Goldstein, Am Himmel blieb die Sonne stehen, Bd. 1, Bd. 2 (in Drucklegung).

4 M. Tamcke, a.a.O., S. 95-111; Amill Gorgis, Der Völkermord an den Syro-Aramäern, in: T. Hofmann (Hg.), 2004, S. 111-123.

5 K. A. Vakalopoulos, H. Tsirkinidis, K. Fotiadis, M. Charalambidis, in: T. Hofmann (Hg.), 2004, S. 127-228.

6 Adolf Böhm, Die zionistische Bewegung; Bd. 1, Die zionistische Bewegung bis zum Ende des Weltkrieges, 2. erweiterte Auflage, Tel Aviv 1935, S. 647f.

7 E. Schulz-Goldstein, Am Himmel blieb die Sonne stehen, Bd. 1, Lit-Verlag, Münster 2005 (in Drucklegung).

8 Rudolph J. Rummel, Statistics of Turkey's Democide: Estimates, Calculations, Sources, 6. Dezember 2000, http://www.hri.org/docs/Democide

Täter – den Nachfahren der Opfer die Luft abzudrehen. Seit Den Haag haben die Armenier ein moralisches Recht – wenigstens – auf nachträgliche Anerkennung ihres Leids. Trotz ihres Kampfes, haben sie es bisher nur von ganz wenigen Ländern erhalten.

Ein postulierter türkisch-muslimischer Volkskörper wurde von Andersgläubigen gereinigt[9]

„Ein großer Teil des jungtürkischen Komitees steht auf dem Standpunkt, dass das türkische Reich nur auf rein mohammedanischer pantürkischer Grundlage aufgebaut werden kann.“[10] Deshalb wurden "ethnische Säuberungen" zu einer Grundvoraussetzung für die Gründung der islamischen Republik Türkei, die sich nach außen hin laizistisch gibt. Da sie es nicht ist, waren die Armenier mit ihrer christlichen Religion als Störfaktor die ersten, die es zu beseitigen galt. Ein Glaube, eine Sprache, einheitliche Gebräuche – das waren für die Jungtürken und in Personaleinheit die die Kemalisten unverzichtbare Bedingungen in der Staatengründung.

Im ersten Parlament der Türkischen Republik wurde in seinen Debatten sehr offen gesprochen: *„Um das Vaterland zu retten, haben wir es auf uns genommen, als Mörder verschrien zu werden.“* Oder: *„Die Frage der Deportationen hat bekanntlich weltweit Aufsehen erregt und uns alle zu Mördern gestempelt. Wir wussten, bevor wir diesen Entschluss trafen, dass wir uns den Zorn und den*

---

9 Im zivilisatorischen Regressus, nach dem Zusammenbruch des Osmanischen Reiches entstand dieser Begriff in der Mentalität einer faschistischen Stammeskultur unter Dominanz des islamischen Blutkultes. Riza Nur bezeichnet die Andersgläubigen als eine Plage und Mikroben. Vgl. Riza Nur, Hayat ve Hatıratım, IV, Istanbul 1967, S. 421.

10 von Tyszka, Dok. 176, Ganz vertraulich, Konstantinopel, den 30. September 1915. Die Wahrheit über die türkische[n] Maßregeln zur Vernichtung der Armenier, in: Wolfgang Gust (Hg.), Revidierte Ausgabe der von Johannes Lepsius unter dem Titel „Deutschland und Armenien 1914-1918“ herausgegebenen Sammlung diplomatischer Aktenstücke, 1999; Die deutschen Dokumente zum Kriegsausbruch 1914, zusammengestellt von K. Kautsky, Max Graf von Montgelas and Walter Schuckling (eds.), 2nd expanded ed., Vol. 1, Berlin 1922.

Hass der gesamten christlichen Welt zuziehen würden. Warum also haben wir unseren Namen beflecken und uns Mörder schimpfen lassen? Warum haben wir uns dieser ebenso wichtigen wie schwierigen Aufgabe gestellt? Allein, weil das Nötige getan werden musste, um den Glanz und die Zukunft unseres Vaterlands zu bewahren, das uns heiliger und kostbarer ist als unser eigenes Leben."[11]

Mit der Zeit wurden solche Erklärungen, die den Standpunkt verteidigten, dass der Genozid für die Gründung der Republik unverzichtbar gewesen sei, durch die offizielle Geschichtsschreibung ersetzt, die ein "Tabu" abstützen hilft. Jedoch fällt in den zwei Beiträgen schon damals auf, dass nicht die stattgefundene Barbarei, die mit dem Begriff der schwierigen Aufgabe umschrieben wird, das Problem ist, sondern die Reaktion der christlichen Welt auf diese. Das erbärmliche Gefühl der eigenen Schande gehört zur Schamkultur des Landes.

Die Sonne lässt sich nicht mit Lehm beschmieren[12]

Die von den Türken beschworene Einheitskultur war schlicht nicht vorhanden; sie musste erst nach und nach konstruiert werden. Das galt zum Beispiel für die Sprache. Erst 1928 erfolgte ein Wechsel von der osmanischen Staatssprache zur türkischen Kunstsprache, die – gleichzeitig mit dem Muttersprachenverbot – die Bürger Anatoliens von ihrer Geschichte abschnitt. Eine neue Geschichte ließ sich leichter erfinden:

„*Der höchste und älteste kultivierte Stamm der Menschheit ist der Stamm der Türken mit Altai und Zentralasien als ihrer Heimat. Die Türken waren es, die die Grundlagen der chinesischen Zivilisation errichteten.*" Oder: „*Es waren die Etrusker, das heißt die Türken, die die Grundlagen der lateinischen Zivilisation*

11 Taner Akçam, Retter des Vaterlandes. Die Türkei und der Völkermord an den Armeniern, Bozen, Göttingen, 3. Dezember 2003, ohne Seitenangabe, zit. nach: Y. H. Bayur, Türk Inkilabi Tarihi (Geschichte der türkischen Revolution), Band II, 4. Kapitel, hg. vom Türkischen Geschichtsinstitut, Ankara 1988, entnommen aus: www.gfbv.it/3dossier/armeni/010720armeni.html

12 Türkisches Sprichwort.

schufen.“[13] Dies ist ein extrem bescheidener Auszug aus den Höhenflügen von der Professorin Frau Afet Inan, Adoptivtochter des Kemal Pascha, später Atatürk genannt, die seinen verzückten Größenwahn in diese Geschichtsthesen kanalisierte, um die türkischen militärischen Eliten über den Verlust des Osmanischen Reiches hinweg zu trösten. In der Türkei wurden bald Geschichtsinhalte vermittelt, die eher einem Familienroman[14] glichen.

Die nationale Identität der Türken wird begründet durch das kollektive Trauma des Zusammenbruchs des Osmanischen Reiches und ihren reparativen Kompensationsversuch: Größenwahn. Dieser Versuch verhinderte jedoch die Verarbeitung des Traumas. Dadurch könnte die Fähigkeit zur Realitätsprüfung entwickelt werden, die in letzter Konsequenz die Existenzängste der Bürger minieren könnte. Dies ist jedoch in einer Gesellschaft nicht möglich, die die eigene Geschichte im Bewusstsein der Untertanen abgeschafft hat. Weiter verhindert der extreme türkische Nationalismus die Wahrnehmung unerträglicher Gefühle der eigenen Scham der Türken über ihre mörderische Vergangenheit. Wenn gelegentlich von "schlimmen Geschichten" in der Vergangenheit gemunkelt wird, dann sind sie ausschließlich im Osmanischen Reich passiert. Das wirkt, als ob der türkische Staat keine Rechtsnachfolge angetreten habe und die Türken ein Volk der Enterbten seien. Manche Aspekte der grandiosen Vergangenheit werden auch in der heutigen Türkei belächelt, aber noch immer gilt das Sprichwort: „Ein Türke ist mehr wert als Tausend andere Menschen.“ So ein Türke kann selbstverständlich keine Völker morden.

Das Tabu

Die türkische Barbarei verfiel einem Tabu. Es schützt[15] die Massenmörder, die hohe Ämter im neuen Staate innehatten[16] und den per-

13 Anna Freud, Das Ich und die Abwehrmechanismen, in: Die Schriften der Anna Freud, Bd. I, München 1980, S. 196-355.

14 Vgl. Sigmund Freud, Der Familienroman der Neurotiker, Gesammelte Werke, Bd. VII, Frankfurt a. Main 1968.

15 Vgl. Sigmund Freud, Totem und Tabu, Gesammelte Werke, Bd. IX, Frankfurt a. Main 1968, S. 56.

16 Vgl. T. Hofmann, 2004, S. 231.

sonenkultisch gefeierten Mustafa Kemal Atatürk. Tabus sind ein *„besonders wirksames Mittel sozialer Kontrolle"*[17] und können als *„Axiome der Kommunikation"*[18] verstanden werden, als eine unhinterfragbare, vom Massenmörder erklärte Grundwahrheit der Negation der Verbrechen, die diskursiv nicht berührt[19] werden darf. Mit anderen Worten: Wahr ist, was der Führer sagt.

Damit stabilisierte das Tabu die Bezugssysteme der türkischen und besonders der militärischen Eliten untereinander durch seine emotionale Aufladung und wurde zur Basis paranoider Phantasmen des ganzen Volkes. Denn im Tabu treten die Nicht-Ermordeten als "Dämonen" auf, die das Volk heimsuchen werden.[20] Diese "Dämonen" jedoch sind der Container für die projizierten Ambivalenzen der Türken untereinander aus der Vorstellung ein Volkskörper zu sein, als ein Ausdruck ihrer Einheitsneurose.

Ein türkisches paranoides Phantasma beinhaltet, dass die Nachfahren der Opfer den türkischen Volkskörper genauso abschlachten könnten, wie es die türkischen Massenmörder mit ihren Vorfahren taten. In Ostanatolien wurde mir erklärt, Öcalan, der Gründer der PKK, sei einer Rache der Armenier entsprungen. Aus diesen Phantasmen stammt auch die ungeheure Angst um den Verlust der Einheit des Landes, die selbst in einem Text der türkischen Nationalversammlung beschworen wird – siehe unten.

Da sich eine große Gruppe von Türken an dieser Form der Ausgrenzung des Themas beteiligt, hat das Tabu Macht über den Einzelnen und mobilisiert kollektive Abwehrmechanismen, um die Panik und den Hass, die im paranoiden Phantasma gebunden sind, in Schach zu halten. Die von projektiven Phantasmen geplagte türkische Elite lebt in einer Realitätsverzerrung,[21] weil sie

---

17 Tabubegriff u.a. nach Horst Reimann, Tabu, in: Staatslexikon. Recht Wirtschaft Gesellschaft, hg. von der Görres-Gesellschaft, 7. Auflage, Freiburg et al. 1989, S. 421ff.

18 Ebd.

19 Délire de toucher: S. Freud, Gesammelte Werke, Bd. IX, S. 37.

20 Vgl. S. Freud, Gesammelte Werke, Bd. IX, S. 74f.

21 Als der türkische Verteidigungsminister Vecdi Gönül in der Europäischen Akademie Berlin am 8. Mai 2004 einen Vortrag *"Die Türkei - sicherheitspolitischer Partner der Europäischen Union"* hielt, fragte ich ihn in der anschließen-

die Wahrheit nicht ertragen würde, weil Scham[22] ein umfassendes Gefühl ist, das wesentlich schwerer auszuhalten ist als Schuld. In der Türkei herrscht eine tribale[23] Schamkultur, die vom Narzissmus der Großgruppe strukturiert wird. Die Verantwortung in einer Schamkultur ist nicht individuell internalisiert, sondern wird in den Gewissensstrukturen der Verantwortungsträger in den Hierarchien der tribalen Großgruppe abgelegt. Deshalb gibt es in der Türkei kein dominierendes Gefühl der Schuld über die begangene Barbarei, selbst bei denen, die sich vom Tabu gelöst haben. Schuld ist ein Ausdruck des Gewissens als Träger individueller Verantwortung.

Die Verdrängung der Scham über die Verbrechen wird vom Hass und dem inneren Konzept des "großartigen Volkes" aufrechterhalten. Dies sind nur zwei Gründe, warum die Türken die eigene Blutspur in ihrer Geschichte nicht integrieren konnten. Eine Form der Abwehr, die Negation, erscheint vordergründig als türkische Geschichtslüge: Der Völkermord an den Armeniern fand nicht statt. Diese Fehlinterpretation der Realität muss in seiner Tiefendimension jedoch als Kern des Tabus gedeutet werden.

Das Tabu unter den türkischen Parlamentariern im Jahre 2002

Die Französische Nationalversammlung hat am 19. Januar 2002 einen Gesetzentwurf mit dem Inhalt beraten, dass der Völkermord an den Armeniern stattgefunden habe. Wer dieses Faktum in Frank-

---

den Diskussion, wann die türkischen Militärhistoriker sich in die internationale Genozidforschung einreihen würden, um die Genozide in der türkischen Nationengründung und 1937/38 wissenschaftlich aufzuarbeiten zu beginnen? Er antwortete sehr überzeugend in seiner Bildungsferne, „dass es in der Türkei und früher im Osmanischen Reich niemals Verfolgungen wegen der Religion wie in Europa gegeben habe“, obwohl er, wie er in seiner Antwort selbst angab, acht Jahre lang Landrat in Dersim gewesen war, wo der Völkermord an den Zaza 1937/38 stattgefunden hat.

22 Ich beziehe mich dabei auf die moderneren Autoren, deren Scham definitionen jenseits der analen Dressur beheimatet sind: H. B. Lewis; M. G. Piers/M. B. Singer; L. Wurmser; F. Broucek; D. L. Nathansohn; A. P. Morrison; M. Lewis; S. Tisseron.

23 Ein Ausdruck des türkischen Tribalismus ist ihr politischer Klientelismus.

reich leugnet, wird bestraft. Das türkische Parlament versuchte daraufhin, die Tabuverletzung durch die Franzosen ungeschehen zu machen – zum Schutz seiner innerseelischen Realität. Diese seelischen Verteidigungsmechanismen, die in der Psychoanalyse als Abwehrmechanismen bezeichnet werden, sind von mir anhand des Textes der Türkischen Nationalversammlung dahingehend untersucht worden, inwieweit sie das Tabu stabilisieren. Die Große Türkische Nationalversammlung verkündete:

> *„Es ist bekannt geworden, dass für den 18. Januar 2001 ein Gesetzentwurf zum sogenannten "Völkermord" an den Armeniern auf die Tagesordnung der Französischen Nationalversammlung gesetzt wurde. In Bezug auf diesen, die türkische Nation zutiefst verletzenden Gesetzentwurf, möchte die Grosse Nationalversammlung der Türkei (TBMM), die die Ehre hat, die gesamte türkische Nation zu vertreten, der Weltöffentlichkeit und besonders der französischen Öffentlichkeit Nachfolgendes mitteilen.“*[24]

Im Begriff des "sogenannten Völkermordes" an den Armeniern zeigt sich bereits die Verleugnung des Verbrechens. Der Völkermord an den Armeniern ist eine internationale, wissenschaftlich beforschte Fragestellung mit dem eindeutigen Ergebnis, dass der Völkermord an den Armeniern von 1915[25] bis 1922[26] von den Jungtürken und den Kemalisten organisiert wurde. Die Tatsache, dass die Nationalversammlung den Begriff des "sogenannten Völkermordes" benutzen kann, bezeugt, wie sehr die türkischen Historiker in das Tabu involviert sind, dass diese die

---

24 Website der Türkischen Botschaft in Deutschland, 15.7. 2001.

25 http://www.anemos.com/Diaspora/chrys/chrys_smyrna.html. Vgl. Französische Staatsarchive: Levant 1918-1940, Turqui, Bd. 52, 53, 54, 55, 157, 158, 159; Archives de l'Armée de terre: Rapports Militaires 1922; H. Tsirkinidis: Struggles without Vindication, Thessaloniki 1999, S. 327-390, auf Griechisch zit. nach: T. Hofmann, 2004, S. 176.

26 Vgl. British Documents on Atatürk (1919-1983), Vol. 1, S. 393, F. O. 406/43, S. 228-230, No. 126/1.

internationalen Forschungen über den Völkermord bisher ignorieren müssen. Die tiefe Verletzung des türkischen Ehrkonzeptes durch die Franzosen wird im Text benannt, der unter anderem wie ein roter Faden von Hass durchzogen ist.

> *„Sollte dieser Gesetzentwurf Gesetzeskraft erlangen, könnte die Korrektur dieser falschen Auslegung der Geschichte aber auch die von Vorurteilen freie Erziehung von Generationen von Franzosen nahezu eine Straftat werden. Die Annahme dieses Gesetzentwurfes bedeutete die Abschaffung des Rechts auf freie Meinungsäußerung sowie auf freie wissenschaftliche Forschung und Veröffentlichung. Es bedeutete auch, dass das französische Parlament per Gesetz die Forschungsergebnisse in Bezug auf den Ersten Weltkrieg vorschriebe. Andere als von diesem Gesetz vorgegebene Ergebnisse kämen einem Gesetzesverstoß gleich und erfüllten einen strafbaren Tatbestand. Das französische Gesetz verhinderte die freie Meinungsäußerung und auch das Bemühen der Historiker, die Wahrheit zu finden[...]“.*[27]

Der Gesetzesentwurf sagt nur aus, dass der Völkermord stattgefunden hat. Da die Türken aber diese historische Tatsache offensichtlich nicht wahrhaben dürfen, landen sie bei der These, dass Gesetze in Frankreich Forschungsergebnisse vorschreiben könnten. In der Türkei hingegen kann kein Wissenschaftler sich kritisch der Person des Massenmörders[28] und Staatsgründers Mustafa Kemal Atatürk nähern. In den zwanziger Jahren des letzten Jahrhunderts wurde das Gesetz Nr. 5816 zum Schutz der Person Atatürks[29] erlassen, welches jegliche kritische Betrachtung seiner Person verbietet. Die kritische Untersuchung Kemal Atatürks in zwei Bänden

27 Website der Türkischen Botschaft in Deutschland, 15.7. 2001.

28 Vgl. British Documents, a.a.O., S. 341-346, D. B. F. P. Ist series, Vol. IV, S. 1076-1080, No. 674. British Documents, a.a.O., S. 10, F. O 406/41, S. 131-133, No. 58, S. 42-43, F. O. 371/4158/107181.

29 Türk.: "Vater der Türken". R. J. Rummel (Death by Government, New Brunswick, NJ 1994) gibt 614.000 Opfer nur unter den Armeniern und Griechen an – unter der Herrschaft von Mustafa Kemal.

durch Dr. Riza Nur, Generalsekretär der türkischen Konferenzdelegation in Lausanne, wurde vom achten Strafgericht mit der Urteilnummer 968/36 in Istanbul verboten.[30] Dieses Gesetz besitzt noch heute seine Gültigkeit. An diesem Punkt zeigt sich, dass es auch 68 Jahre nach dem Tod des Diktators keine kritische Geschichtsbetrachtung geben darf. Das heißt psychoanalytisch argumentiert: Verzicht auf jegliche Realitätsprüfung über ihn und seine Zeit. Auf diese Weise wird der innertürkische Knebel der Meinungsfreiheit, der das türkische Tabu sichern soll, auf die Verhältnisse in Frankreich projiziert.

> *„Die Große Nationalversammlung der Türkei vertritt die Auffassung, dass es nicht zu den Aufgaben eines nationalen Parlamentes gehört, sich in akademische Historiker-Diskussionen einzumischen, richterliche Urteile zu fällen oder die Vergangenheit einer Nation zu beschmutzen.“*[31]

Die Türkische Nationalversammlung geht davon aus, dass eine wissenschaftliche Debatte über den "sogenannten armenischen Völkermord" noch zu führen sei. Die Debatte ob ja, ob nein ist *causa finita*. Die türkische Nation trägt einen weltoffiziellen Genozidstempel.[32]

Die Intention meines Beitrags ist nicht die Beschmutzung der Ehre des türkischen Volkes, sondern die Bitte, dass sie sich bereit erklären mögen, die gesellschaftlichen und psychologischen Mechanismen der Vergangenheit verstehen zu lernen, die in die Barbarei führten. Damit würde der Motor für weitere Genozide in Ostanatolien abgestellt, die dem Wiederholungszwang unterliegen, wie heute noch in Dersim. Diese Chance konnten die Türken bisher nicht ergreifen und deshalb war Ostanatolien bis 2002 eine

30 R. Nur, a.a.O., S. 310.

31 Website der Türkischen Botschaft in Deutschland, 15.7. 2001. Der Begriff der Beschmutzung der Ehre des Volkes hat mit dem Begriff der Reinheit zu tun, die sich wie ein makelloser Schirm über die narzisstische Unversehrtheit der Ehre einer Großgruppe spannt.

32 Vgl. Gunnar Heinsohn, Lexikon der Völkermorde, Reinbek bei Hamburg 1999, S. 21.

Zone des Völkermordes[33] im Sinne der Haager Konvention Artikel II a und b. Eine weitere Qualität von Abwehrmechanismen findet sich im nachfolgenden Zitat:

> „*Das Ziel, die Welt zu verbessern und die Freundschaft zwischen den Völkern zu stärken, kann von den Parlamenten, die ihre ganze Nation vertreten, nicht durch das Schüren von Hass und Rassismus erreicht werden.[...] Das französische Parlament hat es in der Vergangenheit abgelehnt, die schmerzhaften Ereignisse in Algerien zu bewerten und befunden, dass diese von Historikern zu untersuchen seien.*“[34]

Es wird eine infantile Rechnung ausgestellt: „*Wenn du mich beschuldigst, etwas getan zu haben, dann zähle ich erst mal auf, was du getan hast.*“ Im Unbewussten ist hier eine Gleichung wirksam.

Sie führt zum Angebot der Gruppenabwehr, der Kumpanei der Täter: „*Wenn du deine Toten nicht zählst, dann erwarte ich von dir, dass du mir gestattest, meine Toten auch nicht zu zählen.*“

Die ausgesprochene Wahrheit mobilisiert Hass und Rassismus in der Türkischen Nationalversammlung, der aber in der Französischen Nationalversammlung geortet wird. Mit dem im Text verwendeten Begriff der Parlamente, „*die ihre Nation als Ganzes vertreten*“ (welches Parlament tut das nicht?), zeigt sich die türkische Einheitsneurose.

Es muss dem Tabuübertreter der Kopf abgeschlagen werden, weil er die narzisstische Homöostase der Adressaten destabilisiert mit der Entlassung der vermeintlichen "Dämonen" aus dem Tabu:

> „*Geschichte darf nicht dazu missbraucht werden, um Hass zwischen den Völkern zu schüren, und die Verantwortung für die Gefahren eines derartigen Verhaltens tragen allein*

---

33 Mark Levene, Creating a Modern ‚Zone of Genocide': The Impact of Nation and State Formation on Eastern Anatolia, 1878-1923, in: Holocaust and Genocide Studies, Nr. 12, 1998, S. 393-433.

34 Website der Türkischen Botschaft in Deutschland, 15.7. 2001.

diejenigen, die Geschichte mit dieser Absicht einsetzen. An dieser Stelle scheint es uns notwendig, erneut an die von hasserfüllten Menschen ausgeführten Morde und Mordversuche an türkischen Diplomaten und auch französischen Staatsbürgern, derer wir in unseren Herzen gedenken, zu erinnern [...]".[35]

Wie sehr der eigene Hass, der die Scham über die Barbarei im Unbewussten hält, projiziert werden muss, zeigt seine ständige Wiederholung im Text. Die gebannten "Dämonen" aus dem Tabu werden in die armenischen Untergrundorganisationen verschoben. Auf diese Weise werden die Armenier zu Verfolgern, zu deren Opfer die Türken nunmehr geworden seien: Noch dazu eine türkisch-französische Opfergemeinschaft. Diese Dynamik strukturiert das paranoide Phantasma, denn auffallend an den gewählten Abwehrmechanismen ist, dass keine Verdrängungsleistung stattfindet, die das Thema erledigt hätte, sondern sie stehen im Dienste der Aufrechterhaltung des Tabus. Deshalb braucht die Türkische Nationalversammlung den Status des schuldlosen Opfers, dessen vermeintliche Verfolger aus dem paranoiden Phantasma die Ehre der Türken zerstören möchten, um sie dem Gefühl der Schande preiszugeben. Die Ehre kann nur wiederhergestellt werden, wenn die Person, die die Ehre verletzt hat, getötet wird.

„Hinter einer solchen Initiative steht ohne Zweifel die starke Unterstützung seitens der derzeitigen Regierung Armeniens. Statt des Beharrens auf einer falschen Geschichtsschreibung[36] *und eines Säens von Hass und Gewalt sollte es im Interesse des armenischen Volkes die vorrangige Aufgabe Armeniens sein, in Bezug auf die Türkei eine Politik zu verfolgen, die auf dem Wunsch nach Frieden und guten nachbarschaftlichen Beziehungen beruht. Im Interesse Armeniens*

35 Ebd.

36 Wie die türkische Verleugnung des Völkermordes in der Wissenschaft aussieht, möchte ich an Fatma Göçeks Erklärungsmodell offen legen. Sie postuliert für 1920 zwei verschiedene Zweige von Bourgeoisien, die islamische und die christliche. Die ersteren zählten zur Bürokratie, Militär, Ärzte und der techni-

und des armenischen Volkes ist der Aufbau von freundschaftlichen Beziehungen zu der Türkei notwendig und nicht ein Konflikt."[37]

Der Hass, der die verleugnete Scham im Unbewussten belässt, wird deshalb mobilisiert, weil die türkische negierte Barbarei sich im Bewusstsein der Welt befindet. Dieser Hass wird in die armenische Regierung[38] projiziert, die dann den Türken als paranoides Phantasma[39] gegenübersteht und die Armenier in Aggressoren als Stellvertreter "armenischer Dämonen" verwandelt.

Deshalb können im Statement der Türkischen Nationalversammlung die Nachkommenschaft der Henker im Gestus türkischer Herrenmenschen, als psychologischer Ausdruck ihres Größenwahns, politische Verhaltensregeln der Nachkommenschaft der Opfer geben, indem die Nachfahren der Opfer eingeladen werden, die Verbrechen am eigenen Volk zu verleugnen, um die "armenischen Dämonen" in das Tabu zurückzubannen.

Ich hoffe, dass damit deutlich wurde, dass die kollektiven Verteidigungsmechanismen:[40] Verleugnung und Verneinung der

---

schen Intelligenz als Rekrutierungspersonal der Jungtürken und die zweiten zum christlichen kommerziellen Flügel aus den Minderheiten. Beide Gruppen konnten im Osmanischen Reich des 19. Jahrhunderts, außerhalb der Verfügungsgewalt des Sultans, Ressourcen anhäufen, die zu einer streng getrennten Kultur und beruflichen Professionalität geführt haben. Es existierten damals zwei strikt getrennten Erziehungswesen. Bei Göçek entwickelt sich ein intrabourgeoiser Kampf, in dem der bürokratische Flügel in seiner Überlegenheit als Abgänger des staatlichen Erziehungssystems über die Minderheiten aus dem privaten Erziehungssystem im nationalen Diskurs obsiegt habe. „To transfer commerce from the minority to Muslim-Turkish elements thereby attempting to form a surrogate bourgeoisie“, und „the neutralisation of the Ottoman minorities was completed in 1924 in less than a decade.“ Allein der Begriff der Neutralisierung zeigt, dass in der symbolischen Ordnung der Autorin die Barbarei des Vorgangs, dass man den anderen Flügel einfach getötet hat, nicht bewusstseinsfähig ist.

37 Website der Türkischen Botschaft in Deutschland, 15.7. 2001.

38 und die anderen Opfergruppen.

39 E. Schulz-Goldstein, Am Himmel blieb die Sonne stehen (in Drucklegung), Bd. 3., Kap. Das paranoide Phantasma.

40 Vgl. A. Freud, a.a.O., S. 196-345.

Barbarei, Projektion des Hasses aus dem narzisstischen Reservoir – auf die Opfergruppe, Verschiebung des *Crimen Magnum* auf diese und Umkehrung ins Gegenteil, in der aus den Aggressoren Opfer wurden, einerseits das türkische Tabu stabilisieren und andererseits das paranoide Phantasma als Vexierbild einer Einheitsneurose schufen.

Das Gesetz, das im türkischen Parlament diesen Ausbruch als Antwort mobilisierte, hat seinen Geltungsbereich in Frankreich und nicht in der Türkei. Die Türken jedoch müssen weiter auf türkischem Boden die Würde der Überlebenden und der Toten aller ermordeten Völker antasten, denn das ist die Konsequenz aus dem tabuisierten Umgang mit der eigenen Geschichte. Die schwer traumatisierten Nachfahren der Überlebenden sind jedoch mit der Verleugnung des Völkermordes einer immerwährenden Retraumatisierung ausgesetzt.

Die zweite Schuld[41] der türkischen Regierungen

Die Tabuisierung der Barbarei, nach den vielen stattgefundenen Völkermorden und dem jüngsten Staatsterror in Ostanatolien bis 2002, verschlimmert die Verbrechen jedoch immer mehr. Schafft es doch für die Kindeskinder der Überlebenden eine total verrückt machende Situation, denn während die einen ihre Toten beweinen, sagen die Nachkommen der Massenmörder, dass es diese Toten nicht gäbe.

Die Kindeskinder der Überlebenden werden dadurch zu Geistesgestörten stigmatisiert. Aus der Forschung über die Überlebenden der Schoah[42] und meinen eigenen Erkenntnissen aus Psychoanalysen der nachfolgenden Generationen Überlebender wurde deutlich, dass über die transgenerative Vererbung die seelischen Konsequenzen aus einem Völkermord noch in der vierten Generation zu finden sind.

---

41 Ralph Giordano, ‚Die zweite Schuld', Hamburg 1987.

42 Harvey A. Barocas und Carol B. Barocas, Separation-Individuation Conflicts in Children of Holocaust Survivors, in: Journal of Contemporary Psychotherapy, Nr. 11, 1980, S. 6-11; Dies., Wounds of the Fathers, The Next Generation of Holocaust Victims, in: International Review of Psychoanalysis,

Zu den bereits beschriebenen institutionalisierten Abwehrmechanismen im Tabu kommt in diesem Sonderfall des Völkermordes an den Armeniern noch die Verunglimpfung der Ermordeten, über die man sagt, sie seien als Schuldige ermordet worden, weil sie mit den Russen kollaboriert haben sollen, hinzu. Dies kränkt zutiefst die Nachfahren der Überlebenden, weil man mit der Umdeutung des Verbrechens, dem seelischen Schmerz der anderen massakrierten Völker anerkennen würde und sich der eigenen Schande stellen könnte.

Diese "zweite Schuld", die Tabuisierung der türkischen Barbarei, wird jetzt in Frankreich bestraft. Mit diesem Gesetzesbeschluss hat sich Frankreich in die Tradition seiner Menschenrechte gestellt. Es ist diese Tradition, die in der Türkei fehlt.

Wenn du keine Salbe für meine Wunden hast, streu kein Salz hinein[43]

Das deutsche Parlament, das 2001 den überlebenden Armeniern der heutigen Zeit ihr Lebensrecht in der Nichtanerkennung des Völkermordes verweigerte, solidarisierte sich unbewusst mit der genozidären Entscheidung der Jungtürken von 1915 zum Völkermord als scheinbare politische Konfliktlösung. Diese unbewussten Identifikationen entstammen der eigenen genozidären Vergangenheit und wurden von der Psychoanalytikerin Anita Eckstaedt in ihrem Buch „Nationalsozialismus in der ‚zweiten Generation‘ “[44] als psychologische Niederschläge aus der Zeit des Nationalsozialismus in der seelischen Struktur der heutigen Generation gedeutet.[45]

Nr. 6, 1979, S. 331-340; C. Brooks Brenneis, Gedächtnissysteme und der psychoanalytische Abruf von Traumaerinnerungen, in: Psyche, Jg. 52, Heft 9/10, 1998; Kurt Grünberg, Zur Tradierung des Traumas der nationalsozialistischen Judenvernichtung, in: Psyche, Jg. 54, Heft 9/10, 2000, S. 1002-1037.

43 Persisches Sprichwort.

44 Anita Eckstaedt, Nationalsozialismus in der ‚zweiten Generation‘, Frankfurt a. Main 1989.

45 Es ist heute noch möglich, dass ein türkischer Botschafter sich mit einem Ministerpräsidenten eines Bundeslandes trifft und er beim Lammrücken die Bitte äußern kann, dass die Behandlung des Armenischen Völkermordes im Geschichtsunterricht nicht mehr Bestandteil des Curriculums sein sollte, dem

Ich gehe jedoch zusätzlich davon aus, dass die innerpsychische Brisanz des Lebensrechtes, die sich hinter dem Wunsch nach Anerkennung des Völkermordes verbirgt, einfach nicht bekannt ist. Für die Kindeskinder der Überlebenden ist ihr Lebensrecht nicht verhandelbar. Solange sie dies von den nationalen Großgruppen nicht gespiegelt bekommen, müssen sie fürchten, dass es ihnen in der Zukunft wieder abgesprochen werden könnte. Das zwingt die Überlebenden genauso in ein quälendes paranoides Phantasma, denn alle Völker, die das Lebensrecht den Überlebenden nicht zurückgeben, müssen als potentielle Verfolger innerpsychisch verarbeitet werden.

Die Angst vor Massendemonstrationen nationalistischer Türken und vor Gegnern des türkischen Beitrittes in die EU wurde ein Argument gegen die Wahrheit im deutschen Parlament. „*Die heutigen deutschen Parlamentarier reihen sich in die Phalanx der großen Mehrheit deutscher Politiker ein, denen es seit mehr als hundert Jahren nicht gelungen ist, im Nahen Osten ein Minimum an menschenrechtlichen Positionen zu verteidigen*“.[46] Der Petitionsausschuss des Bundestages wies im Oktober 2001 eine Bittschrift, die zur Anerkennung des Völkermordes an den Armeniern aufforderte, definitiv ab. Sie war am 13. April 2000 eingebracht worden und trug 16.000 Unterschriften, davon aber 10.000 von Bürgern, die aus der Türkei stammen und in Deutschland leben. Die Position der offiziellen türkischen Geschichtsschreibung, die den Völkermord verwirft und von „*tragischen durch den Krieg begründeten Ereignissen*“ spricht, übernahm das deutsche Parlament im Begleitbrief[47] zur Ablehnung der Anerkennung des Völkermordes an den Armeniern. Es führte der Druck des Auswärtigen Amtes dazu, dass das Projekt "Lepsiushaus" in Potsdam zum Gedenken an den Berichterstatter des Armenischen Völkermordes Pfarrer Johannes Lepsius erst einmal gestoppt wurde. Damit steht Deutsch-

---

auch noch nachgegeben wird. Dieses Faktum erscheint hier als eine Komplizenschaft, die die Nachkommen der Völker der Täter zur unbewussten Identifikation mit der Verleugnung zwingt. Siehe Spiegel, Heft 7, 2005, S. 76.

46 Hans-Lukas Kieser, http://www.hist.net/kieser/mak4/TraverseDebatte.html

47 Frankfurter Rundschau, 20. April 2001, S. 16.

land in der Tradition des ethischen Scherbenhaufens deutscher Außenpolitik in Bezug auf die Türkei.

Die Mehrheit der deutschen Parlamentariern in der Ablehnungsfront des Völkermordbegriffs während einer erneuten parlamentarischen Diskussion zum Ereignis in Anatolien im Ersten Weltkrieg, im Deutschen Bundestag im Frühjahr 2005, traumatisierte die Kindeskinder der überlebenden Armenier erneut. Diese Mehrheit der Parlamentarier in Berlin als Kinder, Enkel und Urenkel der Tätergeneration der deutschen Völkermorde, konnten noch nicht die Reife eines Gewissens entwickeln, das in der Lage wäre, im politischen Handeln – an diesem Punkt – nicht zu taktieren, sondern Verantwortung zu übernehmen.

Ester Schulz-Goldstein ist Diplom-Psychologin, Psychoanalytikerin in freier Praxis, Lehranalytikerin, Autorin eines dreibändigen Werkes über die Geschichte der Türkei mit ihren Völkermorden: „Am Himmel blieb die Sonne stehen“

Literaturverzeichnis

Quellen

Akten des Auswärtigen Amtes 1867-1920, Abteilung IA. Die diplomatischen Akten des Auswärtigen Amtes, Bände 9, 10, 11, 12(1), 12(2). Orientalia Generalia, No. 5, Vol. 30 (1896), Türkei, Akt. Z. 158 and 183.

Akten zur deutschen auswärtigen Politik 1918-1945. Aus dem Archiv des Auswärtigen Amtes, Serie D (1937-1946), Bd. 5 und 1918-1927, Bd. 2.

Akten zur deutschen auswärtigen Politik 1919-1945, Serie D, VII, Nr. 193, S. 171, Anm. 1.

Botschaft Konstantinopel (K), Konsulatsdokumente, Großes Hauptquartier, Bände 185, 187, 194.

British Documents on Atatürk (1919-1983), Vol. 1, April 1919 - März 1920, F.O. 371/4157/88757, S. 393; F.O. 406/43, S. 228-230, No. 126/1, S. 341-346, D.B.F.P.Ist Series, Vol. IV, S. 1076-1080, No. 674, S. 10; F.O. 406/41, S. 131-133, No. 58, S. 42-42; F.O. 371/4158/107181.

Website der Türkischen Botschaft in Deutschland (Berlin), 23.3.2003.

Akçam, Taner: Armenien und der Völkermord. Die Istanbuler Prozesse und die türkische Nationalbewegung, Hamburg 1996.

Ders.: General Overview of the Ottoman Documents. Unveröffentlichtes Manuskript. Vorgelegt beim Workshop "Contextualizing the Armenian Experience in the Ottoman Empire: From the Balkan Wars to the New Turkish Republic", in Michigan, 8-10 March 2002. Zitiert nach Tessa Hofmann (Hg.), 2004.

Bailer-Galanda, Birgitte / Benz, Wolfgang / Neugebauer Wolfgang: Die Auschwitzleugner: „Revisionistische" Geschichtslüge und historische Wahrheit, Berlin 1996.

Barocas, Harvey A. und Barocas, Carol B.: Separation-Individuation Conflicts in Children of Holocaust Survivors, in: Journal of Contemporary Psychotherapy, Nr. 11, 1980, S. 6-11.

Dies.: Wounds of the Fathers, The Next Generation of Holocaust Victims, in: International Review of Psychoanalysis, Nr. 6, 1979, S. 331-340.

Bayur, Y. H.: Türk Inkilabi Tarihi (Geschichte der türkischen Revolution), Band II, hg. vom Türkischen Geschichtsinstitut, Ankara 1988.

Brenneis, C. Brooks: Gedächtnissysteme und der psychoanalytische Abruf von Traumaerinnerungen, in: Psyche, Jg. 52, Heft 9/10, 1998.

Eckstaedt, Anita: Nationalsozialismus in der ‚zweiten Generation', Frankfurt a. Main, 1989.

Freud, Anna: Das Ich und die Abwehrmechanismen, in: Die Schriften der Anna Freud, München 1980.

Freud, Sigmund: Gesammelte Werke, hg. von Anna Freud, Edward Bibring, Ernst Kris, 4. Auflage, Frankfurt a. Main 1968.

Ders.: Totem und Tabu, Gesammelte Werke, Bd. IX, Frankfurt a. Main 1968.

Ders.: Der Familienroman der Neurotiker, Gesammelte Werke, Bd. VII, Frankfurt a. Main 1968.

Göçek, Fatma Müge: Rise of the Bourgeoisie, Demise of the Empire: Ottoman Westernization and Social Change, New York and Oxford 1996.

Grünberg, Kurt: Zur Tradierung des Traumas der nationalsozialistischen Judenvernichtung, in: Psyche, Jg. 54, Heft 9/10, 2000, S. 1002-1037.

Gust, Wolfgang (Hg.): Revidierte Ausgabe der von Johannes Lepsius unter dem Titel „Deutschland und Armenien 1914-1918" herausgegebenen Sammlung diplomatischer Aktenstücke, 1999 (im Internet unter http://home.t-online.de/home/wolfgang.gust.inhalt.htm; vgl. auch http://www.armenocide.de).

Heinsohn, Gunnar: Lexikon der Völkermorde, Reinbek bei Hamburg 1999.

Hofmann, Tessa (Hg.): Der Völkermord an den Armeniern vor Gericht. Der Prozess Talaat Pascha, im Auftrag der Gesellschaft für bedrohte Völker, Reihe pogrom, Göttingen 1980.

Dies. (Hg.): Verfolgung, Vertreibung und Vernichtung der Christen im Osmanischen Reich 1912-1922, Münster 2004.

Kieser, Hans-Lukas / Schaller, Dominik J. (Hg.): Der Völkermord an den Armeniern und die Shoah / The Armenien Genocide and the Shoah, Zürich 2002.
Kieser, Hans-Lukas: Armeniermord. Von der Lästigkeit vertuschter Geschichte. Für *Traverse*, Rubrik „Debatte“: http://www.hist.net/kieser/mak4/Traverse Debatte.html
Levene, Mark: Creating a Modern ‚Zone of Genocide': The Impact of Nation and State Formation on Eastern Anatolia, 1878-1923, in: Holocaust and Genocide Studies, Nr. 12, 1998, S. 393-433.
Lipstadt, Deborah: Denying the Holocaust. The Growing Assault on Truth and Memory, New York et al. 1993.
Rummel, Rudolph J.: Statistics of Turkey's Democide: Estimates, Calculations, Sources. 6. Dezember 2000: http://www.hri.org/docs/Democide
Schulz-Goldstein, Esther: Am Himmel blieb die Sonne stehen; Bd. 1. Die Genozide an den Christen in Thrakien, Kleinasien, den Juden und Christen in Palästina, der Untergang des Osmanischen Reiches, die Nationenbildung und die Entwicklung des charismatischen Mustafa Kemal Atatürk zum Staatspräsidenten der Türkischen Republik und zum Massenmörder, Münster 2005 (in Drucklegung).
Dies.: Am Himmel blieb die Sonne stehen; Bd. 2. Der Völkermord an den Zaza in der Türkei 1937/38, seine historischen Ursachen und die seelischen Konsequenzen für die Überlebenden und ihre Kinder und Kindeskinder, Münster 2005 (in Drucklegung).
Dies.: Am Himmel blieb die Sonne stehen; Bd. 3. Eine psychoanalytische Untersuchung der ideologischen, historiographischen und rationalisierenden Funktionsmodule im Völkermordtabu der Türken, die zum Fundament des Personenkultes um Atatürk und seinen Erben - das türkische Militär - wurden, Münster 2005 (in Drucklegung).
Smith, Roger W.: Denial of the Armenian Genocide, in: Israel W. Charny (Hg.), Genocide: A Critical Bibliographic Review, Volume Two, with a Foreword by Leo Kuiper, New York 1991, S. 63-85.
Tarihi Muhakeme: Prozess wegen Verbrechen gegen die Menschlichkeit, Istanbul 1919.

Dominik J. Schaller

Der Völkermord an den Armeniern und der Holocaust – Grenzen und Möglichkeiten eines Vergleichs

Die Vertreibung und Ermordung der anatolischen Armenier während des Ersten Weltkriegs durch die Jungtürken wird vor allem von Historikern und Lobbyisten, die sich für die politische Anerkennung dieses von der Türkei noch immer hartnäckig geleugneten Ereignisses einsetzen, zuweilen gerne in die Nähe des nationalsozialistischen Judenmordes gerückt. Die Absicht eines derartigen Vergleichs ist offensichtlich: Der Völkermord an den Armeniern soll auf dieselbe Stufe wie der Holocaust gehoben werden, an dessen Authentizität und Bedeutung niemand zweifelt.[1] Unlängst hat Vahakn N. Dadrian, ein Pionier der Erforschung des jungtürkischen Armeniermordes, gar angemerkt, die Leiden der Armenier seien größer gewesen als diejenigen der Juden, die auf eine vergleichsweise milde Art ums Leben gekommen sein sollen: „Die meisten Juden sind wenigstens innerhalb von 45 Sekunden am Gas gestorben. Die Armenier hingegen wurden verstümmelt mit Äxten, Schwertern, Sicheln und Hacken!“[2] Dieses Aufrechnen von Leid mutet makaber an und kann nicht der Sinn eines Vergleichs sein.

Andererseits greifen auch Vertreter der These von der Einzigartigkeit des Holocaust auf die Methode des historischen Vergleichs zurück, um den Mord an den europäischen Juden als von anderen Massenmorden grundsätzlich verschieden darzustellen: Die Jungtürken hätten mit ihren Taten rationale Ziele wie die Ent-

1 Vahakn N. Dadrian beispielsweise behauptet, schon die Jungtürken hätten Armenier vergast und müssten als die eigentlichen Erfinder der Gaskammern gelten. Vgl. Vahakn N. Dadrian, The Role of Turkish Physicians in the World War I Genocide of Ottoman Armenians, in: Holocaust and Genocide Studies, Vol. 1 (1986), Nr. 2, S. 169–192, hier: S. 182.

2 Zitiert nach Huberta von Voss (Hg.), Porträt einer Hoffnung. Die Armenier, Berlin 2004, S. 99.

eignung der Opfergruppen verfolgt, während der Holocaust eine irrationale Vernichtung um der Vernichtung willen gewesen sein soll.[3] Der sehr viel komplexeren Realität wird diese Ansicht keineswegs gerecht, wie vor allem die jüngere Holocaustforschung aufgezeigt hat.[4]

Der Vergleich vom Völkermord an den Armeniern mit dem Holocaust ist meist erinnerungspolitisch motiviert. Es stellt sich deshalb die Frage, ob es aus diesem Grund überhaupt legitim ist, diese beiden Genozide aus einer komparativen Perspektive zu betrachten.

Die Antwort kann nur affirmativ ausfallen. Es darf allerdings nicht vergessen gehen, dass Vergleichen nicht dasselbe wie Gleichsetzen bedeutet. Vielmehr geht es beim Vergleich, der sich als bedeutende Methode der Genozidforschung bewährt hat, um das Feststellen von Gemeinsamkeiten und Unterschieden. Trotz der starken Politisierung der Thematik existiert eine Vielzahl seriöser akademischer Arbeiten zum Vergleich dieser beiden Massenmorde.

Einen Vergleich zwischen dem Völkermord an den Armeniern und dem Holocaust hat 1946 erstmals Josef Guttmann angestellt, ein Mitarbeiter am Yivo Institute for Jewish Research in New York.[5] Guttmann meinte, die Methoden des Völkermordes an den Armeniern und der Ermordung der europäischen Juden seien sich grundsätzlich ähnlich gewesen, würden sich jedoch in technologischer Hinsicht stark voneinander unterscheiden. Die Methoden

---

3 So meint etwa Steven T. Katz, der Holocaust sei der einzige Genozid, der sich in der Geschichte der Menschheit je ereignet habe, da nur die Nationalsozialisten von der Auslöschung eines ganzen Volkes besessen gewesen seien. Vgl. Steven T. Katz, The Holocaust in Historical Context, Volume I: The Holocaust and Mass Death before the Modern Age, New York 1994.

4 Siehe die Beiträge in: Herbert Ulrich, Nationalsozialistische Vernichtungspolitik 1939-1945: Neue Forschungen und Kontroversen, Frankfurt a. M. 1998.

5 Josef Guttmann, Di shkite oyf Armener mit draysik yor tsurik, in: Yivo Bleter Nr. 28 (1946), S. 239-253. Zu Guttmann siehe Dominik J. Schaller, Josef Guttmann – ein Pionier der Völkermordforschung, in: Hans-Lukas Kieser u. Dominik J. Schaller (Hg.), Der Völkermord an den Armeniern und die Shoah, Zürich 2002, S. 493-500.

der Nationalsozialisten seien "wissenschaftlich" gewesen, während die Jungtürken ihr Mordprogramm auf eine atavistische Art ausgeführt hätten.

Der Vergleich von Armeniern mit Juden hat jedoch eine sehr viel ältere Tradition, die bis ins 19. Jahrhundert zurückreicht. Autoren von Reiseberichten bezeichneten die anatolischen Armenier mitunter als "Juden des Orients" und schrieben ihnen dieselben stereotypen Eigenschaften wie den europäischen Juden zu.[6] Da sich seit dem Mittelalter eine weitverzweigte armenische Diaspora entwickelt hatte, glaubten Orientreisende, bei den Armeniern handle es sich um ein den Juden ähnliches, rastloses Volk. Fridtjof Nansen, der den Armeniern Sympathie entgegenbrachte, meinte etwa: „Die Lust zu wandern und die Welt kennen zu lernen, liegt den Armeniern, wie manchem andern begabten Volk, offenbar im Blut."[7]

Auf positive Stereotypen von Juden und Armeniern griff Raphael Lemkin (1900-1959), der "Vater der UN-Völkermordkonvention", zurück, um die ähnliche sozioökonomische und politische Situation der Armenier im Osmanischen Reich und der Juden in Deutschland zu erklären: „The position of the Armenians in the Ottoman Empire closely approximated that of the Jews in Germany. The Armenians were the industrious citizens of the Empire, with a talent for handicraft and intellectual pursuits. They had the same gifts for commerce as the Jews, and in Asiatic Turkey it was the Armenian who was the skilled workman and the man of business. Every town in Anatolia had its prosperous Armenian quarter, the centre of local skill, intellectual life and trade, as well as of the town's commercial relation with Constantinople and Europe."[8]

---

6 Knut Hamsun etwa sah in den Armeniern „Handelsjuden". Vgl. ders., Unter dem Halbmond, München 1924, S. 229.

7 Fridtjof Nansen, Die Armenier und die Weltkultur, in: Bulgarisch-Armenisches Komitee (Hg.), Armenier und Armenien, Sofia 1941, S. 27.

8 Raphael Lemkin, Turkish Massacre of Armenians. Book Length Manuscript, o. J., Raphael Lemkin Collection, P-154, Box 8, Folder 15, American Jewish Historical Society at the Centre for Jewish History, Newton Centre, MA, and New York, NY, S. 93. Das Zitat findet sich auch bei Steven L. Jacobs,

Historiker, die sich mit Kriegsbewältigung und Restrukturierungsprozessen von Opfergruppen auseinander setzen, haben zudem aufgezeigt, dass sich Juden und Armenier auch in diesem Punkt ähnlich seien. Maud Mandel beispielsweise meint, Armenier wie auch Juden würden ihre Identität in der Diaspora nicht mehr länger allein über die Religion, sondern vorwiegend über das gruppeneigene Schicksal konstituieren.[9] Aber schon Raphael Lemkin hat früh darauf hingewiesen, dass Juden und Armenier ähnliche Strategien zur Bewältigung ihres Schicksals anwenden würden: „The Armenians have tried to assemble names and historic facts relating to every community where genocide took place. The Armenian libraries throuhout the world are collecting this data. It would be morally unjust to think that this data is being collected for purely scientifically historical reasons. Every librarian or Armenian writer finds himself in every new document of this type. The survivors of the massacred Jews under the Nazis have been engaged since the end of the war in the same painstaking and painperpetuating process of collecting data on the dead men and obliterated communities.“[10]

In der Genozidforschung werden der Völkermord an den Armeniern und der Holocaust jedoch nicht nur auf strukturelle Ähnlichkeiten und Unterschiede hin untersucht. Als überaus fruchtbar hat sich ein beziehungsgeschichtlicher Ansatz erwiesen, das heißt die Frage nach Kontinuitätslinien und kausalen Zusammen-

---

Raphael Lemkin and the Armenian Genocide, in: Richard Hovannisian (Hg.), Looking Backward, Moving Forward. Confronting the Armenian Genocide, New Brunswick 2003, S. 125-135, hier: S. 132.

Auf die Parallelen der sozialen Stellung von Armeniern und Juden im Osmanischen Reich beziehungsweise in Deutschland hat vor allem auch Vahakn N. Dadrian hingewiesen. Vgl. ders., The Convergent Aspects of the Armenian and Jewish Cases of Genocide. A Reinterpretation of the Concept of Genocide, in: Holocaust and Genocide Studies, Vol. 2 (1988), S. 151-169.

9 Vgl. Maud Mandel, Faith, Religious Practice and Genocide. Armenians and Jews in France following World War I and II, in: Omer Bartov u. Phyllis Mack (Hg.), In God's Name. Genocide and Religion in the Twentieth Century, New York/Oxford 2001, S. 289-315.

10 Rapael Lemkin, „Perpetuation of the Psychological Scar“, Manuskript ohne Datum, Raphael Lemkin Papers, New York Public Library.

hängen. Bereits Josef Guttmann hatte in seiner Betrachtung aus dem Jahre 1946 geschrieben, dass das verhängnisvolle Versäumnis der internationalen Staatengemeinschaft (insbesondere der siegreichen Alliierten), die jungtürkischen Völkermörder nach dem Ersten Weltkrieg vor Gericht zu stellen, die Nationalsozialisten 20 Jahre später dazu ermutigt habe, ähnlich radikal gegen die europäischen Juden vorzugehen. Um diese These zu belegen, weisen Historiker in der Regel auf eine Ansprache Adolf Hitlers hin, in der dieser sich vor der Invasion Polens an führende Offiziere wandte und gesagt haben soll: „Wer spricht denn heute noch von der Vernichtung der Armenier!“ Ob diese Worte tatsächlich Hitler zuzuschreiben sind, gilt keineswegs als gesichert. Ein Interview, das Hitler 1931 dem Journalisten Richard Breiting gegeben und darin auf den Mord an den Armeniern hingewiesen haben soll („Denken Sie an die Verschleppung in der Bibel, an das Abschlachten im Mittelalter [...] oder erinnern Sie sich doch an die Ausrottung Armeniens. Man kommt zu der Überzeugung, dass die Menschenmassen nichts anderes als ein biologischer Teig sind.“), hat sich als Fälschung erwiesen.[11] Es besteht hingegen kein Zweifel daran, dass die "erfolgreiche" Transformation des osmanischen Vielvölkerreichs in einen türkischen Nationalstaat, die der Ermordung und Vertreibung von Armeniern und Griechen vorausgegangen war, die Nationalsozialisten nachhaltig beeindruckt hatte.[12] „Sieht man von der menschlichen Seite ab, so war die Ausstossung der Armenier aus ihrem Staatskörper für die neue Türkei eine kaum minder zwingende Notwendigkeit als [...] die Ausrottung der Indianer für den neuen Staat der Weissen in Amerika.“[13] Diese sozialdarwinistisch inspirierte Sicht eines deutschen Atatürk-Verehrers aus den 1920er Jahren dürften führende Nationalsozialisten vorbehaltlos geteilt haben.

---

11 Publiziert wurde dieses Interview von Edouard Calic. Vgl. ders., Ohne Maske. Hitler-Breiting Geheimgespräche 1931, Frankfurt a. M. 1961.

12 Vgl. Dominik J. Schaller, Die Rezeption des Völkermordes an den Armeniern in Deutschland, 1915-1945, in: Kieser/Schaller, S. 517-555.

13 Dagobert von Mikusch, Gasi Mustafa Kemal. Zwischen Europa und Asien, Leipzig 1929, S. 83.

Der Vergleich zweier oder mehrerer Völkermorde liefert wichtige Informationen über die Ingangsetzung und den Ablauf von Vernichtungsprozessen. Für die Prävention von kollektiven Gewaltexzessen sind Politiker und Menschenrechtsaktivisten auf derartige Erkenntnisse angewiesen. Und ein beziehungsgeschichtlicher Ansatz, der Kontinuitätslinien vom Völkermord an den Armeniern und von kolonialen Genoziden – wie beispielsweise demjenigen an den Herero und Nama in der ehemaligen deutschen Kolonie Südwestafrika – zum nationalsozialistischen Judenmord aufzuzeigen versucht, kann zu einem besseren Verständnis des Holocaust beitragen. Dies kann indes nur gelingen, wenn ein solches Unterfangen keinem erinnerungspolitischen Imperativ gehorchen muss.

Dominik J. Schaller ist Historiker und lebt in Zürich. Er ist Geschäftsführer des European Network of Genocide Scholars [ENOGS] .

Georg Meggle

Was gehen uns die Armenier an? Der Völkermord an den Armeniern – unser Schweigen

Was gehen *uns* denn die Armenier an?[1] Genauer: Was geht uns, nach 90 Jahren, heute noch der Völkermord an den Armeniern an? Speziell – und nur auf diese Frage konzentriert sich dieser Beitrag: Was spielt es für eine Rolle, ob wir außer der Schoah, dem jüdischen Holocaust, auch diesen Völkermord als "Völkermord" bezeichnen oder nicht?

I. Vorklärungen

Zwei Klärungen vorweg: Was *heißt* "Völkermord"? Und: War die Tötung von 800.000 Armeniern oder, je nach Brille, von mehr als 1,5 Millionen Menschen dieses Volkes *tatsächlich* Völkermord?

I.1 Begriff: Den Tatbestand des Völkermordes erfüllen, so der Kern der UNO-Definition von 1948, insbesondere *solche Handlungen gegen die Mitglieder einer nationalen, ethnischen, rassischen oder religiösen Gruppe, die in der Absicht begangen werden, die Gruppe als solche ganz oder teilweise zu zerstören.*[2]

---

1 Vgl. das „Was gehn mich denn die Armenier an?" in: Franz Werfel, Die vierzig Tage des Musa Dagh, Frankfurt a. Main 1997 (Erstausgabe: 1933), S. 150.

2 Die vollständige Definition in Artikel 2 der Convention on the Prevention and Punishment of the Crime of Genocide (Resolution 260 (III) A of the United Nations General Assembly on 9 December 1948):

„In the present Convention, genocide means any of the following acts committed with the intent to destroy, in whole or in part, a national, ethnical, racial or religious group, as such:

(a) Killing members of the group;

(b) Causing serious bodily or mental harm to members of the group;

(c) Deliberately inflicting on the group conditions of life calculated to bring about its physical destruction in whole or in part;

I.2 Faktum: Haben die betreffenden *Handlungen gegen die Armenier* diese Bedingung tatsächlich erfüllt? Dazu nur 3 Feststellungen:

1. Diese Handlungen haben diese Gruppe mehr als nur *teilweise zerstört.*
2. Diese Handlungen waren gegen diese *Gruppe als solche* gerichtet. Die Armenier wurden getötet oder in den Tod getrieben, *weil* sie Armenier waren.
3. Diese Handlungen geschahen nicht sporadisch; sie waren (mit dem Ziel, die Armenier *als* Armenier zu beseitigen) systematisch vorgeplant.

Ergo: Diese Handlungen erfüllen den Tatbestand des Völkermordes. *„La question armenienne n'existe plus.“*[3]

I.3 Der Standardeinwand: Menschen, die das anders sehen wollen, bestreiten bekanntlich entweder eine der Prämissen – was im Fall des jüdischen Holocaust schlicht dessen Leugnung wäre und in Deutschland unter Strafandrohung fiele – oder sie argumentieren so: Armenier *als* Armenier zu töten, das war nicht *das* oberste Ziel der Täter. Diese Tötungen waren, um nur die häufigste Argumentationsvariante zu nennen, mit Blick auf den drohenden militärischen Angriff von Seiten Russlands notwendiger Bestandteil der türkischen Präventivstrategie, die letztlich ihrerseits klar defensiven Zwecken dienen sollte. Oder so: Die betreffenden Handlungen waren kein Selbstzweck, sie waren nur ein Mittel zu einem höheren bzw. gar heiligen (nationalen) Zweck.

Für die zentrale Frage (Völkermord oder nicht?) sind solche Argumente aber völlig irrelevant. Die Völkermorddefinition verlangt gar nicht, dass sich die betreffende Absicht nicht ihrerseits aus weiterreichenden Absichten ergeben darf. Es kommt nur darauf an, ob die Absicht selbst gegeben ist oder nicht. Ihre Genese bzw. ihre weitere Begründung spielt dafür, ob die von ihr geleiteten Handlungen

---

(d) Imposing measures intended to prevent birth within the group;
(e) Forcibly transferring children of the group to another group.“

3 Vgl. hierzu von allen jüngeren Büchern zu unserem Thema das beste: Rolf Hosfeld, Operation Nemesis, Köln 2005, S. 275.

Völkermord sind oder nicht, keine Rolle. Völkermord und (subjektive) Zweckrationalität sind keine Gegensätze; auch Völkermord kann rational sein – für die Völkermörder. Aus der Sicht der Nazis war auch die Vernichtung der Juden und der Sinti und der Roma rational; trotzdem: der Holocaust *war* Völkermord. Das ist bei der armenischen Apokalypse nicht anders.

Für ein tieferes historisches Verstehen der Völkermord-konstitutiven Absicht hinter den Handlungen des jungtürkischen Osmanen-Regimes im Frühjahr 1915 sind weitere Begründungen und Motiverklärungen zweifellos nötig und nützlich, für die zentrale Frage (Völkermord oder nicht?) aber schlicht unerheblich. Alle Forderungen, diese Frage erst einmal einer Historikerkommission zur Beantwortung vorzulegen, gehen somit – es sei denn, man bezweifelt wirklich die Prämissen[4 bis 6] – an der Sache vorbei. Der "Völkermord" an den Armeniern war Völkermord. Und bleibt das auch in alle Ewigkeit.

I.4 Das Notwehrargument: Die übliche Rechtfertigung von Seiten aller Kriegs- und Völkermord-Verbrecher ist das Plädoyer auf Notwehr: Nicht jede Tötung, auch nicht jeder Totschlag, sei schon Mord. Zum Beispiel nicht bei Notwehr; zumindest nicht, wenn diese der Bedrohung angemessen sei.

Kann Völker-Totschlag jemals legitime Notwehr sein? Aus der Sicht der Täter wohl. Auch das spielt aber keine Rolle. Schon rein begrifflich nicht: Jede Art von Gruppen-Totschlag – auch der aus vermeintlicher Notwehr – zählt, sofern er seine Opfer als Mitglieder der betreffenden (ethnischen, religiösen etc.) Gruppe trifft, bereits als Völkermord.[7]

Gezielter Völker-Totschlag = Völkermord. Wer ersteren als

4 http://www.fr-aktuell.de/ressorts/kultur_und _medien/feuilleton/?cnt=656925

5 http://www.cducsu.de/aktuelles/initiativen/3D13485CD3362D5911C2F9861 8B8F9E11348kfm7yd8i.pdf

6 http://www.tagesschau.de/aktuell/meldungen/0,1185,OID4273608_REF1,00. html

7 Da religiöse Gruppen keine ethnischen zu sein brauchen, wäre also anstelle von "Völkermord" die Bezeichnung "Kollektivmord" prima facie die korrektere. Aber dann sollte man schon wissen, was ein Kollektiv zu einem (entsprechend schützenswerten) Kollektiv macht; und die ohnehin unklaren Grenzen

gegeben ansieht, kann sich, um den letzteren Begriff zu vermeiden, nicht auf die übliche Differenz zwischen Mord und Totschlag berufen. War die Hekatomben-Tötung von Armeniern gezielter Völkertotschlag? Sicher. Also ... Wenn Völker-Totschlag zugestanden ist, ist die Frage, ob auch Völkermord gegeben ist, keine Faktenfrage mehr.

II. Die Wahrheit über Kain und Abel

Wann ist es richtig, Mord auch "Mord" zu nennen, und wann Völkermord auch "Völkermord"? Das ist mehr als nur ein Kampf um Worte.

Wer hier auch nur etwas klarer sehen will, der braucht Distanz.[8] Fangen wir noch einmal an. Zwar nicht bei Adam und bei Eva, aber doch bei deren Söhnen Kain und Abel.

II.1 Die allgemeine Wahrheitsfrage ist: Nein, jetzt nicht schon wieder die Pilatusfrage, was denn Wahrheit *sei*. Sondern relevanter: Wann dürfen/sollen/müssen wir ***die Wahrheit sagen***? Manche meinen: immer. Das ist falsch. Nicht jeder hat das Recht, zu wissen, was ich weiß. Ich muss nicht jedem alles sagen; oft sollte ich es auch nicht. Darf ich es? Aber klar – doch nur, wenn niemand grundlos dadurch Schaden leidet.

Also: Wem schadet es, wenn man den Mörder "Mörder" nennt? Vielleicht dem Mörder selbst. Wäre das allein ein guter Grund für uns, ihn deshalb *nicht* als Mörder zu bezeichnen? Nein. Ich *darf* den Mörder "Mörder" nennen – ihm selbst wie andern gegenüber; und *sollte* das wohl auch – etwa, um neue Morde zu verhindern. Ich *muss* es zudem laut Gesetz, zumindest vor Gericht.

All dies gilt auch für Völkermord.

II.2 Auch Täter haben Kinder; Opfer auch. Kain, der erste Mensch, der einen Mord beging – Kain soll ab jetzt die Tochter Karin haben,

---

des Völkerrechts wären damit noch offener. (Sollten sie das sein?)

8 Die Gewinnung solcherart Distanz kann außerordentlich schwierig – ich meine: für den Distanzierer selber psychisch schwierig – sein. Seit Sokrates kommt diese undankbare Rolle am ehesten dem Philosophen zu.

die Tochter seines Bruders Abel heiße Anna (der dritte Sohn von Adam und von Eva war bekanntlich Set).[9]

Des Täters Tat betrifft nicht nur das Opfer – sie trifft auch dessen Kinder. Auch diese leiden in der Regel mit. Der Tod von Abel durch die Hand des Kain trifft auch die Anna. Auch sie ist (indirektes) Opfer. Kain versündigt sich nicht nur an Abel, auch an Anna. Er steht damit auch Anna gegenüber in der Schuld. Soweit ist, so scheint mir, alles klar: Auch Opfer-Kinder haben Schadens-Folge-Rechte gegenüber ihren Schädigern.

Sind Täter-Kinder selber Täter? Nein – nicht automatisch. Kains Tochter Karin ist nicht schon deshalb eine Mörderin, weil ihr Vater Mörder war. Trotzdem ... .

Trotzdem *was genau*? Sie alle wissen: Das ist von allen menschlichen Problemen eines der größten. Für das Selbstbild, das wir Nazi-nachgeborenen Deutschen von uns selber haben sollten, ist es wohl das allergrößte. Es ist bis heute, scheint mir, nicht gelöst. Das ist gefährlich.

Was bisher vor allem übersehen worden ist: Auch Täter-Kinder können (indirekte) Opfer ihrer Väter-Taten sein. Testen Sie sich selbst: Kain und Abel – zu wessen Nachkommenschaft möchten, wenn Sie wählen könnten, Sie gehören? Zum Stamm von Kain? Zum Stamm von Abel? Anders gefragt: Wären Sie lieber Karin oder lieber Anna? (Alle, die ich bisher fragen durfte, sagen: lieber Anna. Das sag ich auch. Und Sie?)

Ob normale Opfer-Kinder überhaupt verstehen können, dass vielleicht auch Täter-Kinder selber Opfer-Kinder sind? Und dass deren Leid vielleicht sogar mitunter größer ist?[10]

II.3 Recht auf Unwissenheit? Kinder von Tätern = Täter-Kinder. Ist es daher richtig, sie auch offen so zu nennen? Auch wenn dies weh tut? Ist, wenn Täter-Kinder unter ihrer Täter-Kindschaft sel-

---

9 Ich nehme es hier mit der Bibel, speziell dem 1. Buch Mose also, nicht so genau. Ich weiß: Von Kindern Abels ist dort nicht die Rede. Auch nicht von einer Tochter Kains.

10 Hierzu am besten: Dan Bar-On, Die Last des Schweigens, Gespräche mit Kindern von NS-Tätern (Erweiterte Neuausgabe), Hamburg 2004.

ber leiden, das ein guter Grund, sie *nicht* so zu bezeichnen? Zum Beispiel ihnen selber *nicht* zu sagen, dass ihre Väter Täter (Mörder, Volkermörder) waren oder sind?

Ja, das könnte sein. Es könnte in der Tat mitunter für die Täter-Kinder besser sein, sie wüssten nichts von deren Taten – oder von den Taten ihrer Mütter, je nachdem. Zum Beispiel, wenn diese Kinder noch zu klein und schwach sind, um von diesem Wissen nicht zerstört zu werden; oder wenn sie gerade dadurch zu dem Glauben kämen, ihre "lieben Eltern" hätten Recht; wenn sie durch dieses Wissen selbst zu Tätern würden, usw.

Aber: ein solches Recht auf Unwissenheit dauert nicht ewig. Es schwindet in dem Maße, wie auch unsere Täter-Kinder auf den eigenen Beinen stehen können – und auch stehen wollen, kurz: je mehr sie selbst zu zurechnungsfähigen Akteuren – und damit selbst zu *potentiellen Tätern* – werden, kurz: zu *Personen*. Personen nämlich wollen ernstgenommen werden – und sollten das gewöhnlich auch. Neumodisch-technisch ausgedrückt: Je stärker ihre personale Identität, desto größer unsere Pflicht, ihnen gegenüber diesem Anspruch, ernstgenommen zu werden, auch gerecht zu werden. Umso stärker also unsere Pflicht, die Wahrheit auch ihnen gegenüber *nicht* zu verschweigen.

II.4 Recht auf Wissen: Karin und Anna sind erwachsen. Darf Anna gegenüber Karin deren Vater Kain den Mörder ihres Vaters Abel nennen? Ja – im Prinzip schon. Zum Beispiel, wenn Karin von dem Mord des Vaters an dem Onkel Abel bisher nichts gewusst hat, dieses aber *wissen sollte*. Wie etwa dann, wenn die Beziehung zwischen ihr und Anna eine *echte* und so auf Dauer angelegt sein soll. Ist diese Echtheit beiderseits gewollt, dann gilt sogar, dass Anna Karin diese Wahrheit sagen *muss*; denn die zu kennen, darauf hat Karin – auch wenn ihr diese Wahrheit grausam weh tun wird – in diesem Falle fraglos auch ein Recht. Und so hat Anna jetzt sogar die Pflicht, der Karin weh zu tun – selbst grausam weh.

Was wäre denn, wenn Karin ohne Annas Hilfe die Kain-und-Abel-Wahrheit selbst entdecken würde? Müsste sie dann Anna nicht zu Recht den Vorwurf machen, dass diese sie, die Karin, bislang ersichtlich nicht für voll genommen hat? Und das soll

Freundschaft sein?

Was ändert sich daran, wenn Karin selbst, obwohl erwachsen, sich gegen diese Wahrheit sträubt? Ist dies auf Dauer für sie selber gut? Soll Anna dieser Selbstblockade durch erneutes – gar durch ein nie mehr gebrochenes – Schweigen Rechnung tragen?

Und was bedeutet Karins Einfach-nicht-wissen-Wollen für Anna selber? Würde deren Waisenschmerz dank dieser Verdrängung etwa gemindert – oder nur noch größer? Und wäre dieser Schmerz nicht umso stärker, je länger sich Cousine Karin der bösen Kain-und-Abel-Wahrheit selbst verweigert?

Daraus folgt nicht, dass Anna ohne Wenn und Aber Karin gegen deren Willen zur Anerkenntnis dieser Wahrheit zwingen darf. Anerkennung zählt als Anerkennung ausschließlich dann, wenn sie freiwillig und eine ernst gemeinte ist. Dem Leid des Opfers und der Opferkinder gegenüber wäre ein Lippenbekenntnis bestimmt nicht das, worauf es diesen ankommt.

II.5 Identitäten. Sie wissen selbst, was zu beachten auch noch wichtig wäre: Zum Beispiel, dass Kain und Abel weitere Geschwister hatten – der Bibel nach, die außer Eva lange Zeit allein die Männer nennt, etwa auch noch den Bruder Set. Dass dieser am Brudermord des Kains an Abel mit-beteiligt war, in etwa so, wie es das Deutsche Reich beim Völkermord an den Armeniern war. Dass keiner von uns wirklich weiß, ob er nicht selbst zum Stamm des Kain, des Abel oder Sets gehört. Und äußerst wichtig wären schließlich noch: Die ganzen Rituale, mit denen öffentlich bekundet und bekräftigt werden kann, wie Menschen zueinander stehen – bzw. gerne stehen würden; und derer man sich aufrichtig wie auch unaufrichtig dann bedienen kann. Zu sehr verschiedenen Zwecken.

All dies gilt, ganz grob gesprochen, nicht nur für Individuen und Familien, vielmehr für alle Kollektive, für alle, wie man heute lieber sagt: "kollektiven Identitäten". (Wir sagen auch von diesen, dass sie "schwach" oder "stark", "veränderbar", "auf Sand gebaut", "belastbar", "brüchig" und dergleichen sind.)[11]

11 Für einen ersten Einstieg siehe: Kollektive Identitäten. Oder: Wer sind wir?

III. Der Umgang mit der Wahrheit – und der Völkermord
Der Völkermord an den Armeniern *war* "Völkermord". Das wird von der Türkei nicht anerkannt. Allein den Völkermord auch "Völkermord" zu nennen, ist dort strafbar; auch wer auf diesen Fall bezogen bei uns von "Genozid" und "Völkermord" zu sprechen wagen würde, müsste mit Bedrohung und Gefährdung rechnen. Auf entsprechende Resolutionen fremder Staaten hin löst die Türkei auch heute noch bilaterale Krisen aus.

Was ist davon zu halten? Und wie reagieren wir darauf? Und wie am besten? Das kommt drauf an:

III.1 Noch einmal: Klärungen: Worauf es ankommt, wissen wir seit Kain und Abel:

- Können wir – Armenier, Deutsche, Türken, Europäer usw. – auch in diesem Fall die harte Wahrheit (des Völkermordes an den Armeniern) wirklich "schon" ertragen? Sind wir dazu groß genug, gar schon erwachsen?
- Speziell: haben die Täterkinder im ihrem Derzeitstadium ein Recht auf Unwissenheit?
- Wollen wir wirklich so etwas wie Freunde sein?
- Ist uns diese Freundschaft so viel wert, dass wir sogar der Pflicht nachkommen wollen, unseren Freunden, wo notwendig wehzutun – auch furchtbar weh?

III.2 Wenn-Dann: Wenn die Antwort auf alle diese Fragen *Ja* sein sollte, was wäre dann? Was würde daraus folgen? Eines mit Sicherheit: Dass wir den Völkermord an den Armeniern furchtlos auch beim Namen nennen dürften – ja, auch müssten. Nicht heimlich – offen. Nicht selektiv, mal hier mal da – ganz generell, sei es gelegen oder ungelegen. Egal, ob das nun wehtut oder nicht.

III.3 Die Wirklichkeit von heute – passt die zu diesem großen Wenn? Ich zweifle – schon bei den ersten Fragen. Nicht alle der

---

(http://www.uni-leipzig.de/philos/meggle.html). Für nähere Details dann eher: Georg Meggle (Hg.), Social Facts & Collective Intentionality, Frankfurt a. Main 2002.

betroffenen Gruppen sind in dieser Wahrheitsfrage (des Völkermordes an den Armeniern) gleichermaßen weit entwickelt.

III.3.1 Die Gruppe der Armenier. Als Gruppe hatten sie bei diesem Völkermord die Rolle Abels. Was nicht heißt, dass es mehr als nur einen Kain nicht auch in dieser Gruppe gab (auch Massaker von Seiten der Armenier an den Türken sind nicht zu bestreiten).[12]

Heute gibt es, nach mehr als drei Generationen, in dieser Abel-Gruppe fast nur noch Opfer-Kinder oder Kindeskinder. Genauer: So wäre es, wenn alles, was den Völkermord an dieser Gruppe ausmacht, mit dem Völkertotschlag 1915/16 abgeschlossen wäre. Dem ist nicht so. Totschlag an dieser Gruppe gab es auch später. Zum Leiden dieser Abel-Anna-Gruppe gehört zudem nicht nur, was früher war. Erinnerung an Abel tut auch Anna von heute weh. Und es geht weiter: die alten Kirchen, Klöster, Zentren – sie zerfallen. Auch die Zerstörung von Kultur zerstört die Gruppe, deren Kultur sie ist, jedenfalls die Gruppe als Gruppe. Und dann: Die Opfer-Kindeskindergruppe weiß, dass all dies Leid die Täter-Kindeskindergruppe ignoriert. Erfährt genau dies jeden Tag.

Das macht es für die Gruppe der Armenier sicher schwer, die Kindeskindergruppe ihres Kains nicht selbst als Kain zu sehen. Auch wenn es in der Türken-Gruppe Täter-Kinder gibt, die durch die Scham über die Schande ihrer Väter selber leiden – es sind bisher nur wenige. Und wie sollten die, die ihrer eigenen Täter-Gruppe als Verräter gelten, als Entlastung ihrer Gruppe gegenüber deren Opfer-Gruppe gelten können?

III.3.2 Die Gruppe der Türken. In dieser gibt es, wie bei allen größeren Gruppen, große Unterschiede, je nachdem, wohin man schaut. Die zwei Extreme wären: die staatliche Eliteschicht versus ein paar versprengte Intellektuelle. Der größte Teil der Gruppe läge irgendwo dazwischen.

---

12 Wäre – nach allem was ich weiß, wohl kontrafaktisch – auch ein Kain Armeniens Völkermörder, dann würde alles, was hier über Kain und Abel und die Kinder gesagt wurde, auch für diesen gelten. Alles andere wäre antitürkischer Rassismus, der natürlich wie jeder Rassismus zu verurteilen wäre.

Die nationale *Führungsschicht* steckt, im Bild des Heranwachsens ausgedrückt, noch in den Kinderschuhen. Sie ist fixiert auf nahezu totale "Genozid"-Begriffs-Blockade. Nach innen, wie nach außen.

Ein paar große intellektuelle *Einzelne* (Schriftsteller, Regisseure) versuchen zunehmend, diese Blockade zu durchbrechen. Deren Mut lässt auf einen Ausbruch aus dem Leugnungs-Ghetto hoffen. Aber erst dieser Tage erhielt ein Schriftsteller, Orhan Pamuk, Morddrohungen,[13] weil er sich kritisch zum Völkermord an den Armeniern äußerte. Und Kollegen von ihm ist es nicht gelungen, für eine an die Armenier gerichtete Zeitungsanzeige mit dem schlichte Titel „Wir teilen Euer Leid" Unterschriften zu bekommen. Die Angesprochenen winkten aus Angst ab.[14]

Zur Türkei-Gruppe (wenn auch nicht nur Gruppe aller Türken) zählen auch die *Kurden*. Unter diesen ist das "Völkermord"-Tabu nicht so stark. Das verwundert nicht. Zum einen gehörten kurdische Stämme selber zu den blutigsten Werkzeugen des Genozids; zum anderen richtete sich nach der Vernichtung der Armenier die türkische Unterdrückung zunehmend gegen die Kurden. Ich vermute daher: Die türkische Leugnung des Völkermordes an den Armeniern wird sich in dem Maße lockern, wie sich auch die Lage der türkischen Kurden verbessert. Aber auch umgekehrt: Je stärker die Blockade-Politik der Türkei sich gegen Wahrheitszumutungen von außen wehren zu müssen glaubt, desto stärker wird auch die Repression gegen die Kurden wieder werden. (Zur Erinnerung: Ein Hauptargument für die Vernichtung der türkischen Armenier soll gewesen sein, dass sich Türkei nur so weiterer westlicher (englischer und französischer) Einmischungen erwehren zu können glaubte. Sollte sich auch hier Geschichte wiederholen?)

III.3.3 Und wir? Wie steht es mit uns? Wie "groß" sind wir, was das Sich-selbst-und-andere-Erinnern an den Völkermord an den Armeniern angeht?

---

13 Siehe Anm. 4.

14 FAZ, 20. April 2005, S. 7.

Unser Größter ist schon lange tot: *Johannes Lepsius* (1858-1926), ein Theologe und Armenien-Kenner, der im Auftrag des Auswärtigen Amtes eine Sammlung diplomatischer Akten: „Deutschland und Armenien 1914-1918“ herausgegeben und dort den Völkermord an den Armeniern dokumentiert hat. *Franz Werfels* großartiger Roman „Die vierzig Tage des Musa Dagh“ – ein Werk, das jeder an unserem Thema wirklich Interessierte gelesen haben wird – erscheint 1933, das Jahr, in dem seine Bücher in Deutschland verbrannt werden. Beide *Lepsius* und *Werfel* – sind ein Licht in der endlos langen Nacht des Schweigens, die sich nach den auf Druck der Alliierten 1921 anberaumten Kriegsverbrechertribunalen vor dem Reichsgericht zu Leipzig zunehmend verfinsterte.

Von den deutschen Vergessensleistungen stark beeindruckt soll jemand gewesen sein, dessen Namen ich nach den beiden vorigen hier gar nicht nennen will. Berüchtigt ist sein Wort: „Wer erinnert sich denn heute noch an die Armenier!“ Manche sehen darin einen Grund für des *Gröfas*-Erwartung, auch für die nächsten Genozide würde schon nach Kurzem gleiches gelten. Diese wären vielleicht weniger wahrscheinlich gewesen, wenn die Deutschen diesen ersten Genozid des 20. Jahrhunderts nicht gar so rasch vergessen hätten. Deshalb: Wer (wie ich selbst) "Nie wieder Auschwitz" sagt, der sollte andere Genozide besser nicht vergessen.

In den deutschen Büchern zur Geschichte rangiert der Völkermord an den Armeniern größtenteils unter der gleichen Rubrik wie in den türkischen: *tragische Ereignisse*. Die Todesmärsche in die Wüste Syriens heißen in einem populären Band schlicht: „Evakuierung“.[15] Und in den Schulbüchern? Fehlanzeige; kein mir bislang bekannter Eintrag. Der vor Kurzem unternommene Versuch in Brandenburg, dieses Schulbuchdefizit durch den auf die Stichworte „Entgrenzung von Kriegen; Ausrottung und Völkermord“ folgenden minimal kurzen Klammerzusatz „(zum Beispiel

---

15 Genauer: „1915, ab Mitte Mai – Evakuierung der Armenier von Ostanatolien“, Josef Matuz, Das Osmanische Reich. Grundlagen seiner Geschichte, Darmstadt 1996, S. 308.

Genozid an der armenischen Bevölkerung Kleinasiens)" erstmals zu beheben, scheint nach Einspruch von Seiten der Türkei gestoppt.[16]

III.4 Deutschlands Sonderrolle. Beim Völkermord an den Armeniern gab es nicht nur *einen* kollektiven Täter, sondern *zwei*: das jungtürkische Osmanische Reich – und das Deutsche. Auch Deutschland steht in Sachen Völkermord an den Armeniern vor dem Gericht der Geschichte (Völkermord verjährt nicht; und strafbar ist nach Artikel 3 der 48-er Genozid-Konvention auch die Beihilfe).[17] Was Deutschland in dieser Sache vorbringt, hat, wie immer das Wort eines Tatbeteiligten, größeres Gewicht als das Wort anderer. Schwerer wiegt somit auch, wenn Deutschland schweigt. Das tat und tut das offizielle Deutschland bisher sehr beredt.

Die Vernichtung der Armenier *als Genozid* entsprechend der UN-Völkermordkonvention von 1948 wurde, was Europas Länder angeht, anerkannt: von Belgien, Frankreich, Griechenland, Italien, Schweden, der Schweiz und dem Vatikan – und jüngst von Polen; von Deutschland *nicht*. Nicht bisher.

Der am 21. April 2005 dem Bundestag vorgelegte Resolutionsantrag[18] der CDU/CSU, über den im Einvernehmen mit der Regierung erst nach Schröders Türkeireise im Mai abgestimmt werden soll, ist zweifellos ein ungeheurer Fortschritt.

Auch dieser Antrag ist freilich *keine explizite Anerkennung* des Völkermordes als Völkermord. Das Schlüsselwort "Völkermord" bzw. "Genozid" kommt dort gar nicht vor. Schon aus logischen Gründen kommt er aber doch einer *impliziten* Anerkennung gleich. Alle für den Tatbestand des Völkermordes laut UN-Konvention notwendigen und zusammen hinreichenden Bedingungen sind als gegeben behandelt (vgl. oben I.1 und I.4). Warum wurde das damit *Gemeinte* (Völkertotschlag bzw., gleichbedeutend: Völkermord) nicht auch explizit *gesagt*?

---

16 FAZ, 25. Januar 2005, S. 33.

17 „The following acts shall be punishable; (a) Genocide; (b) Conspiracy to commit genocide; (c) Direct and public incitement to commit genocide; (d) Attempt to commit genocide; (e) Complicity in genocide."

18 Siehe Anm. 5.

Wie schon im Deutschen Reich aus Staatsräson?

Freilich: Auch die UN nennen nicht alle Völkermorde "Völkermorde". Das tun sie erst dann, wenn sie (bzw. der Sicherheitsrat) sich schon entschlossen haben, gegen diese auch etwas zu *tun*. Ist das der Hintergrund der Bundestagssprachregelung?

Tagesschau.de meldet am 21. April 2005: Armenien fordert klare deutsche Position.[19] Das fordern zudem Abel, Anna – und ich auch. Und, wenn sie groß ist, gewiss auch unsre Freundin Karin.

(Was ich zum Thema Völkermord an den Armeniern weiß, das weiß ich großteils durch und über Jürgen Gispert, Leipzig. Wie schön, dass es an unseren Unis solche Kollegen gibt bzw., wenn sie Arbeit hätten, dort solche gäbe.)

Bei diesem Aufsatz handelt es sich um den Text eines Vortrages, den der Autor am Freitag, den 22. April 2005, auf der Gedenkveranstaltung an den Völkermord an den Armeniern in der Bibliotheca Albertina der Universität Leipzig gehalten hat.

Prof. Dr. Georg Meggle lehrt analytische Philosophie an der Universität Leipzig.

19 Siehe Anm. 6.

Essays

Tessa Hofmann

Den stimmlos Gemachten eine Stimme geben

Annäherung an Armenien

Zum ersten Mal habe ich 1972 von der Existenz eines armenischen Volkes bzw. seinen Problemen erfahren. Ich studierte in Berlin Slawistik und verdiente zeitweilig mein Studium als Mitarbeiterin einer im Aufbau befindlichen Abteilung für Südosteuropäische Geschichte. Deswegen studierte ich auch einige Semester osmanische Geschichte und nahm an einer wissenschaftlichen Exkursion "Die Osmanen auf dem Balkan" teil. Auf einer Vorbereitungssitzung erwähnte unser Professor Bernhardt seufzend die armenische Minderheit Istanbuls, deren Patriarchen man besuchen könne. Sein Seufzer galt den Schwierigkeiten dieser Gemeinschaft und ihrer objektiven Unfähigkeit, offen mit Besuchern darüber zu sprechen. Prof. Bernhardt deutete auch an, dass den Armeniern in der Vergangenheit großes Leid geschehen sei. Benutzte er damals das Wort Völkermord? Ich weiß es heute nicht mehr. Wir haben dann das armenische Patriarchat Istanbuls doch nicht besucht, eben weil man dort nicht offen sprechen konnte. Aber in der Altstadt von Plowdiw entdeckte ich an manchen Haustüren Todesanzeigen in einer merkwürdigen Schrift: Armenisch! Dass ich diese exotischen Zeichen schon bald selbst schreiben und lesen würde, ahnte ich nicht.

Ein Jahr darauf bat mich die Volkshochschule Berlin-Wilmersdorf eine Einführung in das zu halten, was man damals "Sowjetliteratur" nannte. An zehn Abenden stellte ich, regional gegliedert, einzelne Literaturen vor, darunter die armenische und georgische Literatur als Beispiele für die Literaturen des Transkaukasus. Ich begann wie stets mit einer Einführung in die jeweilige Geschichte. Als ich mich in die Geschichte Armeniens einarbeitete, erschien sie mir als Kette von Tragödien, deren größte zugleich die jüngste war. Sie wirkte, das begriff ich schon am Anfang, auf unterschwellige Weise fort, im Denken und Schreiben armenischer Intellektueller sowie in den Verhaltensweisen sämtlicher Armenier, die ich seither kennen lernte. Die Allgegenwart des unabgeschlossenen, von Tabus und halben Andeutungen umgebenen Völkermordes machte es auch mir unmöglich, dieses Ereignis mit der selben Distanz zu betrachten, mit der man sonst nach Jahrzehnten auf Ereignisse jener Epoche blickt: etwa den Ersten Weltkrieg oder die Oktoberrevolution. So gewaltig beide in ihren Dimensionen und Auswirkungen waren, sanken sie seither doch immer tiefer in die Vergangenheit und in das Vergessen. Der Völkermord an den Armeniern dagegen kam mir wie ein auf der Wasseroberfläche treibendes Holz vor. Er war auf unheimliche Weise gegenwärtig, als hätten mich durch einen Zeittunnel Stimmen erreicht und Augen angeblickt, die nicht zur Ruhe kommen wollten und von mir verlangten, für sie zu sprechen.

Vom Oktober 1974 befand ich mich für ein knappes Jahr als Austausch-Forschungsstipendiatin an der Universität St. Petersburg, das damals noch Leningrad hieß. Mein Forschungsthema lautete: "Das Bauernthema in der multinationalen Sowjetliteratur am Beispiel der russischen, armenischen und georgischen Literatur". Ich hatte zwei "kommandirowki" beantragt, "Dienstreisen" an die Universitäten Tbilissi und Jerewan. Nach Tbilissi reiste ich ohne Probleme. Um meine Reise nach Jerewan musste ich mit den sowjetischen Behörden regelrecht kämpfen. Ausländer, so hieß es, dürften nicht im Frühjahr dorthin. Die Bevölkerung sei in zu starker emotionaler Bewegung, wegen ihrer Gedenkfeiern an den Völkermord von 1915. Erst im Juni 1975 erlaubte man mir, nach Jerewan zu fliegen. Ich war 24 Jahre jung und konnte vor Aufregung über die Reise in ein halb verbotenes Land nicht schlafen. Als ich zwei Wochen später abflog und einen vermeintlich letzten Blick auf den Ararat warf, weinte ich.

Auf diese Weise ergriff Armenien von mir Besitz. Es wurde zu einem realen Ort auf der Landkarte meiner Gefühle, ein Land, über dessen Geschichte ich mir nicht nur aus Büchern Wissen angeeignet hatte. Ich habe Armenien – und seit 1995 auch Karabach – auf unzähligen Reisen buchstäblich erfahren. Ich sah, wie es sich änderte, entwickelte und 1988 von neuen Bedrohungen heimgesucht wurde. Ich erlebte mit großer Bewunderung, wie die Einwohner Armeniens mit diesen Heimsuchungen umgingen.

Je mehr ich mich mit dem Völkermord an den Armeniern beschäftigte, umso stärker erkannte ich die vielen Querverbindungen zu früheren und späteren Staatsverbrechen: Zum ersten Völkermord im 20. Jahrhundert, dem in den Jahren 1904 bis 1908 zehntausende Herero und Nama im heutigen Namibia zum Opfer fielen, und zur industriemäßigen Vernichtung der europäischen Juden. Bedrückend war, dass mein Land in alle drei Genozide verwickelt war. Deutschland war Täter im damaligen Südwestafrika und Täter im Zweiten Weltkrieg, es war Mitwisser des Völkermordes an den Armeniern, der im Übrigen mit ähnlichen Mitteln verübt wurde wie die Vernichtung der afrikanischen Stämme der Herero und Nama. Denn die deutschen Kolonialtruppen machten sich ebenso die Wüste zu Nutze, um die Herero verschmachten zu lassen, wie es die Jungtürken mit den Überlebenden der Todesmärsche taten. Den Völkermord in Namibia anzuerkennen, fällt Deutschland mindestens ebenso schwer, wie es der Türkei schwer fällt, die an den christlichen Untertanen des Sultans begangenen Verbrechen als historische Tatsache zuzugeben. Auch einhundert Jahre danach hat es nur ein Bundesministerium – das für Entwicklungshilfe unter Frau Wieczorek-Zeul – geschafft, sich für den Völkermord in Namibia zu entschuldigen. Die Türkei ist 90 Jahre *post factum* noch nicht so weit. Völkermord, das lehrt die deutsche wie die türkische Geschichte, wird von den Tätern und ihren juristischen Nachfolgern nicht freiwillig zugegeben. Schuldanerkennung, Buße und Wiedergutmachung müssen von Kriegssiegern erzwungen oder – und das ist der mühsamere Weg – von der internationalen Öffentlichkeit angemahnt werden.

An der Schnittstelle von Wissenschaft, Menschenrechten und Publizistik

Meine Beschäftigung mit Armenien, seiner Geschichte und Kultur ist umfassend und nicht auf den Aspekt Völkermord zu beschränken. Sie ist auch nicht auf eine bestimmte Herangehensweise beschränkbar. Ich beschäftigte mich als Wissenschaftlerin, als Menschenrechtlerin und als Publizistin mit Armenien. Diese unterschiedlichen Blickwinkel und Ansätze ergänzen sich und unterstützen einander. Mein ehrenamtliches Menschenrechtsengagement für armenische Minderheiten wie auch für ethnische und religiöse Minderheiten in Armenien ruft wissenschaftliche Fragestellungen hervor bzw. wird durch meine wissenschaftliche Qualifikation gefördert. Wissenschaftliche Erkenntnisse und menschenrechtliche Anliegen drücke ich in Veröffentlichungen aus, wobei es mein Ziel ist, armenische Befindlichkeiten, Forderungen und Probleme einem möglichst breiten Kreis von Lesern zu erklären. Meine publizistische Tätigkeit gleicht also dem Übersetzen. Dabei versuche ich auch, nicht-armenischen Lesern zu erklären, was für heutige armenische Generationen der Völkermord von 1915 bedeutet.

Der Völkermord an den Armeniern wird durch die anhaltende türkische Leugnung nicht nur aktuell gehalten, sondern auch internationalisiert. Ich behandele ihn daher in meinen Publikationen sowie in meiner Menschenrechtsarbeit nicht in erster Linie als historisches Phänomen, sondern als ungelöste Aufgabe des Internationalen Rechts und des Menschenrechts. Da Völkermord das größte aller Verbrechen darstellt, ist seine Bekämpfung und Verhütung zugleich die vordringlichste Menschenrechtsaufgabe. Dies gilt besonders für die geleugneten oder verharmlosten Völkermorde.

Meine Veröffentlichungen über Armenien begannen 1979 mit der "Wiederentdeckung" des vom Nationalsozialismus aus dem deutschen Bewusstsein verdrängten Völkermordes an den Armeniern. Gemeinsam mit meinem armenischen Kollegen Dr. Gerayer Koutcharian gründete ich die Koordinationsgruppe Armenien in der Gesellschaft für bedrohte Völker. In den Jahren 1979 bis 1985 veröffentlichten wir in deren Zeitschrift und Buchreihe „pogrom“ Informationen über den Völkermord an den Armeniern, die Rolle Deutschlands als Kriegsverbündeter des Osmanischen Reiches sowie über das Schicksal anderer christlicher Ethnien im Osmanischen Reich. 1980 gab ich in der Buchreihe „pogrom“ eine Neuauflage des Gerichtsprotokolls des „Prozesses Talaat Pascha“ (Erstausgabe: Berlin 1921) heraus, 1985 die deutsche Ausgabe der Armenien-Verhandlung des Internationalen Tribunals der Völker (Sorbonne, Paris 1984); Letztere hat wesentlich zur Anerkennung des Völkermordes als historische Tatsache durch internationale Gremien wie die UN-Menschenrechtskommission und das Europäische Parlament (1987) beigetragen. 1985 gründeten Gerayer Koutcharian und ich das Informations- und Dokumentationszentrum Armenien (IDZA), das Wissenschaftler, Journalisten und andere beruflich Interessierte umfassend über Armenier/Armenien berät. Einen Schwerpunkt des IDZA stellt unsere vielgenutzte Sammlung von Fotodokumenten zur Verfolgungsgeschichte der Armenier dar, die wir teilweise auch ediert bzw. im Internet zur Verfügung gestellt haben.[1] Dabei sammeln wir nicht einfach Fotodokumente, sondern versuchen, sie durch Nachweis des Urhebers bzw. der Erstveröffentlichung für die seriöse Bilddokumentation nutzbar zu machen.

Bei diesen vielfältigen Tätigkeiten geht es letzten Endes immer darum, den Opfern, die vom Kriegsregime der Jungtürken 1915 gewaltsam zum Verstummen gebracht wurden, eine Stimme zu leihen und Wissen von der Art ihres Leidens zu verbreiten.

Die Langzeitfolgen von geleugnetem Genozid

Der Völkermord an den Armeniern und anderen christlichen Ethnien des Osmanischen Reiches bildet das Gründungsverbrechen dieser Republik. Damit ist gemeint, dass die kemalistische Gegenregierung in Ankara während ihrer "Befreiungskriege" 1919 bis 1922 den Genozid fortsetzte, nun insbesondere an den kleinasiatischen Griechen, aber auch an der armenischen Restbevölkerung, vor allem in Kilikien und 1920 bei der Invasion der Republik Armenien. Außerdem gewährte Mustafa Kemal strafrechtlich gesuchten Jungtürken nicht nur Zuflucht, sondern verlieh ihnen hohe und höchste Ämter in seiner Regierung.

Damit übernahm die kemalistische Elite der Türkischen Republik ein verbrecherisches Erbe, mit dem sie sich bis heute iden-

1 Vgl. Tessa Hofmann, Gerayer Koutcharian: Images that Horrify and Indict: Pictorial Documents on the Persecution and Extermination of Armenians from 1877 to 1922, in: Armenian Review, No. 1-2/177-178 (Spring-Summer), 1992, S. 53-184; http://www.aga-online.de

tifiziert und das sie gegen Vorwürfe zu verteidigen versucht. Diese Verteidigung verschlingt immer größere finanzielle Ressourcen und psychische Energien der Türkei. Der Völkermord an den Armeniern gleicht einem schwarzen Loch, das alles verschlingt, was in seine Nähe gerät. Will sagen: Dieses Tabu erzeugt fortgesetzt weitere, mit dem Ergebnis, dass große Teile der türkischen Gegenwartsgeschichte nicht mehr objektiv betrachtet werden können und dürfen und die Liste dessen, was Bürger der Türkei offiziell nicht wissen bzw. artikulieren dürfen, immer länger wird. Zu solchem verdrängten, tabuisierten Wissen gehört zum Beispiel, dass eine der Adoptivtöchter Mustafa Kemals Armenierin war – eine der zahlreichen überlebenden, turkisierten Waisen aus der Assimilationsmaschinerie der Halide Edip. Insofern weichen das erinnerte Wissen der türkischen Gesellschaft und das vom nationalen Erziehungswesen, den Medien und der staatlich gelenkten Historiografie vermittelte Wissen immer stärker voneinander ab. Und damit nicht genug: Auch im Ausland versucht die offizielle Türkei, über ihre Geschäftsträger und offiziöse Organisationen im Dunstkreis des Kemalismus zu verhindern, dass der Völkermord an den Armeniern oder anderen christlichen Ethnien mit dem G-Wort bezeichnet werden; sie versucht, Einrichtungen und Personen souveräner Staaten zu kontrollieren und einzuschüchtern, falls sie sich der Kontrolle entziehen. Türkische Diplomaten protestieren regelmäßig gegen alles Mögliche: Gegen Ausstellungen und Volkshochschulveranstaltungen, gegen kirchliche Seminare, gegen ausländische Medienberichte, selbst wenn darin nur peripher der Völkermord an den Armeniern erwähnt wird. Türkische offiziöse Organisationen, wie beispielsweise die Türkische Akademikervereinigung Europas (EATA), verbinden solche Proteste mit direkten Drohungen. Die Liste türkischer Interventionen ist in Deutschland besonders lang, und leider war die Türkei mit ihrer Verhütungspolitik dabei bisweilen erfolgreich. Das jüngste Beispiel ist die Streichung des Völkermordes an den Armeniern aus dem Rahmenlehrplan für den Geschichtsunterricht im Bundesland Brandenburg; es war das erste und bisher einzige Bundesland, das 2002 überhaupt die Erwähnung des Armenier-Völkermordes in sein Curriculum aufgenommen hat. Dass die Streichung Ende Januar 2005 in einen

Zeitraum fällt, wo weltweit der Befreiung des Vernichtungslagers Auschwitz vor 60 Jahren gedacht wird und man die Bedeutung von Genoziderziehung erörtert, zeigt die erhebliche Unsensibilität, die die verantwortlichen deutschen Provinzpolitiker hierbei an den Tag legten.

Türkische Menschenrechtskollegen weisen uns darauf hin, dass die Leugnung, Verharmlosung bzw. Tabuisierung des Völkermordes an den Armeniern für die Gesellschaft der Türkei äußerst negative Auswirkungen besitzt. Denn sie führt zur Beeinträchtigung zahlreicher Grund- und Menschenrechte, darunter das Recht auf Meinungsfreiheit, die Freiheit von Lehre und Forschung, die Pressefreiheit usw. Aber es bleibt nicht bei der strafrechtlichen Verfolgung von Dissidenten. Noch 2002 und 2003, also mitten im Prozess der Annäherung der Türkei an die Menschenrechtsstandards der Europäischen Union, dekretierte der türkische Erziehungsminister Dr. Hüseyn Çelik ein Maßnahmepaket gegen die „Völkermordbehauptungen der Armenier, Syrer und Griechen", zu dem 2003 auch ein landesweiter Schüleraufsatzwettbewerb gehörte. Gleichzeitig wurden in Neuauflagen türkischer Schullehrbücher Minderheiten als „Spione" und „innere Feinde" sowie Kirchen und Synagogen als „schädliche Einrichtungen" bezeichnet.

Das Beispiel zeigt allerdings auch, dass eine wachsende Zahl türkischer Bürger nicht mehr bereit ist, sich ihre Meinung bedingungslos vorschreiben zu lassen. An die 400 teilweise prominente Bürger unterzeichneten einen Aufruf der Bürgerinitiative „Geschichte für Frieden" gegen die ministeriellen Manipulationen und die türkische Lehrergewerkschaft bezeichnete die Çelik-Dekrete als rassistisch.

Die Genozidleugnung paralysiert die türkische wie die armenische Gesellschaft. Zu dieser Paralyse gehört die Bewahrung totalitärer Staatsstrukturen – einschließlich des Personenkults um die Figur Mustafa Kemals, der Jungtürkenführer Talaat und Enver sowie solcher Massenmörder im Dienst von Jungtürken und Kemalisten wie der "Hinkende Osman" (Topal Osman) aus Trabzon. Zu den offiziell sogenannten Ehrengräbern im türkischen Teil des Islamischen Friedhofs von Berlin zählen die Grabstätten der 1922 von armenischen Rächern erschossenen jungtürkischen Funktionäre Dr. Behaettin Schakir und Cemal Azmi; Letzterer ging als "Schlächter von Trabzon" in die Geschichte der Genozide ein. Zu den zahlreichen Untaten, die zu seiner Amtszeit als Gouverneur der Schwarzmeerprovinz begangen wurden, gehören die massenhafte Vergewaltigungen und sexuelle Folter armenischer Mädchen in einem von Cemal Azmi im Rot-Kreuz-Krankenhaus Trabzons für jungtürkische Funktionäre eingerichteten Bordell. Das Ehrengrab dieses Verbrechers befindet sich, ebenso wie das des "Mörderarztes" Behaettin Schakir, unmittelbar vor dem Eingang zur Prunkmoschee, die mit Spenden der türkischen Arbeitnehmerschaft Berlins unlängst vollendet wurde.

Die Genozidleugnung der Türkei bildet ein echtes Hindernis auf dem türkischen Weg nach Europa, und zwar unabhängig davon, ob die Europäische Union auf einer Anerkennung des Völkermordes als Bringeleistung besteht oder nicht. Keine Gesellschaft, kein Staat kann sich nachhaltig reformieren, falls er nicht willens ist, sich von Staatsverbrechen und -verbrechern loszusagen. Niemand kann sich ein nationalsozialistisches Deutschland in einer Gemeinschaft freier europäischer Demokratien vorstellen. Oder ein demokratisches Deutschland, das die Faktizität des nationalsozialistischen Genozids bestreitet. Ebenso ist die kritische Aufarbeitung der Transformationsperiode vom multiethnischen osmanischen Feudalstaat zur monoethnisierten Türkischen Republik unter dem Einparteienregime Mustafa Kemals für die Demokratisierung dieses Landes unverzichtbar.

Auch auf die armenischen Überlebenden und ihre Nachfahren übt der Völkermord eine nachhaltige Wirkung aus. Sie wird durch die Weigerung der Nachfahren der Täter, den Genozid als historische Tatsache anzuerkennen, geschweige denn, ihn zu bereuen, verstärkt. Zu Recht weist die internationale Genozidforschung darauf hin, dass Völkermordleugnung der letzte Akt dieses Verbrechens ist. Die Überlebenden werden von den Leugnern als Lügner oder Psychopathen mit gestörtem Wirklichkeitsverhältnis hingestellt. Besonders schmerzhaft ist jene Variante der Leugnung, die die Opfer zu Tätern erklärt und damit zugleich zum anhaltenden Hass von Türken bzw. muslimischen Bürgern der Türkei gegen armenische Christen beiträgt. Nur die öffentliche Kenntnisnahme des den Opfern zugefügten Leides kann die Nachfahren von überlebenden Opfern und Tätern versöhnen.

Der Hauptunterschied zwischen dem Bewusstsein von Opfern und Tätern bzw. der sich mit den Tätern identifizierenden Nachfahren scheint mir ein für Genozid grundsätzlich typischer psychomentaler "Rollentausch": Während die Täter ihren Angriff psychisch und agitatorisch durch die Denunzierung der künftigen Opfer als Bedroher einleiten und in einem zweiten Schritt den Opfern ihre menschliche Natur absprechen, indem sie sie zu Schädlingen, Mikroben, Viren und ähnlichem Ungeziefer herabwürdigen – dehumanisieren –, reagieren die Opfer mit Scham und Schuldgefühlen auf die ihnen zugefügten Demütigungen. Ein Mann beispielsweise, der der sexuellen Folter weiblicher Angehöriger wehrlos zusehen muss, ohne die traditionelle Beschützerrolle ausüben zu können, wird als Überlebender unter Versagensängsten und Schuldgefühlen leiden.

Bedenklich erscheint mir allerdings, wenn armenische Identität weitgehend oder gar ausschließlich mit der Genoziderfahrung gleichgesetzt wird. Denn diese Sichtweise reduziert drei Jahrtausende armenischer Geschichte auf ihr negativstes, zerstörerischstes und demütigendstes Ereignis. Eine solche Eingrenzung ist nicht nur psychisch unerträglich, sondern sachlich unangemessen. Die armenische Geschichte bietet zahlreiche positive Beispiele kultureller Leistungen trotz schwierigster und widrigster Verhältnisse; sie bietet, gerade deswegen, ebenfalls zahlreiche Beispiele des Freiheits- und Emanzipationsstrebens, mit dem sich Armenier mindestens ebenso stark positiv identifizieren können, wie mit der negativen Leidenserfahrung des Genozids. Vielleicht betone ich dies, weil ich in meiner Entwicklung nicht nur die armenische Diaspora kennen gelernt habe, sondern mich dem Land Armenien seit 30 Jahren eng verbunden fühle. Zugegeben, dieses Land präsentiert nur einen Bruchteil des historischen Siedlungsgebiets, aber es ist Heimat für drei Millionen Menschen. Auf bloßer Opfermentalität lassen sich kein Staat und keine wehrfähige Streitmacht aufbauen. Die Wahrnehmung armenischer Geschichte setzt notwendigerweise in Armenien andere Akzente als in der Diaspora. Und auch in der Diaspora sind nicht alle Armenier bereit, ihre psychische Realität ausschließlich vom Genozid beherrschen zu lassen. Dies zu erkennen, erscheint mir wichtig, um die mit der Genoziderfahrung einhergehende Paralyse und Isolation überwinden zu können. In meiner eigenen Arbeit habe ich stets beide Aspekte der armenischen Geschichte betont: neben der Vernichtungserfahrung auch das Überleben, neben Zerstörung schöpferische Kreativität. Eine von meinem Kollegen Gerayer Koutcharian und mir erarbeitete Wanderausstellung von Fotodokumenten zum Völkermord, die unter dem Titel "Verfolgung, Vertreibung, Vernichtung" in verschiedenen Ländern gezeigt wurde, haben wir mit Fotos armenischer Landschaften und Artefakte ergänzt, um an die kulturellen Leistungen des armenischen Volkes zu erinnern.

Die Forderung der Überlebenden und ihrer Nachfahren nach der Anerkennung des Verbrechens durch den Gesetzgeber und die Regierung des Landes, das das Verbrechen begangen hat, ist nicht mehr und nicht weniger als die berechtigte Forderung nach Anerkennung des Lebensrechts. Mit dem später auch vom türkischen Ministerrat und dem osmanischen Gesetzgeber gebilligten Deportationsbeschluss wurde den armenischen Bürgern des Osmanischen Reiches auch formalrechtlich das Lebensrecht abgesprochen. Die Überlebenden und ihre Nachfahren kämpfen für die Wiederherstellung des ihnen aberkannten Lebensrechts, indem sie auf der Anerkennung des Verbrechens als Tatsache beharren. Um die psychischen Wirkungen des anhaltend verweigerten Lebensrechts zu erklären, borge ich mir die Worte der deutsch-jüdischen Psychoanalytikerin und Türkeikennerin Esther Schulz-Goldstein: „Es kämpfen die Armenier [...] um die Anerkennung ihrer Katastrophe als Völkermord, weil sie von den Parlamenten der Völkergemeinschaft ihr Lebensrecht zurück haben wollen. Denn seit 1949 haben die Vertreter der Völker der Welt in der UN verkündet, dass jedes Volk ein Lebensrecht besitzt. Sie haben damals entschieden, dass Genozid ein so großes Verbrechen sei, dass es die Weltgemeinschaft zwinge, das bedrohte Lebensrecht eines Volkes zu verteidigen. Die Amerikaner, die Deutschen, die Franzosen, die Italiener, die Russen und andere haben zugelassen, dass im Osmanischen Reich und in der Türkischen Republik Völkermorde geschahen. Damit haben sie sich mit der genozidären Politik in der türkischen

Nationengründung unbewusst identifiziert. Sie sind heute – moralisch durch die UN-Genozidkonvention – gezwungen, die Verbrechen als Völkermorde anzuerkennen. [...] Für Überlebende ist das Lebensrecht nicht verhandelbar. Solange sie dies von den nationalen Großgruppen nicht gespiegelt bekommen, müssen sie fürchten, dass sich diese Geschehnisse wiederholen. Das zwingt die Überlebenden in ein quälendes paranoides Phantasma, denn alle Völker, die das Lebensrecht den Überlebenden nicht zurückgeben, werden als potenzielle Verfolger innerpsychisch verarbeitet."[2]

Diese psychischen Zusammenhänge erklären auch, warum Armenier nicht, wie von Deutschen oft gefordert, ihre Vergangenheit "einfach überwinden" und vertrauensvoll in die Zukunft blicken können. Der Vorwurf, Armenier seien krankhaft vergangenheitsfixiert, verkennt die traumatische Natur des durch geleugneten Genozid hervorgerufenen Leidens, eines Schmerzes, der erst durch Anerkennung verheilen kann.

Eine Zukunft schaffen, die nicht mehr die Vergangenheit leugnet

Ich habe in den letzten dreißig Jahren den Großteil meiner Zeit, meiner psychischen und körperlichen Energie für die Erlangung der offiziellen Anerkennung des den Armeniern und anderen christlichen Ethnien zugefügten Unrechts eingesetzt, aus folgendem Grund:

Opfer von Genozid erleiden die ultimate Ausgrenzung und Einsamkeit. Noch bevor ihre Körper getötet werden, sterben Genozidopfer den sozialen Tod. Sie müssen erfahren, dass sie vor den Augen ihrer Mitmenschen entmenschlicht wurden. Durch Akte bewusster, öffentlicher Erinnerung holen wir sie *posthum* in die menschliche Gesellschaft zurück, durch die rechtliche und politische Anerkennung ihres Leidens seitens legislativer und exekutiver Einrichtungen – also durch Parlamente und Regierungen – stellen wir ihre Würde wieder her.

Mit meinen bisher 13 Buchveröffentlichungen sowie Dutzenden von Buchbeiträgen und Artikeln und meiner Vortragstätigkeit

2 Zitiert aus dem Offenen Brief an den Ministerpräsidenten des Landes Brandenburg, Matthias Platzeck, Potsdam, vom 26.01.2005, S. 1f.

habe ich dazu beitragen können, dass in Deutschland und im Ausland der Völkermord an den Armeniern ins öffentliche Bewusstsein zurückkehrte und als Unrecht wahrgenommen wurde. Zu den Fortschritten, die in diesem Bereich erzielt werden konnten, gehört beispielsweise, dass in den Universallexika Deutschlands im Abschnitt über armenische Geschichte der Völkermord an den Armeniern als Genozid bezeichnet wird.

In Deutschland hat es seit 1995 mehrere Initiativen zur parlamentarischen Anerkennung des türkisch-osmanischen Völkermordes an der armenischen und syro-aramäischen bzw. assyrischen Bevölkerung gegeben, davon 1995 und 1998 durch aramäische Verbände bzw. den damaligen Beauftragten für Kulturangelegenheiten. Im Jahr 1999 schlossen sich diverse Organisationen zur „Arbeitsgruppe Anerkennung" zusammen, die gemeinsam mit dem „Verein der Völkermordgegner" dem Deutschen Bundestag am 13. April 2000 Petitionen zur Anerkennung des Völkermordes überreichte. Der „Verein der Völkermordgegner" hatte zuvor unter türkischen Staatsbürgern über zehntausend Unterschriften für eine Petition gesammelt, die er 1999 der Großen Nationalversammlung in Ankara übersandte; als diese sich dazu nicht äußerte, begann der Verein, die Parlamente der EU-Mitgliedsstaaten mit dem Anerkennungsanliegen türkischer Bürger zu konfrontieren. Ich werde nie vergessen, wie wir – der türkische Vorsitzende der „Völkermordgegner", Ali Ertem, Gerayer Koutcharian und ich als Koordinatoren der „Arbeitsgruppe Anerkennung" – am 13. April 2000 diese Unterschriften zusammen mit viertausend weiteren der Vorsitzenden des Petitionsausschusses überreichten.

Am 15. Juni 2005 hat der deutsche Gesetzgeber einstimmig eine Resolution „Erinnerung und Gedenken an die Vertreibungen und Massaker an den Armeniern 1915 – Deutschland muss zur Versöhnung zwischen Türken und Armeniern beitragen" verabschiedet. Sie stellt eine indirekte Anerkennung nicht nur des an den armenischen Bürgern des Osmanischen Reiches 1915 bis 1917 begangenen Verbrechens dar, sondern auch des an aramäischsprachigen Christen bzw. Assyrern (Syrisch-Orthodoxe, Alte Kirche des Orients, Chaldäer) verübten Massakers. Der deutsche Gesetzgeber benutzt in dem ungewöhnlich ausführlichen Text das

Wort Genozid nur zitatweise und beschreibt dieses Verbrechen im Übrigen mit den Begriffen, die zur Tatzeit von den deutschen Diplomaten in ihrer Korrespondenz mit dem kaiserlich-deutschen Außenministerium verwendet wurden: Massenmord und Vernichtung. In Gesprächen, die ich namens der „Arbeitsgruppe Anerkennung" mit deutschen Abgeordneten, Regierungsverantwortlichen und zahlreichen Meinungsführern in Deutschland führte, wurde bereits Ende der 1990er Jahre klar, dass sie als Angehörige einer zweifach mit der Schuld des Genozids belasteten Nation[3] nicht anklagend mit dem Finger auf die Türkei weisen wollten. Stattdessen hat sich der deutsche Gesetzgeber entschlossen, die Mitverantwortung Deutschlands an diesem Verbrechen hervorzuheben, offenbar in der Hoffnung, dass die Türkei schließlich diesem Beispiel kritischer Geschichtsaufarbeitung folgen werde. Die Forderungen der Resolution richten sich darum auch nicht an die Türkei, sondern auch an die deutsche Exekutive. Sie besitzen für Deutschland nicht zuletzt bildungspolitische Bedeutung. Denn in diesem Land, wo junge Türken, Kurden, Armenier und Aramäer/ Assyrer gemeinsam zur Schule gehen, ist eine kritische Aufarbeitung der Schnittstellen von deutsch-türkisch-armenischer Geschichte von besonderer Bedeutung. Diesen Gedanken habe ich auch in meiner Schrift „Armenier in Berlin – Berlin und Armenien" betont, die im Juni 2005 von dem Berliner Landesbeauftragten für Integration und Migration, Günter Piening, herausgegeben wurde.

Berlin, meine Heimatstadt, ist der Ort, wo diese gemeinsame Geschichte erfahrbar ist. Denn hier fand 1878 der für Armenien so verhängnisvolle Berliner Kongress statt, hier studierten herausragende Persönlichkeiten der armenischen Geistes- und Kunstgeschichte, unter ihnen Wardapet Komitas, hier war aber auch der Zufluchtsort der in ihrer eigenen Heimat wegen der an Armeniern und Griechen verübten Verbrechen zum Tode verurteilten jungtür-

3 Gemeint ist der von deutschen Kolonialtruppen 1904-1908 verübte Genozid in der damaligen Kolonie "Deutsch-Südwestafrika" (heutiges Namibia) sowie die an den europäischen Juden und Sinti und Roma vom nationalsozialistischen Regime Deutschlands begangenen Genozide.

kischen Führung. Darum erschossen hier armenische Rächer 1921 und 1922 Mehmet Ali Talaat, Dr. Schakir und den seriellen Kinderschänder Cemal Azmi. Im Strafverfahren gegen Soghomon Teilirian, der am 18. März 1921 den ersten der Berliner Rachemorde beging, erkannten die Geschworenen auf „nicht schuldig“. Obwohl das Preußische Justizministerium und das Auswärtige Amt der jungen Weimarer Republik versuchten, das Verfahren in Dauer und Sachumfang einzugrenzen und möglichst nicht zu einem Tribunal über die Tathintergründe werden zu lassen, wurde von den meisten Besuchern genauso erfahren. Der "Vater" der UN-Genozidkonvention, Raphael Lemkin und Robert Kempner, der spätere Stellvertretende Ankläger der USA bei den Nürnberger Strafprozessen, haben als junge Juristen diesem Verfahren beigewohnt. Es hat sie so tief beeindruckt, dass sie dadurch zu Kämpfern gegen das Verbrechen des Genozids wurden. Bei der abschließenden Beurteilung des praktischen Nutzens der impliziten deutschen Anerkennungsresolution vom 15. Juni 2005 wird der wichtigste Maßstab also der sein, inwiefern diese Resolution einen Beitrag zur Bekämpfung und Verhütung von Genozidleugnung leistet.

Das makaberste Beispiel für die von Türken in Deutschland begangene „zweite Tötung“ (Friedensnobelpreisträger Elie Wiesel) an Armeniern bildet in jüngster Zeit das öffentliche Gedenken türkischer Verbände an Talaat am 18. März 2005. Die Talaat-Verehrer suchten sich dafür unweit der Stelle seines Sterbens ausgerechnet eine Gedenkstätte für Opfer des Naziregimes aus und bezeichneten "die Armenier" pauschal als Mörder. Da auch in meiner Familie Opfer des Naziregimes zu beklagen sind, habe ich Strafanzeige wegen Volksverhetzung und Beleidigung erstattet. Das öffentliche Gedenken an politisch verantwortliche Massenmörder ausgerechnet an dieser Gedenkstätte war nicht hinnehmbar. Doch das deutsche Strafrecht bietet bislang nur geringe Möglichkeiten. Ein eigener Strafrechtsartikel nach dem Vorbild des schweizerischen Strafrechts, wo Genozidleugnung grundsätzlich geahndet wird, ist daher erforderlich.

Aussöhnung erreichen, die auf Gerechtigkeit beruht

Mir ist diese Zusammenarbeit mit armenischen und vor allem türkischen Menschenrechtskollegen sehr wichtig. Als Deutsche musste und muss ich darauf bedacht sein, dass die Anerkennung des Völkermordes in erster Linie eine Aufgabe meiner türkischen Menschenrechtskollegen darstellt und nur angesichts der in der Türkei herrschenden Repressionen von mir gleichsam stellvertretend ausgeübt wird. Der Vorwurf, als Deutsche die eigene geschichtliche Verantwortung für die Vernichtung der europäischen Juden abschwächen zu wollen, indem auf die Schuld anderer Völker und Staaten verwiesen wird, ist tatsächlich von türkischer Seite gegen mein Engagement erhoben worden. Ebenso muss ich mich vor dem Missverständnis hüten, dass meine türkeikritische Position antitürkischen Vorurteilen entspringt. Aus all diesen Gründen besitzt die Zusammenarbeit mit Menschenrechtlern aus bzw. in der Türkei für mich einen hohen Stellenwert. Ebenso wie ich gehören sie einer Gesellschaft an, die durch die Genoziderfahrung objektiv belastet ist. Deutsche Erfahrungen der kritischen Aufarbeitung der Vergangenheit können vielleicht Türken nützlich sein, insbesondere jenen, die in Deutschland leben. Aber wir dürfen auch nicht vergessen, dass die lebenden türkischen Generationen keine persönliche Schuld an der Vernichtung der Armenier trifft. Was allerdings Angehörige genozidbelasteter Gesellschaften leisten müssen, ist eine persönliche Stellungnahme gegen die Verbrechen in ihrer Geschichte. Die Kette der offenen und verdeckten Identifizierung mit den Tätern und ihren Begründungs- und Rechtfertigungsversuchen muss beendet werden. Mit Schweigen, Verharmlosen oder gar Leugnen ist diese Aufgabe nicht zu erfüllen.

Unser gemeinsames Ziel:
Wir versuchen, denen eine Stimme zu verleihen,
die stimmlos gemacht wurden.
Wir versuchen, Aussöhnung zu erreichen,
die auf Gerechtigkeit beruht.
Wir versuchen, eine Zukunft zu schaffen,
die nicht mehr die Vergangenheit leugnet.

Um unsere Aufgabe zu erfüllen,
brauchen wir eure Unterstützung.

Dr. Tessa Hofmann ist wissenschaftliche Angestellte am Osteuropa-Institut der Freien Universität Berlin.

Wolfgang Benz

Verweigerte Erinnerung. Zur Aktualität des Völkermordes an den Armeniern

Der Völkermord an den Armeniern, inszeniert im Ersten Weltkrieg von der Regierung des Osmanischen Reiches, ausgeführt von türkischer Gendarmerie, türkischem Militär und – als Erfüllungsgehilfen – kurdischen Banden, fand zwar unter den Augen der Weltöffentlichkeit statt, wird aber bis zum heutigen Tag von der türkischen Regierung namens der Tätergesellschaft geleugnet.

Die Erinnerung an diesen Genozid wurde nur von einigen Literaten, Pazifisten, Engagierten beschworen. Für die internationale Öffentlichkeit sank der Völkermord an den Armeniern allzu rasch ins Unterbewusste. Politisches Kalkül, Druck und Drohungen erzwangen das Vergessen. Die Existenz der Überlebenden und ihrer Nachkommen steht seither unter einem doppelten Trauma, der unverjährbaren Last des Erlittenen und der zusätzlichen Bürde durch die Leugnung, durch das Nichternstnehmen und Nichtwahrhabenwollen des Verbrechens. Die Behauptung, dieser Genozid sei nicht geschehen oder so nicht geschehen, wie er von den Opfern erfahren wurde, bedeutet eine zusätzliche Kränkung der Erinnerungsgemeinschaft, der damit ihre Wahrnehmung und die Wahrhaftigkeit ihres kollektiven Gedächtnisses abgesprochen wird, der damit auch jede Aussicht auf Erlösung vom Schmerz genommen ist.

Der Höhepunkt kritischer Aufmerksamkeit in Deutschland war mit dem Attentat in Berlin 1921 auf Talaat Pascha, einen der Hauptverantwortlichen des Genozids, durch den jungen Armenier Teilirian, den Überlebenden eines Massakers, erreicht. Der Prozess gegen den Attentäter, der mit einem sensationellen Freispruch endete, brachte durch die Beweisaufnahme erhebliche Publizität für das damals erst fünf Jahre zurückliegende Ereignis. Mit Franz Werfel hat die Literatur entschieden Partei für die armenische Sache genommen. Neben den vereinzelten Plädoyers von

Publizisten und Pazifisten wie Armin T. Wegner und Maximilian Harden und dem Engagement des Theologen Johannes Lepsius blieb Werfels Roman „Die vierzig Tage des Musa Dagh“ aber lange Zeit das einzige literarische Zeugnis. Erst Edgar Hilsenraths „Märchen vom letzten Gedanken“ nahm die Tradition nach Jahrzehnten wieder auf, gefolgt von drei Werken jüngerer Autoren, die freilich in der literarischen Welt eher unbeachtet blieben.

Die Leugnung des Holocaust ist in Deutschland zu Recht strafbar, weil dies als ein beleidigender und aggressiver Akt gegen die Opfer und ihre Nachkommen verstanden wird. Der Völkermord an den Juden beherrscht als die zentrale Katastrophe des 20. Jahrhunderts weltweit den politischen Erinnerungsdiskurs, ungeachtet anderer Genozide, die erst allmählich zum Gegenstand vergleichender Betrachtung werden. In der Türkei ist die Erwähnung des Genozids an den Armeniern reziprok zur Leugnung des Holocaust in Deutschland ein Delikt, das mit Strafe bedroht wird. In propagandistischen Aktionen wird seit Generationen ein Geschichtsbild von türkischen Regierungen verbreitet, das diametral zur historischen Wahrheit steht. Im Zusammenhang mit der türkischen Kandidatur für die Europäische Union wurde die Anerkennung des Genozids an den Armeniern, neben den Menschenrechtsproblemen, auf die politische Agenda gesetzt.

In einer Aufwallung nationaler Leidenschaft reagierte die türkische Regierung, aber auch die türkische mediale Öffentlichkeit darauf, dass das französische Parlament in einem späten legislativen Akt 2001 die Anerkennung des Völkermordes an den Armeniern beschlossen hat. Die symbolische Geste war die Feststellung einer historischen Tatsache, auf die sich keine rechtlichen Forderungen gründen, aus der sich keine drohenden Nachteile für die Türkei ergeben. Der Beschluss der Französischen Nationalversammlung war auch keine moralische Verurteilung der heute lebenden Türken. Es war ein symbolischer Akt der Gerechtigkeit und der Anerkennung gegenüber den Armeniern französischer Nationalität, der von türkischer Seite mit dem Entzug von Aufträgen für die französische Industrie geahndet wurde. Das Gesetz war ein Zeichen von Verantwortungsbewusstsein der Parlamentarier gegenüber geschichtlicher Erkenntnis und, vor allem, eine friedenstiftende Maßnahme gegenüber der armenischen Minderheit in Frankreich.

Nicht weniger schwierig als armenisch-türkische Dialogversuche stellt sich das Thema im Kontext bundesrepublikanischer Politik, die das Problem dem deutsch-türkischen Einvernehmen nachordnet und bislang, anders als Frankreich und andere europäische Nationen wie Italien und die Schweiz, den Genozid zum vermeintlich unpolitischen Gegenstand erklärte, mit dem sich das Parlament nicht zu befassen habe. Der Völkermord an den Armeniern, so wird das Desinteresse der deutschen Parlamentarier begründet, habe außerhalb der armenischen Gemeinde nur die Historiker zu interessieren. Angesichts der massiven türkischen Pressionen, nach denen es keinen Genozid gegeben habe, allenfalls Massaker und Vertreibungen, an denen aber die armenischen Opfer als angebliche Aggressoren selbst schuld seien, ist die Haltung der deutschen Politiker nur als opportunistisch gegenüber Ankara und gegenüber der im Vergleich zu den Armeniern riesigen türkischen Minderheit in Deutschland zu erklären.

Der jüngste Skandal wurde im Januar 2005 bei einem Mittagessen in Potsdam inszeniert. Der türkische Generalkonsul speiste mit dem Ministerpräsidenten von Brandenburg und seinem Bildungsminister. Anliegen des türkischen Diplomaten war die Tilgung einer Erwähnung des Armenischen Völkermordes aus einer Handreichung für Lehrer des Landes Brandenburg, die im Lehrplan für die 9. und 10. Klasse unter dem Rubrum „Enthumanisierung (Kriegsalltag)“ die Themen ethnische Entflechtung, Ausrottung, Völkermord verbindlich vorschreibt und mit dem Zusatz „z.B. Genozid an der armenischen Bevölkerung Kleinasiens“ erläuterte. Dieser Zusatz, der das Missfallen des türkischen Konsuls so erregt hatte, verschwand unmittelbar nach dem Essen im Januar 2005 ersatzlos aus dem Lehrplan.

Eine Provinzposse unter der Überschrift „Der Pascha und seine Salzknaben“ oder die Fortsetzung erfolgreicher Pressionen, die bereits eine Begegnungsstätte, gewidmet dem 1926 verstorbenen Johannes Lepsius in Potsdam zu verhindern versucht hatte? Die Wut des Generalkonsuls und die Willfährigkeit der brandenburgischen Politiker sind umso erstaunlicher, als in Ankara erste

Zeichen des Umdenkens erkennbar schienen: eine türkisch-armenische Kommission soll sich mit dem Genozid beschäftigen, dessen öffentliche Erwähnung auch nicht mehr strafbar sein soll.

Vielleicht ist man in der türkischen Diaspora nicht auf dem aktuellen Stand der erinnerungspolitischen Überlegungen, vielleicht dient das leichte Tauwetter in Ankara nur dem Entree in die Europäische Union, in der deutschen Provinz hat man sich jedenfalls gründlich blamiert. Daran ändern auch nachträgliche Versuche zur Schadensbegrenzung nichts, die unter dem Druck öffentlicher Proteste und nach Intervention der armenischen Botschafterin unternommen wurden: Der Genozid darf nun wieder in den Lehrplan zurückkehren.

Prof. Dr. Wolfgang Benz ist Leiter des Zentrums für Antisemitismusforschung an der Technischen Universität Berlin.

Wolf-Dieter Just

Von der schweren Last der Geschichte

Bericht von den Erfahrungen einer Evangelischen Akademie bei der Aufarbeitung des Völkermordes an der Armeniern

Wider das Vergessen, Verdrängen und Verleugnen – mit dieser Intention hat die Evangelische Akademie Mülheim/Ruhr zwischen 1985 und 2001 fünf Tagungen zum Gedenken an den Völkermord an den Armeniern im Osmanischen Reich (1915-1918) veranstaltet. Dies geschah in der Überzeugung, dass in dieser Frage gerade uns Deutschen eine besondere Verpflichtung zukommt – einmal, weil das kaiserliche Deutschland eine Mitverantwortung an dem grausamen Geschehen trifft. Das Deutsche Reich war im Ersten Weltkrieg mit dem Osmanischen Reich verbündet und pflegte enge Beziehungen. Die deutsche Regierung war über alle Vorgänge in den Armenier-Gebieten genauestens informiert. Sie hatte deutsche Konsulate in fast jeder Provinzhauptstadt. Deutsche Diplomaten haben Berlin in allen Einzelheiten über die Massaker an den Armeniern, die Deportationen und Zwangsbekehrungen informiert, wie wir durch die Sammlung der offiziellen Aktenstücke durch Johannes Lepsius wissen. Weil das Kaiserreich jedoch den Verbündeten brauchte, hat es tatenlos zugesehen.

Zum anderen hat Deutschland selbst den schlimmsten Völkermord der Geschichte zu verantworten und weiß um die unabdingbare Notwendigkeit einer Aufarbeitung, des Schuldeingeständnisses und einer Klärung der Verantwortung, die hieraus für die Gegenwart erwächst.

So ist der Autor 1985, damals Studienleiter der Evangelischen Akademie Mülheim/Ruhr, gerne auf den Wunsch von Armeniern in der Bundesrepublik eingegangen, eine Tagung zum Gedenken an den Völkermord im Osmanischen Reich vor damals 70 Jahren zu veranstalten. Wichtig war mir von Beginn an, auch Türken in die Vorbereitung und Durchführung dieser und weiterer Tagungen einzubeziehen, denn es geht ja vor allem um *ihre* Aufarbeitung der Vergangenheit, *ihre* Anerkennung des Völkermordes als Voraussetzung für Frieden und Verständigung zwischen beiden Völkern.

Ich lud u.a. den türkischen Generalkonsul in Essen ein, zu dem Geschehen 1915-1918 Stellung zu nehmen. Er sagte umgehend ab, meldete sich aber zu einem persönlichen Gespräch an. Darin protestierte er heftig gegen das Tagungsvorhaben. Ein Völkermord an den Armeniern habe niemals stattgefunden, er sei Produkt einer armenischen Verleumdungskampagne gegen die Türkei, die geplante Tagung basiere auf Lügen und müsse abgesagt werden. Zur Bekräftigung seiner Auffassung überreichte er 1-2 Meter türkischer und deutscher "wissenschaftlicher" Literatur, in der die Völkermordthese widerlegt wird. Ich war nicht bereit, das Tagungsvorhaben aufzugeben, bot ihm aber noch einmal an, seine Sicht der Historie bei der Tagung darzulegen. Das Gespräch endete unerfreulich.

Die Tagung selbst unter dem Titel „Die Lage der Armenier in der Türkei und der Bundesrepublik“ (26.-28. April 1985) war sehr gut besucht – über 140 Armenier, Deutsche und einige Türken nahmen teil. Da von türkischer Seite mehrere Drohungen eingegangen waren, die Tagung zu verhindern, musste um Polizeischutz gebeten, Fotografieren verboten und die Verbreitung von Teilnehmerlisten untersagt werden. Während der Tagung ist es einmal zu einem Handgemenge gekommen. Trotzdem konnte sie durchgeführt werden und hatte inhaltlich hohe Qualität. Zu den Referenten zählten Dr. Wilhelm von Kampen, Dr. Tessa Hofmann, James Karnusian, Bischof Davit Sahaghian, der einen armenischen Gottesdienst hielt, und Dr. Hans-Ulrich Klose, damals Vizepräsident des Landtags von Nordrhein-Westfalen.

In der Folgezeit hat die Akademie alle fünf Jahre weitere Tagungen veranstaltet, die jeweils an den Völkermord an den Armeniern erinnerten. Sie waren von ähnlichen Konflikten begleitet.

Die Auseinandersetzungen fanden allerdings ihren Höhepunkt bei einer Tagung im März 2001 zum Thema: „Von der schweren Last der Geschichte. Der Versuch eines armenisch-türkischen Dialogs.“ Zu Inhalt und Absicht der Tagung hatten wir im Einladungstext geschrieben:

„Die Beziehungen zwischen der Türkei und Armenien bleiben angespannt. Fast zehn Jahre nach dem Zerfall der Sowjetunion gibt es zwischen den beiden Ländern immer noch keine diplomatischen Beziehungen, und die armenisch-türkische Grenze bleibt geschlossen. Wollte man dies lediglich auf den gegenwärtigen Konflikt um Berg-Karabach zurückführen, würde man zu kurz greifen.

Die Misere ist vielmehr direkte Folge einer bis zum heutigen Tag nicht aufgearbeiteten traumatischen Geschichte, die in der letzten Phase des Osmanischen Reiches begann und mit der Vertreibung und Vernichtung der Armenier endete. So gesehen leiden die armenisch-türkischen Beziehungen unter der schweren Last der Geschichte.

Es mangelt nicht an Aufforderungen an die Türkei, sich ihrer Geschichte zu stellen und sie kritisch aufzuarbeiten – gerade in jüngster Zeit... Die türkische Regierung hat hierauf bisher nicht reagiert. Umso wichtiger ist, dass sich heute bei einigen türkischen Wissenschaftlern und Intellektuellen eine Wende abzeichnet.

Die Veranstalter sind der Ansicht, dass der direkte Dialog der Beteiligten für die überfällige Aufarbeitung der Geschichte ein besseres Mittel ist, als über Dritte zu „kommunizieren", vorausgesetzt der Dialog wird offen, frei von Tabus und mit der notwendigen historischen Sachkunde geführt. Deswegen haben wir ganz bewusst in diesem Sinne dialogbereite Armenier wie Türken eingeladen, in der Hoffnung, so mit einem allerersten Schritt zur Entspannung in den zwischenmenschlichen wie zwischenstaatlichen Beziehungen beizutragen und den Weg zu ebnen für den weiteren Dialog zweier Völker, die auf eine in Teilen problematische, aber immerhin über 900-jährige gemeinsame Geschichte zurückblicken können."

Tatsächlich war es gelungen, erstmals armenische und türkische Wissenschaftler bei einer öffentlichen Tagung zusammenzubringen, um über die Vertreibungen, Massaker und Zwangsbekehrungen von Armeniern zwischen 1915 und 1918 zu diskutieren. Themen waren die Vorgeschichte der Ereignisse, das Geschehen selbst, das Trauma der Vernichtung, die türkische Minderheitenpolitik in der Folgezeit, die Mitverantwortung der Deutschen und die Perspektiven der türkisch-armenischen Beziehungen. Für fast jedes dieser Themen war je ein türkischer und ein armenischer Wissenschaftler als Referent eingeladen, u.a. Prof. Berktay (Istanbul), Prof. Hovannisian (Los Angeles), Prof. Adanir (Essen), Lorna Miller (Atlanta, USA), Dr. Akçam (Hamburg) und Prof. Luchterhandt (Hamburg).

Eingeladen hatten neben der Evangelischen Akademie sowohl ein türkischer als auch ein armenischer Mitveranstalter: Die Deutsch-türkische Vereinigung zum geistes- und sozialwissenschaftlichen Austausch, vertreten durch PD Dr. E. Kürsat-Ahlers und die Deutsch-Armenische Gesellschaft, vertreten durch Dr. R. Kantian.

Das Interesse an der Tagung war überwältigend. Wenige Tage nach der Ankündigung war sie bereits mit über 150 Anmeldungen ausgebucht. Sehr vielen musste abgesagt werden. Leider ist dies von Teilen der türkischen Presse als bewusster Ausschluss bestimmter türkischer Teilnehmer von der Tagung interpretiert worden, obwohl die Kemalisten, die den Völkermord leugnen, nicht gerade schwach vertreten waren. Die türkischen Medien waren durch das staatliche Fernsehen (TRT), einen weiteren Fernsehkanal, „Hürriyet Star", „Cumhuriyet" und „Türkiye" vertreten. Insbesondere die Berichterstattung von „Hürriyet" war äußerst verleumderisch. Die Tagung wurde als „Dialogfalle" bezeichnet, sie solle Lügen verbreiten helfen, ja die Türkei solle hier „hingerichtet werden" etc. Fünf Tage lang hat „Hürriyet" auf der ersten Seite in seinen Hauptartikeln üble Polemik betrieben, die keinerlei Anhaltspunkt am realen Tagungsgeschehen hatte. Außerdem hat sie zu einer Demonstration vor der Akademie aufgerufen, an der etwa 60 Türken teilnahmen. Konferenzteilnehmer mussten eine mit Kränzen und Fackeln bewehrte Trauerstrecke passieren, die an türkische Opfer armenischer Terroristen erinnern sollte – eine eigentümliche Art, einen Völkermord aufzuarbeiten! Insbesondere diese Demonstration erhielt jedoch große Aufmerksamkeit in den türkischen Medien. Die Demonstranten beschwerten sich vor laufenden Kameras, von der Tagung ausgeschlossen worden zu sein –

um dann anschließend die Tagungsräume aufzusuchen und teilzunehmen. Einige türkische Referenten (T. Akçam und H. Berktay) hatten Morddrohungen erhalten und mussten durch Polizei geschützt werden. In der türkischen Presse wurden sie auf üble Weise beschimpft und als Verräter hingestellt.

Bei all der Anspannung verlief die Tagung selbst vergleichsweise ruhig. Dies war der sachlichen und differenzierten Aufarbeitung der Geschichte durch die armenischen und türkischen Referenten zu danken. Prof. Berktay kritisierte zu Recht die Art und Weise, wie die öffentliche Diskussion der letzten Zeit die Historie auf die Frage reduziert, ob das, was 1915-1918 stattgefunden hat, ein "Völkermord" war oder nicht. Bei der Tagung wurde stattdessen versucht, der Komplexität der Ereignisse, der Quellenlage, der deutschen Mitverantwortung an den Deportationen und Massakern, den Auswirkungen auf die türkische Minderheitenpolitik der Folgezeit und die gegenwärtige Rolle, die die unbewältigte Vergangenheit in den Beziehungen zwischen der Türkei und Armenien spielt, Rechnung zu tragen. Die historische Forschung bewegt sich zwischen zwei Extremen: Einige betonen den Kontext und die komplexen Ursachen der Ereignisse so stark, dass von einer moralischen Verantwortung nicht mehr gesprochen werden kann. Andere beachten diesen Kontext kaum und betonen einseitig die historische Schuld der jungtürkischen Regierung. Beides ist allzu offensichtlich interessegeleitet und für die Aufarbeitung wenig hilfreich.

Eine wichtige Frage war, ob die Republik Türkei Rechtsnachfolgerin des Osmanischen Reiches ist und die Verantwortung für den Völkermord trägt. Dies wurde unterschiedlich beurteilt. Es wurde allerdings von dem türkischen Journalisten R. Akar auf eindrucksvolle Weise gezeigt, dass es in der Türkei eine Kontinuität diskriminierender ethno-nationalistischer Minderheitenpolitik gibt. Dabei verwies er u.a. auf die Vertreibungen von Juden, Griechen und Armeniern seit den 20er Jahren.

Die Tagung hat nicht nur in der türkischen Presse ein breites Echo gefunden. Ein 100-seitiger, von der Akademie herausgegebener Pressespiegel enthält Berichte deutscher, armenischer, tschechischer, französischer, englischer und amerikanischer Medien. Die

Teilnehmenden fühlten sich am Ende des Dialogs sehr bereichert, etwas Historisches war geschehen – selbst die kemalistischen Türken zeigten sich am Ende wesentlich gesprächsbereiter. So war ein wichtiger Anfang gemacht und das Schweigen überwunden. Aber bis zur Anerkennung der historischen Schuld durch die Türkei ist es gewiss noch ein langer, dorniger Weg.

Prof. Dr. Wolf-Dieter Just ist Prof. für Sozialethik und Sozialphilosophie an der Evangelischen Fachhochschule RWL Bochum.

Adelheid Latchinian

Der deutsche Dichter Armin T. Wegner – ein besonders mutiger Zeitzeuge des Armenischen Völkermordes

„...Alle Tode der Erde, die Tode aller Jahrhunderte starben sie...“

Am 24. April 2005 jährt sich zum 90. Male eines der tragischsten Kapitel in der Jahrtausende alten Geschichte des armenischen Volkes. Was bereits 1895/96 unter dem osmanischen Sultan Abdülhamit begonnen hatte, eskalierte in den Sommermonaten des Jahres 1915 unter den Jungtürken und endete erst 1922: die grausame Ausrottung der im historischen Westarmenien und Kilikien beheimateten armenischen Bevölkerung. Sie schien ein "Hindernis" bei der angestrebten Schaffung eines ethnisch einheitlichen, modernen türkischen Staates. Der Erste Weltkrieg bot 1915 die unübersichtlichen, also willkommenen Bedingungen, die sogenannte Armenier-Frage gewaltsam zu lösen.

Unter dem Vorwand, die christlichen Armenier würden mit ihren russischen Glaubensbrüdern, den gleichzeitigen Kriegsgegnern der Türken, gemeinsame Sache machen wollen, wurden in langfristig geplanten und eiskalt organisierten Aktionen zunächst am 24. April die armenischen Intellektuellen von Istanbul verhaftet und später mehrheitlich ermordet, dann die jungen, wehrfähigen Männer im Lande massenhaft liquidiert und schließlich die Alten, Frauen und Kinder in qualvollen Märschen gen Süden in die todbringende Wüste deportiert.

Es gab nur geringen, aber heldenhaften armenischen Widerstand und aus dem Ausland erwartungsgemäß kaum Widerspruch gegen dieses menschen- und völkerrechtswidrige Tun, das den Ausführenden zudem materielle Vorteile brachte. Denn die Armenier – überwiegend gebildet und geschätzt als tüchtige Bauern, Handwerker und Geschäftsleute – hinterließen einen beträchtlichen Besitz. Eineinhalb Millionen Menschen, also rund zwei Drittel der dort lebenden armenischen Bevölkerung, fielen diesem Genozid zum Opfer. Nur einem kleinen Teil gelang die Flucht.

Den Verbündeten der Türkei, also auch den Deutschen, blieb dieser Genozid kein Geheimnis. Während des Ersten Weltkrieges unter Zensur wurde das amtliche Wissen darüber in Deutschland allerdings aus Staatsräson der Öffentlichkeit vorenthalten. So sorgte eine Pressekonferenz der kaiserlichen Regierung am 7. Oktober 1915 gegenüber den Journalisten für folgende Sprachregelung: „Über die Armeniergreuel ist folgendes zu sagen: Unsere freundschaftlichen Beziehungen zur Türkei dürfen durch diese innertürkische Verwaltungsangelegenheit nicht nur nicht gefährdet, sondern im gegenwärtigen, schwierigen Augenblick nicht einmal geprüft werden. Deshalb ist es einstweilen Pflicht zu schweigen. Später, wenn direkte Angriffe des Auslandes wegen deutscher Mitschuld erfolgen sollten, muss man die Sache mit größter Vorsicht und Zurückhaltung behandeln und später vorgeben, dass die Türken schwer von den Armeniern gereizt wurden.“[1]

Dennoch ließen sich damals einzelne Deutsche mit Gewissen und Zivilcourage den Mund nicht verbieten. So ermöglichte der protestantische Publizist Martin Rade zwischen 1896 und 1926 in der von ihm geleiteten Zeitschrift „Christliche Welt“ die Veröffentlichung zahlreicher warnender, mahnender Aufsätze über diese Massaker.[2]

Besonders vielfältig sind die Aktivitäten von Dr. Johannes Lepsius (1858-1926): Als evangelischer Theologe und Herausgeber mehrerer Zeitschriften („Christlicher Orient“, „Mesrop“ bzw. „Deutsch-Armenische Korrespondenz“) wurde er zum Mitbegründer und ersten Vorsitzenden der im Juni 1914 ins Leben gerufenen und bis in die Gegenwart wirkenden Deutsch-Armenischen Gesellschaft. Nach akribischer Recherche und zugleich unter dem erschütternden Eindruck des dramatischen Geschehens veröffentlichte er 1919

1 Zitiert nach Wolfgang Benz, Der Völkermord an den Armeniern, in: Armenisch-Deutsche Korrespondenz, 1 und 2/2004, S. 12.

2 Siehe Günter Wirth, Der Todesgang des armenischen Volkes, in: UTOPIE kreativ, 11/2004, S. 1034ff.

in Potsdam zwei Bücher: „Deutschland und Armenien 1914-1918. Sammlung diplomatischer Aktenstücke“ und „Der Todesgang des armenischen Volkes“. Außerdem sammelte er in Deutschland auf Vortragsreisen Spenden und wurde zum selbstlosen Initiator eines verzweigten missionarischen Hilfswerkes (mit Waisenhäusern, Schulen, Krankenhäusern, Werkstätten) in Urfa, Aleppo, Adana und anderen Städten des Vorderen Orients für armenische Flüchtlinge.

Als einziger Abgeordneter erhob damals Karl Liebknecht seine Stimme im Deutschen Reichstag zur Verteidigung des armenischen Volkes und zur Würdigung der Bemühungen von Johannes Lepsius.

In der Solidarität mit dem geschundenen armenischen Volk war sich Armin T. Wegner (1886-1978) mit den Vorgenannten einig; in den Beweggründen, Äußerungsformen und Schlussfolgerungen hob er sich deutlich von ihnen ab: Unter dem Einfluss von Laotse, Rousseau, Goethe, Tolstoi, Whitman und Nietzsche hatte er um 1910 Anschluss an die literarische Avantgarde in Berlin gefunden. In freundschaftlichem Austausch mit Else Lasker-Schüler, Johannes R. Becher, Kurt Hiller u.a. veröffentlichte er flammende expressionistische Gedichte. Als deutscher Sanitätssoldat im Ersten Weltkrieg 1915 in Kleinasien wurde er Augenzeuge der blutigen Armenierverfolgungen. Mutig dokumentierte er sie in Fotos und gab seiner tiefen Erschütterung darüber in Gedichten („Die Austreibung der Menschheit“) und Erzählungen („Osman“, „Der Sturm auf das Frauenbad“)[3] Ausdruck. Ein von der Zensur abgefangener verzweifelter Brief aus Bagdad an die Mutter führte zu seiner vorzeitigen Abberufung nach Berlin.

Während der Novemberrevolution von 1918 gehörte A. T. Wegner zu den Mitbegründern des „Rates geistiger Arbeiter“. In einer leidenschaftlichen Ansprache forderte er u.a. „die Mobilmachung der Seele“, und er zog das Fazit: „Alle Sozialisierung bliebe Stückwerk, wenn sie nicht verbunden wäre mit einer friedlichen Organisation der ganzen Welt“. Mit Gleichgesinnten gründete

---

3 Armin T. Wegner, Am Kreuzweg der Welten, Berlin 1982, S. 73f. und S. 140ff.

er den Bund der Kriegsdienstverweigerer, dessen Berliner Sekretariat er mehrere Jahre leitete.

Während der laufenden Friedensverhandlungen in Paris richtete er im Januar 1919 einen „Offenen Brief an den Präsidenten der Vereinigten Staaten von Nordamerika, Woodrow Wilson, über die Austreibung des armenischen Volkes in die mesopotamische Wüste“: Er bitte nicht für sein eigenes Volk, sondern „erhebe die Stimme jener Elenden, deren Klagen er hilflos anhören, deren grauenvollen Tod er ohnmächtig mit ansehen musste... So starben sie, von Kurden erschlagen, von Feldjägern beraubt, erschossen, erhängt, vergiftet, erdolcht, erdrosselt, von Seuchen verzehrt, ertränkt, erfroren, verdurstet, verhungert, verfault, von Schakalen angefressen. Kinder weinten sich in den Tod, Männer zerschmetterten sich an den Felsen, Mütter warfen ihre Kleinen in Brunnen, Schwangere stürzten sich, die Hände aneinander gebunden, mit Gesang in den Euphrat. Alle Tode der Erde, die Tode aller Jahrhunderte starben sie“... Er klage nicht den Islam an und nicht das einfache türkische Volk, vielmehr dessen Herrschende. Mitschuld sehe er aber auch bei Deutschland, „das auf das engste mit der Türkei befreundet“ sei, und bei ganz Europa, das „im Berliner Vertrag vom Juli 1878 die Ruhe und Sicherheit des armenischen Volkes verbürgte“, aber nicht einlöste. Abschließend unterstreicht er: „Hier handelt es sich um ein Volk von hoher Bildung, von ruhmvoller Vergangenheit, von unvergesslichen Verdiensten um Werke der Kunst, Dichtung und Wissenschaft, mit zahlreichen geistvollen Männern, voll tiefem Glauben, voll erhabenem Priestertum, um ein christliches Volk“.[4] Ungehört verhallte auch „Der Schrei vom Ararat“, ein weiterer Brief Wegners von 1922 „an die Regierungen der sieghaften Völker“.[5]

Ein ebenso einzigartiges politisches Dichterzeugnis legte Wegner 1933 in seinem „Sendschreiben an den deutschen Reichskanzler Adolf Hitler“[6] ab, in dem er sich mutig und entschieden ge-

4 Ebd., S. 223-230.
5 Ebd., S. 231-237.
6 Ebd., S. 364-372.

gen die beginnenden Judenverfolgungen aussprach. Dieser selbstlose Einsatz brachte ihm Folter in der Gestapo-Zentrale, KZ-Haft in Sachsenhausen und schließlich Exil. Als einer der wenigen nichtjüdischen Deutschen wurde Wegner 1967 von der Jerusalemer Gedenkstätte Yad Vashem als einer der „Gerechten der Völker“ gewürdigt. Auch die Armenier dankten ihm seine brüderliche Solidarität: 1968 verlieh ihm der Katholikos von Etschmiadzin den Orden des Heiligen Gregor und 1996 wurde die Urne mit seiner Asche in der Jerewaner Genozid-Gedenkstätte Tsitsernakaberd, wo schon eine Inschrift an Lepsius erinnert, mit allen Ehren beigesetzt.

Das vielfach traumatische Erleben hatte Wegner zeitweise in seiner Schaffenskraft gelähmt, ihn in einen Zustand der Sprachlosigkeit aus Entsetzen versetzt. Deshalb vermochte er manche seiner Schaffenspläne nicht zu vollenden, besonders seinen 1932 begonnenen, großangelegten Armenien-Roman „Die Austreibung oder Geschlechter ziehen vorüber wie Schatten vor der Sonne“. Diese Stafette griffen nach dem 1933 erschienenen Roman „Die vierzig Tage des Musa Dagh“ des Österreichers Franz Werfel später zwei deutsche Autoren auf: Alfred Otto Schwede mit „Geliebte fremde Mutter“ (Berlin 1974) und Edgar Hilsenrath mit „Das Märchen vom letzten Gedanken“ (München 1989).

Während die Türkei – mittlerweile an der Schwelle zur Europäischen Union – dieses dunkle Kapitel ihrer Geschichte immer noch zu verschweigen oder zu minimieren, zu leugnen oder gar umzukehren sucht, bemüht sich die kleine Republik Armenien (nunmehr Mitglied des Europarates) und die mehrere Millionen zählende armenische Diaspora um die offizielle Anerkennung dieses Genozids. Bisher entsprachen diesem Anliegen der Weltkirchenrat, die UN-Menschenrechtskommission, das EU-Parlament, die Parlamente bzw. Senate Argentiniens, Belgiens, Bulgariens, Frankreichs, Griechenlands, Libanons, der Russischen Föderation, Schwedens, der Schweiz, Uruguays und Zyperns sowie der Papst Johannes Paul II. Im Deutschen Bundestag wurde das Thema im Februar 2001 mit der Begründung abgetan, nicht die Abgeordneten, sondern die Historiker seien dafür zuständig.

Immerhin entschied sich Brandenburg als einziges deutsches

Bundesland im Jahre 2002 für die Einführung des fakultativen Themas „Genozid an der armenischen Bevölkerung Kleinasiens“ in den Geschichtslehrplan für die Schüler der 9. und 10. Klassen und erhielt dieses Thema trotz heftiger Einwände von türkischer Seite letztlich aufrecht.

Dabei geht es hier, wie z.B. auch der armenisch-kanadische Regisseur Atom Egoyan in seinem eindrucksvollen Film „Ararat“ (2002) zu bedenken gibt, nicht um gegenseitige Schuldaufrechnung oder gar Verurteilung, sondern um die lebensnotwendige Ausprägung einer ehrlichen, gemeinsamen E r i n n e r u n g s k u l t u r. Nur eine solche kann helfen, die Last einer teilweise unmenschlichen historischen Erfahrung namentlich kleiner Völker allmählich zu bewältigen und daraus Kräfte zu gewinnen, um die Wiederholung solcher Tragödien künftig mit aller Entschiedenheit zu verhindern. Genau dies entspräche übrigens dem geistigen Vermächtnis eines Armin T. Wegner.

Dr. habil. Adelheid Latchinian ist em. Literaturwissenschaftlerin an der Universität Leipzig.

Jürgen Gispert

„Sonne der Gerechtigkeit, Strahl des Segens, umsorgter Wunsch…“[1]

Gedanken zum Film „Ararat“ von Atom Egoyan

Das Museum auf dem Gelände des Sardarapat-Denkmals, das der Schlacht im Jahre 1918 gewidmet ist, kennzeichnet eine charakteristische Eigentümlichkeit: es hat nur zwei Fenster. Das eine gibt die Sicht frei auf den Ararat, früher zu Armenien gehörend, heute Teil der Türkei, das andere auf den Aragats, der größten Erhebung der Republik Armenien. Auf diese Weise werden symbolisch beide Berge miteinander verbunden, dadurch aber wird die armenisch-türkische Grenze, die den Armeniern innerhalb der Republik den Gang zum Ararat versperrt, überwunden. Noch stärker birgt solcherlei Verknüpfung der Vergangenheit mit der Gegenwart die sogenannte Memorialwand auf dem Denkmalsgelände. Hier sehen wir Reliefs, die u.a. den Ararat, die armenische Fruchtbarkeitsgöttin Anahit, den Kriegsgott Vahagn sowie ein Buch, das Jeghisches Werk über die Schlacht Vardans 451 n. Chr. darstellen. Hierdurch werden aber nicht geschichtliche Episoden abgefeiert – nein, es versinnbildlicht besagte Methodik, Vergangenheit in die Gegenwart einzubinden und dies mittels einer Kunstform, deren Genese, so darf behauptet werden, eng mit den historisch gewachsenen Lebensbedingungen des armenischen Volkes zusammenhängt: den viele Jahrhunderte währenden Besatzungen und Verwüstungen durch fremde Mächte. Das muss man sich vor Augen halten, betrachtet man sich Atom Egoyans „Ararat“, der das obenstehende Prinzip in Filmkunst umsetzt.

Der armenische Filmjournalist David Muradjan bringt in seinen eigenen Gedanken zu diesem Film ein Zitat Egoyans: „Die

1 Gregory of Narek: Book of Prayer. Prayer 95 a, c (vgl. http://www.stgregoryofnarek.am/intro.php). Gregor von Narek war ein Geistlicher im 10. Jahrhundert.

Vergangenheit verfolgt uns ständig, auch wenn wir nicht an sie denken."[2] Dies bezieht sich direkt auf den Film „Ararat", in dem Zeitebenen – der Genozid 1915 und das heutige Leben oder Armenier aus mehreren Generationen – miteinander verwoben sind.

Man könnte dem Zitat ein anderes hinzufügen: „Wer an seine Vergangenheit nicht erinnert, ist dazu verdammt, sie ewig zu wiederholen."[3] Damit wäre auch der politische Gehalt des Filmes bezeichnet, was schon im Vorfeld für Wirbel sorgte. Um Querelen zu entgehen, zog Egoyan den Film aus dem Wettbewerbsteil der Filmfestspiele in Cannes zurück, zeigte ihn außer Konkurrenz. Von türkischer Seite wehrt man sich permanent dagegen, den Völkermord anzuerkennen. „Ararat" führte schon vor der Erstaufführung in der Türkei zu Aufruhr. Wollte die Regierung den Film zunächst gänzlich boykottieren, schien danach eine zensierte Version, in der von türkischer Seite angeprangerte Stellen einfach herausgeschnitten werden sollten, eine Alternative darzustellen. Eine im Januar 2004 anvisierte türkische Erstaufführung war dann wieder in Gefahr, nachdem die rechtsextreme Partei Ülkü Ocaklari unverhüllt mit Konsequenzen für den Fall drohte, dass „Ararat" gezeigt werden sollte. Der türkische Kultusminister Erkan Mumcu nannte den Film "lächerliche Propaganda".[4]

Diese Einlassungen verweisen auf ein eigentümliches Kunstverständnis in der Türkei zurück. Die Zuschreibung "Propaganda" lässt auf eine Identifizierung von Kunst und Politik schließen – für ein demokratisches Verständnis ein unhaltbarer Zustand. In einer Demokratie spannt die Politik einen autonomen Raum auf, innerhalb dessen Kunst agieren kann. In einer Diktatur hingegen wird

---

2 www.deutsch-armenische-gesellschaft.de/dag/adk117t2.htm

3 George Santayana, zit. nach: Jan Assmann, Stein und Zeit. Das monumentale Gedächtnis der altägyptischen Kultur, in: Jan Assmann, Tonio Hölscher (Hg.): Kultur und Gedächtnis, Frankfurt a. M. 1988, S. 107.

4 Nach Informationen, die ich von Detlef Eilers erhalten habe, der eine Website zu Atom Egoyan unterhält (unter http://www.fansite-atom-egoyan.de), ist der neueste Stand nach wie vor der, dass der türkische Verleiher die Rechte zwar erworben hat, aber aus "Sicherheitsgründen" davon absieht, den Film auch tatsächlich zu zeigen, weil er Anschläge oder derartiges befürchten muss (eventuell auf die Kinos). Der Kultusminister der Türkei hat den Film offiziell freigegeben, wie gesagt aber mit Zensurauflagen.

Kunst zum Mittel der Politik, ist ihr vollständig unterworfen. Man erinnere sich in diesem Zusammenhang an die vielen Diskussionen über die Magd Adolf Hitlers im Kunstbereich, Leni Riefenstahl, die genau diese Autonomie für sich beanspruchte, um den propagandistischen Gehalt ihrer Kunstwerke zu verleugnen, Debatten hierüber entgehen zu können. Es gibt aber keine *l'art pour l'art* unter diktatorischen Bedingungen![5]

Ist es also im Falle der Türkei so, dass die Gefahr einer Wiederholung besteht, sofern man seine eigene Geschichte nicht erinnert, so steht für die armenische Kultur Egoyans obige Aussage.

In einem anderen Interview sagte Egoyan, dass er den künstlerischen Wert seines Films bevorzuge. Der Film sei „Metapher für Mechanismen, die in jeder Kultur gleich sind.“ Es sei allerdings der erste Film, der sich dem Genozid widme, das Problem sei „[…] nicht das Geschehen an sich, sondern das Leugnen dieses Geschehens.“[6]

„Ararat“ trägt eine tief persönliche Note: Atom Egoyan wurde 1960 in Kairo geboren. Seine Vorfahren sind Flüchtlinge gewesen, womit sein eigener Bezug zum Genozid hergestellt wird. 1963 wanderte seine Familie nach Kanada aus. Dort lernte er das Filmemachen.[7]

Die Armenier werden u.a. auch als "Grenz-Volk" bezeichnet. Dies bezeichnet die kontinuierlich durch die Geschichte hindurch sich ziehende Auseinandersetzung mit fremden Völkern, die Souveränität und Legalität u.U. gewaltmäßig gegen sie durchsetzten. Auf der anderen Seite ergibt sich dadurch im Fall der armenischen Kultur ein eigentümliches Geflecht aus sozialer und ethnischer und zeitlich-räumlicher Grenze: der Begriff "Grenz-Volk"

---

5 Dieser Sachverhalt gewinnt besonders dann an Bedeutung, geht es beispielsweise um den anvisierten EU-Beitritt der Türkei. 1987 gab es eine EU-Resolution, in der ein Beitritt an die Genozid-Anerkennung gebunden wurde. In der aktuellen Diskussion wurde von den verantwortlichen Kommissionären dieser Punkt stillschweigend übergangen – auch ein Indiz für die relative Machtlosigkeit Straßburgs gegenüber Brüssel.

6 http://www.armenien.at/thread.php?treadid=1395

7 Vgl. http://www.wdr.de/tv/kulturweltspiegel/20040118/2.html

impliziert eine Identitätsbildung, die in ihrer Entwicklungsgeschichte immer auch die Auseinandersetzung mit Fremdherrschaft bedeutete. Grenz-Volk bedeutet hier dann auch, dass kulturelle Identität immer auch jenseits der eigenen Grenze gewonnen wurde; es bedeutet auch, dass sie innerhalb der eigenen Grenze, aber in Auseinandersetzung mit dem Fremden generierte. So setzt sich auch Egoyan erst später mit seiner eigenen kulturellen Wurzel und dem Völkermord auseinander – außerhalb der ursprünglichen Grenzen.

In einer Szene am Anfang des Filmes macht ein Fotograf ein Foto: er lichtet eine Mutter mit ihrem Sohn ab. Es ist die Zeit des Genozids und der Sohn wird bald danach seine Mutter nicht mehr wiedersehen. Sie wird umgebracht.

In der darauffolgenden Szene wird ein Mann in einem Atelier gezeigt, wie er an einem Bild malt. Der Mann stellt den Maler Arshile Gorky dar, der eben jenes Foto auf eine Leinwand bringt. Er ist das Kind der Mutter, 20 Jahre zuvor. Es soll künstlerisch verewigt, somit die Vergangenheit vergegenwärtigt werden.

Gorkys Bild, seine Verewigung auf Leinwand steht stellvertretend für die vergessene Geschichte des Völkermordes. Fast paradigmatisch kann man für die armenische Situation festhalten, dass Kunst die Bedingung der Möglichkeit ist, unterdrückte Geschichte aufzuzeigen und zu konservieren. Schauen wir auf die Geschichte des Genozid-Denkmals in Jerewan, so haben wir hier ein weiteres Beispiel für diesen Sachverhalt. Offiziell und nach Parteilinie durfte man dem Denkmal nicht diesen Titel geben. Es trug den Titel "Wiedergeburt" und bezieht sich auf die Genese Sowjetarmeniens. Inoffiziell und für die Menschen in Armenien war es aber von Anfang an dem Genozid gewidmet – wir haben hier den Fall eines Gegendenkmals im Denkmal.

Somit wird mit der Hegelschen Lesart, nach der nur der Staat Geschichte schafft, aufgeräumt. Dies wird gewissermaßen schon am Anfang des Films umgesetzt, als Raffi, ein Armenier, vor einem Zollbeamten steht, der ihn einem Verhör unterzieht, das zur Offenbarung des nicht anerkannten Genozids wird. Neben dem Kniff, den Film zwischen zeitlichen und lokalen Grenzen beginnen zu lassen – also Bild und Maler sowie Staatsgrenze – werden wir Zeuge davon, welche Auswirkungen Herrschaftsgeschichte haben kann. Wie bringt man einem vor der Rente stehenden kanadischen Zollbeamten an der Grenze bei, dass zu Beginn des 21. Jahrhunderts das Jahr 451 n. Chr. für ein Volk von Bedeutung ist? Und wie kann er es nachvollziehen, dass der verlorene Kampf damals gegen die Perser in eine Reihe zu stellen ist mit dem Völkermord von 1915 – dass die Getöteten, sowohl 451 wie 1915, Helden für dieses Volk sind? Überhaupt ... welcher Völkermord...?

Die Situation an der Grenze kann symbolisch für den ganzen Film „Ararat" genommen werden. Hier werden Grenzsituationen beschrieben – reale Grenzen, wie sie fiktiv überwunden werden, vorgestellte, imaginierte Grenzen, die sich in der Wirklichkeit niederschlagen.

Egoyan hat zwar einen Kunstfilm erstellt, dessen Inhalt, also der Film im Film auch auf dokumentarischen Quellen beruht – Zeugnisse eines amerikanischen Arztes, Kindheitserinnerungen besagten Arshile Gorkys, eines der bedeutendsten Maler des 20. Jahrhunderts – und thematisiert die Selbstverteidigung und Vertreibung der Armenier der Stadt Van.

Edward Saroyan, ein alternder Filmregisseur und dargestellt vom überragenden Charles Aznavour (selbst Armenier), will einen Film über den Genozid drehen. Er landet auf dem Flughafen von Toronto, muss durch den Zoll, und da gibt es eine der vielen charakteristischen Szenen, die zugleich Zeichen der Auseinandersetzung zwischen dem Eigenen und dem Fremden und Missverständnisse, geronnen aus obiger Asymmetrie von Geschichte und Gegengeschichte, sind. Saroyan hat einen Granatapfel bei sich, mit dem er aber nicht durch den Zoll kommt – Lebensmittelgesetz. Dem Zollbeamten kann er die Symbolik nicht klar machen: Der Granatapfel gilt als Symbol für Armenien – und für Fruchtbarkeit, Überfluss und Hochzeiten. Nach alter Tradition schleuderten Bräute einen Granatapfel gegen die Wand. Die Körner aus dem aufgeplatztzten Apfel sicherten – so will es die Legende – den Kindersegen. Saroyan sagt dem Zollbeamten, der Granatapfel bringe Glück und trifft damit auf vollkommenes Unverständnis.

Der Name des Filmemachers, Saroyan, erinnert an den armenisch-amerikanischen Schriftsteller und Autor des bekannten Theaterstücks „Mein Herz ist in den Bergen", William Saroyan.

Auch hier haben wir wieder das Bild verkörpert, das den ganzen Film durchzieht: in der Diaspora lebende Armenier, die mit ihrer kulturellen Identität ringen – der Schriftsteller Saroyan war zutiefst mit der armenischen Kultur verbunden, obwohl er in den USA lebte.

Überhaupt ergeben sich zahlreiche und miteinander verwobene Verknüpfungspunkte, die sich auf das Verhältnis aus Gegenwart und Vergangenheit beziehen. Gegenwart und Vergangenheit, generell gesehen, gehen drei Beziehungen miteinander ein: Gegenwart-Vergangenheit, Vergangenheit-Gegenwart und schließlich die Beziehung zwischen den beiden Beziehungen, wobei natürlich davon ausgegangen werden muss, dass Überlagerungen stattfinden. Im Film lässt sich das sehr gut nachvollziehen.

In einer Szene befinden wir uns mitten im Gemetzel des Genozids. Mordszenen werden hautnah gezeigt, als ob es der Film selbst wäre – und plötzlich bewegt sich die Kamera nach hinten und man sieht andere Kameras: die Tätigkeit des Filmregisseurs während der Dreharbeiten wird selbst Teil des Films. Hier wird eine Doppelperspektive aus Gegenwart und Vergangenheit aufgespannt. Da Egoyan sich auf Dokumente beruft, wirken die gestellten Szenen wie wirkliche, aber nachgestellte Geschichte, womit wir beim Bezug Gegenwart-Vergangenheit wären, was durch den Kameraschwenk von den Mordszenen hin zum Treiben hinter der Kamera zum Ausdruck kommt. Dies wiederum überlagert sich mit dem Verhältnis der Protagonisten zu ihrer kulturellen Identität. Nicht nur das: die Schauspieler, der Regisseur leben durch und in den Rollen als besagte armenischstämmige Beziehungen zwischen Vergangenheit und Gegenwart intensiv durch. Die Außen-Innen-Problematik, bezogen auf das Zeitmodell, lässt sich anhand des Diaspora-Dilemmas aufzeigen und findet in der Person Raffis ihre Entsprechung. Die Tatsache, in der Diaspora leben zu müssen, ist Teil armenischer kultureller Identität. Die armenische Kultur gestaltet sich als transnational, d.h. armenische Identität konstituiert sich über bestehende Grenzen hinweg – mein Museumsbeispiel am Anfang bringt dies exemplarisch zum Ausdruck, und Charles Aznavour sagte in einem Interview, dass er sowohl Franzose als auch Armenier sei. Für Raffi jedoch birgt seine aktuelle Beziehung zur Vergangenheit eine Problematik: für ihn ist der Völkermord ein Abstraktum, er muss seiner habhaft werden und sucht nach Spuren zur Geschichte. Dies gelingt ihm durch einen heimlichen Besuch der Türkei, durch Filmaufnahmen, in denen u.a. der Ararat zu sehen ist.

Vom Balkon meiner Heimstatt aus in Jerewan sehe ich bei gutem Wetter den Ararat täglich. Wenn man sich den Berg ansieht, dann wirkt er so unheimlich nahe und ist aufgrund der politischen Verhältnisse so unheimlich ferne. Die deutsche Übersetzung für die armenische Entsprechung des Ararat – Masis – heißt "der Erhabene". Das trifft es auf den Punkt, aber, wie wir mit Walter Benjamin wissen, bringt kein Bild, das man beispielsweise von diesem Gegenstand schießt, die Gesamtheit der Tiefe hervor, die man im Angesicht des Berges in der Wirklichkeit gewinnt. Schüsse schneiden Wirklichkeit sprichwörtlich heraus – die Gesamtheit bleibt dabei auf der Strecke. Raffi wird, als er zum Zöllner kommt, von diesem festgehalten – er soll belegen, dass es sich beim Inhalt der mitgebrachten Filmrollen tatsächlich um Filme und nicht um Rauschgift handelt. Aus diesem Dilemma entspinnt sich ein langes Gespräch über Geschichte und Gegengeschichte, wie oben beschrieben. Raffi packt seine Digitalkamera aus und zeigt dem Zöllner Bilder, die aber, solcherart aufgeführt, selbst wiederum zum Abstraktum gerinnen. Walter Benjamin beschreibt diesen Effekt in seinem Aufsatz „Das Kunstwerk im Zeitalter seiner technischen Reproduzierbarkeit“:[8] Die Kamera ist Mittler zwischen Objekt und Betrachter und manipuliert zugleich Objekt und Betrachter. Angesichts Raffis Vorhabens verspricht die Digitalkamera, Spuren der Vergangenheit habhaft zu werden – sieht man sich das Ergebnis an, auch angesichts der Reaktion des Zöllners, lösen sich die Spuren ins Nichts auf. Man sieht nur eine karge Ebene, aus der ein mit Schnee bedeckter Berg ragt, der Ararat. Über die Erzählungen der Geschichte, seiner persönlichen und der Armeniens kommt er zu dem Ganzen einer Geschichte, nähert er sich ei-

8 Walter Benjamin, Das Kunstwerk im Zeitalter seiner technischen Reproduzierbarkeit, in: Walter Benjamin, Illuminationen, Frankfurt a. Main 1977, S. 136-169.

ner Wahrheit, die den Videoaufzeichnungen alleine nicht zu entlocken ist. Dies bedeutet, dass Raffi versucht, die Beziehungen zwischen Gegenwart und Vergangenheit zu kongruieren, was freilich einer Fiktion anheim fallen muss. Egoyan deutet dies durch unvermittelt wirkende, aber im Kontext einsichtige Übergänge an: Raffi steht am Tisch, auf dem seine Kamera steht. Er sinniert. Das Bild gleitet langsam über in das Atelier Gorkys vor dem Bild mit seiner Mutter…

Raffis Vater lässt seine Beziehung zum Genozid persönlich werden, da dieser bei einem Mordversuch an einem türkischen Diplomaten von der Polizei erschossen wurde. Diese künstlerische Konstruktion findet ihre reale Entsprechung in den Taten der Mitglieder einer armenischen Widerstandsorganisation (ASALA), die in den 70er Jahren mit gezielten Anschlägen auf türkische Repräsentanten von sich reden machte. In unserem Fall birgt dies aber wiederum ein eigentümliches Verhältnis bezüglich des obigen Zeitmodells. Für die Attentäter waren diese Repräsentanten gleichzusetzen jenen, die den Völkermord verübten. Egoyan spannt den diesbezüglichen Zeitrahmen noch weiter: Raffi filmt in Ani, der mittelalterlichen Hauptstadt, die 1064 von den Seldschuken erobert wurde. Er kommentiert seine eigenen Filmaufnahmen. Als das Relief an einer Kirche zu sehen ist, sagt Raffi: „Vater war ein Freiheitskämpfer!“ Es ist eine Linienkonstruktion von Martyrien, die Brüche nicht kennt, selbst wenn diese offensichtlich werden, sofern man gewillt ist, sich ein wenig in Distanz zu üben: Wenn man nämlich hinzurechnet, dass Atatürks Politik unter anderem darauf ausgerichtet war, eigene Geschichte auszulöschen, ergibt sich das Bild einer Fehlsymbolisierung im Akt des Tötens. Denn diese Diplomaten etc. waren zwar noch Träger jener Politik des Vergessens, selbst aber schon Betroffene der gezielten Manipulation. Raffi versucht, sich seine eigene Herkunft zu erschließen – den Türken ist dies seit 1923 verwehrt. Während er Gegenwart und Vergangenheit einander näher bringen will, geht es der Türkei darum, beides zu trennen bei, wie im obigen Zitat beschrieben, Androhung der Wiederholung eigener Geschichte. Indem Raffi dorthin gefahren ist, wo vor 90 Jahren noch Armenier lebten, indem er die Insel Achtamar und den Van-See, den Ararat sieht und filmt, verifiziert er für sich das, was der Regisseur Saroyan im fernen Toronto abzulichten sucht, womit ein weiteres Beispiel unseres Zeitverhältnisses sich offenbart: Geschichte soll wieder hergeholt, vergegenwärtigt werden da, wo sie stattgefunden hat.

Besagtes Ani befindet sich heute direkt an der Grenze Armeniens und der Türkei. Mitten durch verläuft die Grenze. Ich war zweimal mit Gruppen von Studenten, Hochschuldozenten, Interessenten dorthin gefahren. Da es Grenzgebiet ist, brauchte man eine extra Erlaubnis, um in das Gebiet reinzukommen. Dort angekommen, fingen Menschen plötzlich an Sand in Tüten zu packen. Eine Journalistin fragte mich, was ich von den ganzen Szenen, die sich mir als Ausländer darboten, halten würde. Ich überlegte kurz und sagte dann: Bei uns im Westen gibt es einen Bruch zwischen Gegenwart und Vergangenheit, d.h. das Vergangene soll vergangen sein, das Gegenwärtige ist intrinsisch der Vergangenheit anheim geworfen. In Armenien haben wir es hingegen mit einer verlorenen Gegenwart zu tun, da das Vergangene nicht durch die Gegenwart aufgehoben sein will.[9] Es gibt keine Synthese auf erhöhter Stufenleiter. Vergangenheit soll als solche wahrgenommen und konserviert werden. Ani ist der Sand, den man mitnimmt – und wenn es L.A. ist, wohin man ihn mitnimmt.

In der filmischen Person Ani bündelt sich Geschichte und Gegenwart Armeniens. Der Name steht für besagte Stadt, die nicht nur 1064 von den Seldschuken erobert, sondern von Stalin Anfang der 20er Jahre um den Preis eines sowjetisierten Armeniens an die Türkei verkauft wurde. Die Figur der Ani, Mutter von Raffi, stellt auch das Bindeglied zwischen der Geschichte Gorkys und der Geschichte hunderttausender Immigranten armenischer Herkunft dar. Sie ist Kunsthistorikerin, beschäftigt sich intensiv mit der Person Gorkys und arbeitet als historische Beraterin an der Filmproduktion mit. Gorky ist für Ani nicht nur Symbol für den Völ-

9 Bei dieser Aussage musste ich natürlich diesbezüglich existierende Differenzen innerhalb der armenischen Kultur außer Acht lassen. Es geht hierbei um eine Tendenz, der man allerdings gewahr werden kann und die den Unterschied kennzeichnet.

kermord, sondern steht auch stellvertretend für ihre eigene Situation als Mitglied (in) der Diaspora. Raffis Reise, übrigens ohne ihr Wissen getätigt, verlängert die Geschichte in Richtung Gegenwart in Form einer Reise zurück in die Vergangenheit. Diese tendenziell angelagerte Kongruierung von Vergangenheit und Gegenwart spiegelt aber auch den Kampf mit der Vergangenheit wider, was durch die Dramaturgie des Films verstärkt wird. Raffi hat eine Stiefschwester aus der ersten Ehe der Mutter. Diese ist eifersüchtig. Sie denkt, dass Ani ihren Vater umgebracht hat, tatsächlich aber hat sie Probleme mit der Art, wie intensiv Ani sich mit der armenischen Vergangenheit auseinander setzt. Raffi hat mit ihr eine Liebesbeziehung. Diese Liebesbeziehung und diese Eifersucht auf die Nähe der Stiefmutter zu deren Vergangenheit lässt den Komplex als Allegorie des Kampfes der Armenier mit ihrer Historie erscheinen, was eben in der Reise Raffis in die Türkei kulminiert. Für ihn stellt sich die Frage, wohin er denn nun gehört, was in immer wieder erfolgenden Einblendungen des Verhörs mit dem Zollbeamten zum Ausdruck kommt.

Kann man sich für immer von dieser Wunde befreien, sie der Vergessenheit anheim fallen lassen? Egoyan nimmt sich dieser Frage aus zwei Perspektiven an. Ein türkischstämmiger Amerikaner spielt im zu drehenden Film einen türkischen Offizier und scheint in seiner Rolle voll aufzugehen. Nachdem die Szenen mit ihm "gestorben" sind, bringt Raffi ihn nach Hause. Er hat mitbekommen, wie sehr dieser sich mit der Rolle identifiziert hat und will ihm seine eigene Position klar machen, stößt damit allerdings auf Granit. Der Mann sagt, die USA sei ein neues Land, Vergangenheit, Vergangenheit: „Let us drop fucking history". Raffi bringt zu guter Letzt den Satz Adolf Hitlers, der einige Tage vor dem Überfall auf Polen sagte, wer danach sich noch an die Armenier erinnern würde. "Der Offizier" sagt: „Niemand tat es, niemand tut es." Diesen Zynismus kann man durchaus mit der herrschenden Erinnerungspolitik in den Vereinigten Staaten in Verbindung bringen, die eine Art Genozid-Ranking veranstalten, wo geschickte Lobby-Politik es vermag, der Schoah ein offiziell sanktioniertes Recht auf Gedenken einzuräumen, dem Armenischen Genozid dieses Recht aber nicht zuerkennen zu wollen.

Der anderen Perspektive werden wir gewahr, als die eifersüchtige Stiefschwester im Akt einer Verzweiflung versucht, Gorkys Bild zu zerschneiden. Ani ist über den Vorfall aufgebracht und will die Mitarbeit am Film stoppen. Indem das Bild zerstört werden sollte, würde ein Teil ihrer gelebten Gegenwart zerstört werden (im Sinne meiner im Ort Ani getätigten Interpretation würde der Verlust der Vergangenheit in der Gegenwart verloren gehen). Durch ein Ende ihrer Mitarbeit will sie diesen Prozess stoppen, auflösen. Einem Mitarbeiter Saroyans gibt sie zu verstehen, dass das Gorky-Bild einen geheimen Code enthalte, der Informationen chiffriere, „wer wir sind und wie und warum wir hierher gekommen sind". Nun folgt m.E. die Schlüsselszene des Films. Ani will ihren Entschluss Saroyan mitteilen und platzt mitten in die Dreharbeiten rein. Sie schreitet durch eine Szene, bestehend aus vielen Verletzten, Traumatisierten und dem amerikanischen Arzt, der sich gerade über ein schwerverletztes Kind beugt. Ani steht vor Aznavour und will ihm sagen, dass sie miteinander reden müssten. Der Arzt ruft in diesem Moment: „Was ist das, verdammt noch mal?" Er erklärt, dass das Kind vor ihm am Verbluten sei, wenn kein Nachschub käme. Mit dem Fingerzeig auf den daneben kauernden Bruder des Mädchens erzählt er in allen Einzelheiten, wie die Türken die ganze Familie abgeschlachtet hätten. Dann sagte er zum Schluss in Richtung Kamera, vor der aber Ani steht: „Was, zum Teufel, bist Du?"

Das Pikante an der Szene ist, dass der Arzt den Filmtext in Richtung Kamera aufsagt, es aber so scheint, als ob er Ani anspräche. Sie reagiert entsprechend: Sie schluckt, als habe der Arzt tatsächlich zu ihr gesprochen und ihr die Nichtigkeit ihres Problems angesichts des tatsächlichen vor Augen geführt. Diese Szene beinhaltet die hundertprozentige Kongruenz von Vergangenheit und Gegenwart. Die Situation am Drehort konfrontiert Ani mit der subjektiv empfundenen Gleichsetzung der armenischen Geschichte und ihrem eigenen aktuellen Dasein. Ani ist sowohl in der Gegenwart als auch mitten drinnen im Gemetzel des Jahres 1915. Dieser Überlagerung wird man in der jüngsten Geschichte Armeniens besonders inne. Das Erdbeben 1988, bei dem bis zu 50.000 Menschen den Tod fanden, führte dazu, dass viele Menschen, gerade auch junge Menschen, sich ihrer armenischen Wurzeln bewusst wurden. Das Erdbeben selbst fand zu einer Zeit statt, als der Kampf um Karabach im benachbarten Aserbaidschan seinen ersten Höhepunkt hinter sich hatte. Nicht nur wurden Erdbeben und 1915 als zusammenhängende, homogene Komponenten eines Schicksalsstranges identifiziert – das Massaker von Sumgait Anfang 1988 selbst *war* die Wiederkehr des Genozids. Sowohl die Millionen von Ermordeten als auch die vielen Massakrierten von Sumgait und – 1990 – Baku sind im Sinne armenischer Geschichtsschreibung Märtyrer. Mit der Figur des Märtyrers ist auch diejenige des Erlösers zu verbinden. Und so bezeichnet die oben beschriebene Szene nicht nur die Auflösung des filmischen Dramas, sondern zugleich spiegelt sich darin ein Erlösungsgedanke wider, der am Beispiel des dramaturgischen Aufbaus des alljährlichen Rituals am 24. April in Jerewan verdeutlicht werden kann. Die Schlange, die sich in Richtung Genozid-Denkmal auf Tsitsernakaberd über der Stadt bewegt, symbolisiert jenen auch im Film Egoyans zu sehenden Zug der Menschen in den Tod. Auf dem Plateau des Monuments befindet sich eine Vertiefung, ein Rund, eingefasst durch zwölf halbrunde Basaltsteine. Ein Grab wird hierdurch symbolisiert. Und in dieses Grab steigen die Menschen hinab, um der Ermordeten am Ewigen Feuer zu gedenken. Indem sie aber ins Grab selbst steigen, sind sie eins mit den Toten, womit wir wiederum die Deckungsgleichheit von Vergangenheit und Gegenwart hätten.

In einer der letzten Szenen des Films zieht Aznavour eine kleine Dose hervor, in der sich Kerne eines Granatapfels befinden. Er sagt, sie bringen Glück und die Kraft, sich zu erinnern. Ein paar Tage bevor ich mir den Film auf Video nochmals ansah, beugte sich das brandenburgische Kultusministerium den Protesten türkischer Repräsentanten, um eine bestimmte Stelle über den Völkermord aus dem Schulbuch zu streichen. Unwillkürlich fiel mir dies während der Filmlektüre ein. Die erschütternde Brisanz des Films geht von solchen Assoziationsmöglichkeiten aus, provoziert diese. Genauso, wie die türkische Seite den Völkermord praktisch *posthum* bekräftigt, ja symbolisch wiederholt, indem sie ihn leugnet, ist für die armenische ein Gedenken daran unabdingbarer Bestandteil ihrer Erinnerungskultur. Die Art und Weise, wie Egoyan die hier mit zu verbindende Problematik umgesetzt hat, lässt den Film „Ararat" in eine Reihe mit anderen Formen einheimischer Medien der Erinnerung stehen – man denke dabei beispielsweise an die Miniatur oder gar den Kreuzstein.

Die Titelzeile, Narekatsis Klagebuch entnommen, beschreibt etwas, was noch älter ist als das Buch selbst. Und „Ararat" tut es ihr gleich. Die Sonne, Inbegriff des Lebens, der Wärme, hat auch bezüglich des Gerechtigkeitsprinzips eine bedeutsame Funktion in der armenischen Kultur. Die zwölf Basaltsteine auf Tsitsernakaberd lassen das Grab sich öffnen, hin zur Sonne, empfangen deren Strahlen als Segen der Gerechtigkeit, der Auflösung des Unrechts, die allerdings fiktiv bleibt, womit wir zum umsorgten Wunsch gelangen, der auch im Film thematisiert wird. Dieser Wunsch soll sich nicht nur erfüllen, er muss gleichermaßen als solcher Bestand in der Geschichte der Armenier haben. Man kümmert sich sozusagen um den Wunsch, sorgt sich um ihn, dass er bleibt, aber dass er sich auch erfülle, ohne als solcher zu verschwinden… Eine unendliche Geschichte.

Jürgen Gispert promoviert über armenische Memorialkultur am Institut für Ethnologie an der Universität Leipzig.

Huberta von Voss

„Niemand kann aus der Geschichte seines Volkes austreten" (Jean Améry)

Wer sind eigentlich die Armenier? Diese Frage ist mir immer wieder in Deutschland gestellt worden, seit ich mit meiner Familie vor zwei Jahren nach Berlin zog. Im Nahen Osten, wo wir vorher sechs Jahre lebten, stellte mir niemand diese Frage. Denn dort gehören die Armenier ganz selbstverständlich dazu, werden als Bereicherung der eigenen Identität empfunden. Auch ich wusste zunächst wenig und mit den ersten Freundschaften wuchs meine Neugier, bis die Neugier zur Passion wurde. Ich wollte herausfinden, was aus den Menschen geworden ist, die Opfer des ersten Genozids im 20. Jahrhundert wurden; Opfer, über die bei uns niemand mehr spricht; Angehörige eines Volkes über dessen 3000-jährige Kultur man im deutschen Sprachraum wenig weiß. Mit dem soeben eingebrachten parlamentarischen Antrag der CDU/CSU-Fraktion im Bundestag zur Anerkennung der historischen Ereignisse kann – und wird – sich diese Wissenslücke hoffentlich schließen. Die wichtigsten deutschen Zeitungen unterstützen diesen Antrag wortgewaltig in Artikeln und Kommentaren. Auch die anderen deutschen Parteien werden sich dem Petitum der Konservativen nicht leicht entziehen können. Mit der Leugnung von Geschichte sind in Deutschland keine Wählerstimmen zu gewinnen.

Viele Armenier, denen ich an den verschiedensten Orten der Welt begegnete, erzählten mir – oft ohne sich dessen bewusst zu sein – eine Erfolgsgeschichte. Geschichten von Verlust und Verfolgung, die fern der Heimat in der Wiederverwurzelung und Neuorientierung des eigenen Lebens endeten. Geschichten, zuweilen voller Bitterkeit, aber niemals geprägt von Resignation. Von Menschen, die zwar tief geprägt sind von der tragischen Geschichte ihres Volkes, aber mitten im Leben stehen. Die kreativ sind wie der Regisseur Atom Egoyan aus Kanada, besessen wie die Schriftstellerin Nouritza Matossian aus London, erfolgreich wie der französische Chansonier Charles Aznavour, mutig wie der Journalist Hrant Dink in Istanbul, engagiert wie die Lehrerin Rosita Youssefian aus Buenos Aires und exzentrisch wie Nerses, der Barmann aus Genf. Es sind Geschichten vom Neuanfang in einer fremden Welt, von Erfolgen und Misserfolgen, von Abschied und Ankunft, von Trauma und Verdrängung, aber auch von Überwindung der Familiengeschichte durch Arbeit, Phantasie und eine gehörige Portion Starrsinn.

Der große Subtext aller Lebensgeschichten aber bleibt die systematische Ermordung des eigenen Volkes durch die Jungtürken. Wer eindringt in die persönlichen Erinnerungen jener, deren Familie in Tod und Exil geschickt wurden, begreift, dass es sich hierbei nicht um ein historisches Kapitel handelt, sondern um eine Frage unserer Gegenwart. Der Völkermord von 1915/16, mit dem die jungtürkische Regierung versuchte, die christlichen Armenier aus ihrem angestammten Siedlungsgebiet zu vertreiben, hat sich untrennbar mit der geschichtlichen Identität der Armenier verbunden. Die Erfahrung der gewaltsamen Vertreibung prägt das kollektive Gedächtnis und zwar von Armeniern in Jerewan bis in die entlegensten Winkel der Welt.

Schwerer noch als der Heimatverlust wiegt die traumatische Erfahrung der systematischen und brutalen Ermordung von Männern, Frauen und Kindern. Bis heute wird diese von den politisch verantwortlichen Nachfahren der Täter geleugnet, werden mutige Türken – wie der Schriftsteller Pamuk und der Verleger Zarakoğlu – drangsaliert und bedroht, wenn sie sich für die Anerkennung der historischen Ereignisse einsetzen. Die Länder der Europäischen Union dürfen diese Verletzungen der Meinungsfreiheit und diesen Angriff auf die Würde der Opfer nicht akzeptieren. So bleibt der Völkermord wie eine aufgeklammerte Wunde, die nicht heilen kann und auf beiden Seiten zu Hass führt. Doch kann der immer noch unbeschrittene Weg der Versöhnung nur gemeinsam gegangen werden, dazu müssen sowohl beide Regierungen, wie auch beide Völker zumindest mehrheitlich bereit sein. Europa sollte dabei helfen.

Wissenschaftler, Politiker und Vertreter von Menschenrechtsorganisationen sind sich heute darin einig, dass die Aufklärung über die Gefahren und die Geschichte der Völkermorde sowohl vorbeugend wie nachbereitend stattfinden muss.[1] Dies wurde zuletzt im Januar 2004 auf der internationalen Konferenz „Preventing Genocide“ deutlich, die von UNO-Generalsekretär Kofi Annan eröffnet wurde. Es war die erste Veranstaltung auf Regierungsebene seit dem Inkrafttreten der UN-Genozid-Konvention im Jahre 1951. Doch längst nicht alle Länder haben bisher der theoretischen Einsicht in die Gefahr von Genozid-Leugnung Taten folgen lassen, z.B. durch Aufforderung an die Türkei, sich zu ihrer Vergangenheit zu bekennen und ihr Verhältnis zu den Armeniern auf eine neue, zukunftsweisende Grundlage zu stellen.

Prävention – das ist allen Verantwortlichen mittlerweile klar – schließt die öffentliche Anerkennung der Verbrechen durch die Täter oder ihre Nachkommen ein. Die Nichtregierungsorganisation *Genocide Watch* bezeichnet die Leugnung als letztes Stadium eines Völkermordes.[2] Dazu sagt der US-armenische Schriftsteller Peter Balakian: „Ich möchte die Leute immer wieder daran erinnern, dass das Leugnen des Genozids gleichsam seine letzte Stufe ist. Es ist der Versuch, die Opfer zu dämonisieren und die Täter zu exkulpieren. Das sendet die Botschaft aus, dass aus Völkermorden keine moralische Rechenschaftspflicht entsteht. Und das ist verheerend.“ Der Armenische Genozid sei die Blaupause für alle folgenden Genozide im 20. Jahrhundert gewesen. „Hitler“, mahnt Balakian, „wurde von dem Vergessen inspiriert, das sich schon in den 1930er Jahren eingestellt hatte. Das zeigt uns, wie wichtig Erinnerung ist. Sie baut eine moralische Schranke auf.“[3] Adolf Hitlers fataler Satz, den er vor dem Überfall auf Polen auf dem Obersalzberg gesprochen haben soll, hat Genozidgeschichte ge-

1 Das wurde zuletzt deutlich auf der internationalen Konferenz „Stockholm International Forum: Preventing Genocide; Threats and Responsabilities“, die vom 26.-28. Januar 2004 in der schwedischen Hauptstadt auf Initiative von Ministerpräsident Göran Persson stattfand. Vgl. Website der Veranstaltung: http://www.preventinggenocide.com.

2 Vgl. Website der Organisation „Genocide Watch. The international Campaign to End Genocide“: http://www.genocidewatch.org.

3 Vgl. Huberta von Voss (Hg.): Porträt einer Hoffnung. Die Armenier, Berlin 2004, S. 108.

schrieben. Damals kündigte er den versammelten Militärs an, dass eine neue Art der Kriegsführung bevorstünde, ohne jegliches Mitleid gegen Männer, Frauen und Kinder. „Wer“, fragte Hitler am 22. August 1939 zynisch in die Runde, „wer denkt heute noch an die Armenier?“ Und in der Tat war über die armenischen Opfer zwanzig Jahre nach der größten Katastrophe in ihrer Geschichte bereits der Mantel des Vergessens gebreitet worden.

Das 20. Jahrhundert ist deswegen immer wieder als das "Jahrhundert der Genozide" bezeichnet worden. Es war auch ein Jahrhundert des Zuschauens. Und es wurde ein Jahrhundert, in dem viele Völker den schwierigen Weg der Versöhnung beschritten, indem sie sich der Geschichte stellten. Auch – oder besser besonders – die Führungselite des deutschen Kaiserreiches, das im Ersten Weltkrieg mit dem Osmanischen Reich alliiert war, wusste durch eine Vielzahl von Konsularberichten detailliert Bescheid und schaute dem Morden gleichgültig zu. Wer sich Einblick verschaffen möchte in die vielfach von kalter Gleichgültigkeit geprägte Haltung deutscher Diplomaten und Militärs, kann die entsprechenden Dokumente des Politischen Archivs des deutschen Auswärtigen Amtes im Internet oder in Buchform einsehen. Der Genozid an den Armeniern ist also keinesfalls ein Thema, was nur die Türkei angeht. Es geht auch uns Deutsche an. Es betrifft uns und unsere Verantwortung. „Die Deutschen“, sagt der führende armenische Genozidforscher Professor Vahakn Dadrian, „haben eine Nebenrolle bei der Ausrottung der Armenier gespielt. Sie tragen nicht die Hauptschuld, sondern eine moralische Mitschuld. Aber auch das scheint für manche sensible Gemüter zu viel zu sein“.[4]

Die 1,5 Millionen Armenier, die auf den Todesmärschen, durch Folter, Erschießungen, an Hunger, Erschöpfung, durch Ertränkungen, durch medizinische Morde oder im Feuer starben, haben keine Gräber. Auf einer Gedenktafel im jüdischen Viertel Venedigs schrieb ein französischer Soldat: „Euer trauriger Holocaust ist in die Geschichte eingraviert und nichts soll Euren Tod aus unseren Er-

4 Vgl. Porträt einer Hoffnung, a.a.O., S. 100.

innerungen entfernen, denn unsere Erinnerungen sind Euer einziges Grab".[5] Doch für die Nachfahren derjenigen, die ihre Angehörigen auf der Straße der Austreibung für immer verloren haben, geht es nicht nur darum, dass die Toten in Frieden in der Erinnerung ruhen können. Vielmehr zeigen die Gespräche mit heute lebenden Armeniern, dass für viele unter ihnen die Erinnerung ein Totenhaus geblieben ist – auch neunzig Jahre nach den Ereignissen. Indessen schrieb der deutsche Dichter Jean Paul: „Die Erinnerung ist das einzige Paradies, aus dem wir nicht vertrieben werden können." Für viele Armenier ist dieser Satz eine vorläufige Hoffnung.

Es scheint in diesem Zusammenhang wichtig, darauf hinzuweisen, dass nicht nur die Haltung der Deutschen, sondern auch die Haltung der türkischen Bevölkerung vielfach von Unkenntnis gekennzeichnet ist. Der türkische Soziologe Taner Akçam, der sich lange mit dem Genozid an den Armeniern befasst hat und heute in den USA lehrt, sagt dazu: „Im Hinblick auf den Habitus des Staates halte ich den Begriff der Leugnung für zutreffend. Die Haltung der Gesellschaft muss indessen anders beschrieben werden. Hier handelt es sich eher um Unwissen, Apathie und Schweigen."[6] Man möchte der Regierung in Ankara mit Jean Améry sagen: „Niemand kann aus der Geschichte seines Volkes austreten."

Doch woran liegt es, dass sich Deutschland mit dem Thema im Gegensatz zu anderen europäischen Ländern bislang kaum auseinander gesetzt hat? Die Frage klingt einfach, doch die Antwort darauf ist schwierig und vielschichtig. Klar ist aber eines: Es ist an der Zeit, dass auch wir uns mit den Ereignissen von 1915/16 auseinander setzen. Der Bundestag hat mit seiner überfraktionellen Motion vom Sommer 2005 einen ersten zögerlichen Schritt getan. Das ist gut – wenn auch nur der Anfang eines längeren Weges, an dessen Ende die offizielle Anerkennung des Genozids

5 „Your sad holocaust is engraved in history and nothing shall purge your death from our memories for our memories are your only grave." Inschrift von André Tronc an der Scola Mesulhamin im historischen jüdischen Ghetto von Venedig.

6 Vgl. Porträt einer Hoffnung, a.a.O., S. 76.

stehen muss. Das sind wir uns, vor allem aber den Opfern vor dem Hintergrund unserer eigenen historischen Verstrickung schuldig, wenn wir in unserem moralischen Anspruch an uns selbst glaubwürdig bleiben möchten.

Es ist also höchste Zeit für uns, vor allem aber für die Türkei. Dort gab es – wie der Gründer des Zoryan Institutes K.M. Greg Sarkissian zu erzählen weiß – auch mutige Menschen, die Armenier versteckten und ihnen so unter Todesgefahren das Leben retteten. So geschah es seinem Großvater. Die Türkei hat also hier auch die Möglichkeit an sich selbst eine Handlungsweise zu entdecken, die im europäischen Westen besonders geschätzt wird: Die der Zivilcourage.

Huberta von Voss lebt als Buchautorin und Journalistin in Berlin. Sie ist Herausgeberin des Buches: „Porträt einer Hoffnung. Die Armenier“ (Berlin 2004).

Jochen Mangelsen

Rote Wollmützen in Amassia

Ist es nicht immer so, dass die wirklichen Themen unseres Lebens etwas mit Liebe zu tun haben? Oder mit Hass?

Meine erste Begegnung mit dem Genozid

Sie trug ein selbst geschneidertes Coco-Chanel-Kostüm, die langen, dunklen Haare ein wenig kraus von der feuchten Berliner Herbstluft, und sie saß zwei Reihen vor mir im Hörsaal der Freien Universität. Das war meine erste Begegnung mit dem Armenischen Genozid, aber das wusste ich damals natürlich noch nicht.

Eine Armenierin. Wenn wir manchmal in der Cafeteria mit Apfelschorle und Zigarette frühstückten, erzählte sie von ihrer Familie, von den Großeltern, die in Teheran melonengroße Pfirsiche im Garten hatten, vom Papa, der als Kind aus Amassia fliehen musste, von der Mama, die von einer Karriere am Moskauer Ballett geträumt hatte. Merkwürdige Biografien. Armenien, das lag doch irgendwo weit weg in der Sowjetunion, ein exotischer Appendix Russlands hinten im Kaukasus? Also gucken wir mal ins Duden-Lexikon – Internet gab es damals noch nicht – und lesen einen kryptischen Eintrag: „1914/1915 blutige Armenierverfolgungen durch die Türken“. Na ja.

Viel später erzählte der Vater dieser Armenierin, der mittlerweile mein Schwiegervater geworden war, eine Geschichte: Der kleine Junge steht in seinem Kinderzimmer in Amassia, die Nase an die Fensterscheibe gepresst, und starrt hinaus. Soldaten treiben eine Gruppe von Frauen durch die Straßen, schreiende Kinder, darunter seine Schulkameraden mit den roten wollenen Mützen auf dem Kopf. Als die Gruppe hinter der letzten Straßenbiegung verschwindet, sieht er noch immer die roten Mützen tanzen. Und er wird dieses Bild bis zu seinem Ende nicht mehr vergessen. Der Völkermord ist konkret.

Oft werde ich von Bekannten oder von Zuhörern auf meinen

Lesungen gefragt: „Wie kommst du ausgerechnet auf ein solches Thema, warum so eine Geschichte?“ Warum ein so fern liegendes, "exotisches" Thema? Ja, so bin ich auf dieses Thema gekommen: Wegen der Liebe. Dabei muss ich gestehen, dass es viele Jahre gedauert hat, bis aus der ersten Begegnung mit dem armenischen Drama aktives Handeln entstand. Ein langer, auch schmerzhafter, persönlicher Prozess, der am Ende den Entschluss reifen ließ, eine Geschichte zu erzählen, die das Schicksal meiner armenischen Familie romanhaft widerspiegelt. Das Schreiben selbst, eine eigentümliche und fast widersinnige Erfahrung, hat mir meine Verantwortung bewusst gemacht.

Was geht das mich an?

Was mich dieser Völkermord angeht? Da gibt es viele Antworten gerade für uns Deutsche, und, sehr aktuell, gerade auch vor dem Hintergrund eines möglichen Beitritts der Türkei zur EU. Tatsächlich fragen mich aber manchmal auch Armenier: Ein deutscher Autor? Wieso das? Wieso beschreibt er unser Schicksal, was führt ihn in die Schreckenskammer unserer Geschichte? Kann er überhaupt ermessen, was mit unseren Seelen geschah? Aber vielleicht, manchmal fürchte ich es, denken sie auch: Ein deutscher Autor? Wieso das? Das ist unser Thema, unsere Geschichte, das sind unsere Seelen, unsere Geschichte ist nicht seine Geschichte, er ist nicht im Besitz unserer Erinnerungen. Und sie haben Recht, natürlich. Diese nicht gestellte Frage hat mich oftmals ratlos gemacht, weil ich sie mir selbst auch wieder und wieder gestellt habe. Es gibt darauf zwei Antworten, eine biografische und eine politische.

Die biografische Antwort: Seit über 40 Jahren ist Armenien ein Teil meines Lebens, und ich meine dieses "Armenien" als einen umfassenden Begriff – die Menschen, ihre Freude, ihre Trauer, ihre Musik, ihre Träume, ihr immer währendes Trauma des Genozids. Wir sind viel gereist, nach Armenien, nach Iran, nach Tiflis und nach Moskau, früher schon in die Türkei. Meine Tochter wurde in Etschmiadzin getauft, ihre wütenden Tränen bleiben mir bis heute unvergessen. Für sie war es mir wichtig, das Andenken ihrer armenischen Vorfahren, die Sprache, die Kultur, das Essen, die Religion – eben die Geschichte – zu bewahren. Das hat mich dazu gebracht, ein wenig Familienforschung zu betreiben. Und dann das Schlüsselerlebnis: Im Zusammenhang mit einem Todesfall in der Familie stießen wir auf einen Stammbaum, der in dürren handschriftlichen Anmerkungen die Schicksale der Familienmitglieder in Amassia während der Jahre 1915 bis 1920 detailliert widerspiegelte. Ein Schreckensszenario. Ein dramatisches Epos, komprimiert auf einem großen Bogen Papier. Da wusste ich: Das ist die Geschichte, die Du erzählen musst. An die Namen und Daten des Stammbaumes haben sich, fast zwangsläufig, im Laufe der Recherche neue Namen und Daten angedockt: neue Landschaften, neue Assoziationen. „Ophelias lange Reise nach Berlin" ist zugleich eine Reise aus der Diaspora in die Vergangenheit und eine Reise aus der alten Heimat in die Diaspora.

Die politische Antwort: Ich bin kein Armenier, ich bin Deutscher mit meiner eigenen Geschichte. Zu dieser Geschichte gehört untrennbar der Holocaust. Ich bin Nachfahre der Täter, nicht der Opfer. Und darum erzählt mein Roman eben auch ein sehr deutsches Thema. Meine Protagonisten leben im Berlin der späten 20er und der frühen 30er Jahre. Ihre literarische Gegenwart ist die Zeit genau in der Mitte zwischen Genozid und Holocaust. Ihre Geschichte ist eine deutsch-armenische Geschichte: Zwei armenische Flüchtlinge kommen nach Deutschland. Bis heute passiert dies jeden Tag, und es ist gut, wenn wir Deutschen wissen, wer diese Menschen sind. Zwei armenische Flüchtlinge sind dem Völkermord während des Ersten Weltkriegs entkommen und in einer fremden Welt gelandet. Es ist gut, wenn wir Deutschen – als die Nachfahren der Täter – uns daran erinnern, was Völkermord für die Opfer bedeutet, was er in den Erinnerungen und in den Seelen der Überlebenden anrichtet. Es ist gut, wenn wir uns daran erinnern, welche Rolle die Deutschen zur Zeit des Genozids im Osmanischen Reich gespielt haben. Es ist gut, uns mit dem Gedenken der Opfer zu stärken in der unumstößlichen Gewissheit: nie wieder.

Warum die Anerkennung fordern?

Ich ertappe mich selbst dabei, dass ich immer, wenn ich von Armenien rede, sehr schnell beim Genozid bin. Es ist wohl so, dass wir alle die Jahrtausende alte armenische Geschichte allzu leicht auf diese kurze Zeit fokussieren: Das Trauma, nicht zuletzt Ergebnis der militanten türkischen Verleugnung und Verdrängung, sitzt zu tief. Auch darum ist die Anerkennung des Völkermordes durch den Deutschen Bundestag unabdingbar – es ist unsere, der Deutschen und der Europäer Pflicht, den Armeniern die Würde der Erinnerung zurückzugeben, weil es die Türkei nicht tut. Wenn sie es täte, brauchten wir über das Thema nicht mehr zu reden. Oder doch? Ja natürlich, die deutsche Beteiligung an dieser Katastrophe ist nicht aufgearbeitet, oder zumindest ist sie noch nicht wirksam öffentlich gemacht. Die Scham über den Holocaust darf uns nicht länger den Blick auf den Armenischen Genozid (oder auf die Tragödie der Hereros) verstellen. Es geht in dieser Debatte, die jetzt – wie ich fürchte, aus falschen Gründen – verstärkt öffentliches Echo findet, auch um das Erbe deutscher Geschichte. Es geht aber auch darum, den Nachfahren der Überlebenden Gerechtigkeit angedeihen zu lassen. Und ihnen dabei endlich die Wege zu ebnen, auf denen sie ihr Trauma lösen, ihre Erinnerungen mit ihrer Gegenwart versöhnen könnten.

Wir werden ein solches Verbrechen niemals verstehen können, weil es sich am Ende einer rationalen Erklärung entzieht. Aber wir können Mechanismen verstehen, die dorthin führen, wir können Strukturen erkennen. Und, leider, es gibt auch hierzulande wieder guten Grund, die Augen offen zu halten: Die Frechheit, mit der sächsische Landtagsabgeordnete den Holocaust leugnen, die Blindheit, mit der die brandenburgische Landesregierung sich die Schulpläne unserer Kinder in Ankara zensieren lässt, die Verstocktheit, mit der das Außenministerium diplomatisch den Mantel des Schweigens über den Armenischen Genozid deckt – all dies muss uns beunruhigen. Und dass nun, weil die eine oder andere Oppositionspartei den EU-Beitritt der Türkei aus ganz unterschiedlichen Motiven noch verhindern will, doch hin und wieder die Frage einer Anerkennung des Völkermordes durch die Türkei gestellt wird, kann uns nicht optimistisch machen. Die Anerkennung des Völkermordes an den Armeniern durch deutsche Parlamente steht eben nicht auf der Agenda dieser Politiker.[1]

Selbstbild der Diaspora – gespeist aus einer Lüge

Historiker nähern sich einem Thema wie dem Völkermord anders als Schriftsteller. Die einen schreiben Geschichte, die anderen erzählen Geschichten. Menschen benötigen Geschichte, aber sie lieben Geschichten. Beide Annäherungen haben ihre spezielle Wirkung. Die Literatur braucht dazu – meist – leider ein wenig länger Zeit. Nehmen wir Edgar Hilsenrath, einen der bedeutendsten Autoren der deutschen Nachkriegsliteratur, der mit seinem wunderbaren „Märchen vom letzten Gedanken" den Bogen spannt vom Holocaust, seinem großen Thema, zum Armenischen Genozid. Eine Geschichte, die im Mahlwerk zweier unterschiedlicher, historischer Erfahrungen angesiedelt ist. Jetzt endlich, er ist weit über 70, erscheint sein Werk in einer neuen Gesamtausgabe. Wir kennen die Wirkungsweise von Literatur nicht, aber sicher können wir unterstellen, dass Hilsenraths Werk – wie das von Heinrich Böll – dazu beigetragen hat, die lähmende Verdrängung im Wirtschaftswunder-Nachkriegsdeutschland aufzuheben und in einem Klima zwischen Vietnam und Studentenrevolte einen späten Prozess der Aufarbeitung einzuleiten. Dieser Prozess steht in Bezug auf den Armenischen Genozid noch aus. Das Klima für diese Frage ist noch immer, in der Türkei wie in Deutschland, vernebelt von autokratischen Denkklischees und Zensur dort und diplomatisch-strategischen Rücksichten hier. Mit fatalen Folgen für die Nachfahren der Überlebenden, die in der Diaspora ein Selbstbild formulieren sollen, das sich doch immer und immer wieder aus dem Trauma speist, aus der einen Quelle: aus dem Völkermord und aus der Völkermordlüge.

Am Anfang steht die Anerkennung

Eine Auflösung dieser psychischen Fesselung setzt eines voraus: die Anerkennung des Völkermordes durch die Türkei. Nur eine sol-

1 In diesem Punkt hat die rasante politische Entwicklung meinen Beitrag, im März verfasst, zu meiner großen Freude bereits überholt: Tatsächlich hat der Bundestag – paradox – inzwischen den Völkermord in einer interfraktionellen

che Anerkennung könnte einen Prozess der Aufarbeitung – auf türkischer wie auf armenischer Seite – einleiten. Allerdings deutet nichts darauf hin, dass dieses Land auf dem Weg nach Europa bereit wäre, eine solche Kehrtwendung zu vollziehen. Solange dies nicht geschieht, bleibt die Türkei selbst ein gefesseltes Land: hoffnungslos verstrickt in längst geplatzte großmächtige Träume, kulturell gelähmt in historischen Tabus, sozial verheddert in einer Tradition brachialen Umgangs mit ihren Minderheiten. „Erst wenn die Türkei uns unsere Würde zurückgibt", so ungefähr formuliert es meine Ophelia, „kann die Türkei ein freies Land sein." Und erst dann, nicht einen Tag früher, könnte der EU-Beitritt verhandelt werden. Ein Land, das sich so militant um seine eigene Geschichte herumlügt, das so wenig Bereitschaft zur Aufarbeitung seines armenischen Dramas zeigt, das so verhaftet ist in autoritären, geistigen Strukturen, ein solches Land würde das auf Werten gegründete Haus Europa sprengen.

Diesen Weg allerdings muss die Türkei allein gehen. Die opportunistischen Äußerungen deutscher Politiker, wir sollten uns da nicht einmischen, sind ja richtig. Aber wir haben, selbst wenn das Schicksal der Armenier uns gleichgültig wäre, eine eigene Verantwortung: für unsere Geschichte und für die Zukunft Europas. Beide Aspekte lassen nur eine einzige Konsequenz zu – unsere Parlamente müssen den längst überfälligen Schritt hin zur Anerkennung des Armenischen Völkermordes tun. Basta.

Wie zuversichtlich wir da sein können? Wo doch schon eine deutsche Landesregierung spätestens beim Dessert gegenüber einem unanständigen Ansinnen Ankaras einknickt? Und wenn die EU bereits bei der Frage der Anerkennung Zyperns durch die Türkei den Schwanz einzieht („Na, wenn ihr dazu keine Lust habt, dann wollen wir mal lieber nix gesagt haben"), wie stabil wird sie dann wohl bei dem viel sensibleren Thema des Völkermordes an den Armeniern sein? Aber vielleicht ist dieser kleine brandenburgische Skandal der letzten Wochen ja ein Funken, der einen hoff-

---

Entschließung anerkannt, obwohl dies ausdrücklich nie die Absicht der Initiatoren war.

nungsfrohen Flächenbrand auslöst? Ein bescheidenes Indiz in diese Richtung könnte immerhin sein, dass der Postdamer Regierungschef nach massivem, öffentlichem Druck schließlich den Schaden dann doch geheilt hat. Wir haben in Deutschland – nach Jahrzehnten der Verdrängung – in den Sechzigern einen soziokulturellen Prozess der Aufarbeitung begonnen, mit dem wir den Holocaust in unser aktives Geschichtsbewusstsein aufgenommen haben. Eine Leistung, auf die wir stolz sein dürfen. Das Leugnen des Holocaust ist nicht nur schandbar, es ist zu Recht strafbar. Zum Armenischen Genozid aber nur Schweigen im Land – wie weit eigentlich ist der Weg vom Schweigen zum Verschweigen und vom Verschweigen zum Leugnen?

Damals, im Hörsaal der FU und beim zigarettenschweren Frühstück in der Cafeteria, wusste ich von all dem noch nichts. Zwischen Garmir Pilaw und billigen Dosenravioli, zwischen Dolma und Kunsthonig, zwischen bunten Volkstänzen und fröhlichen Kickerturnieren tröpfelten erste Ahnungen in meinen ahnungslosen Kopf. Und erst ganz allmählich dämmerte mir die Vorstellung eines historischen Dramas. Was ich viel später begriff: Dass das Trauma des verschwiegenen, verleugneten Völkermordes sich wie ein Krebsgeschwür in die Seelen der Nachfahren gräbt. Die roten Wollmützen, die in Amassia auch hinter der letzten Straßenbiege nicht verschwinden wollen – ein Gift mit Langzeitwirkung.

Dr. Jochen Mangelsen, Bremen, ist freier Journalist und Autor des armenischen Familienromans: „Ophelias lange Reise nach Berlin" (Bremen 2001).

Kurt Oesterle

Mein Armenien. Eine Erinnerung

Ob es mir zusteht, von "meinem" Armenien zu sprechen, weiß ich nicht. Ich ahne nur, dass ich mich eine Zeitlang vehement mit dem identifizierte, was ich unter "Armenien" verstand; darum benütze ich das besitzanzeigende Fürwort. Allzuviel historische Gerechtigkeit dürfte bei meinem Verhältnis zu Armenien nicht im Spiel gewesen sein, wohl aber die Zuneigung eines jungen Mannes aus Deutschland, der es für seine Pflicht hielt, in Treue zu verfolgten und geschundenen Völkern zu stehen, sich so viel Wissen über sie anzueignen und dieses Wissen zu verbreiten, wo immer es ihm möglich schien. Unpersönlicher gesprochen: Nicht wenige Angehörige meiner Generation – ich bin Mitte der fünfziger Jahren geboren – hielten es für unabdingbar, diesen Schluss aus dem Völkermord an den Juden zu ziehen, den die Nationalsozialisten begangen haben, für den aber alle Deutschen verantwortlich sind (und sei es, indem sie dafür sorgen, dass er sich nicht wiederholt). Unabweisbar und unwiderleglich schien und scheint mir noch immer der Satz des Rassismusforschers Léon Poliakov, der türkische Genozid an den Armeniern sei nur mit dem deutschen Genozid an den Juden zu vergleichen.

Doch meinen ersten Armenier lernte ich kennen, lange bevor ich zu solchen Überlegungen im Stande war. Es war im Alter von acht Jahren, als ich zufällig einen etwa gleichaltrigen Jungen namens Janni kennen lernte. Von ihm wurde gesagt, dass er Armenier oder armenischer Herkunft sei, was für mich überhaupt nichts besagte, da diese Bezeichnungen mir fremd waren und Janni im Übrigen den Dialekt meines Landes so gut und so unverwechselbar sprach wie ich selbst. Was also konnte "armenisch" heißen? Der Junge lebte in einem Kinderheim, war Vollwaise und hatte eine Zwillingsschwester, die noch hübscher war als er. Mehr erfuhr ich nicht über ihn. Vielmehr verlor ich den dunkelhaarigen und dunkeläugigen Janni schon bald wieder aus den Augen, doch für Jahre blieb mir im Gedächtnis haften, dass ich einen Armenier kannte. Heute glaube ich, dass er vor meinem Gedächtnis, meinem Bewusstsein gleichsam Wache gehalten hat, damit mir alles "Armenische", das mir noch begegnen sollte, nicht entgeht.

Dreizehn Jahre später traf ich Janni wieder. Er lebte in jenem Stuttgarter Jugendwohnheim, in dem ich meinen zivilen Ersatzdienst leistete. Seiner Akte entnahm ich, dass nur sein Vater armenischer Abstammung gewesen war. Seine Mutter hatte aus Polen gestammt, und beide Eltern waren einander als DPs, als "displaced persons", die der Krieg nach Westen katapultiert hatte, nach 1945 in Stuttgart begegnet, hatten geheiratet und sich im nahen Bad Cannstatt und dort in dem Stadtteil Steinhaldenfeld niedergelassen. Janni erzählte mir, dass dort viele armenische Familien gewohnt hätten, ja, es habe in Steinhaldenfeld eine ganze Armeniersiedlung gegeben. Ihn mehr zu fragen, auch Persönliches, getraute ich mich nicht. Denn laut Akte war sein Vater ermordet worden und seine Mutter schon bald danach aus Gram gestorben. Spätestens diese zweite Begegnung mit Janni hat endgültig den Wunsch in mir geweckt, mehr über Armenien zu erfahren und vor allem: was Armenier in der von Janni angedeuteten Größenordnung in mein Land, nach Württemberg, geführt haben könnte.

Ich habe meine Nachforschungen nicht immer mit gleicher Ausdauer betrieben. Aber nach wiederum fünf Jahren – ich war inzwischen Geschichtsstudent und ein junger Zeitungs- sowie Radiojournalist, der immer wieder zu Landesthemen veröffentlichte – hatte ich mir ein Bild der armenischen Geschichte, auch derjenigen, die sie mit der württembergischen Geschichte verband, erarbeitet und durch die mir zugänglichen Medien mehrfach der Öffentlichkeit zugänglich gemacht (zuletzt unter dem Titel „Armenier in Württemberg. Von 1896 bis heute", erschienen in der Zeitschrift „Schwäbische Heimat", Heft 3, Jahrgang 1986). Ich will im Folgenden dieses Bild nachzeichnen – und zwischendurch drei weitere Menschen vorstellen, die damals in meinem Wissensdunkel ein Licht angesteckt haben, die mir aber nicht allein deswegen in Erinnerung geblieben sind; in jedem dieser Porträts zeichnet sich nicht weniger als die Tragik der armenischen Geschichte ab.

Als erster sei Vahan G. genannt, ein Teppichhändler und

schon um 1980 ein alter Mann. Sein Leben war unablösbar mit dem Kampf der Armenier um einen eigenen Staat verbunden. Er stammte aus Persisch-Armenien, vom Urmia-See und stand der nationalrevolutionären Linkspartei *Dashnak* nahe. Vahan G. bewunderte Deutschland, wo er Aufnahme gefunden hatte, und trug fast täglich noch immer jene Pistole bei sich, die ihm bei der deutschen Wehrmacht ausgehändigt worden war, als er in deren Dienste trat, um für sowjetische Kriegsgefangene beim Verhör zu dolmetschen. Doch wollte er, anders als sein Sohn, keinesfalls Deutscher werden. Er wollte überhaupt nirgendwo staatsangehörig sein. Seine Staatenlosigkeit trug er mit erhobenem Haupt und sichtbar wie eine Wunde – und wollte es solange tun, bis es einmal einen armenischen Staat geben würde (ob er dessen Gründung im Jahr 1991 noch erlebt hat, weiß ich nicht). Diaspora-Völker wie die Armenier und die Juden prägen vielfach Menschen wie Vahan G. aus, die ihre Geschichte in und mit sich tragen, als wären sie Archive in Menschengestalt und hätten die Aufgabe, ganz allein die Geschichte ihres Volkes aufzubewahren.

Ich erfuhr während unserer zahlreichen Sitzungen viel von Vahan G. So etwa, dass die Armenier die größte DP-Gruppe in ganz Württemberg gestellt hatten. Allein in der Funkerkaserne in Bad Cannstatt waren 3000 von ihnen untergebracht gewesen, darunter Kriegsflüchtlinge von der Balkanhalbinsel, von den Deutschen ausgehobene Zwangsarbeiter zum Beispiel aus Griechenland oder Russland, ehemalige sowjetische Kriegsgefangene armenischer Herkunft – aber auch die nicht unbeträchtliche Gruppe der Kollaborateure, die sich nach Hitlers "Endsieg" ein unabhängiges Armenien erhofften und vielleicht nicht sahen, dass sie sich einem Diktator ergaben, der ihnen so wenig Autonomie einräumen würde wie Lenin und Stalin es getan hatten. Kollaboration ist ein heikles Thema, und sie war es auch für Vahan G. Doch er sprach sehr frei darüber und meinte, die armenischen Ziele hätten ihm keine andere Wahl gelassen. Zugleich wies er offen darauf hin, dass in der Nachkriegszeit andere Armenier Kollaboration mit den Nazis für ein todeswürdiges Vergehen hielten. So habe ein amerikanischer General armenischer Herkunft ihm in Stuttgart gesagt, dass er jeden Kollaborateur in der Funkerkaserne am nächsten

Baum aufhängen würde und mit ihm, Vahan G., gerne den Anfang machte.

Man kann auch am Beispiel der Kollaboration sehen, welch extremen Gefährdungen ein staatenloses Volk wie die Armenier ausgesetzt ist. Je mehr und je kühner es von staatlicher Eigenständigkeit träumt, desto mehr läuft es scheinbar auch Gefahr, zum Spielball rücksichtsloser Mächte zu werden. So hat Hitler bei der Planung der "Endlösung der Judenfrage" nicht nur darauf gehofft, dass dieses Großverbrechen so schnell und so gründlich vergessen werden möge wie der millionenfache Mord der Jungtürken an den Armeniern im Jahr 1915 in Vergessenheit getaucht wurde. Andererseits hat Hitlers Regime kaltblütig mit den Armeniern gerechnet, wie ein Buch von 1934 beweist, das den Titel „Armeniertum – Ariertum“ trägt und eine Art Ariernachweis für ein ganzes Volk darstellt; dort steht zu lesen: „Wir wissen heute noch nicht, ob wir in Kürze, gegen Osten gewandt, den rechten Flügel stark zu machen haben. Was uns auch hierzu gegeben sein mag, so wird uns die Mitstreiterschaft des armenischen Volkes von höchstem Wert sein.“

Doch schon weit früher, nämlich vor 1900 waren Armenier nach Württemberg gekommen. 1896 hatten 16 armenische Waisen, die Überlebenden des ersten großen türkischen Massakers gegen die Armenier mit vermutlich bis zu 300.000 Toten, das Land erreicht. Sie wurden in die Zieglerschen Anstalten von Wilhelmsdorf bei Ravensburg aufgenommen und in verschiedenen Berufen ausgebildet: ein Werk christlicher Nächstenliebe, das allerdings fünf Jahre später scheiterte, weil man die jungen Armenier aus dem Orient offenbar allzu heftig zu europäisieren oder zu verdeutschen suchte.

Der armenische Kleinstaat in der Funkerkaserne von Bad Cannstatt – dort gab es ein eigenes Parlament und es galt die armenische Verfassung von 1863 – wurde Anfang der fünfziger Jahre aufgelöst. Die meisten Bewohner siedelten in die USA über; andere, die weiterhin in Deutschland leben wollten, erhielten städtische Wohnungen im nahen Stadtteil Steinhaldenfeld. So mag auch Jannis Familie dort hingeraten sein.

Alle Armenier, die ich später in Württemberg kennen gelernt habe, waren ausländische Arbeiter aus der Türkei mit türkischem Pass. Von ihnen lernte ich, wie die Geschichte des Genozids an ihrem Volk fortwirkte und vielleicht noch immer fortwirkt; wie sie sich verbergen mussten und vielleicht noch immer verbergen müssen, weil sie Armenier sind und es Armenier in der Türkei nun mal nicht gibt, geben darf. Darum und weil sie zumindest noch in den achtziger Jahren Repressalien fürchteten, nahmen sie türkische Namen an. Versteckten ihre richtige Identität hinter einer falschen. So wie jener begabte Fußballspieler, der in den sechziger Jahren türkischer Nationalspieler werden konnte – aber nur, weil er auf seine armenische Identität verzichtete, zumindest nach außen hin. Er bat mich, seinen Namen gleich wieder zu vergessen. Nur seinen Decknamen, der freilich sein richtiger, sein Taufname war, habe ich behalten: Hakop; er war übrigens ein frommer Christ.

Ungenannt wollte auch jener Kurde bleiben, der mir Folgendes erzählte: Als die Armenier 1915 von der türkischen Armee zu Hundertausenden in die mesopotamische Wüste getrieben wurden, wo sie fast alle sterben sollten, kam ein einzelner Menschenzug aus dem riesigen Strom der Todgeweihten durch ein kurdisches Dorf. Die Kurden verstanden sehr wohl, was den Armeniern im Gewahrsam der türkischen Soldaten drohte. Einer der Dorfbewohner reagierte geistesgegenwärtig und raubte gleichsam mitten aus dem Zug der Opfer heraus eine junge Frau, um sie unbemerkt in sein Haus zu schaffen. „Das wurde meine Großmutter“, sagte mein kurdischer Bekannter, den ich Apo nennen will, „sie hat mir viel aus der armenischen Geschichte erzählt, die zum Teil ja auch meine Geschichte ist.“ Er wusste auch, dass andere Kurden sich als Helfershelfer der Türken an den Armeniern vergriffen – das heißt vor allem: bereichert – hatten. Doch man sieht an Apo: Auch in der Türkei selbst hat die Erinnerung an den Massenmord tiefe, geheime Wurzeln. Ein solches Gedächtnis kann nicht bei Strafe verboten werden.

Nicht nur die Zuletztgenannten, auch viele andere Armenier, die ich im Lauf der Jahre getroffen habe, sind, wenn man sie auffordert, über sich, ihr Volk und ihre Geschichte zu sprechen, eher zurückhaltend. Ein Volk wie sie, fast zu allen Zeiten heimatlos und auf die Großmut größerer Völker angewiesen, prägt in seinen Einzelpersonen Schutzmechanismen aus, die selbst in Situationen ihre Wirkung tun, in denen unmittelbar keine Gefahr drohen mag. Deshalb wahren viele von ihnen beim Erzählen ihr Inkognito. Doch auch dieses Inkognito ist ein Teil ihrer leidvollen Geschichte. Nur die freie, ungezwungene Rede über diese leidvolle Geschichte könnte den Alptraum lösen.

Dr. Kurt Oesterle lebt als Schriftsteller und Journalist in Württemberg.

Bettine Reichelt

Gegen den Augenblick des Zorns

In einer chassidischen Legende erzählt ein alter Rabbi: Als ich meine Gemeinde übernahm, kam eines Tages eine Frau zu mir, die ihren Mann beerdigen wollte. Sie erzählte mir sein Leben und wir weinten über seinen Tod. Ich war zutiefst betroffen von ihrem Leiden und am Abend wollte mir das Essen nicht mehr schmecken. Nach ein-zwei Jahren hatte ich mich daran gewöhnt, dass fast täglich Menschen zu mir kamen, um mir ihr Leiden zu erzählen. Das Essen am Abend schmeckte mir wieder. Heute, nach vielen Jahren in der Gemeinde, warte ich geradezu darauf, dass einer kommt, um mir sein Leiden zu erzählen, damit mir das Essen am Abend schmeckt.

Wie diese bittere Legende, so kommt mir der Umgang der Medien, aber auch vieler Menschen um mich herum, mit dem Leid anderer vor. Wenn es nicht wenigstens ein paar hundert Opfer sind, so lohnt die Berichterstattung kaum, es sei denn, es war vielleicht ein Deutscher dabei oder ein Angehöriger des eigenen Volkes, der Region, der Stadt. Über den sogenannten "grünen Tod" in Afrika z.B. kann man nur schwer berichten. Den schleichenden Hunger sieht man den Feldern nicht an, der drohende Hungertod ist den Menschen noch nicht ins Gesicht geschrieben. Was ist bei sechs Milliarden Menschen der Einzelne? Was zählt schon ein Leben, wenn man den merkwürdigen Begriff der Überbevölkerung in Betracht zieht. Was zählt der Mensch in einer Welt des Waffenwahns, in einer Welt des Machtkalküls? Was bedeutet das Leiden des armenischen Volkes neben den Schrecken des Ersten Weltkriegs? War es vielleicht wirklich nur eine Art "tolerierbares Abfallprodukt", wie manche glauben machen wollen? Aber auch heute: Wie vielen schmeckte denn das Abendessen nicht mehr, wenn sie nicht bequem dabei gegen 20.00 Uhr die Qualen der Welt draußen serviert bekämen?

Das Leben ist zu einem Spiel mit den Zahlen verkommen.

Vielleicht war es das schon zu Beginn des vergangenen Jahrhunderts, als viele so sehr mit anderem Leid befasst waren und darüber hinaus, verständlicherweise, nichts mehr wahrnehmen konnten. Haben Machthaber damals nicht genau darauf gesetzt? Wann ist etwas berichtenswert bzw. wann hat man eventuell sogar die Chance dem zu entkommen, wenn man das möchte? Wenn es keine Einschaltquoten bringt? Wenn Menschen sich zwangsläufig anderen Lebensbereichen zuwenden müssen? Und: Ab wie vielen Menschen darf man von einem Genozid sprechen? Wie viel Prozent eines Volkes müssen dafür leiden und sterben? Die Fragerichtung pervertiert das Leben. Aber geschieht nicht genau das, von vielen geduldet, immer wieder? Und ist das Schweigen gegenüber den Armeniern nicht nur ein Tatbestand in dieser beunruhigenden Weltsicht? Ein wesentlicher aber, einer, der uns alle zum notwendigen Umdenken bringen könnte? Das Spielen mit Masse und Zahlen im Blick auf das immer individuelle und einmalige Leiden der Menschen betrachtet das Leben aus der Perspektive der Macht. Denn ich entscheide, die Regierung entscheidet, eine ferne, fremde Institution entscheidet, ob das Leiden "dazu" gehört oder ob es nur ein anonymes, unbekanntes, nicht anerkennungswürdiges Sterben war. Das Leben des Einzelnen, seine Liebe, seine Hoffnung, seine Verzweiflung versinkt in der Masse zum Nichts.

Diese Denkweise trifft seit Jahrzehnten das armenische Volk. Scheinbar kann man von offizieller Seite der barbarischen, unmenschlichen Qual von tausenden von Menschen so die letzte Würde verweigern und die eigene weiße Weste retten. Scheinbar. Denn das Leiden ist dokumentiert, lebt in der Erinnerung weiter, fragt und klagt an. Natürlich kann sich jeder auf seine eigene Weise dem entziehen. Aber das wird die Fragen nicht zum Verstummen bringen. Und es sind wesentliche Fragen, die gestellt werden müssen: Welche Verhältnisse ermöglichen es zum Beispiel, dass unbescholtene Beamte Teil einer Vernichtungsmaschinerie werden, ohne das Gefühl der eigenen Schuld zu entwickeln? Was hindert uns, in eindeutigem, friedlichem Protest gegen die mörderischen Verhältnisse der Welt aufzustehen, so wie es z.B. Johannes Lespsius gegenüber der deutschen Regierung getan hat, der unter schwierigsten Bedingungen seinen Augenzeugenbericht schrieb und ihn trotz Verbot verbreitete, oder wie es Organisationen wie *amnesty international* an anderer Stelle heute tun? Oder anders formuliert: An welchen Stellen schweige ich, wenn ich reden sollte? Wo versinkt unsere Klage, die wir miteinander vor Gott und die Menschen tragen sollten im alltäglichen Gejammer über die kleinen Ungelegenheiten des Daseins oder schlicht in Bequemlichkeit?

Die Auseinandersetzung mit dem Leid des armenischen Volkes stellt mich. Sie fragt mich an, fordert meine Position heraus. Es genügt nicht festzustellen, dass der Mensch eben dazu fähig ist. Das haben viele Völker zu unterschiedlichen Zeiten unter Ausnutzung aller ihnen zur Verfügung stehenden, technischen Möglichkeiten wiederholt bewiesen. Ich muss mich fragen lassen und selbst zu fragen beginnen. Das kann mich vielleicht sensibler für den Augenblick der Wahrheit, des Anrufs, der Forderung nach meinem eigenen Handeln werden lassen. Die Bibel sagt über Augenblicke, in denen solche Anforderungen nötig werden, bitter: „Gott hat sein Angesicht im Augenblick des Zorns vor uns verborgen." Gott verlässt uns offensichtlich von Zeit zu Zeit. Das ist eine furchtbare Erfahrung vieler Menschen. Das ist die unauslöschlich in das Bewusstsein eingegrabene Erfahrung des armenischen Volkes. Irgendwo aber hat Gott dennoch ein Licht in den Menschen verborgen, ein verzweifeltes, kleines, flackerndes, so wie in Johannes Lepsius. Dass es uns geschenkt werde, heute und jeden Tag, bevor es zu spät ist, einen guten Kampf zu beginnen und um den Schutz des von ihm geschenkten Lebens zu ringen, darum möchte ich Gott bitten. Er schenke, dass das Herz für das Leiden des Einzelnen offen bleibe, dass nicht die Zahl zählt sondern der Mensch, dem ich begegne, der gerade mir anvertraut ist.

Bettine Reichelt lebt als Pfarrerin und Buchautorin in Leipzig.

Reden

Wolfgang Huber

„Porträt einer Hoffnung. Die Armenier"
Vorstellung des Buchs von Huberta von Voss[1]

Die Armenier gehören zu den ältesten Kulturvölkern unserer Erde – und dennoch weiß man in vielen Teilen der Welt wenig über sie. Das schließt Deutschland ein. Was wissen wir von der armenischen Geschichte, die 3000 Jahre zurückreicht? Was wissen wir von dem langen Weg der Armenisch-Apostolischen Kirche, die als Staatskirche noch vor der sogenannten "Konstantinischen Wende", nämlich im Jahr 301 durch König Trdat den Großen errichtet wurde und noch heute 96 Prozent der armenischen Bevölkerung umfasst? Was wissen wir von der armenischen Kunst, die sich mir erst bei einem Besuch in Antelias erschlossen, jenem Teil Beiruts, in dem Katholikos Aram I. seinen Sitz hat? Von jener Kunst, deren mittelalterlicher Phase Jean-Michel Thierry und Hermann Goltz ein schönes Denkmal gesetzt haben? Was wissen wir von dem bedrückenden und oft bedrückend verschwiegenen Geschehen heute vor knapp 90 Jahren, als die jungtürkische Regierung bis zu 1,5 Millionen Armenier im Windschatten des Ersten Weltkriegs ermordete und Hunderttausende ins Exil trieb, jenes Geschehen, von dem neben dem armenischen auch das aramäisch/ assyrische und das griechische Volk betroffen war, wie ein von Tessa Hofmann vor Kurzem herausgegebener Band gezeigt hat? Was wissen wir von den Armeniern heute, denen, die in ihrer Heimat blieben, wie denen, die in viele Länder und Kontinente verstreut leben, integriert in die neue Umwelt und doch zugleich Anwälte ihrer Herkunft und Zeugen eines großen kulturellen und religiösen Schatzes? Wie gehen wir heute mit der fortdauernden Leugnung dieser Ereignisse durch die Türkei um, über deren mögliche Zugehörigkeit zur EU verhandelt werden soll – mit ihrer

1 Huberta von Voss: Porträt einer Hoffnung. Die Armenier, Berlin 2004.

Entschlossenheit zum Verschweigen, die auch im Umkreis der heutigen Veranstaltung zu spüren war? Welche Bedeutung hatte die Zeit der Sowjetherrschaft für das armenische Selbstverständnis? Und wie stark bestimmt der Genozid am armenischen Volk dessen Identität und die politische Lage im Südkaukasus? Warum kämpfen manche Armenier so stark für die Anerkennung der historischen Ereignisse? Und was bedeutet der 24. April, der Tag, an dem die Armenier weltweit des Beginns des Völkermordes gedenken, für die jüngeren Generationen, die vielfach nicht mehr die Sprache ihrer Vorfahren sprechen? Wie werden wir selbst im kommenden Jahr am 24. April der Ereignisse gedenken, die vor 90 Jahren begannen? Fragen über Fragen.

Fragen sind das, die sich auch mir selbst erst allmählich erschlossen haben. Für mein Verstehen bedurfte es dazu des Anstoßes durch einen deutschen Zeugen. Mein Erstaunen darüber, welcher Rang der Erinnerung an Johannes Lepsius in Armenien selbst zukommt, hat mir dabei geholfen, stärker auf das zu achten, was ihm selbst mitzuteilen wichtig war, mancherlei Auslassungen eingeschlossen. Das Eintreten von Lepsius für die Armenier und sein Bemühen, das Schweigen zu durchbrechen, waren unbezweifelbar. Franz Werfel hat ihm dafür in seinem großen Armenier-Roman ein bleibendes Denkmal gesetzt. Das Haus, in dem Lepsius in Potsdam lebte, wird in diesen Monaten wieder hergestellt und zugänglich gemacht. Ich bin dankbar dafür und unterstütze das Anliegen, dass das Johannes-Lepsius-Haus in Potsdam eine Gedenk- und Forschungsstätte für deutsch-armenische Bemühungen wird, ein Zeichen wider Verdrängen und Vergessen, ein Zeichen dafür, dass Zukunft nur gewinnt, wer die Vergangenheit nicht verschweigt.

Das Schicksal der Armenier und der mit ihnen zusammen betroffenen Völker ist in ein gemeinsames dunkles Kapitel der Weltgeschichte eingetragen, das noch nicht abgeschlossen ist. Die nahezu fünf Jahrhunderte eines sehr spannungsreichen, aber ebenso fruchtbaren Zusammenlebens der Völker und Religionen im osmanischen Vielvölkerreich erfuhren ihr blutiges Ende erst mit der Übernahme der neuzeitlichen westlichen Ideologie des monoethnischen Nationalstaates und mit dem Versuch türkischer Nationalisten, diese Ideologie gewaltsam in die Tat umzusetzen. Das geschah in einer Zeit, in der die "christlichen" Großmächte West- und Osteuropas wirtschaftlich und militärisch um Einfluss auf das Osmanische Reich konkurrierten. In ihrem weltpolitischen Schachspiel hatten die christlichen Völker dieses Reichs bestenfalls die Rolle von Bauern; die eigenen Interessen waren wichtiger als der Aufschrei für Menschen, die zu Millionen ihr Leben lassen oder fliehen mussten.

Daher trägt die klassische Dokumentation zu den ersten großen Armeniermassakern, die Johannes Lepsius bereits 1896 veröffentlichte nicht nur den Titel „Armenien und Europa", sondern fügt dem den provozierenden Untertitel hinzu: „Eine Anklageschrift wider die christlichen Großmächte und ein Aufruf an das christliche Deutschland". Die tödlichen Folgen von Weltherrschaftskonkurrenz und "ethnischer Säuberung" für die orientalisch-christlichen Völker im Osmanischen Reich beschreibt Johannes Lepsius dann nach dem Ersten Weltkrieg als einen „umgekehrten Kreuzzug" des Westens. Dieses fatale Kräftespiel zwischen Okzident und Orient ist stets im Auge zu behalten, um nicht in einseitigen Schuldzuweisungen zu enden, die der Bereitschaft zur historischen Wahrheit geradezu im Wege stehen würden. Wie fatal die geschilderte Dynamik sich bis in die Gegenwart auswirkt, sehen wir übrigens auch daran, auf welch grauenvolle Weise sich die Dezimierung der christlichen Bevölkerung im Irak entwickelt hat und gerade in diesen Tagen fortsetzt.

Gewiss waren die Verfolgungen der damaligen Zeit nicht rein religiös motiviert. Und sie betrafen auf ihre Weise auch muslimische und jüdische Bevölkerungsgruppen. Aber aus ihnen ergibt sich doch unabweisbar die Pflicht, gerade mit dem Recht auf Religionsfreiheit sorgsam umzugehen und – auch und gerade im Blick auf die Türkei von heute – das Recht von Minderheiten auf Religionsfreiheit, das Recht der christlichen Minderheiten eingeschlossen, einzufordern und einzuklagen.

Auf dem Hintergrund solcher Überlegungen begrüße ich das Buch, das heute vorzustellen ist, mit großem Nachdruck. Mich beeindruckt, dass ein Buch, das den Genozid an den Armeniern zum Ausgangspunkt hat, den Titel „Porträt einer Hoffnung" trägt.

Menschen, die die Spuren verzweiflungsvollen Erlebens in der Seele tragen, werden durch dieses Buch zu Boten der Hoffnung. Die dreißig Autoren dieses Bandes sind auf Spurensuche gegangen – und dies in mehreren Hinsichten. Drei Hinsichten will ich hervorheben.

Die Autoren schildern die Geschichte des Armenien-Genozids wie die Geschichte seines Beschweigens. Das ist eine Pflichtlektüre für alle, die sich auf dieses Buch einlassen. Sie beschreiben aber auch das heutige Armenien, ein kleines Land von den Ausmaßen Brandenburgs, zugleich ein armes und durch innere Zwistigkeiten geplagtes Land, eingehend und mit kritischer Sympathie. Die Autoren öffnen uns in einfühlsamer Weise den Zugang zu Gebräuchen und Sitten des armenischen Volkes.

Sie laden ferner zur Begegnung mit Menschen ein, die in der Zerstreuung, in der Diaspora, ihre armenische Identität wieder entdeckt haben. Ihre Porträts, beeindruckend recherchiert und kunstvoll geschrieben, sind Puzzleteile der armenischen Wirklichkeit in der Fremde wie in der Heimat; sie reichen von Beirut über Jerusalem, Kairo, Alexandria, Istanbul, Isfahan, Teheran, Paris, Venedig, Wien, Brüssel, Zürich, London, Berlin, New York, Los Angeles, Pasadena, Toronto, Moskau, Buenos Aires, Madras bis nach Jerewan und Etschmiadzin und Karabach. Es sind Geschichten von berühmten Armeniern wie Charles Aznavour und weniger bekannten Menschen mit einem außergewöhnlichen Leben wie Madame Anahit, der Straßenmusikerin aus Istanbul. Huberta von Voss, der Herausgeberin des Bandes, die einen erheblichen Teil dieser wunderbaren Porträts selbst geschrieben und andere selbst übersetzt hat, ging es nicht darum, einen *Who is Who* der vierzig bedeutendsten zeitgenössischen Armenier zusammenzustellen, sondern ein Kaleidoskop der weltumspannenden Diaspora und des Mutterlandes in seiner ganzen Vielfalt zu bieten. Schriftsteller und Historiker, Journalisten, Intellektuelle und Lobbyisten, Kirchenführer und Mönche, Maler, Musiker, Filmemacher, Fotografen und Philanthropen, Politiker und Diplomaten tragen zu diesem Bild bei. Ebenso wichtig wie die Menschen aus diesen Lebensbereichen, sind die außergewöhnlichen, darunter auch die erschreckenden Einzelschicksale, wie von Monte Melkonian, dem berüchtigten Top-Terroristen und Karabach-Kämpfer, oder von Armen Petrossian, dem Inhaber des gleichnamigen Kaviar-Imperiums, sowie der Lehrerin Rosita Youssefian aus Buenos Aires und anderen mehr. All diese Lebensläufe spiegeln ein Stück von gelebter armenischer Geschichte und Gegenwart.

Die Porträts von Menschen werden schließlich ergänzt um einige *lieux de memoire* – Erinnerungsorte, die im historischen Bewusstsein der Armenier einen hohen Symbolwert besitzen. Dazu gehört Deir-el-Zor, die Endstation der Todesmärsche in der mesopotamischen Wüste, sowie der Widerstand am Musa Dagh, dem Franz Werfel ein literarisches Denkmal setzte, oder auch die Hardenbergstraße in Berlin, auf der einer der Haupttäter des Völkermordes von einem jungen Armenier erschossen wurde.

Mein persönliches Nachdenken über das Geschick der Armenier stelle ich immer wieder unter ein Wort aus dem biblischen Buch des Propheten Jesaja, das mir einmal in einem solchen Zusammenhang entgegengetreten ist: „Der Herr wird aufheben die Schmach seines Volks in allen Landen" (Jesaja 25,8). In diesem Licht sehe ich das Trauma, ohne das der Weg der Armenier seit einem Jahrhundert nicht zu verstehen ist. Jeder, der dieses Trauma bestreitet oder beschweigt, muss nach meiner Auffassung wissen, dass er es dadurch vertieft. Es ist, wenn ich mich selbstkritisch prüfe, dieser elementar menschliche Grund, warum für mich Aufrichtigkeit im Blick auf den Armenien-Genozid zu den Vorbedingungen von Verhandlungen über das künftige Verhältnis der Türkei zur Europäischen Union gehört.

Es sollte uns nachdenklich stimmen – auch das kann man aus diesem Buch lernen, – dass der Begriff des Genozids, von Raphael Lemkin nach dem Ende des Zweiten Weltkriegs geprägt, von Anfang an einen doppelten Hintergrund hatte: Den Völkermord an den Armeniern und die Schoah, den Völkermord am europäischen Judentum. Kein Dokument kam mir bei der Lektüre dieses Buches gewichtiger vor als die Erklärung über die Anerkennung des Genozids an den Armeniern aus dem Jahr 2000, mit der Vahakn N. Dadrian für seinen Protest gegen die These von der Einmaligkeit des Holocaust die Unterschriften beispielsweise von Yehuda Bauer oder Elie Wiesel bekommen hat. Israel Charny, Direktor des Jerusalemer Instituts für Holocaust und Genozid, hat das Thema des Armeniergenozids zu seiner eigenen Sache gemacht. Yehuda Bauer, der wissenschaftliche Berater des Yad Vashem Holocaust Center in Jerusalem, sagt in seinem Beitrag zu diesem Buch über das Trauma dieses Völkermordes: „Der einzige Weg, so scheint es, sich diesem Trauma zu stellen, ist, sich mit ihm zu konfrontieren, und das Geschehene realistisch und so objektiv wie nur irgend möglich zu behandeln." Und er drückt die Überzeugung aus, dass sich eine moderne, liberale türkische Gesellschaft kaum entwickeln kann, solange dies nicht geschieht. Nachdrücklich will ich seiner Aussage beipflichten, dass ein offener Umgang mit diesem Handeln einer früheren türkischen Regierung im wohlverstandenen eigenen Interesse der Türkei liegt.

All das wird uns deutschen und europäischen Leserinnen und Lesern in einer Weise nahe gebracht, die Empathie weckt und ein differenziertes Urteil ermöglicht, die Freude an der Kunst der Darstellung auslöst und zugleich Trauer über vieles, was dargestellt wird. Dieses Porträt einer Hoffnung ist für mich beim Lesen zu einem Zeugnis der Hoffnung geworden. Deshalb wünsche ich diesem Buch viele hoffnungshungrige Leserinnen und Leser. Den Autoren und vor allem der Herausgeberin, Huberta von Voss, aber gelten Glückwunsch und Dank.

Diese Rede wurde am 25. November 2004 in der Hamburgischen Landesvertretung in Berlin gehalten.

Bischof Dr. Wolfgang Huber ist Ratsvorsitzender der Evangelischen Kirche in Deutschland (EKD) und Bischof der Evangelischen Kirche Berlin-Brandenburg-schlesische Oberlausitz.

Helmut Donat

Wunden der Vergangenheit – Zeichen für die Zukunft

Das armenische Volk ist eines der ältesten christlichen Kulturvölker. Bei kaum einem anderen Volk haben sich die Leiden im Laufe seiner Geschichte so gehäuft. Es ist beständig ein Spielball der Großmächte gewesen. Byzantiner und Perser, Araber und Türken haben es wechselweise unterjocht und misshandelt. Dass das Volk dennoch nicht untergegangen ist, sondern sich seit zwei Jahrtausenden erhalten hat und nach wie vor ein Kulturfaktor ist, das ist ein Zeichen einer unverwüstlichen Lebenskraft, wie wir sie kaum bei einem anderen Volke finden.

Ich habe von Armenien zum ersten Mal etwas als Schüler gehört. Ich war 12 oder 13 Jahre alt, als unser Lehrer im Geografieunterricht erklärte, dass der Ararat der höchste Berg im Kaukasus sei und dort deutsche Soldaten im Zweiten Weltkrieg gekämpft hätten. Dann sagte er: „Ein Jude haut zehn Araber übers Ohr, und ein Armenier haut zehn Juden übers Ohr." Das war alles. Kein Wort von der Kultur, Landschaft oder gar von dem Völkermord. Der Mantel des Schweigens, den die kaiserliche Regierung einst über das Schicksal des armenischen Volkes ausbreitete, um den türkischen Bündnispartner nicht zu belasten, funktionierte also noch lange nach dem Zweiten Weltkrieg.

Es hat weitere zwanzig Jahre gedauert, bis ich wieder etwas über Armenien hörte. Ich wirkte damals an dem von Karl Holl herausgegebenen Manuskript des Bremer Pazifisten Ludwig Quidde über „Die Geschichte des deutschen Pazifismus während des Ersten Weltkrieges" mit. Zu meinen Aufgaben gehörte es, Sachverhalte zu erläutern, die dem heutigen Leser nicht geläufig sind. So sprach zum Beispiel die Generalversammlung der Deutschen Friedensgesellschaft im November 1915 in Leipzig „ihre Sympathie allen unterdrückten und misshandelten Völkern aus, insbesondere den Armeniern und russischen Juden". Ich wusste zunächst nicht, um was es ging, lediglich die Erinnerung an meinen Geografielehrer stellte sich ein. Ich begann zu recherchieren und wurde mit schrecklichen Ereignissen konfrontiert. Nicht auf den Schlachtfeldern von Verdun, sondern „hinten, fern in der Türkei“ war das blutigste Kapitel des Ersten Weltkriegs geschrieben worden. In überaus grausamer Weise sind 1915/16 über eine Million Armenier zu Tode gemartert worden; sie waren Opfer einer planmäßigen Ausrottung und systematischen Ausmordung. Ich war damals dreißig Jahre alt und hatte weder in der Schule noch sonst irgendwo etwas über den ersten Genozid des 20. Jahrhunderts gehört. Ich schämte mich, war empört, fing an, mich umfassend zu informieren. Ich empfand mich irregeführt und schwor mir, etwas dagegen zu tun. Ich stöberte in Antiquariaten herum, las in alten Zeitungen, fand Dokumentensammlungen und richtete in meiner Bibliothek einen armenischen Teil ein. Als ich ein paar Jahre später mit dem Verlegen von Büchern begann, gehörten dazu schon bald Werke, Broschüren und Schriften über Armenien. Ebenso haben viele andere dazu beigetragen, das fortwirkende Tabu zu durchbrechen. Ich möchte an dieser Stelle nur die Gesellschaft für bedrohte Völker und Frau Dr. Tessa Hofmann nennen, die sich in vielen Büchern mit Armeniens Vergangenheit, Gegenwart und Zukunft beschäftigt hat.

Seither sind viele Jahre ins Land gegangen, und heute können wir sagen, dass die deutsche Öffentlichkeit ein wenig besser über das Schicksal Armeniens informiert ist als vor zwanzig Jahren. Aber es ist längst nicht genug. Noch immer gibt es viele, die nicht wissen, welche Verbrechen 1915/16 begangen worden sind. Noch immer hat weder der Deutsche Bundestag noch irgendein deutsches Länderparlament die Verbrechen als Völkermord an den Armeniern anerkannt. Meines Erachtens stünde doch gerade uns Deutschen eine solche moralische Verpflichtung zu. Zu viele deutsche Regierungen haben geschwiegen, sich herausgeredet oder in die Büsche geschlagen, wenn es darum ging, den Opfern Gerechtigkeit widerfahren zu lassen und die Täter beim Namen zu nennen. Damit muss endlich Schluss sein.

In der Bundesrepublik Deutschland leben etwa 40.000 Armenier. Sie sollen wissen, dass wir ihnen die Hand reichen und uns neben und vor sie stellen, wenn – von welcher Seite auch immer – versucht wird, die öffentliche Meinung irrezuführen und man die an ihrem Volk begangenen Verbrechen ihren Großvätern und Urgroßvätern in die Schuhe schieben will. Und sie sollen wissen, dass wir uns nicht in eine Traditionslinie mit jenen Deutschen stellen, die aus Bündnistreue zur Türkei die Wahrheit und das Recht preisgegeben und die freie Meinungsäußerung unterbunden haben. In diesem Sinne wollen die "Armenischen Kulturwochen" daran erinnern, was war und nie wieder geschehen darf und zugleich vor Augen führen, dass Vergessen, Schweigen und Gleichgültigkeit – gestern wie heute – Hilfsmittel von Verbrechen sind.

Niemand ist von den heute Lebenden für die Bluttaten von 1915/16 verantwortlich zu machen. Wer sich aber erneut und weiter schützend vor die damalige jungtürkische Regierung stellt und den Völkermord leugnet, begibt sich in eine schlimme Tradition und muss sich die Frage gefallen lassen, wie er denn heute zur Verletzung von Menschenrechten steht, wenn er vor den in der Vergangenheit millionenfach Begangenen die Augen verschließt oder diese nicht wahrhaben will? Die Würde des Menschen zu achten, gilt ebenso für die Vergangenheit wie für die Gegenwart. Und wer sich in die Niederungen von Traditionen begibt, die mit Gewalt, Tod und Ausrottung verbunden gewesen sind, arbeitet jenen Kräften in die Hände, die es auch in der Gegenwart und Zukunft mit der Achtung der Menschenwürde nicht so ernst nehmen, wie sie es vielleicht vorgeben.

Der bedeutende liberale türkische Politiker Kemal Midhat Bey, einst Chef der liberalen Partei und Enkel Midhats Paschas, des sogenannten "Vaters der ottomanischen Konstitution" erklärte – wie einer Rede des Unabhängigen Sozialdemokraten Hugo Haase im Deutschen Reichstag vom März 1918 zu entnehmen ist, – im Januar 1918 in einem Aufruf zu den blutigen Ereignissen der Jahre 1915 und 1916:

„Zur Rechtfertigung aller dieser Verbrechen hat die türkische Regierung mehr als eine Broschüre voll zynischer Verlogenheit gegen die Armenier veröffentlichen lassen. Denn nach all diesem Mord an Frauen und Kindern war es notwendig, alle möglichen Anklagen gegen das unglückliche armenische Volk zu erfin-

den. Zugegeben, dass es auch unter den Armeniern einige gab, die sich Vergehen schuldig gemacht haben; dann wäre es Pflicht der Regierung gewesen, sie ausfindig zu machen und nach den Gesetzen des Landes zu bestrafen. Jedoch wegen einiger weniger Revolutionäre – wenn es überhaupt welche gab – mehr als eine Million friedlicher, sich ihrer vollkommenen Unschuld bewusster Bewohner und Mitbürger einfach zu ermorden oder zu deportieren, zu plündern und dann abzuschlachten, das ist eine Tat, die mit keinen Worten zu bezeichnen ist, und die wir liberalen und wahrhaft patriotischen Türken in tiefster Seele verdammen, die auch unsere mohammedanische Religion aufs allerenergischste verurteilt."

Mit den "Armenischen Kulturwochen" wollen wir aber noch etwas anderes verdeutlichen. Armenien befindet sich heute – nach dem Ende der Sowjetunion – auf einem schwierigen Weg. Aber es wird auch damit, dessen bin ich sicher, fertig werden. Seine Geschichte, Religion, innere Kraft und sein Vertrauen auf sich selbst werden ihm dabei helfen. Ich bin zuversichtlich: Niemand wird diesem Volk jemals seinen Stolz und seine Würde nehmen können.

Aber Armenien ist kein "steinreiches", sondern eher ein an Steinen reiches Land. Und wir können ihm allein schon dadurch helfen, wenn wir uns mit seinem großen Erbe vertraut machen, seiner Literatur, Musik, Dichtung und Kultur, seinen Menschen und seinem südländisch anmutenden Temperament, das Alexander Puschkin diesem – wie er es nannte – „wunderbaren Volk" zugesprochen hat.

Wo einst Noah mit seiner Arche gestrandet sein und als erster einen Weinberg gepflanzt haben soll, am Ararat, dem heiligen Berg der Armenier, ist das Land heute von Weinreben bedeckt. Und trotz aller Unbill, Unterjochung und Misshandlung hat es sich stets seine Heiterkeit bewahrt, die sicher nicht nur im Geist des Weines liegt, der vor allem als Cognac Weltberühmtheit erlangte – auch wenn Maxim Gorki einmal gesagt haben soll: „Es ist leichter, den Berg Ararat zu besteigen, als aus dem „Ararat"-Keller [der Jerewaner Cognac-Fabrik] hinaufzukommen."

Und wie schon für Ossip Mandelstam ist Armenien auch für

Andrej Bitow ein Land, das gelesen werden will. Hier hat die Geschichte, schreibt er in seinen „Armenischen Lektionen“, „keinen Anfang – sie ist immer schon da gewesen. Kein Dorf, das nicht in grauer Vorzeit einmal Hauptstadt eines alten Staates gewesen wäre, kein Hügel, unweit dessen sich nicht eine Entscheidungsschlacht abgespielt hätte, kein Stein, über den nicht Blut geströmt wäre, und kein Mensch, den das gleichgültig ließe.“

Lassen Sie sich also einfangen von der Lebendigkeit und Eigentümlichkeit einer Leidensgeschichte und Kultur eines Volkes, das, wie es die armenische Lyrikerin Silwa Kuputikjan in ihrem „Offenen Brief an die Mitglieder des sowjetischen Schriftstellerverbandes“ am 5. April 1988 einmal geschrieben hat, „in jahrhundertelangen Prüfungen die Weisheit erworben hat, Ohnmacht in Tapferkeit zu wandeln, in der Verzweiflung Kraft zu schöpfen und sich aus dem Kreislauf der Ungerechtigkeiten zu einer höheren Gerechtigkeit aufzuschwingen.“ Ähnlich formulierte es der russische Literat Valerij Brjussow. In dem Vorwort zu der von ihm 1916 herausgegebenen „Poesie Armeniens“ heißt es: „Durch die düsteren Wolken, die schon so oft den Horizont der armenischen Geschichte verdunkelt haben, durch drohende und erstickende Finsternis, die schon so oft das Leben des armenischen Volkes erstarren ließ, brachen immer wieder – und sie leuchten auch heute – sieghaft die flammenden Strahlen seiner Poesie hervor.“ Wir hoffen und wünschen, dass Sie und wir in den nächsten Tagen und Wochen vom Leuchten dieser Poesie berührt werden.

Rede zur Eröffnung der "Armenischen Kulturwochen" in Bremen (2.11.-23.11.2003), gehalten am 2. November 2003 in der Bremer Friedenskirche.

Helmut Donat ist Bankkaufmann, Historiker und Verleger. Er ist Autor und Herausgeber einiger Veröffentlichungen u.a. zu den Ursachen und Folgen des Nationalsozialismus sowie zum Völkermord an den Armeniern.

Augenzeugenberichte

In den folgenden sechs Erzählungen teilen armenische Augenzeugen ihre Erfahrungen während des Völkermordes und nach dem Völkermord mit.

Indschearabjan stellt seine Kindheitserlebnisse vom Deportationszug dar; *Baljan* erzählt mit seiner Schilderung vom extrem enttäuschenden und tief bitteren Leid einer kleinen Familie; *Theotig* berichtet hauptsächlich vom Leidensschicksal der armenischen Geistlichen; *Balakjan* stellt als Exilant seine Überlegungen zur Situation seines Volkes vor; *Chrajan*, psychisch tief berührt, erzählt von seiner Begegnung als Kind mit einem türkischen Gefreiten; *Faradschjan* macht die Rettungsgeschichte seiner Familie durch einen türkisch-muslimischen Geistlichen zum Thema.

Alle Erzählungen gehören in ihre und auch in unsere Zeit. Im Lichte dieser Bemerkung werden ihr unterschiedlicher Stil und ihre Akzentuierungen verständlich.

Die Transkription der armenischen Personen- und Ortsnamen u.a. wurde nach der Aussprache der westarmenischen Sprache und nicht nach der klassisch-armenischen Transkription durchgeführt, weil alle Autoren Westarmenier bzw. kilikische Armenier sind.

Die zu den Texten hinzugefügten Fußnoten sollen durch Erklärungen den Leserinnen und Lesern weiterhelfen.

Papken Indschearabjan

Martyrium der Kinder

Wir gingen immer vorwärts; aber wie? Meine Mutter hielt meine Hand fest und passte auf jeden meiner Schritte auf, damit ich nicht auf die Toten trete. Frau Aghawni Merdinjan hatte das Glück, ihr Eselchen noch am Leben erhalten zu haben, auf dem ihr Sohn, der elfjährige Harutjun ritt: er war unser Anführer. Vor ihm ragte ein Kurde mit monströsem Gesicht und entblößtem Schwert in der Hand heraus. Wir bebten alle vor Entsetzen. Er stieß sofort Harutjun vom Esel herunter. Auch dieser übrig gebliebene, einzige Esel, der die übrig gebliebenen, letzten Habseligkeiten einiger Personen unserer Gruppe trug, ging von uns. Man hat auch ihn uns entzogen. Wir baten die uns begleitenden Polizisten um Hilfe, aber sie taten so, als ob sie es nicht gehört hätten. Meine Mutter hatte mir ein Stück Brot versorgt, das ich noch nicht in den Mund genommen hatte, als man es mir entriss. Wer hat auch dieses Brot gestohlen…

Vaterlos, mutterlos gewordene, sieben-/ achtjährige Kinder folgten den Exilanten. Ein Exilant bettelte vom anderen oder stahl: wir lebten stehlend… Viele kleine Jungen, wenn sie zufällig eine Scheibe Brot hatten, hielten sie in ihren Händen fest und nagten heimlich daran. So aßen sie das Brot… Zur gleichen Zeit suchten junge Zazas[1] mit gezücktem Schwert nach Mädchen. Wenn die Mutter sie nicht weggab, töteten sie sie… Wenn das Mädchen sich dagegen stellte und nicht zu ihnen gehen wollte, zerrten sie an seinen Haaren und nahmen es mit.

Wir waren endlich in der Nähe eines Flusses: eine Rettung? Um einen Schluck Wasser zu haben? Wer dachte überhaupt an diesen Schluck Wasser? Ach, ich sah, wie viele sich selbst in jenen Fluss warfen… Eine Frau lief ein paar Schritte vor uns. Als sie in weniger Entfernung das Wasser sah, beschleunigte sie ihre

1 Zazas sind eine Volksgruppe und leben in Ostanatolien.

Schritte und warf sich in den Fluss. Das Wasser nahm sie mit. Ihre Haare breiteten sich immer wieder auf dem Wasser aus... Sie wollte sterben, aber leider bewegte sie sich noch in naher Ferne. Das Wasser verstieß ihren Körper und warf ihn auf eine kleine Insel. Sie konnte kaum ächzen: Ach, auch das Wasser nimmt mich nicht an und konnte mir nicht zum Sarg werden. Ich sah aber zugleich, dass diese kleine Insel aus angehäuften Toten gebildet war und es gab unter ihnen so viele kleine Körper und Leichen... Auf jene kleine Insel trug und warf der Fluss diese elende Frau, die verurteilt war am Leben zu bleiben, als ob der Fluss zu ihr sagte: „Weine für diese Opfer, die hier ohne Tränen starben! Du, die du noch Kraft zum Leben hast, die du noch Minuten zu leben hast, wirf Tränen auf die kleine Leicheninsel, bevor du deine letzte Kraft verbrauchst! Dies seien die Tränen, die auf die Mütter, die den letzten Bodensatz des Schmerzes geseiht haben, und auf ihre elenden Seelchen vergossen werden. Und dann kommst du dran, dich mit ihnen zusammenzuschließen“. Die Hände und Füße der armen Frau bewegten sich noch. Sie machte eine weitere Bewegung, eine neue Bemühung, warf sich erneut in die Flut. Dann wurde sie nicht mehr gesehen. Sie hatte ihre Aufgabe erfüllt.

Sehr viele folgten ihr, zuerst ihre Kinder ins Wasser werfend und dann sich selbst wie Wahnsinnige herabstürzend, damit sie nicht herausgeholt würden... Nachdem wir Augenzeugen dieser Szene geworden waren, entfernten wir uns von dort... Nun hatten wir auf einen Berg hinaufzusteigen. Das heiße Wetter, der Gestank der Toten waren unseren Kindernasen unerträglich. Mit einem Lumpen vor die Nase gepresst, durch den Mund atmend, stiegen wir den Berg hinauf... Obwohl die Hoffnungslosigkeit einen letzten Grad erreicht hatte, dachte niemand an sie oder bemerkte sie. Meine Mutter wollte mich immer tragen und oft nahm sie mich tragend mit, aber manchmal dachte ich, dass meine Mutter auch zu müde würde und ich stieg herunter und folgte ihr ganz nah, weil man die Zurückbleibenden tötete... Selbst als ich neben meiner Mutter lief, warnte sie mich stets, dass ich nicht auf die Leichen trete. Aber wie könnte man über sie gehen, ohne auf sie zu treten? So viele und so dicht waren sie! Viele von ihnen waren schon zerfallen. Auch wenn unsere kleinen Füße sie berührten, wurden jene Leichen zu Staub und senkten sich wie ein Blasebalg. Meine Mutter passte trotzdem auf, dass nicht ein Knochen in meine kleinen Füße eindringt. Ich war barfuss, aber zum Glück waren meine Füße so verhärtet, dass zwischen die Holzstücke, aus denen meine Kinderfüße nun bestanden, nichts eindringen konnte... Wir stiegen den Berg hinauf.

Und siehe, bei diesem Aufstieg war eine Stelle so eng, dass wir gezwungen waren, einer hinter dem anderen zu gehen. Man sah den Gipfel des großen Berges nicht. Unten aber war ein Abgrund, der eine Spalte im Schlund war. Es war Nacht, das Dunkel war dicht. Nichts konnte man wahrnehmen. Nach dem Aufstieg begann glücklicherweise schon beim Sonnenuntergang der Abstieg. Der Weg war nun ein bisschen breiter. Stundenlang setzten wir unseren Abstieg fort... Es entstand ein Gewisper in der Menge, dass man uns alle in jener Schlucht töten würde. Es war schon kein Mann mehr unter uns: nur Frauen und ein paar Kinder. Ehrlich gesagt, ich kenne die Zahl der Exilanten nicht, aber nachdem wir eine große Menge gewesen waren, sank unsere Zahl sehr stark, indem man überall Leichen hinterließ. Ich weiß nur, dass wir uns gewöhnlich in der Mitte der Karawane hielten. Jedes Mal, wenn wir einen Ort erreichten, pflückten unsere Mütter ein wenig Gras und dieses aßen wir mit einem Stück Brot, falls es übrig geblieben war. Jedes Mal, wenn wir diese unsere vorzügliche Speise schon fertig gegessen hatten, hatten die Zurückgebliebenen uns noch nicht erreicht. Während des Aufstiegs auf jenen Berg hatten wir keinen Gegenstand mehr, weder einen zerbrochenen Teller, noch Lumpen und Bündel, die uns bisweilen als Kissen dienten. Einige verbanden ein paar von denen miteinander und machten ein Bett für uns Kleine. Auch unsere Kleider waren schon zerrissene Fetzen. So erreichten wir die Schlucht. Dort fühlten wir unseren Hunger und den Durst auf unseren Lippen. Als ob die beiden Lippen aneinander geklebt wären. Sie öffneten sich nicht und der Speichel war ausgetrocknet. Aber damit wir Hunger und Durst nicht spürten, suchten wir im Dunkeln etwas, legten es unter den Kopf und schliefen... das war die Stunde unserer Glückseligkeit... Morgens früh fragte einer den anderen: Hast du bequem geschlafen?

– Oh, ich habe auf einem Toten geschlafen! Das Kissen, das ich unter meinen Kopf gelegt habe, ich wusste es nicht, ist die Hälfte einer Leiche!

Sie haben es vorher nicht bemerkt, nicht gesehen. Was hätte man im Dunkeln sehen können? Wie kann man in solcher Müdigkeit einen Gegenstand vom anderen unterscheiden? Und dann, obwohl wir Tote zum Kopfkissen oder Bett machten, lehnten wir uns einander an die Rücken an, um uns zu wärmen, sahen aber die Leichenbettgestalt nicht, und es war noch dunkel, es war immer noch Nacht in der Schlucht, als wir aufwachten; wir aber spürten die Zeit, wie die Vögel es tun. Doch in der Dämmerung... was für ein fürchterliches Bild: auf den Toten geschlafen zu haben...

Dort... wenig entfernt von dort, wo wir schliefen, gab es eine Tote, die den anderen nicht ähnelte... Am Kopf dieser Leiche saß ein fünf-/ sechsjähriger Junge. Fliegen, groß und klein, grün und schwarz, wimmelten und ihr unbehagliches Summen, zusammen gehört, machte einen Lärm wie Essenkochen. Vielleicht war es unser Hunger, der uns diese Täuschung brachte. Das Kind passte auf und versuchte, die Fliegen mit den Händen fortzuscheuchen; aber wie? Der Unterschenkel der Leiche war mit einem Tuch bedeckt. Der Junge setzte seine Arbeit fort, indem er die Fliegen immerzu sorgfältig verscheuchte...

Wir näherten uns ihm. Einer unserer Älteren fragte ihn:

– Mein Sohn, was tust du hier?

Der Junge versuchte, mit kaum hörbarer Stimme zu antworten:

– Meine Mutter beauftragte mich, dass ich mich nicht von ihr wegbewege, entferne, bis, sagte sie, sie aufsteht und mir Brot und Wasser gibt...

Eine Frau nahm das Leichentuch, die Rolle, weg, die die Unterhälfte der Mutter bedeckte... Die Würmer hatten fast den ganzen Bauchraum gefressen... Welcher Kurde oder Türke war es, der sein Schwert in den Bauch der unglücklichen Frau gestoßen hatte? Wer weiß, was geschehen war? Und der Junge, hungrig, nackt, wartete, dass die Mutter aufstünde und passte auf ihren Körper auf und schaffte die Fliegen fort. Einige von uns versorgten Brot und gaben es ihm und der arme Junge schaute überrascht die Geber an, bevor er es aß, dann… aß er es nagend…

Etliche, die schon ein wenig vorausgegangen waren, brachten die Nachricht, dass es in der Nähe eine Reismühle gäbe. Wir gingen dorthin… aber anstatt Reis waren dort sehr viele Mädchen nackt hingeworfen… Es war ein Flüsschen. Was war mit diesen Mädchen passiert? Haben sie sich selbst dorthin geworfen oder wurden sie dort hingeworfen, nachdem sie vergewaltigt worden waren? Das Flüsschen blieb schweigsam, es antwortete auf unsere stumme Frage nicht… Da war die Mühle und der Ort hieß *Kürdler kaymakamlığı…*[2] Dort wagte niemand von uns, erschrocken durch das Bild, den Tod herauszufordern. Wir haben uns von dort entfernt und den Jungen mitgenommen, der an der Leiche seiner Mutter aufpasste und wartete… und die auf sie hinströmenden Fliegen verscheuchte… Wusste er überhaupt, was er tat?

Wiederum ein Berg vor uns. Wir hatten erneut bis zur Spitze kletternd hinaufzusteigen. Man gab ihm einen Namen, selbst vor dem Namen schreckte jeder von uns zurück. Es war ein aus ein paar Sätzen bestehender Name: *Nal ğıran, palan döken, ğus uçmaz, kevran yetişmez dağı*: *Hufeisen brechender, Sattel werfender, den Vögeln unbegehbarer, der Karawane unerreichbarer Berg...*

Wir hatten die Bergspitze noch nicht erreicht, als der Junge, der die Fliegen fortscheuchte und ausharrte, den wir mit uns genommen hatten, auf den Boden fiel, ohne es durchhalten zu können: Er – ein weiterer Tod!

---

2 Türk.: Kurdisches Landratsamt, kurdischer Amtsbezirk.

Howhannes Baljan

Schwarze Erlebnisse

Stark wie der Tod

Die Zwangsdeportation setzte sich in grausamer Wucht fort. In den sich erhebenden, dichten Staubwolken erblickte man Menschenkarawanen, die sich beeilten, sich von ihrem Vaterland, ihrem Zuhause zu entfernen, angesichts der tödlichen Schläge der Gendarmen.

Plötzlich gaben die unbarmherzigen Führer mit einem teuflischen Ton den Pausenbefehl. Die erschöpfte Menge bestehend aus Greisen, gebückten Greisinnen, vor der Zeit vergreisten Bräuten, zu Gerippen gewordenen Jungfrauen und ausgehungerten Kindern breitete sich bewusstlos auf dem staubigen Boden unter den brennenden Sonnenstrahlen aus.

***

Unter diesen zu Gerippen gewordenen menschlichen Verfallenen hob plötzlich ein außergewöhnlicher Wirbel an. Als ob eine neue und schreckliche Szene sie mit magischer Kraft gebannt hätte. Umsonst waren die Drohungen der Gendarmen, die zerschmetternden Peitschen- und Waffenschläge. Die Menge strömte wie eine wilde Flut zu einer nahen Steppe hin, wo ein menschlicher Leib in frommer Anbetung vor einer zerstückelten und stinkenden weiblichen Leiche niederkniete; während sich ein Kind, kaum sieben Monate, bemühte, mit instinktiven Bewegungen aus den ausgetrockneten Brüsten den mütterlichen Nektar auszusaugen… Es herrschte Grabesstille, tief, voll Abscheu... Eine Stille, die das unbändige Schluchzen der sich duckenden, weinenden Elenden unterbrach, wobei der Vater, eine niedergekniete Statue, vor seiner atemlos gewordenen und zerfallenen Geliebten versteinert war. Ihn hatte das Unglück getroffen, sie in einer finsteren und düsteren Nacht während eines barbarischen Begierdeanfalls der

Gendarmen zu verlieren. Er hatte sie erst nach Wochen in dieser schrecklichen Lage gefunden. Als ob Emotion und Schmerz in ihm das Bewusstsein und die geringste Bewegung, die das Tierische im menschlichen Leben ausmacht, verzehrt hätten.

...Ich weiß nicht, wie lange er in dieser Position blieb, aber als das Tönen und Stöhnen des Schluchzens aus den Augen der Mitfühlenden floss, warf er sich plötzlich mit einem verkrampften Drehen auf das Kind, das erschöpft von seinen vergeblichen Bewegungen und unter anhaltendem Hunger und Hitze gelitten habend nach dem letzten Aufbäumen eines Todgeweihten, sich leblos auf die zur Leiche gewordene Mutter legte. Der elende Vater sah vor seinen inneren Augen den unzeitigen und auch verräterischen Zwangstod seines einzigen Kindes und augenblicklich, als ob er mit einer mühsamen Wucht innerer Verwirrung sein erstarrtes Bewusstsein belebte, hielt er mit kräftigen Armen, die die fünfundzwanzigjährige Knechtschaft auf sich trugen, den gefrorenen Leib seiner Geliebten und in seiner ganzen Wucht der Hoffnungslosigkeit und des Zorns warf er ihn gegen den Himmel, gegen das erbarmungslose Oben, als ob er gegen den Schöpfer des Alls protestierte, der gleichgültig, vielleicht ironisch Augenzeuge dieser Szene wurde...

...Dann schrie die Menge der Elenden mit einer Stimme noch rachsüchtiger, sich auf die Brüste hämmernd: Dein Thron sei zerstört, verfluchter Schöpfer! *Kahr olasın, kahr olasın!*[1]

...Und dann gaben die Gendarmen, diese erbarmungslosen Handlanger der türkischen Mentalität, des abscheulichen Fanatismus des Turan, durch diese Szene, stark wie der Tod, erschreckt, den Befehl weiterzuziehen.

1 Türk.: Verflucht sei, verflucht sei!

Golgatha.
Das katastrophale Jahr
der türkisch-armenischen Geistlichen
und ihrer Herde
(Die Neu-Ghewontiden)[1]

Einleitung

Seit dem Tag, an dem *Ittihat*[2] – der mächtigste und grausamste Verein der Neu-Türken – die Aufgabe, das Schicksal der Generation von Fatih[3] zu steuern, in seine Pranken nahm, ist seine Sehkraft durch nationalistische Begeisterung getrübt, seine Urteilskraft beeinträchtigt, durch die Begierde, jedes den untergebenen Völkern gegebene Privileg und jede Heiligkeit zu zertrampeln, weil er sich in die panislamische Träumerei kauerte und mit der Losung gerüstet war: „Die Türkei allein dem Türken!"

Seit der Proklamation von *Hürriyet*[4] sah Ittihat, wie der befreite Armenier nach der Erweiterung seines geistigen Horizontes trachtete, einen Aufschwung des Geschäftes ankurbelte, die Anzahl der Clubs und Bühnen vermehrte, am laufenden Band Presse produzierte, ins Parlament oppositionelle Abgeordnete entsandte; es hob der Wirbel von den Vereinen *Miatzjal*[5], *Askanwer*[6] und

1 Der Priester Ghewont war der Anführer der an dem Glaubenskrieg von Awarajr gegen die Perser im Jahre 451 beteiligten Geistlichen. Die geistlichen Märtyrer des Völkermordes werden hier mit diesen verglichen.

2 Türk.: Einheit, Vereinigung. Gemeint ist die jungtürkische Partei: *Ittihat ve Terakki* (Einheit und Fortschritt).

3 Fatih Sultan Mehmet (1430-1481) ist der osmanische Herrscher, der 1453 durch Eroberung Konstantinopels das Byzantinische Imperium zum Untergang brachte.

4 Türk.: Freiheit. Gemeint ist die Zeit der Proklamation der Osmanischen Verfassung im Jahre 1908 mit dem entlehnten Motto: „Gleichheit, Brüderlichkeit, Freiheit".

5 Arm.: "Vereinter" Verein.

6 Arm.: "Der Nation gewidmeter" Verein.

AGBU[7] an. Er sah insbesondere, wie prächtig die Nation von Torkom[8] das Doppeljubiläum der Erfindung ihres Alphabets und des Drucks feiern konnte.[9] Und der Neid verdichtete sich und brodelte wie Pech in seinem Inneren. Also entschied er sich, gerade DEM ARMENIER unter den nicht-muslimischen Elementen, die um ihn waren, die Flügel zu stützen, zumal er ihn mit allen Talenten des Fortschritts und der Zivilisation begabt sah.

Dies war der Kampf der mächtigen Finsternis und des wilden Windes gegen das Licht, dem noch die Lampengläser entzogen waren. Als ob der Auslöschung des Lichtes die Aufklärung seiner eigenen Nation folgen würde! Als ob man auf einmal unter die Augenlider der dunkelsüchtigen Fledermaus Adleraugen setzen könnte… Die Entscheidung ist aber gefallen! Den Vorversuch machte man mit der kilikischen Katastrophe im Jahre 1909,[10] die die gleichnamige Viehherde einem noch nicht gestürzten Hamit[11] zuzuschreiben vergebens versuchte.

Mittlerweile brach der Weltkrieg aus. Die Türkei, genarrt durch die goldenen Versprechungen vom Haus der "Hohenzoller"[12] schüttelte ihre rettende neutrale Rolle ab und warf sich irrsinnig in die Feuer. Die Führer von Ittihat, die die ganze Herrschaft in der Hand hatten, machten die Nächte durch, anstatt ihre ganze Aufmerksamkeit auf die Fronten zu konzentrieren, um mehr als den zweifelhaften Sieg, besonders die sichere Arbeit der Vernichtung des Armeniers durchzuplanen. Eine solche Gelegenheit könnte nie

---

7 Arm.: Armenischer Allgemeiner Wohltätiger Ausschuss (bekannt unter der englischen Benennung: Armenian General Benevolent Union – AGBU).

8 Das armenische Volk wird auch als der Stamm, die Nation, das Haus von Torkom bezeichnet.

9 1912 zelebrierten die Armenier das 1500-jährige Jubiläum der Erfindung des armenischen Alphabets (412) und das 400-jährige Jubiläum des armenischen Buchdrucks (1512).

10 Die kilikische Katastrophe, auch "Massaker in Adana" genannt, geschah im April 1909 nach der jungtürkischen Revolution. In dieser Zeit wurden in der kilikischen Hauptstadt Adana und Umgebung etwa 30.000 Armenier ermordet.

11 Gemeint ist der osmanische Sultan Abdülhamit II. (1876-1909).

12 Gemeint sind die Deutschen. Im Originaltext Deutsch.

wieder auftauchen! Doch fühlten sie sich nicht völlig frei von ausländischer, protestierender Intervention?

Es stand die Aufführung des Dramas noch aus – in der Weltgeschichte unerhört, – das ungehindert und gefahrlos die gesamte Bevölkerung des Türkischen Armeniens ernten würde. Der verschwörerische Hintergedanke der Urheber war dieses Mal ein anderer: keine armenischbewohnte Stadt, keine Siedlung, kein Dorf würde man schonen, damit die Namen ARMENIER und ARMENIEN endgültig ausgelöscht würden, und besonders damit der *"kahraman"*[13] Türke stolz sein könnte, dass er an der Schwelle des 20. Jahrhunderts in seinen Adern noch das echte Blut von Lank-Timur und Tschenkiz Khan trug.

Wie Chrimjan Hajrig[14] bildhaft meinte: Der Armenier war seit Jahrhunderten „sein treuer und das Joch tragender Ochse, der kein Horn gegen die feste Peitsche stieß, mit der auf seine Haut geschlagen wurde.“[15] Nun blieb es nur noch übrig, diesen Ochsen zu einem Opfertier zu machen und zu schlachten.

Unter allen Bevölkerungsschichten, die das türkisch-armenische Volk ausmachten, galt plötzlich *Geistlichen, Parteiangehörigen, den mit Bildung Beschäftigten* und *Reichen* die grausame Aufmerksamkeit der türkischen Tyrannei. Erst einmal war es wichtig, sie, die Leiter des Volkes, diese mächtigen Führer des Glaubens, des Verstandes, des Wortes und der Kraft, aus der Mitte zu reißen. Die Enthauptung des Restes würde sich dadurch von sich selbst vereinfachen. Es ist bemerkenswert, dass der Verstand des Turan bis zur Genialität hochschießen kann, wenn er Verschwörung und Verbrechen erdenkt.

Und so geschah es im Frühjahr 1915; als diplomatische Beziehungen und Kontakte schon seit langem abgebrochen waren,

---

13 Türk.: Siegender.

14 Arm.: "Väterchen" Chrimjan, der Katholikos Aller Armenier Mgrditsch Chrimjan (1820-1907). Das Volk nannte ihn "Väterchen", weil er mit seinen sozialen, kulturellen und politischen Aktivitäten die Erwartungen des Volkes erfüllte, indem er u.a. gegen die Steuer-, Verfolgungs- und Unterdrückungspolitik der osmanischen Regierung kämpfte.

15 Der Autor gibt keine Quellenangabe.

wurde die armenische Nation mit ihrem elenden geistlichen Oberhaupt zum Spielball der vier wehenden Winde. Vom Zentrum bis zur Provinz, überall, wurden allein für die geistlichen Führer, Vikare, Priester und bekannten Persönlichkeiten Kriegsgerichte gebildet, wo heuchlerische Richter saßen, die schworen, das „Häufe Schuld auf Schuld!“ zu wiederholen. Nicht einer von Tausend unter ihnen war würdig sogar der Schatten eines Pilatus genannt zu werden! Alle stellten einstimmig das Gesetzbuch auf den Kopf, um unter einem Platzregen von Verleumdungen *den armenischen Kleriker, den armenischen Lehrer, den armenischen Intellektuellen, den armenischen Reichen* zu ertränken, die – in den Augen des Türken – alle ausnahmslos die *"amali milliye"*[16] verfolgende Personen waren, also der Todesstrafe würdig!

Die Geschichte wiederholte sich abermals: Die Mitglieder dieses *"divani harbi örfi",*[17] die zu einzelnen Tenschabuh, Mowan und Tschnigan[18] verwandelt waren, boten unseren Neu-Ghewontiden, die Legionen bildeten, als Gegner vergeblich Schläge und Leid an. Es waren Schreckenstage, unendliche Wochen und Monate der Inquisition, die vorbeizogen, in denen Zügel, Ketten, Kerker, Schwert, Gift und Galgen insbesondere die vier genannten Schichten der Armenier trafen, die, trotz aller Grausamkeiten, darauf beharrten, die ihnen nicht bekannten Geheimnisse nicht zu gestehen...

***

Am Vorabend von *Aghed*[19] wussten die Armenier der Provinz, sich mit ihrem feindlichen Nachbarvolk zu arrangieren und gaben keine Gelegenheit zur Unzufriedenheit. Ihre jugendlichen Söhne – vor allem die Familienernährer – hatten sie schon der Armee

16 Türk.: "Die Sache der Nation/Volkssache (der Armenier)".
17 Türk.: "Kriegsgericht".
18 Tyrannen, unter denen die Armenier in der Geschichte gelitten haben.
19 Arm.: Katastrophe, eine der Synonymbezeichnungen des Armenischen Völkermordes.

geopfert.[20] Danach sahen sie über die Beschlagnahme von Hab und Gut hinweg, sowie über zufällige Ausbeutungen und letztlich übten sie jede mögliche Art von Vorsicht aus, und ausgerüstet mit dem Schild der Geduld, verfolgten sie allein die Taktik, „das Böse auszulöschen", d.h. den Islam für ihre Seite zu gewinnen. Wenn Gesetz und Gerechtigkeit nicht auf einmal aufgehört hätten, ihr Daseinsrecht für den Armenier zu haben, wären die Bemühungen *des armenischen Klerus in der Provinz* bedeutungsvoll geblieben, der tatsächlich eine wichtige Rolle spielte, um sein Volk nie vom Weg der Besonnenheit abweichen zu lassen. Überall war er es, der den gleichen Rat gab, und daran festhielt – besonders mit den offiziellen Kreisen – wenigstens äußerlich gute Beziehungen zu pflegen, die er für das beste Mittel der Vernunft hielt, auf eine, jammerschade, sehr naive Art und Weise! Lasst uns an eins von hundert Beispielen erinnern und uns genügen. In den Tagen, als die Waffensammlung anfing, die bereits das Signal für die Explosion von *Aghed* war, zeigten die Bewohner von Bafra[21] ihren Widerwillen, vor diesem grausamen Beschluss der Regierung ihr Haupt zu beugen. Darauf sandte der Primat von Dschanig,[22] Vartabed Hamazasb, den Elenden die entsprechende Mahnung, d.h. sich dem Gesetz zu fügen. Und wir wissen, wie die Bewohner von Bafra am folgenden Tag der Abgabe ihrer Selbstverteidigungsmittel vernichtet wurden. Wir wissen weiterhin, durch welche Art von Schauder des "Weißen Massakers" die Heldenbewohner von Zeitun[23] gingen, als sie auf einen ähnlichen Befehl von Katholikos von Sis[24] hörten, angeblich um der Rettung aller Armenier von Kilikien willen.

Es gab noch Weiteres! Um vor das Gesicht der Unseren die Maske des Aufständischen zu setzen, brach die Regierung von Talaat

---

20 Wörtlich: Sie gaben sie der Armee "zum Opfer" (türk.: *kurban*).

21 Kleinstadt westlich von Samsun in der Nordtürkei, an der Schwarzmeerküste.

22 Kleinstadt nordwestlich von Samsun.

23 Stadt in Mittelsüdanatolien, nördlich von Marasch, das heutige Ulnia oder Süleymanli.

24 Katholikos von Sis d.h. Katholikos des Großen Hauses von Kilikien war in der Zeit Sahag II. Chabajan (1902-1939).

die Schubladen der aus Bolis[25] vertriebenen Intellektuellen auf und alte Fotos und Schriften sammelnd bereitete sie eine Publikation vor; sie machte sie noch umfangreicher durch Ausschnitte und Gruppenfotos und Fotos der sehr legendären Waffen- und Bombensammlungen aus freien armenischen Zeitungen im Ausland, die sie angeblich aus den Wohnungen und Verstecken der Armenier in der Provinz gesammelt hätte. Ein ganzes *Dschebhane*[26] und überfüllte *Kilaschs*[27] könnte man mit diesen bauen... Der Name dieses Anklagebuches war: *Ermeni komitelerin amal ve hayati ihtilâlisi.*[28] Es wurde auch ins Armenische und Französische übersetzt, damit sie mit diesen Übersetzungen die rebellische Tätigkeit der Armenier vor der zivilisierten Welt beweisen und die Verbrechen, die Schlachtung und Deportation rechtfertigen könnte.

Das Drama setzte sich von einer Seite Anatoliens bis zur anderen fort. Der Provinztürke, nun frei von den Ketten des Gesetzes, schärfte seine Instinkte und verbrüderte sich mit seinem geliebten Kurden. Sie wurden beide zusammen zu Rittern von Raub und Begierde. Die Tätigkeit von *Jataghan*[29] nahm in einem unerhörten Ausmaß an Wucht zu und erntete vom Wiegenkind bis zum Greis. – Auf den roten Seiten der armenischen Leidensgeschichte werden insbesondere die Tage der Todeskrise ewig unvergänglich und unvergesslich bleiben, die der ARMENISCHE KLERUS, vom Bischof bis zum Diakon, leidvoll erlebte, kurz vor seinem Martyrium auch die beschimpfte Lage seiner heiligen Religion erfahrend: Durch die Polizisten schonungslose Schläge mit getrockneten Viehsehnen, Faustschlag, Fußtritt, Spucke und Ruß waren ganz einfache Strafarten für die, die auf dem Deportationsweg die Untat begingen, die Kapuze nicht abzusetzen und den Talar nicht auszuziehen; dadurch hatten sie die gegen Christus gerichteten Blamierungen auf ihre Person gezogen, von Nikomedia[30] bis Io-

---

25 Der armenisierte Name von Konstantinopel/Istanbul.
26 Türk.: *cebhane* – Waffenlager.
27 Türk.: *kilaşlar* – Kasernen (Pl.).
28 Türk.: Tätigkeit und Aufstand der armenischen (politischen) Parteien.
29 Türk.: *yatağan* – türkisches Krummschwert.
30 Die heutige Stadt Izmit, östlich von Istanbul.

nien,[31] von dort bis zum Anfang der Eisenbahnlinie, Bozanti,[32] und bis Rakka und Der-Zor.[33] Woanders, wo der Kreuzweg fehlte und es dem Diener des Gotteshauses zuteil wurde, ins Fegefeuer einzutreten, das das von dem Türken gebaute schwarze Gefängnis war, erreichten die grausamen Leidensarten ihre höchste Grausamkeit: die Fußsohle brandmarken, die Nägel herausziehen, das Zahnfleisch zerstören, kopfüber nackt aufhängen, zwischen die Finger Holznägel treiben, den Brustkorb zerpressen, das Auge aushöhlen, den Fuß mit Hufeisen beschlagen usw. In diesen höllischen Höhlen geschah es, dass der armenische Klerus gewaltsam zum Gegenstand der abscheulichen Niederträchtigkeiten wurde, die von den sich in den Ämtern befindenden, groben und unverschämten Heiden ausgeübt wurden. So wurden geweihte Lippen, die im Moment der Schmerzanfälle den Namen Jesu aussprachen, mit Exkrementen zugeschmiert; es wurde ihnen Urin im Krug überreicht, damit sie ihre ausgetrockneten Gaumen benetzten; Köpfe wurden gezerrt und grauhaarige, ehrenvolle Bärte kehrten den Boden; in das Gebetsmurmeln und schmerzerfüllte Schreien wurden freche Gesänge des Orientalen gemischt, wobei Schimpfworte und Beschimpfungen ständig an die Adresse des Christentums gerichtet wurden, und Evangeliar, Kreuz und sakrale Gefäße vor ihre Augen zum Zweck abscheulicher Schau gestellt wurden. Lesen Sie beispielsweise unter den Hunderten die erschütternd tragischen Erzählungen der Unglücke, die den kräftigen Priester von Incesu,[34] Vater Atam Antschigjan, trafen, damit Sie erschreckend, überrascht wahrnehmen, was für abartige Leidensarten die sexuelle, perverse Phantasie Turans für einen *armenischen Priester* erdenken und durchsetzen kann, der allein schuldig war, *höflich, gut aussehend*, doch besonders *jung* zu sein. Jedes Mal, wenn ich mich an die Ereignisse des Gefängnislebens dieses viel gelittenen Priesters erinnere, wird vor meinen Augen die Seite von Roma-

---

31 Konia, Kleinstadt südwestlich von Kayseri, Mittelanatolien.

32 Oder Pozanti, nordwestlich von Adana, in Mittelsüdanatolien.

33 Beide sind kleine Städte in Nordostsyrien, Endstationen armenischer Todeskarawanen. Der-Zor ist die arabisch-umgangssprachliche (zugleich armenisierte) Form von Deir-el-Zor.

34 Ortschaft und Distrikt im Regierungsbezirk Kayseri.

nus[35] aus dem *Heiligenleben* aufgeschlagen: „...sein, bleiben viele Monate in Gefängnisketten unter furchtbaren Schändungen, die beiden Beine in Balken gepresst, an fünf Stellen“.[36] Vater Atam und seine Schicksalsgenossen; Vater Yeghia von Bolu,[37] Vater Hagop von Bingöl,[38] Vater Dschghladian von Dikranagerd,[39] Vater Vartan von Charpert,[40] Vater Parnag von Chups, Vater Harutjun von Aschwan, Vater Muschegh von Malatja,[41] Vater Asoghig von Kaghadja,[42] Vater Matthäus von Efkere[43] usw. usw. Diese übertrafen die Heiligen aber in ihren todeswürdigen Fällen.

Als ob die Erlebnisse der Lebenden nicht schon reichten, gab es auch an manchen Orten sogar gerade verstorbene Geistliche, deren Gräber – hören Sie zu! – Hyänen besuchten und sie aus ihrer Grabesfinsternis herausholend zum Gegenstand abscheulicher Szenen machten. Lasst uns unter diesen an Vater Howhannes Tertzagjan, den "Patriarchen" von Agn[44] und an Bischof Charachanjan von Musch[45] erinnern, deren Schlaf jenseits des Grabes die eingeschworenen Feinde des Christentums schon für zu viel hielten.

***

Wir sind heute zu weit von den Jahrhunderten entfernt, in denen Christ genannt zu werden dem Blutvergießen gleichbedeutend war und die Christen um eines Märtyrers willen mit Sieges-

---

35 Hl. Romanus von Caesarea (Märtyrertod im Jahre 303).
36 Zitat auf Altarmenisch. Quellenangabe wird nicht genannt.
37 Städtchen im westlichen Nordanatolien.
38 Regierungsbezirk im Ostanatolien.
39 Armenischer Name von Diyarbakir, historisches Westarmenien.
40 Die heutige Stadt Elazığ im östlichen Mittelanatolien, im historischen Westarmenien .
41 Malatya, im östlichen Mittelanatolien.
42 Galatia, in Mittelanatolien.
43 Nordöstlich von Kayseri (über das armenische Leben in Efkere siehe: www.efkere.com).
44 Egin, Eginé, Kleinstadt im östlichen Mittelanatolien, heutiges Kemaliye.
45 Stadt im historischen Westarmenien.

freuden erfüllt waren. Wir sind aufs Tiefste betrübt, dass *Sulum*[46] die Armenische Kirche unter Zwang verwitwet hat. Es gibt nicht mehr diejenigen, die so viele kleine Kinder in das Taufbecken tauchten und so viele Hochzeitskränze segneten; es gibt nicht mehr diejenigen, die das Glaubensfeuer in den Herzen ihrer Gemeinden am Brennen hielten; es gibt nicht mehr diejenigen, die den Dienst am Tempel des Lichts für genauso heilig hielten wie den Dienst am Gottestempel, indem sie unablässig die neue Generation erzogen; es gibt nicht mehr die Hallelujahs all derer, die beim Segen von *Antasdan*[47] die geistliche Oberherrschaft, das Königreich, die Ernte und die Einwohner ihrer Nation mit dem Zeichen des Kreuzes priesen, das sie später wahrhaftig trugen.

Aus der Reihe der bekannten Bischöfe, Eminenzen,[48] Vartabeds, Pfarrer[49] und Einsiedlerinnen betrauern wir von Herzen: Vater Gronides Nalbandjan, Vater Arsen Jergat, Vater Harutjun Der-Melkonjan, Vater Pakarad Charpurteljan, Vater Arisdages Timurjan, Vater Aschod Der-Manueljan, Vater Ghewont Gemidschjan, Vater Kerovpé Der-Serovpjan, Vater Theophile Odabaschjan, Vater Hagop Zobjan, Vater Hesu Vartabedjan, Vater Mgrditsch Kalijondschjan, Vater Mampré Tepigjan, Vater Nerses Wahanjan, Vater Gorün Jeramjan, Vater Aschod Awedisjan und noch sehr viele, weitere Priester des tragischen Glücks, die nun in unserer Vorstellung Heiligenscheine um ihren Kopf herum tragen; die weder das rettende *Sarik*[50] trugen, noch anstatt der Kirche die Moschee bekannten, um am Leben zu bleiben, sondern gemeinsam mit ihrer Herde auf dem Martyriumsaltar des Volkes geopfert wurden ihren armenisch-christlichen Namen untadelig haltend. Wir werden weder aufhören, den Verlust all dieser zu betrauern, noch sie selig zu

46 Arm.: Ungerechtigkeit, gewaltsame Unterdrückung. Eines der Bezeichnungssynonyme des Armenischen Völkermordes.

47 Arm.: Acker. Gemeint ist ein Teil der armenischen liturgischen Handlung, während deren von den Geistlichen die vier Himmelsrichtungen und jeweils die geistliche Oberherrschaft, das Königreich, die Ernte und das niedergelassene Volk der Armenier mit Kreuz und Evangeliar gesegnet werden.

48 Gemeint sind die katholischen Geistlichen.

49 Gemeint sind die Evangelischen.

50 Türk.: *sarık* – Turban.

sprechen, denn sie sahen und fühlten im ehrenvollen Tod die Milde des Abschiedes von der Erde, der zur Unsterblichkeit erhob. Wir werden nicht aufhören, ihre seelische Tapferkeit abermals zu bewundern, mit der sie gering achteten, was falsch war, was unrein war, und mit blutigen Stirnen, mit hart geschlagenen Gliedern bis nach Golgatha gingen. – Wie die Armenierkinder, die vor fünfzehn Jahrhunderten in der Nähe der Ufer von Dghmud[51] lagerten, wiederholten unsere Märtyrer-Geistlichen mit ihrem grausamen Tod dies: „Unser Tod soll dem Tod der Gerechten gleich werden und das Vergießen unseres Blutes dem Blut der heiligen Märtyrer, und Gott soll das freiwillige Opfer gefallen, *er soll seine Kirche nicht in die Hand der Heiden übergeben*“.[52]

***

Dieses Buch ist dem Gedenken an die unter Schmerzen gelittenen armenischen Geistlichen, die drei Konfessionen angehörten, gewidmet; geordnet Region für Region, angefangen von Bolis; mit einzelnen Statistiken zur armenischen Bevölkerung, den geografischen Orten, den heiligen Stätten und Klöstern, mit Auflistungen der vernichteten Prominenten und der Mörder, mit Ausführungen über die Zerstreuungen der armenischen Karawanen. Als Quelle für unsere Recherche hatten wir überlebende Deportierte, Zeitungen, ausländische Autoren, die tragische Erzählungen schrieben, und neu gebildete Diözesen in der Provinz. Neben den Geistlichen, die den bitteren Kelch bis zum Bodensatz tranken und dann den Märtyrertod empfingen, ließen wir diejenigen nicht, die, nachdem sie ihr Golgatha erstiegen hatten, überlebten.

Nachdem wir durch unendliche, umherschweifende Exkursionen, Anträge und Briefwechsel jede Notiz und jedes Thema gesammelt, zusammengefasst und ins Reine geschrieben hatten, gab uns

51 Der Fluss, an dessen Ufern die Schlacht von Awarajr gegen die Perser geführt wurde. Siehe Anm. 1.

52 Zitat auf Altarmenisch. Der Autor nennt keine Quellenangabe. Der Satz stammt aus Jeghisches Werk: Über Vardan und die Schlacht der Armenier (5. Jh.).

der Herr Patriarch[53] einen dicken Aktenstoß, der dazu diente, den biografischen Teil zu den genannten Geistlichen zu bereichern. Eigentlich war es ein Stapel von einzeln bedruckten Papierstücken, den Titel GENSAKRAKIR[54] tragend, die *die Autobiografien der armenischen Priester und Zölibatäre der Türkei beinhalteten,* die Anfang 1914 von verschiedenen Diözesen zum Patriarchat gesandt wurden, *obwohl es nichts Vollkommenes war,* weil viele Diözesen in diesem Aktenstoß fehlten. Wir mussten jedes Blatt Papier sorgfältig studieren, die vor *Aghed* Verstorbenen auslassen und Alter, Nachname, Lebenslauf und Weihdaten nachprüfen. Tief bewegt blätterten wir sie durch; unter jedem von ihnen stand auch eine originale Unterschrift; an einigen Blatträndern von ihnen hatten die Diözesanvorsteher ihre Eindrücke vermerkt Charaktereigenschaften hervorhebend. So zum Beispiel: „Er war wie ein Engel" – „Er ist ein viel versprechender Neuling" – „Ein fähiger und ausgebildeter Priester" – „Ein armseliger Priester" – „Seinen Lebenslauf ließ er vom Dorflehrer schreiben" usw. Vom Priester, der sich dem Grab näherte, der seinen Namen mit zitternden Fingern in verzogener Schrift schrieb, bis zum unreifen *Apegha;*[55] jeder stellte sein Leben dort dar; vom Auf und Ab der niedrigen Ämter der Laienzeit bis zur Berufung; einer war Weber, der andere Bauer, Zimmermann oder Schmied, Kirchendiener, Küster, Dorflehrer oder verwaister, emigrierter Student in Bolis. Sie waren völlig ahnungslos, dass ein Jahr nach Ausfüllung jenes Blattes ein zum Neugolgatha führender, schrecklicher Kreuzweg auf sie wartete, den kein Mensch in der Welt jemals erlebt hatte. Diese Schriften waren ihre Grabreden, bei deren Analyse ich manchmal gänzlich mit Mitleid erfüllt wurde und manchmal mit neidischer Hochachtung, als ich insbesondere auf solche Zeilen traf: „Beim Geschehen von 95[56] habe ich im Gefängnis gesessen" – „Bis jetzt bin ich weder an meinem geistlichen Amt gehindert worden, noch angeklagt, mit Gottes Hilfe. Bis zu meinem Tod werde ich in diese Richtung laufen".

---

53 Der armenische Patriarch von Konstantinopel und der Türkei war damals Zawen Der-Jeghiajan (1913-1922).

54 Arm.: Biografie.

55 Arm.: Die erste Stufe im armenischen geistlichen Amt der Zölibatäre.

56 Gemeint sind die Massaker von 1894-96 unter Sultan Abdülhamit II. Nach

Und sie gingen durch ihr Martyrium ein neues *Heiligenleben* bildend. „Gib uns, Herr, von nun an die Läuterung wie Gold im Feuer, sowohl in der Not, als auch in der Zucht, während der versuchendsten Geschehnisse des Lebens“.[57]

Jene, die sich unter den Füßen der menschenfressenden Ungeheuer wälzten, die ihren Glauben nicht verleugneten und ihren Hals bereitwillig unter die Axt oder in die Schlinge legten, oder die vor den schießenden Kugeln mit offener Brust tapfer standen, die selbstlosen Hirten, jammerschade, hatten nicht einmal ein Grab für ihre Gebeine. Wenigstens dieses Denkmal aus Papier bewahre unauslöschlich ihr heiliges Andenken in den Herzen der überlebenden Armenier!

DAS ANDENKEN DER GERECHTEN SEI GESEGNET!

Sgüdar,[58] den 29. April 1921 (Karfreitag)

---

den Angaben des Armenischen Patriarchats von Konstantinopel wurden etwa 300.000 Armenier massakriert.

57 Zitat auf altarmenisch. Der Autor gibt keine Quelle an.

58 Üsgüdar (türk.), Stadtteil in Istanbul.

Der Plan, die Armenier in der Türkei zu vernichten

Dem Beschluss der Allgemeinen Vollversammlung des türkischen Nationalkomitees, "Ittihat ve Terakki", d.h. "Einheit und Fortschritt" im Jahre 1915 entsprechend, wurde das armenische Volk mit folgendem verbrecherischen Plan zum Tode verurteilt:

A. Erstens, unter dem Vorwand der neu erfundenen militärischen Zwangsgesetze war jede Art von Reisefreiheit für die Armenier in Kleinasien absolut unterbunden. Sogar von den nächstliegenden Städten und Dörfern in irgendeine Nachbarstadt oder irgendein Nachbardorf zu gehen, war ausnahmslos verboten. Die allgemeine Losung, die den Armeniern von der türkischen Ittihat-Regierung aufgezwungen wurde, war Folgende: WER ARMENIER IST, SOLL AN SEINER STELLE BLEIBEN...

B. Die tatkräftigen, nationalen Einflussfaktoren jeder armenischbewohnten Stadt, geistlich oder Laie, parteiangehörig oder parteilos, liberal oder konservativ, – es genügt, dass sie auf das Volk Einfluss haben, – verhaften und sie einsperren, um sie von der äußeren Welt fern zu halten, damit sie das Volk nicht gegen die Regierung aufwiegeln können. So verfuhren sie schon in Bolis.[1]

C. Das armenische Volk im Allgemeinen entwaffnen, bis zu den großen Küchenmessern und so jede mögliche rebellische Bewegung ausschließen.

D. Unter dem Vorwand der Deportation oder des Exils die ganze armenische Bevölkerung Kleinasiens zusammen mit den Familien auf den Weg nach Der-Zor schicken und sie schonungslos massakrieren, vom unschuldigen Wiegenkind an bis zum neunzigjährigen Greis; oder sie in den Wüsten von Der-Zor an Hunger und Durst sterben lassen, wenn sie nicht aus den in Frage

1 Der armenisierte Name von Konstantinopel/Istanbul.

kommenden armenischen Provinzen (Garin,[2] Wan,[3] Paghesch,[4] Charpert,[5] Sepasdja[6] und Dikranagerd[7]) stammen.

E. Erlauben, die hübschen armenischen Bräute und Jungfrauen in die türkischen Harems mitzunehmen.

F. Jeden Vorschlag, sich zum Islam zu bekehren, ablehnen, weil man gemerkt hatte, wie die Ereignisse der Jahre 1895-1896 gezeigt hatten, dass der Glaubenswechsel der Armenier nicht aufrichtig sein kann…

G. Den ganzen Reichtum des armenischen Volkes, national oder privat, beweglich oder unbeweglich, und sich in den lokalen Banken befindendes Geld und goldene und silberne Schmuckstücke als verlassene, herrenlose Habe für den Hof annektieren durch besondere, zu diesem Zweck gebildete, *"Envai matruke"*[8] genannte Kommissionen.

H. Die provinzialen Polizeiherrschaften sollten separate schwarze Listen der in das Abschlachten[9] zu führenden armenischen Menschen anlegen, ohne Unterschied von Geschlecht und Alter, und eine Kopie sollten sie nach Bolis zum Innenministerium schicken, d.h. Talaat und das Ittihat-Komitee sollten Tag für Tag Bescheid wissen, wie viele Armenier getötet wurden und wie viel noch übrig sind… Eine Kopie dieser schwarzen Listen sollte auch an das Verteidigungsministerium weitergegeben werden, damit auch dieses an seiner Stelle Kontrolle ausübe und Tag für Tag Bescheid wisse, inwieweit im Vergleich zu den an allen Kriegsfronten getöteten muslimischen Soldaten die allgemeine Totenzahl der muslimischen und armenischen Bevölkerung vergleichbar ist.

---

2 Oder Erzurum, heutiges Erzincan im historischen Westarmenien.

3 Heutiges Van im historischen Westarmenien.

4 Heutiges Bitlis im historischen Westarmenien.

5 Heutiges Elazığ im historischen Westarmenien.

6 Heutiges Sıvas im historischen Westarmenien.

7 Heutiges Diyarbakır im historischen Westarmenien.

8 Türk.: "Unterschiedlich Verlassenes".

9 Im Originaltext: *Sbant* (arm.), eines der Bezeichnungssynonyme des Armenischen Völkermordes.

Um diesen, ein ganzes Volk vernichtenden, monströsen Plan in die Tat umsetzen zu können, wurden die folgenden verbrecherischen Mittel ausgewählt:

1. Nachdem die zum Tode Verurteilten, Zwangsarbeiter und alle Verbrecher, die in den Gefängnissen aller Städte Kleinasiens einsaßen, amnestiert wurden, durch die aus ihnen gebildeten Banden (*Tschete*-Gruppen)[10] schonungslos die Armenier berauben und massakrieren, als ob man dadurch die Rückenseite der osmanischen Armee verteidige...

2. Alle Statthalter, Gouverneure und Stellvertreter,[11] die die armeniervernichtenden Befehle der Zentrale nicht praktizieren, sofort absetzen; statt ihrer folgsame und gehorsame Personen ins Amt berufen...

3. Die fehlerlose Überwachung der Ausführung dieser Beschlüsse der Allgemeinen Vollversammlung von Ittihat allen provinzialen Zweigstellen des Ittihat-Komitees Kleinasiens übergeben. Gleichzeitig die Vollmacht erteilen, im Notfall strenger zu handeln, wenn die Bedingungen dazu zwingen und günstig sind.

Einer unserer Exilsfreunde[12] (der noch lebt) besucht eines Tages das Arbeitsbüro des verantwortlichen Sekretärs des Ittihat-Komitees von Tschangiri,[13] Yonuz, und während des Treffens geht dieser Letztgenannte für einen Moment hinaus. Unser exilierter Freund hatte instinktiv den Trieb, bis zu seiner Rückkehr ein offizielles Papier zu lesen, das auf dem Tisch zurückgeblieben war und das folgenden Wortlaut hatte:

„BİLA TEREDDİİD VE MERHAMET, BİR AYLIKTAN DOKSAN YAŞINA KADAR İTLAFI, ŞEHİR DERUNİNDE, EHALİ HUZURUNDA OLMAMASINA DİKKAT“.

Die Übersetzung: „OHNE ZU SCHONEN UND SICH ZU

---

10 Türk.: *çete* – irreguläre Truppe, Räuberbande.

11 *Vali, mutasarrıf, kaymakam* (Türk.: Präfekt, Gouverneur in der osmanischen Zeit, Oberleutnant). Fußnote vom Autor.

12 Balakjan ist im Exil.

13 Türk.: Çankırı, Stadt im nordöstlichen Zentralanatolien.

ERBARMEN, VOM EINMONATIGEN BIS ZUM NEUNZIG JÄHRIGEN TÖTEN, ABER AUFPASSEN, DASS DIESES SCHLACHTEN NICHT IN DEN STÄDTEN UND IN DER GEGENWART DES VOLKES STATTFINDET.“

Damit dieser verbrecherische, schreckliche, in der Menschengeschichte unerhörte Plan des Ittihat-Komitees eine "gesetzliche" Gestalt annimmt, präsentierte das Ittihat-Ministerium dem osmanischen Parlament einen Gesetzentwurf, die Armenier zu deportieren und ihr bewegliches und unbewegliches Gut für den Hof in Besitz zu nehmen; dieser, es erübrigt sich zu sagen, wurde mit einer einzigen Lesung bestätigt, bekam Gesetzeskraft und wurde von Sultan Reschat[14] zur Umsetzung befohlen.

Als dieser aus langen und ausführlichen Paragrafen bestehende, armeniervernichtende Plan in den Zeitungen offiziell veröffentlicht Anfang Juni[15] in Tschangiri in unsere Hand gelangte, sagten wir alle, dass DIESES DIE GRABSCHRIFT DER ARMENISCHEN NATION SEI…

Der geheime, armeniervernichtende Plan von Behaeddin Schakir, Talaat und Dr. Nazim[16] kam plötzlich ans Licht, als er im osmanischen Parlament eine gesetzliche Gestalt annahm. Der den alliierten Regierungen erklärte heilige Krieg oder *"Dschihad"* wurde nur mit dem unbewaffneten und ungeschützten armenischen Volk geführt, mit allerbrutalsten Methoden.

Keiner der vier Millionen Muslime rebellierte, wie es sich Ittihat vorgestellt hatte; im Gegenteil, der König von Arabien, Hüseyin, erklärte unter der Anregung Englands einen Gegen-*"Fetua"*.[17] Nachdem Talaat den von Behaeddin Schakir vorbereiteten, armeniervernichtenden Plan durch das osmanische Parlament hatte bestätigen lassen, ließ er einen "Fetua" von Scheich-ul-Islam erklären, um die Armenier als Feind der islamischen Reli-

---

14 Mehmet V. Sultan Reşat war der 35. osmanische Sultan. Nach dem Sturz von Sultan Abdülhamit II. 1909 folgte er diesem auf Beschluss der jungtürkischen Partei.

15 Gemeint ist Juni 1915.

16 Die Führer der jungtürkischen Partei.

17 Arab./Türk.: *fetva* – Rechtsgutachten, Urteil, Spruch (nach dem islamischen Scheriat-Gesetz).

gion und der Heimat proklamieren zu lassen. Danach hat auch der Sultan die Ausführung des armeniervernichtenden Plans befohlen.

Die Umsetzung dieses höllischen Plans hatte mit der am 11. April 1915[18] stattgefundenen, kollektiven Verhaftung und dem Exil unserer Intellektuellen begonnen. Dies breitete sich in allen von Armeniern bewohnten Städten und unauffälligen Dörfern Kleinasiens aus; Es reichte aus, dass irgendwo ein paar armenische Häuser zu finden waren.

Um diesen, unvorstellbaren, brutalen Plan leichter ausführen zu können, wurden allmählich alle Statthalter, Gouverneure und Stellvertreter von Kastemun,[19] Engüri,[20] Josgat,[21] Jersnga[22] usw., die sich der Deportation oder dem Massaker widersetzten, durch Talaat ihrer Ämter enthoben. An ihrer Stelle wurden sofort junge und rabiate, armenierhassende Ittihat-Offiziere in allen Provinzen ins Amt berufen.

Dank einer beispiellosen Verschwiegenheit, die von oben befohlen war, wussten wir überhaupt nichts über alle verbrecherischen Tätigkeiten um uns herum.

Erst dann konnten wir ein bisschen diesen, eine Nation vernichtenden, furchtbaren Plan durchdringen, als Asaf zum *mutasarrif*[23] von Tschangiri ernannt wurde, der während der großen Massaker an den Armeniern von Adana 1909 der Gouverneur von Osmaniye[24] war und der, weil er gegen die Armenier harte Grässlichkeiten begangen hatte, angeklagt wurde und sich kaum vor dem Galgen retten konnte. Weil Asaf bei Diran Kelegjan,[25] dem Chefredakteur der Zeitung „Sabah“, an der Osmanischen Universität studiert hatte, zeigte er einen großen Res-

18 Hier ist das Datum nach dem Julianischen Kalender gerechnet.

19 Türk.: Kastamonu, Kastambolu, Stadt im nördlichen Mittelanatolien.

20 Türk.: Engürü, Angora, Ankara, die Hauptstadt der Türkischen Republik seit 1923.

21 Yozgat (türk.) liegt in Mittelanatolien.

22 Heutiges Erzincan im historischen Westarmenien.

23 Siehe Anm. 11.

24 Stadt und Distrikt im Regierungsbezirk Adana.

25 Intellektueller, ermordet im Todesmarsch 1915 auf dem Weg nach Sepasdja/ Sıvas.

pekt gegenüber seinem Professor, und Kelegjan dadurch ermutigt, ging ab und zu Asaf besuchen.

Das Haupt der Armenischen *Ramgawar* Partei,[26] Kelegjan, lud auch mich eines Tages ein, um gemeinsam den mutasarrif Asaf zu besuchen: Was für eine Idee kann er uns geben, um uns aus dieser Falle, in die wir gefallen sind, zu retten.

Ich erhob den Einspruch, je weniger wir vor den Augen der offiziellen Personen erscheinen, desto vernünftiger wäre es; und so wollte ich Asaf nicht besuchen. Aber Kelegjan beharrte darauf und beteuerte; weil Asaf bei ihm studiert habe, sei er äußerst wohlwollend zu ihm und es mache nun mehr als zwei Wochen, dass er nicht bei ihm vorbeigegangen sei; deswegen wäre es gut, sich einmal mit ihm zu beraten. Um mich zu begeistern, erinnerte er daran, dass Asaf als ein dankbarer Student ihm die Hand küsse. Beinahe widerwillig besuchte ich mit dem seligen Kelegjan Asaf in seinem Amtshaus. Er empfing uns wirklich mit großem Respekt, als ob wir keine Exilanten wären, und uns auf zwei Ehrenlehnstühlen vor sich sitzen lassend, bestellte er türkischen Kaffee für uns, der in damaliger Zeit nur den hochrangigsten Gästen angeboten wurde; aufgrund des Krieges und aus Sparsamkeit machte man der traditionellen Kaffeeverehrung in den türkischen Regierungsamtshäusern ein Ende.

Kelegjan fragte Asaf, welche neuen Wege er vorschlagen würde, um nach Bolis zurückzukehren, weil ihm die bis jetzt in die Hand genommenen Schritte keine Rettung sicherten. Asaf antwortete: „Kelegjan Efendi, tun Sie was Sie wollen, stürzen Sie sich bald nach Bolis, denn bald ist es zu spät…“. Natürlich fragten wir besorgt, warum es dann zu spät wäre, was los wäre, weil wir von nichts eine Ahnung hatten; wir hatten aber instinktiv kaum Zweifel, dass sich irgendwelche geheimen Dinge um uns herum bewegten…

Asaf antwortete: „Ich sehe, dass die Politik der Regierung gegenüber den Armeniern nicht gut ist. Es wird wiederum irgendetwas geschehen. Sehen Sie zu, dass Sie sich eine Stunde eher

26 Arm.: *Ramgawar Asadagan Gussagtzutjun* – Liberal-demokratische Partei, eine der armenischen, traditionellen, politischen Parteien, gegründet 1921 in Istanbul.

nach Bolis stürzen; ich sehe Zeichen der neuen Stürmer…“

Von normalem Interesse bewegt, fing Kelegjan sehr berührt an, nach dem Grund für die von Asaf geäußerten schweren Bedenken zu fragen. Obwohl er am Anfang nicht auf Ausführlichkeiten eingehen wollte, ausweichende Antworten gab und sprach: „Von meinem Wenigen verstehen Sie viel; Sie sind intellektuelle Menschen; sicher verstehen Sie, was ich meine!“ – konnten wir aber wirklich nichts verstehen; wir hatten nur gespürt, dass uns ungünstige Dinge geschehen würden. Nach anflehenden Beharrungen, sagte Asaf: „Sie sind Geistlicher und es ist Ihre Aufgabe, *Chosdowanank* zu halten[27] (dieses Wort sprach er auf Armenisch). Und Sie, Kelegjan Efendi, sind mein Professor. Ich habe Sie gern! Nehmen Sie dieses Telegramm und lesen Sie es schnell!“ – So sprechend holte er aus einer Schublade seines offiziellen Bürotisches ein "chiffré"[28]-Telegramm auf offiziellem Papier heraus, dessen Übersetzung auf einem separaten Blatt Papier geschrieben stand und das die folgende Bedeutung hatte: „Telegrafieren Sie uns sofort direkt, wie viele Armenier schon gestorben und wie viele noch am Leben geblieben sind. Talaat“.

Es war unmöglich, gleich die geheime Bedeutung dieses Telegramms zu durchdringen, und Kelegjan fragte, was es heiße. „Ich verstehe nicht, – sagte Asaf mit einem Fuchslächeln[29] – Sie sind so kluge Menschen und doch begreifen Sie nicht?“. Ich erwiderte: „Man hat uns in eine solche Lage versetzt, dass uns weder Verstand, noch moralische Kraft blieb“. Asaf sagte: „Dieses heißt einfach: Wie viele habt ihr bis jetzt massakriert und wie viele sind noch am Leben geblieben? Denn es geschah hier weder ein Erdbeben, noch eine Flut, noch irgendeine Naturkatastrophe, dass das Volk kollektiv stürbe.“

---

27 *"Chosdowanank"* (arm.: Bekenntnis) heißt allgemein der Gesprächsritus des Schuldbekenntnisses in der armenischen Liturgie. Die aufgezählten Sünden des Gläubigen muss der Priester bei sich geheim halten. Dieses "geheim Halten" ist mit "Chosdowanank halten" gemeint.

28 Im Originaltext franz.: chiffriert, verschlüsselt.

29 Im Originaltext: das hinterlistige "Grinsen der Schlange".

Daraufhin fing der selige Kelegjan an, zu weinen und zu sagen; „Schade, dass ich sterben werde, bevor ich die Zukunft meiner Kinder gesichert habe!“

Nach ein paar Trost- und Ermutigungsworten fügte Asaf hinzu:

– Auch ich werde in fünfzehn Tagen aus meinem Amt zurücktretend weggehen. Die in Bolis sitzenden Befehlshaber, nachdem sie uns alles haben tun lassen, werden, wenn sie eines Tages in der Not sind und der Tag der Bestrafung kommt, alles lassen und fliehen und uns, die untergeordneten Beamten, unter die Räder kommen lassen. Ich war 1909 der Gouverneur von Osmaniye, als das Massaker an den Armeniern in Adana stattfand. Beinahe hätten sie mich zum Galgen verurteilt. Ich rettete kaum meinen Kragen. Ich finde die Situation nicht gut und will dieses Mal kein Werkzeug in der Hand anderer sein. Ich werde in ein-zwei Wochen nach Bolis fahren und das Amt in der Regierung für immer verlassend meinen alten Beruf als Rechtsanwalt ausüben.

Tatsächlich, nach 15 Tagen trat Asaf zurück und ging automatisch von Tschangiri nach Bolis, und nach dem Waffenstillstand von 1918, genau wie Asaf prophezeit hatte, floh die verbrecherische Kamarilla von Ittihat ins Ausland alle großen und kleinen Beamten und Personen, die Mitarbeiter ihres unerhörten Verbrechens, mit ihrem eigenen Schicksal allein lassend.

Ich kann darauf beharren, dass wir abermals tatsächlich nicht in das verbrecherische Geheimnis der Regierung eindringen konnten, weil es unmöglich war, sich vorzustellen, dass man eine Nation mit einer Geschichte von 4000 Jahren mit Massakern vernichten könnte.

In den blutigsten Phasen der Völkergeschichte wird kein Vorbild erinnert. Selbst türkische Weltherrscher-Sultane hatten nicht nur nie den Plan, eine Nation auf einmal zu vernichten, jemals vorbereitet oder ausgeführt, sondern sie hatten nicht einmal in irgendeiner blutigen Phase ihrer sechshundertjährigen Geschichte überhaupt daran gedacht.

Denn die Talaat-Kamarilla war aufs Tiefste überzeugt, dass,

trotz aller Wahrscheinlichkeit, wenn doch am Tag nach der Rechenschaft über den Weltkrieg eine Strafe angeordnet werden würde, die unausweichliche Strafe für einen getöteten Armenier oder eine Million getötete Armenier nichts anderes sein könnte, als die Todesstrafe.

Sie hatten sich schon zuvor darauf vorbereitet, nach Deutschland zu fliehen, wenn sie, Talaat und Co., trotz ihrer anmaßenden Hoffnungen – wie dies auch bei den Deutschen der Fall war – unbedingt Sieger zu sein, den Krieg verloren hätten.

Es bereitete keine Sorge, wenn ein paar bekannte türkische Massakrierer an den Galgen kommen würden. Lohnte es sich nicht, eine feindliche Nation ganz auf Kosten einiger türkischer Köpfe zu vernichten?

Güregh Chrajan

Auf dem Weg des Blutes

Vorwort

Wir haben eine Generation, die unser letztes nationales *Großes Aghed*[1] überlebt hat, die, weil sie einen langen und breiten Weg des Blutes gegangen ist, eher, wie wir glauben, unsere morgigen Hoffnungen und Erwartungen wach halten kann. Ich weiß, es waren viele, die mehr Leid und Kreuzigung als ich sahen; mehr Schrecken und Furcht als ich erlitten; gab es aber viele, die, wie ich, tief geweint haben und davon berührt blieben?

Ich weiß es nicht!

Aufgrund des Schmerzes an der Unfähigkeit, sich dieser die universale Weltgeschichte erschütternden Verbrechen entgegenzustellen, wurde das Weinen unter meinem Herzen zum Meer und die Empörung erhob sich wie ein dichter Nebel. In der Hoffnung, das eine durch für sich sprechende Gefühle eines Zeugnisses auszutrocknen und das andere durch gerechte Protestschreie zu lichten, versuchte ich vor vier Jahren einen Einzelband[2] zu veröffentlichen. Aber dämpfte sich der Zorn, der mich die Jahre lang begleitet, oder erneuerte sich meine Wut?

Ich weiß es nicht!

„Weil du jede Nacht unter den Träumen der Verfolgungen leidest und noch zitterst, muss man eine Barmherzigkeit finden, die durch einen Versuch tiefsten Vergessens gewährt werden könnte“, sagte mir ein bekannter Arzt. Aber konnten wir wenigstens einen Strahl dieser Barmherzigkeit auf dieser Erde sehen?

Ich weiß es nicht!

Aber ich weiß, dass ich heute mit einer unmöglichen Anspan-

---

1 Arm.: Katastrophe, eine der Synonymbezeichnungen des Armenischen Völkermordes.

2 Der Autor meint sein Buch: Unsere Geschichte und die neue Generation (Marseille 1929).

nung des Willens zu den schrecklichen Seiten zurückkehre. Durch die Rückerinnerungen an sie entzündet sich das Rascheln meines schmerzerlittenen Herzens und erhebt sich.

Ist es ein grausamer Ruf, der mich zwingt, oder eine andere, unbarmherzige Sache, die meine Seele drängt?

Ich weiß es nicht!

Vor dem Stadttor

Im Stall maß ich mit der Kraft eines hilflosen Jungen, in veralteten und unnütz gewordenen Kleidern, die Länge und die Breite der seelischen Alpträume aus.

Die Tiere atmeten schnell, die Hitze schwoll an und die Wärme erhob sich in alle Seiten des Stalls, aber die Auskühlung meines Herzens fand kein Ende, das Zittern hörte nicht auf.

Gestern, in meinen noch kindlichen Tagen, in meinem Dorf, hatte ich mir die Stadt als eine mit goldenen Ketten behangene Welt vorgestellt, wo alles schön ist, die Straßen beleuchtet, die Häuser hell und sogar die niedrigste Wand noch Glanz hat. Ich dachte, dass die in der Stadt wohnenden Menschen in ihrer Gestalt genauso sind wie wir, aber im Herzen sehr viel tiefer und freundlicher, im Verstand sehr viel höher und kräftiger. Ich dachte, dass die Menschen dort nichts verabscheuen, weil es keine Unbildung gibt; keine Angst haben, weil es keine Bosheit gibt; sich nicht ärgern, weil sogar der geringste Schuldige seine Strafe bekommt. Ich stellte mir die Stadt als ein einziges Licht vor, wo in ihm geborene und wohnende Menschen dazu bestimmt sind, so kundig wie sauber und schön zu sein und die Wege unseres Lebens vorzuzeichnen. Wie neidisch war ich auf einen Freund, der das Glück hatte, eine Stadt gesehen zu haben. Mit wie großer Bewunderung schaute ich einen an, der ins Dorf kam, von dem man bezeugte, er sei ein Städter. Die schrecklichen Ängste der Massaker und des Blutes aber hatten meine kindlichen Gedanken gewaltig umgestürzt und meine Überzeugungen hatten sie völlig ins Gegenteil verkehrt. Ich habe nicht wieder eine Stadt gesehen, aber ich wollte sie von nun an, nicht nur nicht mehr sehen, sondern ich wünschte mir zutiefst, einen Ort zu erreichen und dort zu leben, wo man nie den Namen einer Stadt hörte. Denn ich kannte nun die Stadt als eine Hölle, die auf den Köpfen böser Geister ruhte; eine so schreckliche Hölle, die in der Lage war, ein so großes Feuer zu entzünden, mit dem man die ganze Welt in Brand setzen konnte; wo Bestienmenschen wohnen, die jede Stunde neue Bestien gebären. Ich war überzeugt, dass jeder von dort kommende Beamte oder Soldat kein barmherziges Herz haben kann, weil sie jedes Gewissen und jedes gute Gefühl getötet und aus ihren Herzen gerissen haben, bevor sie die Stadt betreten haben.

Konnte irgendein in die Stadt gegangener Armenier von nun an zurückkehren? Konnte er aus dem Todesofen entkommen? Es war unmöglich zu glauben, es sei denn ein Wunder geschähe. Deshalb, anstatt das Gute des morgigen Lichtes zu fühlen, litt meine Brust unter der Schwere der Todesangst.

Dort, wo das Verbrechen zügellos feiert, wo der allverbreitete Tod Flügel hat, bis zum Himmel zu steigen; wer kann sich dort etwas Gutes vorstellen? Wer kann dort eine Bewegung sehen oder hören und nicht erschrecken? Die Stalltür knarrte; mein Herz schrie. In der Morgendämmerung warf ein Bosheit suchender Übeltäter einen Schatten und trat herein. Es war Bekosch, der kurdische Diener von Osman Agha,[3] der sein dunkles Gesicht zusammen mit gefährlichen Blicken in einem schwarzen und verdorrten Schnurrbart vergrub.

– Sohn des *Gjawurs!*[4] Hast Du dich noch nicht auf die Arbeit vorbereitet?

Wer wagt zu widersprechen? Sogar der Diener der Diener des Türken ist wertvoller, ist teurer, als die gesamten Armenier. Sogar noch das Echo der Stimme seines Ungeheuers enthält ein den Armenier tötendes Gift.

Der Übeltäter, der in der Lage war, mit einem Schlag unser Gesicht zu zerstören, unser Herz, ohne Angst und Verantwortung, warf mit einem Stück Brot zwei Zwiebeln und ein Stück Käse vor mich hin.

---

3 Türk.: *ağa* – Herr, Meister.

4 Türk.: Ungläubig. Eine verachtende Bezeichnung der Christen und besonders der Armenier.

Das Hinwerfen war das unbarmherzige Zeichen, mich eilen zu lassen.

Ich wusste nicht, wie ich es aß, und eine Zwiebel in meinem Schoß vergrabend, fing ich an, mit ihm die Tiere zu versorgen, weil ich wollte, dass wenigstens das stets wiederholte, folgende harte Wort vergessen werde: „Deine Arbeit ist nicht das Brot wert, das du isst!"

***

Und nun sind wir Reisende in der Hölle. Aus der Hölle. Aus der Altstadt von Charpert[5] kehren wir ins Dorf zurück. Kann ich mich vom Feuer und den Bestien retten? Das weiß das Glück, das unbekannt ist, und man hat keine Lust, es herauszufinden, es kennen zu lernen.

Osman Agha hat einen Esel, um auf dem Weg, wenn man müde wird, auf ihm zu reiten. Seine Schwester, die meine *hanim*[6] ist, reitet auf einem Fuchs. Unter der grünen *Tscharschaf,*[7] die sie bedeckt, zeigt sie nicht einmal einen Finger ihrer Hände und sie dämpft ihre Gesprächsstimme. Denn sie hat den Segen des Stadtpropheten und des "wundertätigen" *Imam*[8] bekommen.

Ich halte die Zügel ihres Pferdes. Bekosch reitet mit drei anderen Bauern jeweils einen beladenen Esel.

Wir kommen aus dem westlichen Innentor der Stadt heraus und stehen an der Schwelle des Außentors. Diese Schwelle ist eine Erhebung, die die Kraft hat, mit der Neustadt auch ausgedehnte Dörfer und Landschaften zu Füßen zu haben. Die Natur bildet dort ein unendliches Meer. Es scheint, als ob die Fläche der Geschichte vor dieser Schwelle zerrinnt, die Besonderheit zerkratzt, die Hoffnung gedreht, das Herz ausgeblutet wird.

Unser Warten dauerte die Zeit, in der man zwei wackelige Lasten richten konnte. In dieser Zeit schloss sich uns ein Gefreiter an.

---

5 Die heutige Stadt Elazığ im östlichen Mittelanatolien, im historischen Westarmenien.

6 Türk.: *hanım*, hier – Herrin.

7 Türk.: *çarşaf,* hier – Straßenkleid der islamischen Frauen.

8 Arab./türk.: Islamischer Geistliche.

Dieser Letzte, der ein missgestaltetes Gesicht hatte und zeigte, dass er mit aller Mühe seine Stirn runzelte, war ein Freund des Militärlebens von Osman Agha. Er übertrieb seinen Gruß auf die Art und Weise, die einem dummen Menschen Gefallen bereiten würde, dann drehte er sich um und weitete seine durch die gelb gewordene Augenbutter angesteckten Augen, als ob er gern bereit wäre, das Feuer eines Opfers anzuzünden.

Zweifellos hatte der Gefreite auf den ersten Blick erraten, dass ich ein armenischer Junge war. Denn nicht nur die armselige Lage meiner Kleidung verhalf ihm zu dieser Entdeckung, sondern auch allein ein brutaler Blick seiner bösschattigen Gegenwart genügte, dass sich mein Gesicht änderte, erblasste und meine Augen müde wurden und sich senkten. In dem Moment, als er mich erkannt hatte, öffnete er seine glatten und schmutzigen Zähne, bewegte sie und presste sie erneut aufeinander und erstickte ein grässliches Gebrüll.

– Woher kommt dieser Junge, Osman Agha?

– Aus Dzowk.[9]

– Aus Dzowk!

Und ein unruhiger Schatten schluchzte.

Im Hals des Gefreiten gab es ein Hin und Her. Eine Vorstellung von Feuer entzündete sich, Funken schlugen aufeinander, aber hafteten nicht, es brannte nicht.

– Kennt er dann den Revolutionär aus Dzowk, der in Egin[10] zum ersten Mal propagierte, dass der "Onkel" (der Russe) bald nach Charpert kommen wird? Weiß er dann, was aus der Propaganda und den Propagandisten wurde?

Er hängte an seine letzten Worte ein verspottendes Gelächter und schmiss das Fragezeichen im Hohn der Verachtung dazu.

Ich bemühte mich, die Nasenflügel zusammenzuziehen und meine Aufregung zu unterdrücken, damit er keinen Anstoß hat, mich auf seine Seite zu drehen. Ich tat so, als ob ich ihn nicht kannte,

---

9 Kleinstadt südlich von Charpert, ehemaliger Sitz des armenischen Kirchenoberhauptes (1116-1149).

10 Egin, Eginé (arm.: Agn) ist eine Kleinstadt im östlichen Mittelanatolien, heutiges Kemaliye, nordwestlich von Charpert.

es nicht wusste. Doch war es auf jeden Fall unmöglich, den Fall meines gebürtigen Mitdörflers, Schahbas Kakrjan,[11] der einen so großen Aufruhr machte, nicht zu kennen.

Der genannte ist als Waisenkind im deutschen Waisenhaus in Mesre[12] aufgewachsen und absolvierte die gleiche Schule. 1914 übernahm er zum ersten Mal ein Lehramt in Egin. Ein von dort an seinen Freund in Charpert gesandter Brief, der aufgrund der Unaufmerksamkeit des Letzteren in die Hand der Regierung gelangte, beinhaltete ein-zwei Sätze, die den Wunsch äußerten, dass der Onkel (Russe) bald komme.

Das war genug, dass Schahbas sofort vor Ort verhaftet, nach Mesre gebracht und dem Kriegsgericht übergeben wurde.

Aus diesem Grund wurde auch in Dzowk eine strenge Untersuchung durchgeführt, schon bevor man mit der offiziellen Sammlung der Waffen der Armenier anfing.

– Nein, er kennt keinen Armenier und keinen armenischen Gedanken mehr! Er wusste jene Träume zu vergessen damals, als er in den Namen *Dschemal* eintrat, antwortete Osman Agha.

Von der Schwere der ungestalten Gedanken erleichterte ich mich ein bisschen, als ich sah, dass der Gefreite, anstatt seine Fragen auszuweiten und in ihre Tiefe zu gehen, eine Art Habgier zeigte. Natürlich verschwendete er keinen Gedanken daran, mich zu bemitleiden, er konnte aber das Ausmaß seiner Freundschaft mit Osman Agha nicht völlig leugnen, obwohl er es gern verfälschen wollte.

***

Auf unserer linken Seite, auf den sich ausbreitenden Felsen haben die sich erhebenden Häuser das Aussehen unzerstörbarer Dämme, weil sie sehr fest und wohlgestaltet gebaut sind. Die rechte Seite aber ist die Westpranke der Stadt. Die Gebäude sind dort so harmonisch aneinander gefügt, dass diese Fassade ein Feu-

11 Er wurde der erste Märtyrer unter den Armeniern in Charpert.

12 Mezre, Mezire, Mezraa ist eine Kleinstadt bei Charpert.

erwerk aneinander gereihter Perlen darstellt.

Während ich überlege, wie die schwarzen Geister über so prächtigen Häusern schweben können, wie die Bestien in so reichen Gebäuden ihren Ruinentanz tanzen können, hört der Gefreite nicht zu, sondern tut sich durch seine Informationen groß und bewegt seine schamlose Zunge:

– Die Amerikaner haben diese Gebäude gebaut, die mit ihrem äußeren Glanz darauf beharren, aufrecht zu bleiben. Doch werden sie alle abgerissen, weil sie nur der Arroganz der Gjawurs dienten. Unter diesen Gebäuden befindet sich das abstoßende "Jeprad",[13] das danach strebte, die majestätische osmanische Regierung zu vernichten. Neben ihm steht noch baufällig eine weitere, von der Freiheit der Armenier träumende Schule, die den Namen ihres Direktors, "Tolkadin"[14] erhielt. Dieser Direktor, der eigentlich ein *tembel* (feiges) *kadın* (Weib) war, wurde vom törichten Volk angebetet, weil er sich sehr wünschte, den Untergang der Türken zu sehen. Wir haben alles von innen heraus verwüstet. Das reicht aber nicht; man darf keinen Stein auf dem anderen lassen, man muss alles zerstören, was den Atem der Gjawurs hat,

---

13 Arm.: "Euphrat", ein von den Amerikanern gebautes armenisches College in Charpert, gegründet auf Initiative des amerikanischen Missionars K. Houyler 1878. Bis 1888 hieß es Armenia College. Man unterrichtete hier nach dem amerikanischen Lehrsystem. Das College besaß für Jungen und Mädchen separate Internat-Apartments, Schulen, Kindergarten, Krankenhaus, Apotheke, Werkstatt, Säle, Bibliothek (80.000 Bücher), botanische, geografische und zoologische Museen und Druckerei. Es gab die Zeitschrift „Jeprad“ heraus. Die Lehrer waren Armenier. Folgende Fächer wurden gelehrt: armenische Sprache (alt und neu), Türkisch, Englisch, Mathematik, Weltgeschichte, armenische Geschichte, Logik, Philosophie, Psychologie, Malerei, Musik, Sport. 1904-05 erreichte die Zahl der Studierenden 934. 1888-1915 absolvierten es etwa 600 Studierende. Es wurde 1915 mit der Deportation der Armenier aus Charpert geschlossen.

14 Richtig ausgesprochen: Tlgadin, "Tlgadintzi" (aus dem Dorf Tlgadin). So hieß mit Schriftstellernamen Howhannes Harutjunjan (1860-1915), der damalige Direktor des Colleges. Er war Schriftsteller, Lehrer und einer der bekannten Vertreter der literarischen Bewegung der "armenischen Provinzliteratur" (die Ende des 19. und Anfang des 20. Jh. ihre Blüte erreichte), die Charaktereigenschaften des Provinzarmeniers und dadurch des "rein" Armenischen in der Li-

ihre Prägung trägt.

Ich, das ganze hörend, schaute heimlich in die vom Gefreiten gedeutete Richtung. Meine Blicke wichen in einer unmutigen Angst ab und spalteten sich, jedes Mal wenn ich mich bemühte, die Gebäude von *Jeprad* und *Tlgadin* zu erkennen, deren Namen ich mit faszinierender Süße von meinen Dorflehrern und sie besuchenden Schülern gehört hatte. An ihrer Stelle gelang es mir, eine erschütterte Kirchenkuppel mit umgedrehtem Kreuz zu erahnen. Ich dachte, es müsse sicher die Spitze einer Kirche sein. Ich konnte aber nicht nochmals einen Blick auf sie werfen, trotz meines starken Verlangens, denn unser Weg bog zum östlichen Berg ab.

Meine Seele jammerte, als ob sie sich in blutigen Strömungen wälzte. Meine Imagination trennte sich nie von der erschütterten Kirchenkuppel und vom zerstörten Kreuz. Ich erinnerte mich an Orte, Namen, Träume, Gedankenflüge, deren frische Erinnerungen hell wurden, aber all dieses stieg mit ebendieser Kirchenkuppel und diesem Kreuz herauf. Ein inneres Leben stockte, ein für sich sprechender Instinkt nahm seinen Anfang. Mein Inneres wurde mit scharfen Stangen durchlöchert, das grausame Vorgefühl wurde stärker. Ich möchte widerstehen, aber ich habe keine Kraft. Mein Herz ist gestürzt, zusammengestürzt. Ich flehe, ich bitte: Barmherzigkeit! Ich verdrehe meine Augen, ich schließe meine Ohren. Trotzdem, das Gespenst, das die detailgenauen Bilder aller von mir gesehenen und gehörten Barbareien darstellt, verschwindet nie und sein Echo verklingt nicht: „Das Ganze genügt noch nicht. Du wirst noch mehr grausame Geschichten sehen und hören. Du wirst noch hören, wie Tlgadintzi,[15] Prof. Budschikanjan,[16]

---

teratur untersuchte. Er wurde 1915 ermordet.

15 Siehe Anm. 14.

16 Howhannes Budschikanjan (1873-1915), Pädagoge und Schriftsteller, geboren in Tschnkusch, studierte am Jeprad College und später in Deutschland. Nach dem Studium kehrte er zurück nach Charpert und lehrte am genannten College. Er veröffentlichte geschichtswissenschaftliche, philosophische und literaturwissenschaftliche Aufsätze in den Zeitschriften „Püragn", „Awedaper", „Lujs" und „Jeprad". Er wurde 1915 ermordet. Seine Freunde veröffentlichten die Manuskripte: Analyse zur Familie (Beirut 1953), Der vorbildhafte Bürger (Antelias 1953).

Prof. Kazandschjan[17] mit ihren Freunden den Märtyrertod finden. Eines Tages wirst du noch kommen, um jenes Kreuz und jene Kuppel, völlig zerstört, in die Trümmer der davor verrauchenden Schule von Tlgadin gesunken zu sehen."

Und was für ein schwarzes Schicksal! Genau in der nächsten Nacht wurde ich noch unglücklicher die Geschichte der furchtbaren Leiden ihres Martyriums hörend. Und nach zwei Jahren ging ich barfuß, mit ausgemergelten Augen in die Stadt, in die Straße "Heiliger Hagop" hinüber und dort, vor einem engen Durchgang unter den Trümmerwänden sprach ich auf Knien ein Erinnerungsgebet.

***

Unser Abhangweg nahm eine Kurve, von der aus man die Hänge einer Kleinstadt sah, die sich hinter einem Teil der Gehöfte ausbreitete, die die Erinnerungen an Lehnsherren bewahrt hatten.

Erneut war es der Gefreite, der darauf zeigte, Zorn aus seinen gelittenen Augen springen lassend. Vielleicht würde einer sprechen, aber er wartete nicht darauf und setzte eine Geschichte fort, die in seinen ungebildeten und unbarmherzigen Gefühlen bunt wurde:

> – Diese Kleinstadt ist das bekannte Hüsejnig. Einer der dort wohnenden Armenier hieß Genosse Garo. Genosse Garo war ein Revolutionär und der Anführer der Henker, die einen schrecklichen Plan ausheckten.
>
> Eines Tages, als ich in meinem Büro der Zentralwache in Mesre mit den Fragen des armenischen Massakers beschäftigt war, bemerkte ich, dass vor meinem Fenster eine mit Tscharschaf bedeckte Frau in mein Zimmer schaute und anzeigte, dass sie ein sehr wichtiges Geheimnis zu sagen

17 Howhannes Kazandschjan (1870-1915), geboren in Jewtogja, besuchte Schulen in Konstantinopel, wo er später als Lehrer tätig war. 1893 kehrte er in seine Geburtsstadt zurück und unterrichtete weiter. Er veröffentlichte linguistische und literaturwissenschaftliche Aufsätze in den Zeitungen „Arewelk" und „Püragn". 1899 wurde sein Hauptwerk in Wien gedruckt: Der Dialekt der Armenier von Jewtogja. 1908-1910 wurde sein dreibändiges Werk veröffentlicht:

habe. Kaum hatte ich das Fenster geöffnet, als ich sah, wie sie mir mit Handbewegungen bedeutete, dass ich mich nicht irre.

Sofort bin ich mit zwei weiteren Gefreiten und einer bereiten Soldatengruppe ausgerückt und ihr gefolgt. Die Frau führte uns zu einer Straße, die zum südwestlichen Stadtteil gehörte, und von einer Ecke aus auf eins der Häuser, die gegenüber standen, zeigend, teilte sie mit, dass dort versteckte Waffen seien.

Es war ein prächtiges Haus, auf das sie zeigte, unter dessen Bewohnern kein Mann war.

Sie waren schon früher verhaftet und massakriert worden. In den Resten hob ein neuer Schrecken an, als einige der Soldaten auf unseren Befehl hin das Haus belagerten und andere mit uns gemeinsam hineintraten.

Wir haben alle Ecken und Möbel des Hauses auf den Kopf gestellt. Wir durchsuchten sogar die dünnste Schicht, die irgendwelchem Zweifel Raum gab, an den Wänden, dem Boden und der Decke. Wir fanden aber nichts.

Aus einem Fenster schaute ich nach draußen.

Die Frau im schwarzen Tscharschaf stand noch an der Ecke und gerade als sie mich sah, wies sie mich auf das linke Zimmer hin. Wir traten ein. Wir durchsuchten es nochmals und fanden wiederum, dass jenes Zimmer unverdächtig war. Aber wegen des zeichenhaften Drängens der unbekannten, türkischen Frau nahm ich meine Waffe in die Hand und unter den Schlägen ihres Heftes fing ich an, an die vier Wände von oben bis unten zu schlagen. Diese Art der Durchsuchung brachte heraus, dass die innere Wand von ihrem Grund ein schwingendes Echo abgab. Wir rissen den tönenden Teil der Wand ab und entdeckten ein meisterhaft zugedecktes Loch, das von der Wand aus nach unten ging.

Grammatik der neuarmenischen Sprache. Er wurde 1915 ermordet. Ein letztes Buch wurde 1970 in Antelias gedruckt: Geschichte der armenischen Literatur (2 Bände).

Meine Freunde zögerten hinunter zu steigen, besser gesagt, wagten nicht hinunter zu steigen, daran denkend, dass es eine gezündete, versteckte Bombe gäbe, die zur Gefahr werden könnte. Weil ich aber die üble Bedeutung der verschwörerischen Ziele der Armenier in ihrer Tiefe begriffen hatte, und mich deshalb mit Herz und Seele der heiligen Aufgabe ihrer Vernichtung widmete, wollte ich keinen Grund sehen, verwirrt zu sein. Ich machte das Loch breiter und ging hinein. Dieser, mein Mut wurde zur Ermutigung für meine Freunde, die mir hintereinander folgten. Einige weit voneinander entfernte und holprige Sprossen einer in sich verdrehten Leiter führten uns sofort zu einem engen Raum, der höher als das Erdgeschoss zu sein schien. Dort fanden wir einige nebeneinander gereihte Kästen Patronen und Bomben, die mit dickem Blech beschlagen waren. Unter denen einen weiteren Kasten, dessen Hälfte in der Wand eingegraben und der mit unterschiedlichen Dokumenten[18] gefüllt war. Diese wurden alle sofort ins Regierungshaus mitgenommen und untersucht. Die Untersuchung der Bomben und Dokumente[19] deckte eine satanische Verschwörung auf und offenbarte den vorbereiteten Plan[20] zu ihrer Durchführung. Entsprechend diesem stenografischen und entwurfsmäßigen Plan[21] würden ein paar törrichte Veteranen[22] unter der Führung von Genosse Garo, der eine Buchhandlung eröffnete, um einen Vorwand zu haben, sich nicht von Mesre zu entfernen, in 24 Stunden alle offiziellen Amtshäuser der Regierung zusammen mit dem Waffenarsenal und den Kasernen in die Luft sprengen können, wenn man den Startschuss gäbe, die Revolution zu beginnen.

Meine hanim gab mir mit indirekten Blicken zu verstehen, dass ich ihr Pferd vorwärts ziehen und sie von den anderen trennen soll.

18 Im Originaltext: documents (franz.).
19 Siehe Anm. 18.
20 Im Originaltext: plan (franz.).
21 Siehe Anm. 20.
22 Im Originaltext: vétérane (franz.).

Das war ein Zeichen dafür, dass sie anstatt Gefallen daran zu haben, sich vor dem Geschwätz des Gefreiten ekelte.

Diese, seine Geschichte konnte die Erregung eines Türken entzünden, konnte einen inneren Hass stärken, aber den seelischen Geschmack einer *"namahrem"*[23] Frau, einer im Narzissmus äußerst prahlerischen hanim konnte sie nicht verdecken.

Ich erfüllte den Willen meiner hanim, wobei der Gefreite seine wilden Gefühle steigerte; er bemerkte nicht die Stimmung, in der sich keiner amüsierte, zuzuhören, und erzählte seine Geschichte weiter, mit deren sehr wenig Wahrheit enthaltendem kleinen Teil er selbst vielleicht nie etwas zu tun gehabt hatte.

Osman Agha kam dem Geschmack des Gefreiten mit der geglätteten Sympathie eines wilden Dörflers entgegen. Eine unehrliche Art und Weise, die kein Missfallen erregte, vielleicht weil ihm dies sehr bekannt war.

– So verfolgte diese *hayin*[24] Nation solch niederträchtige Ziele, um gegen eine Regierung, die sie von Herzen liebte, zu rebellieren. Aber man muss bedenken, dass derjenige, der für seinen Freund eine Grube gräbt, selbst hineinfällt.

Osman Agha brach ihm ein Gelächter aus, das seine Gedankengebilde erwürgte und gab diesen letzten Worten des Gefreiten Recht.

Bekosch wurde ermutigt und rief aus:

– Hinzir Kyafirler![25]

***

Wir haben uns von der Stadt noch nicht entfernt. Der Gefreite wird sich nun von uns trennen. Aber weil seine Geschichte vor allem ihn selbst provozierte, seine bestialische Herzensbegierde entzündete, kann er sich nicht zurückhalten. Als ob eine vom Blutgeruch zurückgekehrte Trunkenheit seinen Kopf umklammere.

Bevor er sich trennt, will er seine Geschichte mit diesem un-

23 Türk.: So heißt das islamische Verbot, sich fremden Männern zu zeigen.
24 Türk.: verräterisch, treulos, falsch.
25 Türk.: Schweine Gjawurs!

begrenzten Schmutz beenden, den sich nur der perverseste Instinkt des Rachedenkens vorstellen kann:

– Wie schön wäre es, wenn es möglich wäre, die Anführer dieser Nation, die des Lebens unwürdig ist, für ein paar Stunden wieder zu beleben und sie vor dem Tor dieser Stadt aufzurichten, damit sie sehen, wie mit unseren gerechten und tapferen Armen alle Bemühungen und Leistungen ihrer Nation zerstört werden!

Erzpriester Krikor Faradschjan

Erzählungen aus einem wahren Leben

Beginn des Exils

Ich bin im Jahre 1911 in der Hauptstadt Sis[1] geboren. Ich war etwa 4 Jahre alt, als 1915 das Exil anfing. Ich erinnere mich gut: meine Schwester, Mariam, war die Schwiegertochter der Familie Balbutschakjan, die sich an einem Ort namens Hergele niederließ. Der Moment des Abschieds unserer Familie von der Familie meiner Schwester war äußerst schrecklich und berührend. Die Exilanten und wir, die in Sis blieben, trennten sich mit Weinen und Geschrei voneinander. Sie entfernten sich von uns mit ihren Wagen, Lastwagen, Eseln und gingen ins Unsichere. Von da an habe ich meine Schwester nie wieder gesehen. Sehr viel später erfuhren wir, dass sie für ein Stück täglich Brot Straßensteine hauten. Unter diesem harten Tageswerk starb meine Schwester.

Mein Vater wurde Soldat

Als mein Vater, Garabed, ein vorausschauender und besonnener Mensch, die die Armenier bedrohende künftige Gefahr wahrnahm, ging er und stellte sich als Soldat der türkischen Armee zur Verfügung und fing als Arbeiter an, an einem Ort namens Gjawur Daghi[2] für Lokomotiven Holz zu hacken. Auf den Bergen von Tschork Marsban[3] verbrachte er eine ruhige Zeit und dank seines Berufs als Schuster bekam er von seinem militärischen Vorgesetz-

---

1 Die heutige Kleinstadt Kozan im Regierungsbezirk Adana in der Südtürkei (historisches Kilikien) war die Hauptstadt des kilikisch-armenischen Königreiches und der Sitz des Katholikos (seit 1292).

2 Türk.: Gjawurs (des Ungläubigen) Berg.

3 Armenischer Name der heutigen Stadt Dörtyol, nördlich vom heutigen Antakya (Antiochia).

ten die Erlaubnis, in die Dörfer zu gehen und als Schuster seinen Tageslohn zu verdienen. Oft bekam er von den Bauern als Belohnung Mehl, Feigen, Rosinen und Obst.

Meine das Haus zusammenhaltende Mutter und meine Kindheit in Sis

Meine Mutter, Hripsimé, eine gläubige, das Haus zusammenhaltende und ehrenvolle Frau, sammelte ihre Kinder, Warteni, Siranusch, Apraham und Margarios unter ihre Fittiche, arbeitete als Waschfrau bei den Familien der türkischen Vorsteher und bewahrte uns dadurch in jenen schwierigen Tagen in Frieden, satt und ungefährdet. Meine Mutter war eine Heilige und in ihrem untadeligen Leben die Nachfolgerin der Heiligen Hripsimé.[4] Sie konnte nicht Armenisch und das schmerzte sie sehr. Trotzdem brachte sie uns in den schwierigen Zeiten die Gebete, die sie auswendig gelernt hatte, bei. Sie brachte uns weiterhin Vierzeiler und gereimte Strophen auf Türkisch, die sie später auch meine Enkelkinder lehrte, bei. So:

Bu çocuk kaç yaşında?
Dört yaşında.
Aklı başında,
Hisus babanın peşinde
Yaşar bu çocuk,
Rab isterse.

Das heißt:
Wie alt ist dieses Kind?
Vier Jahre alt.
Mit Verstand
Am Rockzipfel von Vater Jesus
Lebt dieses Kind,
Wenn Gott will.

---

4 Armenische Heilige aus dem 3. Jh., die mit ihren 40 Mitschwestern vom armenischen König Trdat III. vor seiner Taufe zum Christentum ermordet wurde.

An ein zweites Stück erinnere ich mich:
Şeytanın kaç marifeti var?
Üç marifeti var:
Birinci – kalbi karalamak,
İkinci – canı yaralamak,
Ücüncü – cehenneme yuvarlamak.

Das heißt:
Wie viele Tricks hat der Satan?
Drei Tricks hat er:
Erstens, das Herz schwärzen,
Zweitens, die Seele verletzen,
Drittens, in die Hölle schicken.

In meinem Gedächtnis ist noch ein drittes Stück ganz frisch:
Yattım sağıma,
Döndüm soluma,
Selam eyle gidecek mekânıma.
Krisdos baş, Mairam ana yoldaş,
Bu haneye ilişenin ağzı kilit, dili taş.

Das heißt:
Ich schlief auf meiner rechten Seite,
Ich drehte mich nach links,
Grüßet mir meine Heimat, wohin ich gehen werde!
Christus ist das Haupt, Mutter Maria die Begleiterin.
Sein Mund ist Riegel und die Zunge Stein,
Der sich diesem Haus nähert.

Unser Eigentum

In Sis hatten wir zwei Weingärten, zwei Wohnhäuser und einen Laden zum Eigentum. Unsere jährliche Ernte war sehr groß. Den ganzen Sommer verbrachten wir im Weingarten und genossen seine Güter: Mandeln, Feigen, Oliven und andere Früchte. Zu unserem Alltag gehörte auch eine Eselin mit ihrem Füllen, die zum Transport diente.

In meinen Erinnerungen bleibt die Freude noch frisch, als

ich in unserem Weingarten den Vögeln nachstellte. Unsere Weinstöcke waren einen halben Meter hoch und in ihnen bauten die Vögel ihre Nester und legten Eier.

Weil mein Vater Soldat war, konnten wir ein sattsam ruhiges und friedvolles Leben in unserer Stadt führen. Etwa 300 armenische Familien zählte man in Sis, deren Väter türkische Soldaten geworden waren. Die Familien aber, in denen keine Soldaten waren, wurden nach Der-Zor und Hasitsché[5] exiliert, wo sie nach unerträglichem Leid ausgehungert wurden und starben.

Alltagsleben

Interessanterweise erinnere ich mich allmählich an unseren in Sis erlebten Alltag. Als ob die süßeste Fähigkeit, die die Natur einem alten Menschen gewähren könnte, die Fähigkeit ist, die Kindheitseindrücke sehr leicht wieder zu erlangen.

In der Erntezeit versammelte meine Mutter uns und nahm uns zum Acker der Familie Nalbandjan mit, um Ähren zu ernten. Krikor Nalbandjan war ein Abgeordneter in Bolis[6] und besaß ein Weizen- und Gerstenfeld in Sis. Fast alle armenischen Soldatenfamilien gingen dorthin zur Arbeit. Es gab dort zwei Maschinen, eine zum Säen, die zweite zum Ernten. Wir nannten sie *batteuse.*[7] Nachdem mein Vater aus der Armee zurückgekehrt war, wurde er für eine Zeit der Wächter der Maschinen. Es passierte einmal, dass der allgemeine Oberwächter des Ackers nachts pfeifend allen ein Signal gab, aber mein Vater es nicht hörte, weil er gerade im Schlaf war. Er wurde vom Oberwächter zurechtgewiesen mit den Worten:

– Die Gefahr kann in zwei Minuten eintreten, wenn man kommt und Maschinenteile stiehlt, während du schläfst.

Während der ganzen Erntezeit blieben wir auf dem Acker unter den aus Heu gemachten Wohnanlagen und dann gingen wir nach Hause, nach Sis.

---

5 Arab.: Deir-el-Zor (arabisch-umgangssprachliche und armenisierte Form: Der-Zor) und Hassaké sind Wüstenstädte im heutigen Nordostsyrien, Endstationen armenischer Todeskarawanen.

6 Der armenisierte Name von Konstantinopel/Istanbul.

7 Franz.: Dreschmaschine.

Der Rückweg war besonders in der Sommerhitze für uns Kinder hart. Barfuß gingen wir auf der von der Sonne erhitzten Erde in die Stadt. Wer von uns müde wurde, den setzte meine Mutter der Reihe nach auf den Esel. Ich erinnere mich, dass uns auf diesem Weg sehr dürstete. Eines Tages ritt ein alter Türke auf seinem Esel auf dem gleichen Weg. Dieser lud auf dem Esel Wassermelonen und aß selbst eine. Wir Kinder sammelten die von dem Greis weggeworfenen Schalen, reinigten sie vom Sand und lutschten den Rest ab. Der Greis bemerkte unseren Durst, erbarmte sich und gab uns eine ganze Wassermelone. Meine Mutter hat sie für uns in gleich große Teile geteilt und so kamen wir mit gestilltem Durst nach Hause.

In der türkischen Schule

Im Winter schickte mich meine Mutter in eine türkische Schule, wo eine armenische Lehrerin uns das türkische Aleph-Beth beibrachte.

Hier hatte ich einen türkischen Klassenkameraden, der nicht Schreiben und Lesen mochte und unter dem Zwang seiner Eltern die Schule besuchte. Ihm gelang es, auch mich für sich zu gewinnen. Anstatt ins Klassenzimmer zu gehen, versteckten wir uns auf dem großen Schulhof und spielten während der Schulstunden. Mit dem letzten Klingeln gingen wir nach Hause zurück. Dies hat aber nicht lange gedauert. Ich sah, wie meine anderen Klassenkameraden auswendig konnten, was ich gar nicht kannte.

Kurz darauf schickte mich meine Mutter zu einem Töpfer in die Lehre. In jenen Tagen war die finanzielle Lage unserer Familie sehr dürftig.

Der frühe Tod meiner Schwester

Ein sehr altes Unglück unserer Familie, das, als ob es heute geschehen wäre, in meinem Herzen schmerzt, ist der Tod meiner älteren Schwester, Siranusch. Er geschah aus Armut und Mangel an Arzneimitteln und ärztlicher Pflege.

Als wir mit der ganzen Familie unseren Lebenskampf um das tägliche Brot auf dem Acker von Nalbandjans in der heißen Sonne führten, verbrannte die heiße Sonne den Kopf meiner

Schwester Siranusch und sie litt ein paar Tage. Das Fieber verließ sie nicht, obwohl meine Mutter das Handtuch ständig ins Wasser tauchte und ihr auf die Stirn legte. Die alten Frauen und die Nachbarinnen um sie herum meinten, dass sie *beyin huması*[8] hatte. Als meine Mutter ihre sorgfältige Pflege fortsetzte, faselte meine Schwester und „*anam, anam!*“[9] sprechend schloss sie ihre Augen für immer und durch ihr frühen Tod brachte sie unserer Familie Unglück. Es herrschte Armut. Wir konnten ihr nicht einmal einen Sarg kaufen. Weinend rollten wir sie in Leinen und begruben sie mit Hilfe gläubiger Bekannter. Als das nächste Kind, das ein Mädchen war, geboren wurde, nannte sie mein Vater im Andenken an meine alte Schwester mit deren Namen Siranusch. Die meine zweite Schwester Siranusch wurde, war das jüngste Glied unserer Familie.

Ein paar Tage nach dem zeitigen Abschied meiner Schwester nahmen zwei Soldaten den 13-jährigen Aram, einen gut aussehenden Jugendlichen, den Sohn einer guten Mutter, unserer Nachbarin, Dschühar aus Charpert,[10] in seinem Zuhause fest und nahmen ihn verschleppend in die Ungewissheit mit und er kam nie zurück.

Der Alltag geht weiter

Die Mitbürger unserer Stadt sind des Lobes recht würdig, weil sie einander halfen. Ein Mensch guten Ruhmes namens Human Agha[11] Pesajan hatte in jenen schwierigen Tagen die Aufgabe, in einem großen Topf Suppe zu kochen und sie mit seiner großen Kehle auf die Teller der armenischen und nicht-armenischen Arbeiter ohne Unterschied zu füllen. Den gesamten Preis für die Suppe bezahlte die Mutter von Krikor Nalbandjan, Martha Dudu,[12] die die allgemeine Besitzerin und Aufseherin des großen Ackers war.

---

8 Türk.: Hitzeschlag.

9 Türk.: „Meine Mutter, meine Mutter!“

10 Die heutige Stadt Elazığ im östlichen Mittelanatolien, im historischen Westarmenien.

11 Türk.: *ağa* – Herr, Meister.

12 Türk.: etwa gleich *hanım* – Herrin, (hier besonders:) alte Armenierin.

Martha Dudu und das Ende von Raschit dem Kurden

Martha Dudu war eine starke Frau und ihr Wort hatte Einfluss auf die Bevölkerung in der Gegend. Es geschah, dass die Räubergruppe von Raschit dem Kurden zu unserer Stadt kam und das Enkelkind von Martha Dudu, namens Arschawir, das auf dem Pferd den Acker beaufsichtigte, entführte. Die Räuber wussten genau, dass die Nalbandjans reich waren und verlangten deshalb mit einem Erpressungsschreiben 100 rote Lira für die Rückgabe des Jungen. Die Frau stimmte zu, aber bis sie die verlangte Summe bereithielt, entfernte sich die Räubergruppe mit der Geisel von der Stadt, weil sie ein Einschreiten der Polizei befürchtete. Durch ihr einflussreiches Wort brachte die starke Armenierin ihre Stimme bis zur Regierung und durch staatliche Intervention wurde Raschits Räubergruppe von vierzig Mann verfolgt.

Kurz danach hörten wir eines Tages das Geschrei eines Ausrufers, der das Volk aus den Häusern herausrief. Trommel schlagend und *Zurna*[13] spielend ging man zum Rathausplatz. Ein Polizist auf einem Pferd reitend hatte ein langes Rohr in der Hand, an dessen Spitze er den Kopf eines hellhaarigen, langbärtigen Mannes, des Oberräubers Raschit des Kurden hielt...Wir folgten barfuß der Prozession bis zum Rathaus.

Martha Dudu machte ihr Wort bei der Regierung hörbar und errettete ihr Enkelkind und sie ließ den Oberräuber durch Enthauptung in den Tagen strafen, in denen die Sicherheit der Armenier für die Regierung keinen Wert und keine Bedeutung hatte. Arschawir wanderte später nach Frankreich aus.

Das Folgende hat sich auch zugetragen. Ein Türke brachte einen seiner Verwandten um und begrub ihn in seinem Garten. Auf dem Grabplatz pflanzte er Maulbeerbäume. Die Polizei verfolgte das Geschehen, fand den Ermordeten und der Täter wurde nach dem Gesetz bestraft. Auf dem Rathaushof ließ man ihn von einem riesengroßen Baum hängen vom Morgen an und die Leiche blieb dort bis zum Abend hängen, den Menschen zur Schau.

13 Türk.: türkische Oboe.

Unsere kurze Lebensfreude

Die Jahre 1918-1920 wurden für uns, die Einwohner von Sis, Jahre der Freude und Hoffnung, als armenische Exilanten und Deportierte anfingen, nach Hause zurückzukehren. Natürlich war der große Teil vernichtet oder verhungert, aber die am Leben Gebliebenen kamen mit Freudentränen und Schreien auf Wagen durch die Hauptstraße der Stadt zu ihren Wohnhäusern zurück, von denen einige zerstört waren. Der Raub aber war in jedes Haus eingedrungen.

In sehr kurzer Zeit kam die ruinierte Stadt Sis wieder zu Leben und wuchs dank der Unterstützung und unter der Aufsicht der französischen Armee. Mit ihnen verbündeten sich Gruppen der armenischen *Gamawors*,[14] die auf den Hügeln Stellung beziehend den Bürgern ein friedvolles Leben schenkten. Der Wirbel begann wieder und die zerstörte Stadt Sis wurde wieder aufgebaut. Die Türken fühlten sich unsicher und fingen an, langsam in die Dörfer zu ziehen. In der Hauptstadt aber läuteten die Kirchenglocken, die Schulen wurden wieder allmählich geöffnet und ich begann wieder die armenische Schule zu besuchen.

Die Franzosen setzten zwei große Kanonen auf die Burg von Sis, *Lewon Kla*,[15] und benutzten die uneinnehmbare Burg als Stellung. Soldaten und armenische Gamawors liefen über den Markt und gaben uns Sicherheit. Die armenischen Gamawors verpassten keine Gelegenheit, sich an den Türken zu rächen, weil viele ihrer Verwandten Opfer des *Jataghans*[16] des Türken waren.

Das Katholikosat von Sis

Oft hatte ich die Gelegenheit, die Hand meines Vaters haltend zum Katholikosat des Großen Hauses von Kilikien hinaufzusteigen, das durch seine Stellung die Stadt beherrschte. Die Kathedrale des Klosters hieß Heilige Sophia. In diesem Kloster gab es eine

14 Arm.: Freiwillige. Gemeint sind die freiwilligen Kämpfer.

15 Lewons Burg, heißt auch Schlangenburg, gebaut vom armenisch-kilikischen König Lewon I. (1187-1219).

16 Türk.: türkisches Krummschwert.

andere Kirche, die durch eine Pforte vom Kloster getrennt war. Diese Innenkirche hieß Heiliger Krikor *Lussaworitsch;*[17] in ihr wurde die mit Gold bedeckte, heilige Handreliquie von Krikor dem Erleuchter unter der Aufsicht der Dynastie Atschabahjan aufbewahrt.

Der Altar der Kathedrale und der Thron des Katholikos waren aus chinesischem blauem, wertvollem Porzellan gebaut.

1915, als die Armenier deportiert wurden, wandelten die Türken das Kloster in ein Waisenhaus um. Aber die Kinder wollten aus Angst nicht dort wohnen. Wir erfuhren, dass sie schreckenerregende Wunder erlebten und zu erschrocken waren, um an jener heiligen Stätte zu bleiben.

Gegenüber dem Kloster, auf der Bergspitze, befand sich eine heilige Stätte mit dem Namen des heiligen Georg, die vierzig Türen hatte. Weiter unten gab es das Krankenhaus, das von Königin Zabel[18] aufgebaut wurde, und das die Türken in einen Friedhof verwandelt hatten. Wir hatten Angst, vorbeizugehen.

In der Kirche

Meine Mutter nahm uns immer in die nahe gelegene Heilige *Asdwadzadzin*[19] Kirche mit. Der Gemeindepriester war Vater Giragos, ein schwarzbärtiger Priester. In der Kirche flüsterte ich meiner Mutter ins Ohr und sagte:

– Mutter, ist dies der Gott, von dem du erzählst?

Meine Mutter antwortete mit Zärtlichkeit:

– Nein, mein Sohn, dies ist der Diener Gottes!

In unseren Kirchen in Sis gab es keine Bänke für die Gläubigen. Die ganze Kirche war mit Teppichen bedeckt und die Männer gingen barfuß hinein und beteten stehend. Die Frauen aber, mit Kopfbedeckungen, stiegen auf den Leitern an den zwei Seiten in das Obergemach hinauf, wo sie in Ehrfurcht den Gottesdiensten

---

17 Arm.: Erleuchter. Gemeint ist der erste Kirchenleiter der Armenischen Kirche.

18 Königin Zabel/Isabelle, die Tochter von König Lewon II. Sie heiratete König Hetum I. (1226-1270).

19 Arm.: Gottesgebärerin.

und der Messe folgten.

An den Festtagen führte man die Schüler in die Kirche und tausende Kinder empfingen die Kommunion. Unser Lehrer aber, Herr Margos, kniete sich vor der Kommunionsausteilung nieder und verlas *„Megha Amenasurp"*,[20] den Schülern zum Vorbild.

Die Rückkehr meines Vaters und der Besuch von Srpazan[21] Jeghisché

Mein Vater kehrte gesund aus der Armee zurück. Weil er dort aber mehrmals im Regen geblieben und nass geworden war und keine Ersatzwäsche hatte, wurde er nach seiner Rückkehr krank: er hatte Rheumatismus. Acht Monate lang konnte er nicht das Bett verlassen und meine Mutter pflegte ihn mit Geduld und kümmerte sich zugleich um unsere Familie.

Es war in diesen Tagen, dass Srpazan Jeghisché aus dem Mutterkloster von Sis meinen Vater besuchen kam, weil mein Vater einer der Küster war.

Mein Vater, auf die letzten Geschehnisse in unserer Stadt hindeutend, sprach mit ihm vom Bett aus mit traurigem Herzen:

– Ey Yeğişé Sırpazan!
Sen çul giyinip küle otur,
Nurani huzura sen dua yetir.
Sabilere imdat eder yaradan.

Das heißt:
– O Srpazan Jeghisché!
Sich das Büßerhemd anziehend, sitze auf der Asche,
Und bete für das ehrwürdige Staatsoberhaupt!
Gott solle sich der Kinder erbarmen!

---

20 Altarm.: „Ich sündigte gegen die Allerheiligste (Dreieinigkeit)." Mit diesen Worten beginnt das kollektive Schuldbekenntnis in der Armenischen Kirche.

21 Arm.: Sakral. Hier: Bezeichnung bzw. Anrede für einen Bischof. Der gemeinte ist der Erzbischof Jeghisché Garojan (geb. in Adana 1873, gest. im Libanon 1943).

Srpazan antwortete:
– Oğlum Garabed!
Biz gönüllüce
Küle oturmak istemedik,
Ama Osmanlı zorla oturtturdu.

Das heißt:
– Mein Sohn, Garabed!
Wir wollten nicht aus eigenem Willen
Auf der Asche sitzen,
Aber der Osmane zwang uns dazu.

Nachdem mein Vater acht Monate das Bett gehütet hatte, wurde er wieder gesund und mähte den Garten und nahm seinen Beruf wieder auf, unseren täglichen Lebensunterhalt versorgend. Mein Vater war auch ein meisterhafter Gerber. Er bereitete Schuhleder vor. In der Nähe des Flusses Dere gab es etwa hundert Felsengruben. Wir gingen dorthin, um die Häute nass zu machen und daraus Leder zu bereiten. Vor hunderten von Jahren hatten unsere Väter diese riesigen Gruben angelegt. In der gleichen Gegend war auch ein Brunnen süßen Wassers, dessen Name Süd Köşgü – Milchbrunnen war.

Abermals Unglück

Unsere zweijährige Freude kam im Jahre 1920 an ihr Ende, als sich die französische Armee aus Kilikien zurückzog und wir nochmals unbeschützt zurückblieben.

Wir erfuhren, dass Hadschin[22] belagert wurde. Ein Bataillon mit einem Anführer aus unserer Stadt machte sich eilig auf den Weg, um zu Hilfe zu eilen. Aber leider trafen sie auf dem Weg türkische Banden und führten einen blutigen Kampf, dem ihr Anführer zum Opfer fiel. Seine Leiche brachte man nach Sis und begrub sie, tief berührt, auf dem Stadtfriedhof.

---

22 Kleinstadt nördlich von Sis.

Von der Burg König Lewons aus schoss die französische Armee ihre Kanonen mit Donnergeräuschen ab, die uns erschreckten. Wir erfuhren, dass sich die französische Armee zurückziehen wird. Der Kommandant, Taillardant, war ein armenophiler Mensch, deswegen gab er den Armeniern im Voraus bezüglich des Abzugs der Armee Bescheid und schlug den sich in Sis befindenden Armeniern vor, mit nach Adana[23] zu ziehen.

Viele Familien, besonders diejenigen, die schon einmal das Schwarze des unmenschlichen Bitterkelches des Türken gekostet hatten, gehorchten sofort dem Kommandanten und zogen gemeinsam nach Adana.

Die wegziehenden armenischen Familien waren auf ihrem Weg von zwei Seiten durch die französische Armee geschützt, damit sie von der Gefahr der türkischen Banden fern gehalten werden. Alles zusammen blieben nur ein paar Familien in Sis: eine von ihnen war die unsere...

Unsere Odyssee

Mein Vater, der dachte, dass den in Sis bleibenden Armeniern nichts passieren würde, wie in der Zeit seines Armeedienstes, wollte anfangs nicht unter der Begleitung der französischen Armee nach Adana ziehen. Einerseits glaubte er überhaupt nicht an die kommende Gefahr, weil wir ein zweijähriges, ruhiges Leben genossen hatten, andererseits unterband die Erdanziehungskraft seine Schritte und ließ ihn mit unserem Vaterland verbunden sein. Doch später traf er die Entscheidung, wegzuziehen. Wir wohnten ein wenig von den armenischen Straßen entfernt im Stadtviertel Aslan Pascha und aus diesem Grund hatte mein Vater nicht richtig verstanden, dass Sis am 1. Juni früh morgens geräumt wird und nicht am 2.

Also sind wir in der Nacht des 31. Mai zu Hause geblieben. Wir hatten etwa 15 Hühner. Eines haben wir an dem Abend gekocht und gegessen und haben dann in Ruhe geschlafen. Am nächsten Tag ging mein Vater in die nahe gelegenen Straßen, in de-

23 Großstadt und Regierungsbezirk in der Südosttürkei.

nen sich normalerweise die armenische Bevölkerung drängte, und kam aufgeregt nach Hause, uns mitteilend, dass kein einziger Armenier in der Stadt geblieben war und Türken, die von den Bergen hinabgestiegen waren, mit Raub angefangen, viele armenische Wohnungen zerstört und in Brand gesetzt hätten. Wir waren natürlich erschrocken und warteten, die Türe verschließend, auf das Kommende.

In unserer Stadt wohnte ein türkischer *Chodscha*[24] namens Hadschi Osman Efendi Tschamrtan, der *müfti*[25] der in Sis wohnenden Muslime. Er hatte immer einen besonderen Respekt gegenüber unserer Familie. Unsere Familie, obwohl sie christlich war, war ihm ein Vorbild der "frommen Familie".

Als wir mit verschlossener Haustür in eine verworrene Lage geraten waren, klopfte Chodschas' Schwiegersohn, Mühendis Bey, der von seinem Schwiegervater gesandt wurde, plötzlich an die Tür und sagte uns:

– Worauf wartet ihr? Es ist keine Zeit, zu zögern! Nehmt eure wertvollen Gegenstände mit und stürzt euch sofort in Chodschas Haus! Beeilt euch!

Gott gab Chodscha ein warmes Herz: er wusste, dass unserer Familie eine sichere Gefahr drohte, und wollte uns in seinen Schutz nehmen und vor Massakern retten.

Im Haus Chodschas

Tschamrtan Osman Efendi begrüßte uns in seinem Haus und führte uns sofort in einen Innenraum. Mit einem großen Schloss versah er die Tür und stellte eine kräftige Frau, genannt *Fıtışın Kızı,*[26] als Wache vor die Tür. Er riet uns und sagte:

– Hier gibt es alles: Essen, Trinken und Kleidung. Denkt nicht einmal daran, aus dem Haus zu gehen!

Im Innenraum sitzend schauten wir mit Furcht und Zittern vorsichtig aus dem kleinen Fenster heraus: Zerstörtes und Zertrüm-

---

24 Türk.: *hoca* – ein ausgebildeter Geistlicher, Gelehrter.

25 Türk.: oder *müftü* – der oberste Geistliche eines großen Bezirkes.

26 Türk.: die Tochter von Fitisch.

mertes...

Die erste Aufgabe der Türken wurde die Vernichtung der wenigen armenischen Familien, die außer uns noch in der Stadt geblieben waren, und danach: barbarischer Raub, Kampf und Mord wegen der Beuteverteilung. In der Straße, die wir aus dem Fenster sehen konnten, rannten sie nach rechts und links, einige mit vollen Händen, andere zum Raub verspätet, andere mit Waffen. Sie feuerten einander mit den Worten an:

– O, Ihr Muslime! Sammelt die Gegenstände, die vom Gewicht her leicht, aber im Wert schwer sind!

Kurz gesagt, beruhigten die Bergtürken ihre Herzen die blühenden armenischen Straßenzüge beraubend und zerstörend.

Der Angriff des Pöbels

Nun waren wir dran. Die Nachricht war schon unter den in unserem Viertel wohnenden Türken verbreitet: in der Wohnung von Hadschi Osman haben Gjawurs Zuflucht gefunden. Wir waren 6 Personen, aber sie dachten, dass sich 30 Personen drinnen befinden.

Durch ihren Lärm, ihr Geschrei und ihren Ruf vermuteten und fühlten wir, dass ein etwa 300 Mann starker, bewaffneter, türkischer Pöbel im Haushof von Chodscha versammelt war und nach unserem Leben trachtete. Es war unsere Todesstunde! Mein Vater holte mit einem Gebet auf den Lippen sofort eine getrocknete Hostie aus dem Weizenbeutel, den wir von zu Hause mitgebracht hatten und gab uns sie nässend die Kommunion, wobei wir weinend: *„Megha Asdudzo, megha Asdudzo“*[27] wiederholten.

Chodscha war ein einflussreicher Mann. Er trat aus dem Raum und verschloss wieder die Tür vor uns und antwortete dem Geschrei und dem Ruf des Pöbels laut mit folgenden Worten:

– Ich schütze eine armenische Familie mit sechs Mitgliedern in meinem Haus und ich will, dass sie lebt!

---

27 Arm.: „Ich habe gegen Gott gesündigt, ich habe gegen Gott gesündigt!“ So spricht man, bevor man das Abendmahl in der Armenischen Kirche bekommt.

Die Menge wurde aber wahnsinnig und hörte nicht auf zu schreien:

– Liefere uns jene Gjawurs, damit wir sie töten! Liefere sie aus, liefere sie aus!

Chodscha noch entschlossener stieg auf eine Erhöhung hinauf – auf *Tschardach*[28] – und gab kund:

– O muslimisches Volk! Ich habe nur eine armenische Familie mit sechs Mitgliedern in meinem Zuhause aufgenommen. Der Mann ist ein guter Mensch, namens *Achbar.*[29] (So nannte man meinen Vater.) Wenn ihr Ware wollt, habe ich viel, ich gebe es euch. Aber wenn ihr Menschen braucht, bin ich bereit, anstelle von Achbar zu sterben. Wenn ihr das begriffen habt, gut, aber wenn ihr es nicht verstehen wollt, werde ich euch in der Moschee blamieren!

Der Pöbel ging unzufrieden von Chodschas Haus weg. Wir waren gerettet. Als er zu uns hereinkam und unsere angstvollen Gesichter sah, wandte er sich zu meinem Vater und sagte:

– Ich bin es nicht, der euch rettet, sondern euer Gott!

Das uns geschenkte Leben

Nachdem wir vor dem sicheren Tod gerettet waren, setzte sich unser Leben in der Wohnung von Hadschi Osman fort. Als Chodscha aber sah, dass dieses Haus aus Sicht der Sicherheit unser Leben gefährdete, bildete er einen Ring von 10-15 wichtigen Personen um uns herum, und nahm uns gefahrlos in seine andere, gefahrlosere Wohnung mit. Aber auch hier fehlten keine Gefahren und Versuche, uns mit List herauszuholen, besonders die Abwesenheit Chodschas ausnutzend. Aber Gott war mit uns und verließ uns nicht. Unsere Hoffnung lag zuerst auf IHM und dann auch auf unserem Retter, Chodscha. Ganze zweieinhalb Jahre blieben wir in Chodschas Haus unter göttlichem Schutz…

---

28 Türk.: *çardak* – Laubengang, Pergola.

29 Arm. (umgangssprachlich): Bruder. So nennt man die frommen Christen bzw. Laienprediger.

Mein Vater übte seinen Beruf weiter aus, aber im Innenraum eingeschlossen. Die uns zur Helferin gegebene Frau bekam die Kundenaufträge und gab dann die reparierten Schuhe zurück und kassierte ab. Chodscha ließ uns aber die Sonntage und christlichen Festtage als arbeitsfreie Tage feiern.

Chodschas Haus war voll von Essen, aber derjenige, der rausgehen wollte, wurde vom Tod erwartet.

Chodscha ging in den Urlaub

Solange unser Retter zu Hause war, fühlten wir uns sicher, wenn er aber wegging, erwarteten wir jede Art von Gefahr.

Es geschah, dass Hadschi Osman mit seiner Familie in den Urlaub in die Berge ging. Zu Hause war bei uns nur die uns als Bewacherin gegebene, behäbige Verwalterin, als plötzlich sehr stark an die Tür geklopft wurde. Wiederum verfolgte uns der Tod. In versteinerter Stille blieben wir und machten die Tür nicht auf. Aber später vermehrten sich die Türklopfer und es blieb wenig übrig, dass sie die Tür zerstörten und hineinkämen. Ausweglos machte mein Bruder, Apraham, die Tür auf, ging hinaus und als er die bewaffnete Gruppe sah, erschrak er sich. Diese Angst würde ihn viel kosten. 1928 im jungen Alter von 21 starb er an Tuberkulose.

Der Offizier, der die Menschenmenge anführte, wandte sich meinem Vater zu und sagte:

– Gestern Abend kam ein "Gamarod", – er meinte "Gamawor", – eine Mauser[30] in der Hand und ein Kreuz am Hals. Der hängte das Kreuz um deinen Hals und gab dir die Mauser.

Mein Vater verneinte es mit Sicherheit, dennoch haben sie seine Hemdbrust geöffnet und es gesucht, aber sie fanden nichts. Nachdem sie auch das Haus durchsucht hatten, holten sie uns alle raus zum Zweck, uns angeblich in ein noch siethereres Haus zu führen.

Wir wurden unter Jammern rausgeschleppt, als der Bruder von

30 Im Originaltext Deutsch.

Chodscha, Hüseyin, dazu kam und die Menschenmenge mit Beschimpfungen überschüttend uns wieder an unseren Schutzort führte.

Als Chodscha dies erfuhr, beeilte er sich, von seinem Sommerhaus herzukommen, und ließ den Offizier absetzen.

Besuch von Chodscha Üzeyir

Mein Vater versah für den Chodscha auch kleine Dienste zu Hause. Es geschah, dass eines Tages einer der Kollegen von Hadschi Osman, Chodscha Üzeyir zu ihm zu Besuch kam. Mein Vater kochte Kaffee und bot ihn beiden an. Während des Servierens fragte der Gast sich zum Hausbesitzer drehend:

– *Ey hoca, ustanın sarığı ne zaman saracaksın?*

Das heißt: O Chodscha, wann wirst Du dem Meister (gemeint ist mein Vater) den Turban wickeln?

Unser Retter antwortete:

– Ich lasse ihn nicht nur den Turban nicht wickeln, sondern ich lasse ihm nicht einmal seinen Sonntag streichen!

Nochmaliger Angriff

Die Abwesenheit Chodschas war zweifellos Anlass für Angriffe. Er riet uns, niemals die Tür aufzumachen.

Plötzlich wurde an die Tür geklopft. Wir hielten auch diesmal eine steinerne Stille und öffneten nicht. Bei uns war unsere Bewacherin, die kräftige Frau. Die Soldaten, enttäuscht, dass die Tür nicht aufgemacht wurde, gingen weg. Wir aber versteckten uns im Stall als einem sicheren Ort, während die türkische Frau hinausging. Ein wenig später wurden die Türklopfer mehr. Sie waren in der Lage, die Tür zu zerstören und hereinzukommen. Der Mob drohte der Frau den Tod an, wenn sie unser Versteck nicht preisgeben würde. Die Frau, die unser Versteck kannte, näherte sich uns heimlich und riet uns zu bleiben, wo wir waren. Die Menge wollte sich gar nicht mehr zerstreuen. Also, mein Vater und mein Bruder waren gezwungen, herauszukommen: Schreckliche Szene! Vor der kleinen Moschee waren unsretwegen tausende Menschen versammelt und wollten uns wie tollwütige Bestien angreifen.

Ihr Anführer, Mehmud Bey, richtete sein Wort an meinen Vater und sprach:

– Ein Mann mit vielen Kreuzen am Hals ist in diese Gegend gekommen. Hast du ihn gesehen?

– Nein, Efendi, antwortete mein Vater.

– Du bist der Mann, sagte er und schickte einige, um die Brust zu entblößen.

Aber als sie ihn untersucht hatten und die Wahrheit herauskam, zerstreute sich die Menge. Noch einmal waren wir vor einem sicheren Tod gerettet.

Der Bombenleger

Ein Türke, der eine langjährige Freundschaft mit unserer Familie pflegte, verbreitete überall das Gerücht, dass er stets drei Bomben bei sich trägt, um diese versteckten Armenier und ihren Unterstützer Chodscha zu töten. Weil wir die Person kannten, haben wir uns taub gestellt und äußerten uns nie gegen ihn.

Nach einiger Zeit hat man uns die "frohe" Nachricht gebracht, dass der Mensch, der uns mit Bomben töten wollte, von seinen eigenen Bomben getötet wurde: Er war auf das Feld hinausgegangen und wollte die Kraft seiner Bomben testen. Er stellte eine von ihnen auf einen Stein und beschoss sie von ferne mit einer Kugel. Weil er sich aber nicht weit genug von der Bombe entfernt hatte, wurde der Elende selbst durch die Splitter getötet.

Kör Ali Hafızı

Die zweieinhalb Jahre unseres Lebens, das mit Warten auf die tägliche Gefahr gelebt wurde, wurden beendet, als wir erfuhren, dass Mustafa Kemal Pascha[31] einen Erlass unterschrieben hatte, der den Armeniern, die sich in der Türkei versteckt hatten, erlaubte, gefahrlos das Land zu verlassen.

Mein Vater war schon überzeugt, dass wir alles verlierend uns von unserem Vaterland entfernen sollten, um der Sicherheit und Rettung der Familie willen.

31 Mustafa Kemal Atatürk.

Chodscha schrieb zudem einen Brief an Mustafa Kemal, um die gefahrlose Abreise aus Sis zu versichern. Dort erzählte er ausführlich, dass mein Vater in den Tagen der Belagerung von Sis den Türken behilflich gewesen wäre. Mit diesem Brief erbat er von Kemal unseren Übergang nach Syrien. Es war keine Wahrheit im Brief, aber unsere Rettung hing von jenem Papier ab. Kemal erteilte dem militärischen Kommandanten von Sis, Doghan Bey, Befehle, um die entsprechenden Anordnungen bezüglich des Übergangs unserer Familie nach Syrien durchzusetzen.

Ein Mensch namens Kör (blind) Ali Hafızı, sich sicher, dass auch wir dem Erlass Mustafa Kemals folgend das Land verlassen wollten, klagte gegen meinen Vater. Mit fünf falschen Zeugen wollte er behaupten, dass er in den Tagen der Franzosen, als er verfolgt in die Berge floh, meinem Vater Säcke mit Weizen und Gerste gegeben hätte. An ihrer Stelle verlangte er nun 300 türkische Lira. Es fand ein Prozess statt. Anwesend war auch der Chodscha mit seinem großen, gewickelten Turban. Als der Richter die fünf Zeugen fragte, wie viele Säcke Kör Ali dem Achbar gegeben hätte, gab jeder von den fünf Zeugen eine andere Zahl… Danach schrieen die anwesenden Türken:

– *Achbar davayı ğazandı!*

Das heißt: Achbar hat den Prozess gewonnen!

Nachdem er das erfahren hatte und vor einem christlichen Armenier als Verlierer dastand, bedrohte Kör Ali den Richter und sagte, dass er noch 24 weitere Zeugen habe und durch ihr Zeugnis beim Gouverneur von Adana gegen den Richter protestieren würde. Doch der Gerichtssekretär Alischadi Bey antwortete ihm:

– Stoße deinen Kopf gegen den Stein, der am stärksten ist!

Er wandte sich zu meinem Vater und wollte wissen, welche Strafe er sich für Kör Ali und die fünf Zeugen wünschen würde. Mein Vater sprach:

– Es steht in der Bibel: Einer richte den anderen nicht und vergib ihm! Also, lass sie gehen…

Die falsche Nachricht

Um auf die Sicherheit, die wir genossen, zu reagieren und uns zu erschrecken und uns in Zweifel zu stürzen, verbreiteten einige

Türken, die oft nach unserem Leben trachteten, eine falsche Nachricht in der Stadt, dass die armenischen Gamawors gekommen wären und den Chodscha in den Ofen geworfen und ihn verkohlt hätten.

Chodscha hatte einen großen Bekanntenkreis; er war ein beliebter Mensch. Deswegen begannen Menschen aus verschiedenen Gegenden zum Beileid zu eilen. Die aus den Dörfern Kommenden brachten Früchte und andere Güter mit, aus denen auch wir einen Nutzen zogen.

Die zur Kondolenz Kommenden kehrten mit Freude in ihre Häuser zurück, nachdem sie die falsche Nachricht überprüft hatten.

Unser Abschied von Sis

Unser Retter, Chodscha, beging in seiner Schirmherrschaft über uns bis zur letzten Minute keine Verfehlung. Er mietete einen Wagen und versorgte zwei berittene Polizisten, um uns bis zu unserem Übergang über die türkische Grenze zu folgen, damit wir ohne Gefahr blieben.

Als ob es gestern wäre; wir küssten der Reihe nach Chodschas Hand und trennten uns mit Tränen der Erregung und Freude. Nach so viel Güte gab er uns noch 30 türkische Lira als Geschenk. Danach sah ich Chodscha nie wieder. Wir konnten nicht glauben, dass wir aus jenem ganzen Tohuwabohu lebendig herausgekommen waren.

Als wir uns von Sis entfernten, sagte mir meine Mutter auf die Schlangenburg[32] deutend:

– Mein Sohn, schaue noch einmal auf diese Burg! Du siehst sie nie wieder!

Es war schon eine lange Zeit, dass wir den freien Himmel nicht gesehen hatten, weil wir zu Hause "zwangsverhaftet" waren. Nun gingen wir durch Schluchten, Flüsse und türkischbewohnte Dörfer. Sis verschwand. Wir verließen Sis mit seinem jahrhundertealten Katholikosat, seiner Burg und allen seinen Naturreichtü-

32 Siehe Anm. 15.

mern unfreiwillig und gingen weg.

Wir erreichten die Sari Ghamisch[33] genannte Schlucht. Noch waren unsere Beschützer mit uns. Einer von ihnen war uns gegenüber nicht gut gelaunt, der andere aber war ein gutherziger Mensch. Der böswillige Beschützer wandte sich zu meinem Vater und sagte, um uns zu versuchen und Angst zu machen:

– Die hiesigen Dörfler können uns im Kampf voneinander trennen. Wir sind nur zwei Personen.

Mein Vater, der uns alle seit der Räumung von Sis durch sein Gebet in Gottes Vorsehung überantwortet hatte, sprach:

– Dschandarma[34] Efendi! Wenn der Herr will, dass unser Blut hier im Schilfgebiet von Sari Ghamisch vergossen wird, sei es ihm *halal!*[35] Wenn er es aber nicht will, kann uns niemand zur Gefahr werden!

Wir erreichten das Ufer des Flusses Dschihun und sollten übersetzen. Über den Fluss war eine bewegliche Brücke gespannt und der Übergang kostete Geld, aber die verantwortliche Person, die uns mit einem Boot übersetzte, ohne Geld zu verlangen, kannte meinen Vater. Uns begleitete auch der gutwillige Polizist und ging mit uns bis zum Rathaus von Dschihun, wo man bestimmte Registrierungsformulare ausfüllen musste. Der Polizist nahm ein Extrapapier von den Beamten, um uns gefahrlos bis zum Bahnhof zu bringen und auf dem Bahnhof trennte er sich von uns. Der Zug brachte uns nach Dörtyol – Tschork Marsban.

Kaum stieg man aus dem Zug aus, wurde man schon durchsucht. Man zerwühlte all unsere armen Beutel. Wir waren in Lumpen und mit unseren zerrissenen Kleidern, mit dem zerrissenen Fes[36] meines Vaters hatten wir ein armseliges Aussehen. Als mein Vater die Durchsuchung bemerkte, beeilte er sich, die in Feigenmarmelade gelegten, roten Goldmünzen in seine Tasche zu stecken. Er

---

33 Türk.: *sarı ğamıs* – gelbes Rohr.

34 Turkisierte Form von gendarme (franz.).

35 Arab./türk.: *Halal* sei, erlaubt sei, nicht für Sünde gehalten sei!

36 Türk.: *fes* – Hut.

hatte eine *hamritsch*[37] auf sie gelegt. Auf die gleiche Art und Weise hob er das Geldbündel auf, das in unsere Bettdecken geworfen war. Dies aber entging den Augen des durchsuchenden Polizisten nicht.

Wir packten unsere Bündel wieder ein und warteten auf den nächsten Zug, als sich der gleiche, durchsuchende Polizist meinem Vater näherte und ihm vorschlug, von den unweit stehenden Myrten Zweige zu sammeln, um Besen zu binden. Mein Vater, die Gefahr erahnend, antwortete ihm mutig:

– Machst du deshalb diesen Vorschlag, weil du bei mir Geld sahst und meine Kleidung wegnehmen willst?

Dann wandte er sich an einen armenischen Jugendlichen, der dort zufällig auf uns getroffen war und sagte laut zu ihm:

– Mein Sohn, ich gehe Myrtenzweige sammeln. Nimm dieses Geld an dich! Wenn ich zurückkehre, gibst du es mir zurück. Aber wenn ich sterbe, sei es dir halal!

Als der Stationspolizist den Mut und die Weisheit meines Vaters sah, sagte er:

– Lass es nun! Es ist nicht nötig!

Im Auftrag des Polizisten warf mein Vater ein Papier mit seiner Unterschrift aus dem Zug heraus, als Zeugnis dafür, dass wir von Dachihun sicher abgereist waren.

Der Zug brachte uns geschützt nach Iskenderun, Alexandrette.[38]

Das Leben in Alexandrette

Viele tausend Armenier aus verschiedenen Gebieten Kilikiens deportiert, hatten sich schon in Alexandrette niedergelassen, wo von karitativen Vereinen große Baracken gebaut waren, in denen die Armenier ihr Migrantenleben dahinschleppten.

Uns führte man zur Meeresküste, wo wir in einer großen Baracke an einer Ecke Platz nahmen. Hier gab es keine Türken. Überall

37 Arm.: Rechner, eine Art Unterhaltungs- bzw. Gebetskette.

38 Heutige Hatay, frühere Sandschak, in Südanatolien.

waren Armenier; wir schliefen ruhig in der Nacht. Meine Mutter aber blieb die ganze Nacht wach und hörte nicht auf, sich bei Gott zu bedanken. Bis zum Morgen murmelte sie Gebete.

Am nächsten Tag gingen wir auf den Markt. Wir sahen, dass hier Armenier aus allen Ecken waren. In Sis konnten wir nicht aus dem Haus gehen. Hier aber atmeten wir frei. Mein Vater steckte ein paar Groschen in meine Tasche; mit denen habe ich ein Stück Weißbrot und Süßigkeiten gekauft und mit Freude gegessen.

Auf dem Markt standen plötzlich Bekannte aus Sis vor uns, die aufgeregt meinen Vater umarmten. Sie waren es, die meinem Vater bekannt gaben, dass aus Sis kommende, türkische Kaufleute erzählt haben, dass Kör Ali, der gegen meinen Vater geklagt hatte, vom Dach gefallen und gestorben sei…

Fünf Monate unter dem Zelt

Wir trafen in Alexandrette Personen aus unserer Familie, die wir seit 1915 nicht gesehen hatten. Sie waren in jenen Tagen Jugendliche. Als sie von unserer Herberge erfuhren, kamen sie und nahmen uns in die Punar Baschi genannte Straße mit, wo sie uns ein eigenes Zelt zur Wohnung aufschlugen.

Amerikaner gaben uns Mehl, Kleidung und Schuhe als Bedürftigenhilfe.

Weil unser Wohnort in der Nähe des Friedhofes lag, erlebten wir täglich die Beerdigung eines Armeniers. Aus Leid, Schwierigkeiten, Not und unter elenden Bedingungen siechten viele dahin und fanden ihre Rettung im Tod.

Mein Vater fing wieder mit seinem Beruf an, Schuhe zu reparieren, ich aber verkaufte rote Bonbons für ein *Metelik*[39] am Schuleingang. In der Stadt waren auch Griechen. Manchmal beauftragten mich einige von ihnen, am Brunnen Wasser zu schöpfen. Der Lohn dafür waren ein paar Meteliks.

Ein Kesselflicker schlug mir vor, in seinen Laden zu gehen und den Blasebalg zu betätigen, anstatt am Schuleingang Bonbons

---

39 Kupfer- bzw. Nickelmünze.

zu verkaufen. Er versprach mir, mehr als meinen jetzigen Gewinn zu zahlen, und gab mir sogar ein paar Meteliks im Voraus. Als ich nach Hause kam und meine Mutter fragte, verbot sie mir, diesen Beruf zu erlernen und schickte mich in die Schule, wo ich Gebete lernte.

Seit der Evakuierung von Sis hatten wir keinen Gottesdienst besucht. In Alexandrette nahm meine Mutter uns immer in die Kirche mit. Den ersten Gottesdienst in Alexandrette, den ich sah, war die Palmsonntagsmesse mit der Kinderprozession. Am Abend gingen wir nochmals in die Kirche und folgten dem Abendgottesdienst des *"Trnpatzek",*[40] in dem ein Priester mittleren Alters flehentlich sang: *„Patz mes Der".*[41] In den schwierigen Tagen hörten wir nicht auf, unsere Hoffnung auf Gott zu werfen, der uns mit seinem mächtigen Arm aus den Krallen des Todes geholt hatte.

Die Texte wurden aus dem Armenischen von *Ischchan Tschiftdschjan* übersetzt und im Deutschen von *Esther Pofahl* gegengelesen.

Esther Pofahl studierte Evangelische Theologie an der Universität Leipzig.

---

40 Arm.: "Türenöffnung".

41 Arm.: „Herr, öffne uns (die Tür der Barmherzigkeit)" sind die ersten Wörter des entsprechenden Hymnus.

Bio- Bibliografische Daten

Papken Indschearabjan – Martyrium der Kinder

Papken Indschearabjan (Indjirabian) ist 1905 in Amassia geboren worden. Als 9-10-jähriges Kind wurde er mit seiner Mutter und seinen Geschwistern deportiert. Nach dem Tod seiner Mutter und dem Verlust seiner Geschwister auf dem Todesmarsch adoptierten ihn Kurden, von denen er den Namen "Azo" bekam. Nach dem Dienst hauptsächlich als Hirte bei verschiedenen kurdischen Familien gelang ihm die Flucht und er kam als Waisenkind in den Libanon ins Waisenhaus von Antelias bei Beirut. Von dort wanderte er nach Frankreich aus und wurde als armenischer Protestant in seiner Kirchgemeinde tätig. Als Überlebender des Völkermordes legte er 1984 Zeugnis vor der Jury des Ständigen Tribunals der Völker in Paris ab.

Der übersetzte Text ist das dritte Kapitel seines Buches: „ Zur Zeit des *Medz Jeghern* – Die Odyssee eines armenischen Waisen“, gedruckt bei Imprimerie H. Turabian 227 Boulevard Raspail, Paris 1951, S. 32-40.

Howhannes Baljan – Schwarze Erlebnisse: Stark wie der Tod

Es sind wenige Informationen über Howhannes Baljan zu finden. Er ist in Garin/Erzurum geboren worden, wo er auch zur Schule ging. Er veröffentlichte hauptsächlich Gedichte und Übersetzungen (Tschechow, Puschgin, Lermontow) in der armenologisch-literarischen Zeitschrift „Bazmavep“ (Venedig).

Der übersetzte Text wurde im „Kilikischen Almanach“ (hg. von Nwart-Asbed und Aram-Asbed) von 1922 in Adana-Kilikien veröffentlicht, S. 19-20.

Theotig – Golgatha. Das katastrophale Jahr der türkisch-armenischen Geistlichen und ihrer Herde (Die Neu-Ghewontiden)

Mit dem ursprünglichen Namen Theotos Labdschinjan (1873-1928) wurde Theotig in Konstantinopel geboren. Er besuchte das armenische Gymnasium von Üsgüdar, die Berberjan Schule und das Robert College. Er veröffentlichte Reiseberichte und Erzählungen. Von 1907 bis 1929 gab er das Jahrbuch „Der Almanach für alle“ heraus. Der letzte Band wurde nach seinem Tod veröffentlicht. 1915 wurde er von der türkischen Herrschaft verhaftet und nach Deir-el-Zor verbannt. 1916 gelang es einer Gruppe armenischer Kämpfer, ihn aus dem Gefängnis zu retten. Bis zum Ende des Ersten Weltkriegs arbeitete er unter Pseudonym als militärischer Bauarbeiter in einem Tunnel in Taurus. Nach seiner Rückkehr nach Konstantinopel schrieb er seine Augenzeugenberichte: „Denkmal zum 11./24. April“ (1919), „Der *Sulum* und die unseren Waisen“ (1920), „Golgatha“ (angefangen 1921, gedruckt 1966). 1923 wanderte er aus Konstantinopel nach Paris aus, wo er starb.

Der übersetzte Text bildet die Einleitung zur gleichnamigen Broschüre (I. Bd., 1. Teil), erschienen 1966 in Antelias-Libanon, in der Heftreihe "April-Völkermord", herausgegeben von Archimandrit Nerses Pachdigjan. In der gleichen Heftreihe erschien im selben Jahr der zweite Teil des ersten Bandes. 1985 wurde von Ara Kalaidjian sein „Das Golgatha der armenischen Geistlichen“ in New York herausgegeben.

Archimandrit Krikoris Balakjan – Der Plan, die Armenier in der Türkei zu vernichten

Mit dem Laiennamen Krikor (1878-1936) wurde der spätere Bischof Balakjan in Jewtogja geboren. Als Kind wurde er nach Konstantinopel geschickt, um die Schule zu besuchen. In Garin/ Erzurum besuchte er später die bekannte Sanasarjan Schule (1886-1894). Er studierte Elektroingenieur und -mechanik in Berlin. 1899 kehrte er nach Konstantinopel zurück und besuchte das Geistliche Seminar von Armasch, an dem er deutsche Sprache unterrichtete. 1905 bekam er die Priesterweihe. Er wurde Gemeindeprediger und Vikar in den Diözesen Biledschig und Kastemon. 1913 war er wieder in Deutschland, um das Studium zu beenden. Nach dem Ausbruch des Ersten Weltkriegs kehrte er nach Konstantinopel zurück. Mit anderen armenischen Intellektuellen wurde er am 24. April 1915 verhaftet und nach Tschangiri verbannt. Mit der armenischen Bevölkerung von Tschangiri wurde er deportiert und machte insgesamt den Weg vom Norden Kleinasiens bis in den Südosten von Kilikien durch. Bei Islahiyé gelang ihm auf dem Deportationsweg die Flucht. In Kilikien versteckte er sich, änderte seinen Namen und floh als deutscher Gendarm nach Konstantinopel und von dort nach Paris. In Manchester leitete er die armenische Kirchgemeinde. Später wurde er Diözesanbischof in Marseille, wo er viele armenische Kirchen gründen und weihen konnte. Er starb in Marseille. Sein Hauptwerk heißt „Das armenische Golgatha – Erzählungen von der armenischen Martyrografie. Von Berlin nach Der-Zor, 1914-1920“, I. Band, Mechitaristendruckerei, Wien 1922. II. Band, Paris 1959. Der I. Band beinhaltet seine Erlebnisse vom Juli 1914 bis April 1916 und der II. Band die vom April 1916 bis Januar 1919. Das letzte Kapitel im II. Band fehlt. Eine zweite Auflage wurde in Beirut 1977 veröffentlicht. Nur der I. Band wurde 1991 in Jerewan und eine neue Auflage der zwei Bände in Antelias 2003 gedruckt.

Der übersetzte Text ist das 11. Kapitel des I. Bandes (Jerewaner Publikation), S. 109-115. Aus dem gleichen Buch wurde schon ein Kapitel von Gerayer Koutcharian ins Deutsche übersetzt: Grigoris Palakjan, Das armenische Golgatha – Das Geständnis eines Mörders, der eine Hundertschaft befehligte, in: pogrom Zeitschrift für bedrohte Völker, 11. Jahrgang, Sonderausgabe Nr. 72/73, Mai 1980, S. 23-32.

Güregh Chrajan – Auf dem Weg des Blutes

Der Schriftsteller und Redakteur Chrajan (1905-1956) ist im Dorf Göldschük bei Charpert geboren worden. 1915 wurde er Waise und trat ins Waisenhaus von Charpert ein. Sein Weg führte ihn nach Syrien, Libanon und später nach Paris und Lyon. Er veröffentlichte Aufsätze und Erzählungen in der literarischen Zeitschrift „Anahit“ (Paris). Sein Hauptwerk ist ein geografisch-geschichtlich- und ethnografisches Buch über seine Heimat: „Dzowk-Göldschük“ (Arara-Verlag, Marseille 1927).

Der übersetzte Text ist in der literarischen Zeitschrift „Anahit“ (Paris) erschienen, 3. Jahrgang, No. 1-2, Mai-August 1931, S. 35-41.

Erzpriester Krikor Faradschjan – Erzählungen aus einem wahren Leben

Margarios Faradschjan (1911-1997), mit Weihnamen Krikor, wurde in Sis (heutige Kozan) bei Adana geboren. Nach dem Völkermord und der Evakuierung der Stadt verbrachte seine Familie zwei Jahre (1920-1922) unter dem Schutz eines türkisch-muslimischen Geistlichen. Sie verließ das Land 1922 und nach fünfmonatigem Aufenthalt in Alexandrette (heutige Hatay) reiste sie in den Libanon ab. In Tripolis (Nordlibanon) wurde er in seiner Kirchgemeinde aktiv, gründete mit seinem Bruder Sonntagsschulen und Laiengebetsgruppen. 1970 erhielt er die Priesterweihe und bis zu seinem Tod 1997 war er der Gemeindepfarrer der Hl. Sarkis armenisch-apostolischen Kirche in Neu-Sis, im armenischen Stadtteil Bourdj-Hammoud der libanesischen Hauptstadt Beirut.

Der übersetzte Text gehört zu seinem gleichnamigen Buch: „Erzählungen aus einem wahren Leben" (Antelias 1996, S. 11-53).

Anhang

Stellungnahme der Konferenz Europäischer Kirchen aus Anlass des 90. Gedenktages des Völkermords an dem armenischen Volk

Pressemitteilung Nr. 05-16/efg 14. April 2005

Das Präsidium der Konferenz Europäischer Kirchen (KEK) hat die folgende Öffentliche Stellungnahme aus Anlass des 90. Gedenktages des Völkermords an dem armenischen Volk veröffentlicht:

„Am 24. April 2005 gedenkt das armenische Volk zum 90. Mal des Völkermords unter ottomanischer Herrschaft. An der Gedenkveranstaltung in Armenien, wird der Präsident der Konferenz Europäischer Kirchen (KEK), Pfr. Jean-Arnold de Clermont, zugleich Präsident des Bundes der Protestantischen Kirchen in Frankreich, als Vertreter der KEK teilnehmen.

Das Präsidium der Konferenz Europäischer Kirchen schließt sich bei seiner Sitzung in Västerås (Schweden), 6.-10. April 2005 den Gedanken an, die der Katholikos Aller Armenier, Karekin II, und Katholikos Aram I in ähnlicher Form wiederholt zum Ausdruck gebracht haben: die unglaublichen Greueltaten gegen die Menschlichkeit im Zusammenhang mit dem Genozid an dem armenischen Volk dürfen nie in Vergessenheit geraten. Schuld muss eingestanden werden und die Wahrheit muss ausgesprochen werden. In der Aufarbeitung der eigenen Geschichte liegt der Schlüssel zur Vergebung, zur Heilung bitterer Erinnerungen und für die Eröffnung einer gemeinsamen Zukunft.

Das Präsidium der KEK schließt sich dem Ökumenischen Rat der Kirchen an und ruft alle KEK-Mitgliedkirchen auf, „den 24. April als einen Tag des Gedenkens an den Völkermord an den Armeniern zu begehen und angemessene Aktionen im Zusammenhang mit dem 90sten Gedenktag an dem armenischen Volk zu erwägen“. Die Kirchen in Europa und weltweit können eine bedeutende Rolle spielen, indem sie Räume der Begegnung eröffnen und Versöhnungsprojekte unterstützen.

Das Präsidium ruft die türkische Regierung dazu auf, einen Prozess der Versöhnung zwischen dem türkischen und dem armenischen Volk einzuleiten, in dessen Verlauf die Anerkennung von Schuld und das Aussprechen der Wahrheit eine entscheidende Rolle spielen müssen. In diesem Zusammenhang begrüßt die Konferenz Europäischer Kirchen die Ankündigung von Premierminister Erdogan, die türkischen Archive zu öffnen. Es wird entscheidend sein, dass sowohl türkische und armenische als auch unabhängige Forscherinnen und Forscher vollen Zugang zu allen entsprechenden Dokumenten haben.

Wir rufen die türkische Regierung außerdem dazu auf, Bedingungen zu schaffen, die eine ehrliche und offene Debatte in der Öffentlichkeit wie auch in den Bildungseinrichtungen über die dem armenischen Volk zugefügten Straftaten, Deportationen und Massakern ermöglichen.

Greueltaten und kriminelle Akte sind auf dem Gebiet der heutigen Türkei nicht nur gegen das armenische Volk, sondern auch gegen andere christliche und ethnische Minderheiten begangen worden.

Am 1. Oktober 2005 werden die Beitrittsverhandlungen zwischen der Europäischen Union und dem türkischen Staat beginnen. Wie die Konferenz Europäischer Kirchen schon in ihrer Verlautbarung zum Türkeibeitritt am 3. Oktober 2004 festgestellt hat, muss die Türkei die Kopenhagener Kriterien voll erfüllen und die Beitrittsverhandlungen müssen von einer ehrlichen Aufarbeitung der Geschichte begleitet sein, insbesondere von einer Aufarbeitung der Geschichte der Türkei mit ihren Nachbarstaaten und den begangenen Verletzungen und Angriffen. Das ist eine Voraussetzung, um Wunden der Geschichte zu heilen und eine wirkliche Versöhnung in der Gesellschaft ermöglichen. Diese Voraussetzung ist in der Türkei unseres Erachtens noch nicht gegeben. Das Verhältnis mit der armenischen Minderheit sowie mit anderen christlichen und ethnischen Minderheiten im eigenen Land ist in diesem Zusammenhang von besonderer Bedeutung.

Die Konferenz Europäischer Kirchen wird die Beitrittsverhandlungen zwischen der Europäischen Union und der Türkei sorgsam begleiten. Die Europäische Union hat sich als eine Gemeinschaft von Staaten gebildet, die auf den Menschenrechten, Demokratie und Rechtsstaatlichkeit beruht und sich in ihren Dokumenten zu Werten wie Gerechtigkeit und Frieden, Solidarität und Pluralismus, Versöhnung und Toleranz, Meinungsfreiheit und gegenseitiger Respekt verpflichtet hat. Die Gegenwart ist davon geprägt, diese Werte zu einem integralen Bestandteil des täglichen Lebens in der Gemeinschaft zu machen. Die Selbstverpflichtung seitens der türkischen Regierung, diese Werte umzusetzen, nicht zuletzt im Blick auf die Minderheiten im eigenen Land und die Beziehungen zu benachbarten Staaten, muss eine Vorbedingung für den Beitritt der Türkei in die Europäische Union sein“.

Quelle: www.cec-kek.org

„Erinnern um der Versöhnung willen"
Erklärung des Rates der EKD
zum Völkermord an den Armeniern

24. April 2005

Am 24. April dieses Jahres gedenkt die Evangelische Kirche in Deutschland der Opfer des Völkermords an den Armeniern vor 90 Jahren. Was damals geschah, darf auch heute nicht verschwiegen werden. Deshalb stimmen wir in ökumenischer Verbundenheit dem Anliegen zu, das Karekin II., Katholikos Aller Armenier, in seiner Enzyklika vom 3. Februar 2005 formuliert hat: „Der erste Völkermord des 20. Jahrhunderts muss anerkannt und verurteilt werden durch die ganze Welt und auch durch die Türkei, denn Gewalt und Mord können nicht den Kurs der Menschheit führen." Mit Aram I., Katholikos von Kilikien, erklären wir: „Die Vergangenheit lässt uns nicht los, bis sie wirklich aufgearbeitet ist. Schuld muss angenommen werden, die Wahrheit muss verkündet werden. Dieser schwere Schritt der Rückwendung zur eigenen Geschichte ist notwendig, um den Weg zur Vergebung zu öffnen, bittere Erinnerungen zu heilen und eine gemeinsame Zukunft zu gewinnen." Mit Mesrob II., dem armenischen Patriarchen von Istanbul und der ganzen Türkei, erinnern wir der Hunderttausenden armenischen Bürger, die ihr Leben auf dem Todesmarsch in die syrische Wüste verloren und Opfer menschenverachtender Angriffe wurden. Die Erinnerung an diese bitteren Erfahrungen lässt sich nicht auslöschen oder totschweigen.

Als Christen sehen wir unsere Aufgabe gerade darin, dafür Sorge zu tragen, dass die Wahrheit zum Zuge kommen kann. Dies ist nur möglich, wenn historische Ereignisse nicht verschwiegen oder geleugnet werden und beiden Seiten, Tätern wie Opfern, die Möglichkeit gegeben wird, Schuld und Verletzungen ohne Angst vor Repressionen auszusprechen. Dabei steht uns die schmerzvolle Erinnerung in der weltweiten Gemeinschaft überlebender Armenier an die Ereignisse vor Augen. Aber wir richten unseren Blick auch auf die Diskussion dieser Fragen in der türkischen Öffentlichkeit. Solange jedoch in der Türkei vor allem Wissenschaftler, Journalisten und Juristen mit Strafverfolgung rechnen müssen, wenn sie Dokumente, Analysen und Texte zu den Massakern von 1914/15 veröffentlichen, ist ein heilender Prozess, ist Versöhnung in der türkischen Gesellschaft unmöglich. Wir setzen uns für eine offene und vorurteilslose Erörterung dieser Geschehnisse ein, die den Opfern der damaligen Gewalthandlungen Gerechtigkeit widerfahren lässt.

Als Deutsche wissen wir, welche geistliche, intellektuelle und gesellschaftliche Herausforderung die historische Aufarbeitung der Verbrechen des vergangenen Jahrhunderts darstellt. Uns ist bewusst, dass sich mit dieser Aufarbeitung weitreichende Erwartungen an eine politische und wirtschaftliche Wiedergutmachung verbinden können. Unsere eigene Erfahrung ermutigt uns aber auch dazu, für einen Prozess der Versöhnung zwischen dem türkischen und dem armenischen Volk einzutreten. Vor allem der Jugendaustausch zwischen den Völkern bietet die Chance, der nachwachsenden Generation durch persönliche Kontakte und Freundschaften neue Perspektiven des Zusammenlebens zu ermöglichen. Gerade auch um des Verständnisses in der jüngeren Generation willen bedürfen die Gewalttaten der Vergangenheit einer sorgfältigen Behandlung in den Schulbüchern. Sie darf nicht durch politische Interessen verhindert werden.

Auch in Deutschland bleibt es nötig, sich der Vergangenheit zu stellen. Angesichts der Mitverantwortung des Deutschen Reichs ist ein deutscher Beitrag zur Aufarbeitung von Vernichtung und Vertreibung der Armenier unabdingbar und für die Aufarbeitung der Geschichte ethnischer Konflikte im 20. Jahrhundert unverzichtbar. Es ist ein Verdienst der Evangelischen Akademien, des Lepsius-Archivs, des Lepsius-Hauses und zahlreicher engagierter Gruppen und Personen, dass dieser Prozess begonnen hat. Die Arbeit des Lepsius-Hauses in Potsdam als eines Zentrums für Erinnerung, Forschung, Bildung und Begegnung verdient Unterstützung und Förderung. Die Evangelische Kirche in Deutschland bejaht es ausdrücklich, wenn dabei auch die Rolle der Kirche im Verhältnis zu dem Lebenswerk von Johannes Lepsius kritisch untersucht wird.

Mit Dankbarkeit schauen die EKD und die armenische Kirche auf eine lange Phase herzlicher Verbundenheit zurück, die gerade in den letzten Jahren in vielen ökumenischen Begegnungen und Hilfsprojekten der Diakonie wie des Entwicklungsdienstes Ausdruck gefunden hat. Kirchen und Akademien bieten ein Forum für Begegnungen und Gespräche zwischen Türken, Armeniern und Deutschen auch in unserem Land.

Aus Anlass des neunzigjährigen Gedenkens an den Beginn der Todesmärsche bittet der Rat der EKD Bundestag und Bundesregierung, ihren politischen Beitrag dazu zu leisten, dass zwischen Türken und Armeniern ein Ausgleich durch die Bereitschaft zu Wahrheit und Versöhnung, durch das Verzeihen historischer Schuld und durch einen mutigen Neubeginn erreicht wird.

Hannover/Berlin, 21. April 2005
Pressestelle der EKD
Christof Vetter

Quelle: www.ekd.de

Resolution Armenien

Das deutsche Zentrum der internationalen Schriftsteller-Vereinigung PEN verabschiedete einstimmig am 25.05.2005 auf seiner Jahrestagung in Bochum die folgende Resolution:

In die Wüste getrieben, massakriert, ausgelöscht – das war das Schicksal des armenischen Volkes vor nunmehr genau 90 Jahren. In einem bis dahin beispiellosen Genozid verfolgte die Führung des Osmanischen Reiches unter den Augen deutscher Diplomaten und deutscher Militärs ihr Ziel, die Armenier zu vernichten. Die Erinnerung an diesen Völkermord, dem anderthalb Millionen Menschen zum Opfer fielen, ist mit den letzten Überlebenden nicht gestorben: Die Türkei leugnet dieses Menschheitsverbrechen zwar hartnäckig bis heute, Deutschland hat geschwiegen – in den Seelen der Nachfahren jedoch ist die Trauer lebendig.

Wir fordern die türkische Öffentlichkeit auf, endlich den Völkermord an den Armeniern anzuerkennen.

Wir fordern die Fraktionen des Deutschen Bundestages auf, in ihrem gemeinsam geplanten Entschließungsantrag auf sprachliche Verschleierung zu verzichten und eindeutig zu formulieren, was alle Redner zu diesem Antrag ohnehin erklärt haben und was die Parlamente vieler anderer Länder längst anerkannt haben: Ein Völkermord ist ein Völkermord. Nur mit einer so klaren Aussage des Parlaments wird in Zukunft die Leugnung des Völkermords – nach Elie Wiesel die zweite Tötung – justitiabel sein.

Ferner fordern wir die Kultusministerkonferenz auf, das Lehrmaterial an deutschen Schulen darauf hin zu überprüfen, wie weit dieser Völkermord und die deutsche Mitverantwortung dafür verleugnet, verschwiegen, verharmlost werden. Nur wenn die jungen Menschen in unserem Land – Türken, Deutsche, Armenier – ihre Geschichte gemeinsam kennen lernen, werden sie in Zukunft in der Lage sein, Versöhnung zu leben.

Quelle: www.pen-deutschland.de

Deutscher Bundestag | **Drucksache 15/4933**
15. Wahlperiode | **22.02.2005**

Antrag
der Abgeordneten Dr. Christoph Bergner, Dr. Friedbert Pflüger, Hermann Gröhe, Hartmut Koschyk, Erwin Marschewski (Recklinghausen), Dr. Wolfgang Bötsch, Klaus Brähmig, Anke Eymer, Erich G. Fritz, Karl-Theodor von und zu Guttenberg, Holger-Heinrich Haibach, Klaus-Jürgen Hedrich, Joachim Hörster, Werner Lensing, Claudia Nolte, Ruprecht Polenz, Dr. Klaus Rose, Bernd Schmidbauer, Dr. Andreas Schockenhoff, Dr. Hans-Peter Uhl und der Fraktion der CDU/CSU

Gedenken anlässlich des 90. Jahrestages des Auftakts zu Vertreibungen und Massakern an den Armeniern am 24. April 1915

Deutschland muss zur Versöhnung zwischen Türken und Armeniern beitragen

Der Bundestag wolle beschließen:

Der Deutsche Bundestag stellt fest:

Vor 90 Jahren, am 24. April 1915, wurde auf Befehl der das Osmanische Reich lenkenden jungtürkischen Bewegung die armenische politische und kulturelle Elite Istanbuls verhaftet und ins Landesinnere verschleppt, wo deren größter Teil ermordet wurde. Dieses Geschehen markierte den Beginn von Vertreibungen und Massakern an den armenischen Untertanen des Osmanischen Reiches, die im Schatten der Ereignisse des 1. Weltkrieges stattfanden. Den nachfolgenden Deportationen und Massenmorden fielen nach unabhängigen Berechnungen zwischen 1,2 und 1,5 Millionen Armenier zum Opfer. Die rekrutierten armenischen Soldaten der osmanischen Armee wurden zu Beginn des Kriegseintritts des Osmanischen Reichs in Arbeitsbataillone zusammengefasst und mehrheitlich ermordet, die Frauen, Kinder und Alten ab Frühjahr 1915 auf Todesmärsche durch die syrische Wüste geschickt. Eine der gewollten Folgen dieser Deportationen war, wie einer der angesehensten Historiker des 20. Jahrhunderts, Arnold J. Toynbee, 1967 in seinem Buch „Acquaintances“ im Rückblick feststellte, „so viele Leben wie nur möglich *en route* zu vernichten.“ Wer von den Verschleppten noch nicht unterwegs ermordet worden oder umgekommen war, den erreichte dieses Schicksal spätestens in den unmenschlichen Lagern in der Wüste um Deir ez Zôr. Massaker wurden auch von eigens dafür aufgestellten Spezialeinheiten ausgeführt. Widerstand ranghoher türkischer Beamter gegen dieses Vorgehen wie auch Kritik aus dem osmanischen Parlament begegnete das jungtürkische Regime mit brutaler Ablehnung. In den Gebieten, aus denen die christlichen Armenier vertrieben worden waren, siedelte die osmanische Regierung als loyal geltende muslimische Untertanen an, zumeist Flüchtlinge der Balkankriege. Ebenso waren Angehörige anderer christlicher Volksgruppen, insbesondere aramäisch/assyrische und chaldäische Christen, aber auch bestimmte muslimische Minderheiten von Deportationen und Massakern betroffen.

Die Rechtsnachfolgerin des Osmanischen Reichs, die Republik Türkei, bestreitet bis heute, dass diesen Vorgängen eine Planmäßigkeit zugrunde gelegen hätte bzw. dass die Todesfälle während der Umsiedlungstrecks und die verübten Massaker von der osmanischen Regierung gewollt waren. Diese ablehnende Haltung steht im Widerspruch zu der Idee der Versöhnung, die die Wertegemeinschaft der Europäischen Union leitet, deren Mitgliedschaft die Türkei anstrebt.

Der in diese Vorgänge neben dem Osmanischen Reich am tiefsten involvierte Staat war dessen militärischer Hauptverbündeter während des Ersten Weltkriegs, das Deutsche Reich. Sowohl die politische als auch die militärische Führung des Deutschen Reichs war von Anfang an über die Verfolgung und Ermordung der Armenier genauestens informiert. Die Akten des Auswärtigen Amts, die auf Berichten der deutschen Botschafter und Konsuln im Osmanischen Reich beruhen, dokumentieren die planmäßige Durchführung der Massaker und Vertreibungen. Trotz dringender Eingaben vieler deutscher Persönlichkeiten aus Wissenschaft, Politik und Kirchen an den Reichskanzler unterließ es die deutsche Reichsleitung jedoch, auf ihren osmanischen Verbündeten mit anderen Mitteln als lediglich mit diplomatischen Noten einzuwirken; diese waren mehr zur Entkräftung der Anklagen, die seitens der westlichen Entente gegen Deutschland erhoben worden, als zur Beeinflussung des eigenen türkischen Bündnispartners gedacht.

Als der evangelische Theologe Dr. Johannes Lepsius am 7. Oktober 1915 in der Pressevereinigung im Deutschen Reichstag die Ergebnisse seiner im Juli/August 1915 in Istanbul durchgeführten Recherchen vortrug, wurde das gesamte Armenier-Thema von der deutschen Reichsregierung gegen die Intention von Lepsius unter Zensur gestellt. Ebenso wurde von der deutschen Militärzensur bereits am 7. August 1916 die einen Monat zuvor in Potsdam als Buch publizierte Dokumentation von Johannes Lepsius' „Bericht über die Lage des Armenischen Volkes in der Türkei" verboten und beschlagnahmt. Die von Lepsius direkt an die Abgeordneten des Deutschen Reichstags gesandten Exemplare dieser Dokumentation wurden durch die Behörden abgefangen und den Abgeordneten erst nach dem Krieg 1919 ausgehändigt.

Es zeichnet die Staaten der Europäischen Union aus, dass sie sich zu ihrer kolonialen Vergangenheit und den dunklen Seiten ihrer nationalen Geschichte bekennen. Noch immer sind aber Historiker in der Türkei bei der Bearbeitung der Geschichte der Vertreibung und Ermordung von Armeniern 1915-1916 nicht frei. Nicht nur wegen der Publikation von historischen Untersuchungen zu den Armenier-Massakern, sondern auch aufgrund der Edition von Romanen wie z.B. dem weltbekannten Werk von Franz Werfel „Die vierzig Tage des Musa Dagh", das das Schicksal der Armenier behandelt, können türkische Wissenschaftler und Herausgeber in der Türkei strafrechtlich verfolgt werden. Solange das Eingeständnis einer türkisch/osmanisch-staatlichen Schuld bzw. einer planmäßig durchgeführten Absicht hinter den Vertreibungen und Massakern an den Armeniern in der Türkei oder auch nur die Erwähnung der Verbrechen an den Armeniern unter Strafe steht, kann also nicht einmal die Grundvoraussetzung einer wissenschaftlichen Auseinandersetzung erfüllt werden.

Die Auseinandersetzung mit diesen historischen Ereignissen hat aber auch unmittelbare Bedeutung für die Gegenwart. Heute ist die Normalisierung der Beziehungen zwischen der Republik Türkei und der Republik Armenien, die wesentlich unter der Last einer unbewältigten Vergangenheit leiden, für die Zukunft der ganzen Region von besonderem Interesse. So könnte ein Ende der Grenzblockade durch die Türkei die Isolierung Armeniens aufheben. Das Ende der Isolierung Armeniens würde neue Möglichkeiten der friedlichen Lösung des Karabach-Konfliktes zwischen Armenien und Aserbaidschan bieten. Deutschland kommt im Rahmen der Nachbarschaftsinitiative der EU und aufgrund seiner problematischen Rolle in den deutsch-türkisch-armenischen Beziehungen Anfang des 20. Jahrhunderts eine besondere Verpflichtung zu, sich für eine solche Normalisierung und Verbesserung der Lage zwischen

Armenien und der Türkei einzusetzen. Es liegt im Interesse der EU, durch die Öffnung des Landweges durch die Türkei die wirtschaftliche Entwicklung Armeniens und die Stabilität in der Region zu fördern.

Der Deutsche Bundestag verneigt sich im Gedächtnis der Opfer von staatlicher Gewalt, Mord und Vertreibung unter den Armeniern. Er bedauert die zweifelhafte Rolle des Deutschen Reiches, das angesichts der Informationen über organisierte Vernichtung von Armeniern im Osmanischen Reich, die dem Auswärtigen Amt vorlagen, nicht einmal versucht hat, einzugreifen. Der Deutsche Bundestag ehrt mit diesem Gedächtnis auch das Werk all der Deutschen, die sich unter schwierigen Umständen und gegen den Widerstand ihrer Regierung in Wort und Tat für die Rettung von armenischen Frauen, Männern und Kindern eingesetzt haben. Besonders das Werk von Johannes Lepsius, der energisch und wirksam für das Überleben des armenischen Volkes gekämpft hat, soll der Verdrängung und dem Vergessen entrissen und im Sinne der Verbesserung der Beziehungen zwischen dem armenischen, dem deutschen und dem türkischen Volk gepflegt und erhalten werden.

Heute leben rund 4,5 Millionen Armenier außerhalb der Republik Armenien, davon 40.000 Armenier allein in Deutschland. Seit den 70er Jahren haben sich vor allem die beiden großen Kirchen in Deutschland für eine Integration der Christen aus der Türkei eingesetzt. Die hier entstandenen armenischen Gemeinden bieten auch die Möglichkeiten der Begegnung und des Gedenkens. Gerade angesichts der großen Anzahl der in Deutschland lebenden Muslime aus der Türkei ist es eine wichtige Aufgabe, sich die Geschichte zu vergegenwärtigen und dadurch auch zu einer Aussöhnung beizutragen.

Als Deutsche sind wir in einer besonderen Verantwortung und appellieren daher an Türken und Armenier, über die Gräben der Vergangenheit nach Wegen der Versöhnung und Verständigung zu suchen.

Der Deutsche Bundestag fordert die Bundesregierung daher auf,

- dafür einzutreten, dass sich die Türkei mit ihrer Rolle gegenüber dem armenischen Volk in Geschichte und Gegenwart vorbehaltlos auseinandersetzt
- sich für die Gewährung der Meinungsfreiheit in der Türkei, insbesondere auch bezüglich der Massaker an den Armeniern, einzu-

setzen.

- darauf hinzuwirken, dass die Türkei die zwischenstaatlichen Beziehungen zu Armenien umgehend normalisiert.
- einen eigenen Beitrag dafür zu leisten, dass zwischen Türken und Armeniern ein Ausgleich durch Versöhnen und Verzeihen historischer Schuld erreicht wird.
- einen Beitrag dazu zu leisten, dass die Aufarbeitung der Vertreibungsgeschichte der Armenier als Teil der Aufarbeitung der Geschichte ethnischer Konflikte im 20. Jahrhundert auch in Deutschland erfolgt.

Berlin, den 22. Februar 2005

Dr. Christoph Bergner, Dr. Friedbert Pflüger, Hermann Gröhe, Hartmut Koschyk, Erwin Marschewski (Recklinghausen), Dr. Wolfgang Bötsch, Klaus Brähmig, Anke Eymer, Erich G. Fritz, Karl-Theodor von und zu Guttenberg, Holger-Heinrich Haibach, Klaus-Jürgen Hedrich, Joachim Hörster, Werner Lensing, Claudia Nolte, Ruprecht Polenz, Dr. Klaus Rose, Bernd Schmidbauer, Dr. Andreas Schockenhoff, Dr. Hans-Peter Uhl, Dr. Angela Merkel, Michael Glos und Fraktion.

Quelle: www.cducsu.de

Protokoll der Bundestagsdebatte
Tagesordnungspunkt 6
21. April 2005

Beratung des Antrags der Abgeordneten Dr. Christoph Bergner, Dr. Friedbert Pflüger, Hermann Gröhe, weiterer Abgeordneter und der Fraktion der CDU/CSU

Gedenken anlässlich des 90. Jahrestages des Auftakts zu Vertreibungen und Massakern an den Armeniern am 24. April 1915 – Deutschland muss zur Versöhnung zwischen Türken und Armeniern beitragen

- Drucksache 15/4933 -

Überweisungsvorschlag:

Auswärtiger Ausschuss (f)

Innenausschuss

Ausschuss für Menschenrechte und Humanitäre Hilfe

Ausschuss für wirtschaftliche Zusammenarbeit und Entwicklung

Ausschuss für die Angelegenheiten der Europäischen Union

Nach einer interfraktionellen Vereinbarung ist für die Aussprache eine dreiviertel Stunde vorgesehen. – Ich höre keinen Widerspruch. Dann ist das so beschlossen.

Ich eröffne die Aussprache. Das Wort hat der Kollege Dr. Christoph Bergner, CDU/CSU-Fraktion.

(Beifall bei der CDU/CSU)

Dr. Christoph Bergner (CDU/CSU):

Frau Präsidentin! Liebe Kolleginnen und Kollegen! Meine Damen und Herren! Wir gedenken in diesen Tagen in besonderer Weise der Hunderttausenden Armenier, eingeschlossen zahlreiche aramäische und chaldäische Christen, die vor 90 Jahren im Osmanischen Reich brutal vertrieben, vielfach furchtbar misshandelt und mit planvoller Konsequenz und oft zügelloser Grausamkeit getötet wurden. Wir gedenken der weitgehenden Vernichtung einer jahrhundertealten Kultur auf dem Boden Anatoliens, die dort lange Zeit in Gemeinschaft mit anderen Kulturen bestehen konnte.

(Vorsitz: Vizepräsident Dr. Norbert Lammert)

Seit dem ökumenischen Gottesdienst in der nahen Hedwigs-Kathedrale am 24. April 1919 haben Kirchen, Literatur und Wissenschaft in Deutschland dieser Tragödie zu Beginn des 20. Jahrhunderts ihre Aufmerksamkeit gewidmet. Nicht so die Politik! Der Antrag, den wir Ihnen heute vorlegen, ist somit der erste Versuch deutscher Politik, aus eigenem Antrieb zum Schicksal des armenischen Volkes Stellung zu nehmen. Keine deutsche Regierung, kein deutsches Parlament hat dies während der zurückliegenden 90 Jahre getan. Andererseits ist der 90. Jahrestag, der Anlass für unseren Antrag war, vermutlich der letzte runde Gedenktag, an dem noch Augenzeugen leben.

Wenn wir uns als Deutscher Bundestag jetzt diesem auf politischer Bühne lange verdrängten Thema stellen, so sollten wir es mit möglichst großer Einmütigkeit tun. Deshalb werden wir um Überweisung des Antrags in die Ausschüsse bitten und auf eine fraktionsübergreifende Beschlussfassung hoffen.

Eigentlich, liebe Kolleginnen und Kollegen, hätte die Debatte um das Schicksal der osmanischen Armenier bereits 1916 hier im Reichstag stattfinden können. Unweit von hier informierte Johannes Lepsius am 7. Oktober 1915 die Presse. Die deutsche Militärzensur verhinderte jedoch die Verbreitung seiner Berichte zur Lage des armenischen Volkes in der Türkei. Die Zensur unterband auch die Information der Reichstagsabgeordneten. So fand die Debatte nicht statt. Jetzt, 90 Jahre später, ist sie in den Reichstag zurückgekehrt.

Das Dilemma und die Motive der deutschen Reichsregierung damals verdeutlicht schlaglichtartig eine Notiz des Reichskanzlers Bethmann Hollweg. Er reagierte auf die dringende Forderung des deutschen Botschafters Wolff-Metternich, der türkischen Regierung wegen der Armenierverfolgung in den Arm zu fallen. Ich zitiere zunächst aus der Depesche von Wolff-Metternich:

Um in der Armenierfrage Erfolg zu haben, müssen wir der türkischen Regierung Furcht vor den Folgen einflößen. Wagen wir aus militärischen Gründen kein festeres Auftreten, so bleibt nichts übrig, als zuzusehen, wie unser Bundesgenosse weiter massakriert.

Der Reichskanzler Bethmann Hollweg dazu:

Die vorgeschlagene öffentliche Koramierung eines Bundesgenossen während eines laufenden Krieges wäre eine Maßregel, wie sie in der Geschichte noch nie dagewesen ist. Unser einziges Ziel ist, die Türkei bis zum Ende des Krieges an unserer Seite zu halten, gleichgültig ob darüber Armenier zugrunde gehen oder nicht.

Das war die Haltung des Deutschen Reiches 1915/16.

Beherrscht von der Logik eines die europäischen Völker zermalmenden Krieges machte sich Deutschland einer Haltung schuldig, die wohl als unterlassene Hilfeleistung gegenüber dem von Vernichtung bedrohten armenischen Volk bezeichnet werden muss.

(Beifall bei der CDU/CSU und dem BÜNDNIS 90/DIE GRÜNEN sowie bei Abgeordneten der SPD und der FDP)

Mit dem Eingeständnis dieser unserer Schuld wird auch unsere heutige Verantwortung deutlich. Wir Deutsche stehen in einer besonderen Zeugenschaft für die Vorgänge der Jahre 1915/16. Die Dokumente im politischen Archiv des Auswärtigen Amts über die Ereignisse im Osmanischen Reich können von niemandem – auch nicht von der türkischen Regierung – in Zweifel gezogen werden. Als Zeugen und ehemalige Kriegsverbündete des Osmanischen Reiches haben wir Deutsche eine besondere Verantwortung, auf der Basis der historischen Wahrheit zur Verständigung und Versöhnung zwischen Türken und Armeniern beizutragen.

(Beifall bei der CDU/CSU und dem BÜNDNIS 90/DIE GRÜNEN sowie bei Abgeordneten der SPD und der FDP)

Dieser Zeugenpflicht dürfen wir uns nicht entziehen, wenn wir uns nicht erneut schuldig machen wollen.

Ich verweise auf einen intensiven Briefwechsel und viele Diskussionen mit türkischen Freunden und Partnern, die nach Vorlage unseres Antrages stattgefunden haben. Die Stellungnahmen offizieller türkischer Vertreter und nicht zuletzt die Erklärung der Großen Nationalversammlung vom 13. April dieses Jahres haben verdeutlicht, wie schwierig es ist, den Inhalt unseres Antrages und die Redlichkeit unseres Anliegens der türkischen Seite zu vermitteln. Auch heute habe ich einen Brief vom Verband Türkischer Unternehmer und Industrieller in Europa bekommen, in dem uns vorgeworfen wird, hinter unserem Antrag stehe eine gezielte Diskriminierungskampagne gegen die Türkei. Er sei ein klarer Beweis unserer türkeifeindlichen Grundhaltung und eine vorsätzliche Diskriminierung der Türkei und der Türken. Dies ist falsch. Das Gegenteil ist vielmehr richtig.

(Beifall bei der CDU/CSU sowie bei Abgeordneten der SPD und der FDP)

Wir wollen diese Diskussion fortsetzen, weil wir glauben, dass eine Öffnung des türkischen Staates im Hinblick auf den Umgang mit der türkisch-armenischen Vergangenheit im wohlverstandenen Interesse der Türkei selbst sein kann.

Wir haben bei der Formulierung unseres Antrages auf die juristische Kategorisierung durch die Begriffe "Völkermord" bzw. "Genozid" bewusst verzichtet. Dieser Verzicht geschah nicht, weil wir die Ereignisse, deren wir gedenken, verharmlosen oder beschönigen wollten; dafür besteht kein Anlass.

Wir möchten etwas anderes verdeutlichen. Es geht uns ausdrücklich nicht darum, die türkische Republik oder gar ihre Bevölkerung auf die Anklagebank zu setzen. Unser Antrag ist vielmehr der Versuch, die Rechtsnachfolger des Osmanischen Reiches in das einzubeziehen, was man mit Blick auf die Konflikte, Verwüstungen und Verbrechen des 20. Jahrhunderts in Europa "europäische Erinnerungskultur" nennen könnte, eine Erinnerungskultur, die wir in diesen Wochen um den 60. Jahrestag des Endes des Zweiten Weltkriegs in besonderer Weise erleben. Diese Erinnerungskultur wurde Grundlage einer Aussöhnung, die die Gemeinschaft europäischer Staaten erst möglich gemacht hat.

(Beifall bei der CDU/CSU, der SPD und dem BÜNDNIS 90/DIE GRÜNEN)

Nur so konnten frühere Kriegsgegner, ja Erbfeinde in der EU vereint werden. Auf dieser Grundlage konnten Staaten zusammengeführt werden, die sich in den Zeiten des Kalten Krieges und der Blockkonfrontation jahrzehntelang angriffsbereit gegenüberstanden. So ist die Europäische Union in ihrem Kern ein Aussöhnungsprojekt, das auf gemeinsamer Geschichtsbewältigung beruht.

Unser Antrag soll eine Einladung an unsere türkischen Partner und Freunde sein, sich diesem Prozess zu stellen. Dies ist im Interesse der Türkei selber. Wir möchten herzlich dazu einladen.

Vielen Dank.

(Beifall im ganzen Hause)

Vizepräsident Dr. Norbert Lammert:

Nächster Redner ist der Kollege Markus Meckel, SPD-Fraktion.

Markus Meckel (SPD):

Sehr geehrter Herr Präsident! Liebe Kolleginnen und Kollegen! Wir erinnern und gedenken heute der Opfer des Völkermords an den Armeniern vor 90 Jahren. Wir wollen das allzu lange Schweigen, von dem eben schon die Rede war, brechen und einen Beitrag dazu leisten, den Toten ihre Ehre und ihre Würde wiederzugeben. Gleichzeitig denken wir aber an alle Opfer dieser Jahre: an die Christen der verschiedenen ethnischen Gruppen im Osmanischen Reich, an Tataren, Türken und Kurden, die ebenfalls zu Hunderttausenden umgekommen sind. Es kann und es darf kein Aufrechnen der verschiedenen Opfer geben.

(Beifall im ganzen Hause)

Ich bin dem Kollegen Bergner für seine Initiative zu der heutigen wichtigen Debatte dankbar. Meine Fraktion ist überzeugt, dass wir in den Gesprächen und Beratungen, die wir im Ausschuss miteinander führen werden, zu einem gemeinsamen Antrag kommen werden.

Wir alle wissen: In der Türkei sind die damaligen Ereignisse noch heute heftig umstritten. Offiziell und mit Leidenschaft wird geleugnet, dass es sich bei den Deportationen und Massakern um eine gezielte staatliche

Politik zur Vernichtung der armenischen Bevölkerung handelte. Wir halten es als deutsche Parlamentarier für wichtig, uns mit dieser Frage auseinander zu setzen, nicht zuletzt deshalb, weil sie Teil unserer eigenen Geschichte ist. Deutsche Regierungen haben nach dem Ersten Weltkrieg nie – das wurde schon angesprochen – aus eigenem Antrieb der armenischen Opfer gedacht und sich zu ihrer Mitverantwortung bekannt.

Dieses Schweigen in Deutschland und international in vielen Bereichen hat ein Mann wie Adolf Hitler genau beobachtet. Am 22. August 1939, wenige Tage vor dem Kriegsbeginn, hat er auf dem Obersalzberg der deutschen Militärführung die gnadenlose Vernichtung der polnischen Bevölkerung angekündigt und aufgetragen. Die noch vorhandenen Skrupel der Militärs versuchte er mit dem Satz zu beseitigen: „Wer redet heute noch von der Vernichtung der Armenier?“

Glücklicherweise gab es auch andere Stimmen in Deutschland, die sich ehrlich und intensiv bemühten. Der evangelische Theologe Johannes Lepsius wurde schon erwähnt mit seinen vielfältigen Bemühungen und seiner Rede im Presseklub, aber eben auch mit seiner Dokumentation nach den furchtbaren Ereignissen. Es wurde schon berichtet von der Zensur der öffentlichen Stellen damals – die deutschen Reichstagsabgeordneten bekamen seine Dokumentation erst Jahre später zugestellt – und auch von der Aussage des Reichskanzlers, die auch ich in meinem Manuskript stehen habe, weil es so eklatant ist, dass wir, dass die kaiserliche deutsche Politik im Ersten Weltkrieg dies einfach hingenommen hat. Darauf beruht auch unsere besondere deutsche Verantwortung, uns dieser Geschichte zu stellen.

Die Archive des Auswärtigen Amts sind seit langem offen, auch für die internationale Forschung, die die Ereignisse anhand der Akten bereits deutlich rekonstruiert hat. Kopien sämtlicher relevanter Akten des Auswärtigen Amts wurden der Türkei und Armenien vor einigen Jahren übergeben. Es wäre gut, wenn sie auch in der Türkei für alle öffentlich zugänglich wären, vielleicht in wichtigen Teilen übersetzt.

(Beifall im ganzen Hause)

Allein aus den deutschen Akten geht klar hervor, dass das damals die Macht habende Komitee für Einheit und Fortschritt die Vernichtung der

Armenier systematisch betrieb, mithilfe staatlicher Behörden und paramilitärischer Organisationen. Dass dies eine gezielte Politik war, gehört zur Definition des Begriffs "Völkermord", wie sie später in der UN-Konvention von 1948 verankert wurde. Dabei ist bemerkenswert, dass Raphael Lemkin, der diesen Begriff neu schuf und wesentlich zur Durchsetzung dieses neuartigen völkerrechtlichen Instruments beigetragen hat, von sich bekannte, dass er dabei sowohl das Schicksal der Armenier als auch das der europäischen Juden im Blick hatte.

Es wäre gut, wenn sich auch die Türkei der Erkenntnis öffnen würde, dass das Sichstellen der eigenen Geschichte, auch der eigenen historischen Verantwortung und Schuld, keinen Verzicht auf Patriotismus und nationalen Stolz bedeutet. Wir als Deutsche haben diese Erfahrung gemacht, uns einer wahrhaftig noch furchtbareren Geschichte und Schuld zu stellen. Wir haben dabei die Erfahrung gemacht, dass gerade daraus internationale Anerkennung gewachsen ist, ohne die übrigens auch die deutsche Wiedervereinigung nicht möglich gewesen wäre.

(Beifall im ganzen Hause)

Versöhnung setzt Offenheit voraus. Offenheit heißt, das ganze Bild der historischen Fakten offen zu legen. Gerade daraus kann Versöhnung und neu gewonnene Fähigkeit zu guter Nachbarschaft wachsen. In dieser Hinsicht ist es etwa wichtig, dass die türkisch-armenische Grenze geöffnet wird, was sowohl für den Osten der Türkei wesentlich ist als auch für das isolierte Armenien, das aus seiner Ecke herauskommen muss, in der es in vielen Bereichen steckt.

Meine Damen und Herren, ich glaube, es ist wichtig, dass wir diesen Teil der Geschichte bei uns und anderswo in Europa, aber eben auch in der Türkei und in Armenien, verarbeiten, damit Geschichte endlich ruhen kann und unsere Zukunft nicht mehr belastet. Dies ist das Ziel der Beschäftigung mit der Geschichte, an der wir alle – das gilt auch für die Türkei – nicht vorbeikommen. Der 90. Jahrestag wäre meines Erachtens ein guter Anlass, dies zu tun.

Der Blick auf die heutige Türkei zeigt jedoch leider ein gespaltenes Bild. Es gibt durchaus hoffnungsvolle Anzeichen. Es gibt viele in der Gesellschaft, die das Thema aufgreifen. Ministerpräsident Erdogan selber hat im vergangenen Dezember das erste Museum über armenisches

Leben in Istanbul eröffnet. Das ist ein wichtiger Schritt.

(Beifall bei der SPD und dem BÜNDNIS 90/DIE GRÜNEN sowie bei Abgeordneten der CDU/CSU und der FDP)

Aus der Zivilgesellschaft heraus gab es übrigens deutlichen Widerstand gegenüber einem in meinen Augen relativ absurden Aufsatzwettbewerb, der sich vom Thema her gezielt gegen den Vorwurf des Genozids richtete. Viele haben es abgelehnt, sich daran zu beteiligen. Ich glaube, das ist ein gutes Zeichen.

Ich halte es auch für gut, dass sich das türkische Parlament in der vergangenen Woche erstmals in einer Plenardebatte mit diesem Thema befasst hat. Betrachtet man allerdings den Verlauf dieser Debatte, so stimmt einen dies eher betrübt,

(Dr. Friedbert Pflüger [CDU/CSU]: Ja, sie war leider nicht sehr ermutigend!)

weil darin alte Geschichtsbilder zementiert und erneut propagiert wurden.

Wenn einerseits die Ansicht vertreten wird, dass Geschichte nicht Thema der Politik sein darf, sondern den Historikern überlassen werden sollte, und andererseits beschlossen wird, das britische Parlament aufzufordern, das "Blaue Buch", eine Dokumentensammlung, zu Propaganda zu erklären, dann ist das ein Widerspruch und entspricht in keiner Weise dem, was heute notwendig ist.

(Beifall bei der SPD, dem BÜNDNIS 90/DIE GRÜNEN und der CDU/CSU)

Problematisch sind die diplomatischen Bemühungen auf europäischer, aber auch auf internationaler Ebene, die Behandlung mit dem Thema beiseite zu drängen oder mithilfe konkreter Kontakte zu verhindern. Dies wird dem Ansehen der Türkei nicht gerecht.

Für konstruktiv halte ich dagegen die bereits angesprochene Historikerkommission. Meiner Ansicht nach sollte sie aber nicht bilateral, sondern international zusammengesetzt sein. Dabei muss klar sein, dass Geschichte nicht verhandelbar ist. Es geht vielmehr darum, Geschichte öffentlich zu machen und einen öffentlichen Diskurs über die verschiedenen Akten und Perspektiven zu eröffnen, der für die Gesellschaften aller Länder notwendig ist. Es wäre sicherlich gut, wenn Armenien bereit wäre, sich an einem solchen Diskurs und einer solchen Kommission zu beteiligen.

Schlimm ist – damit möchte ich schließen –, dass in der Türkei die Behandlung dieses Themas leider bis heute unter Strafandrohung steht. Ich denke, dass das in keiner Weise akzeptabel ist, und das müssen wir sehr deutlich machen. Dass der türkische Schriftsteller Orhan Pamuk unter Strafandrohung steht, weil er dieses Thema aufgeworfen hat, und zurzeit aus Angst vor Todesdrohungen im Untergrund lebt, ist ein Skandal für die Türkei. Ich denke, wir müssen die Türkei bzw. die türkische Regierung aufrufen, sich vor ihn zu stellen und deutlich zu machen: Wir wollen ihn schützen; wir wollen diesen Diskurs.

(Beifall bei Abgeordneten der SPD, des BÜNDNISSES 90/DIE GRÜNEN und der CDU/CSU)

Gerade angesichts der Vorgänge in meinem Heimatland Brandenburg vor einigen Wochen muss ich gestehen, dass das ein Problem war. Man hat aber übersehen, dass das Problem nicht nur Brandenburg betrifft. Es war das erste Bundesland, in dem diese Themen im Unterricht behandelt wurden. Wir sollten uns insofern in allen Bundesländern dafür einsetzen, dass das Thema Bestandteil des öffentlichen Diskurses in Deutschland wird und dass in allen Schulen und Schulklassen offen mit dieser Geschichte umgegangen wird.

Ich hoffe, dass uns dies gelingt und dass wir gemeinsam dafür eintreten, uns zunächst einmal mit unserer eigenen Geschichte, zu der auch die türkische Geschichte gehört – denn wir alle leben in Europa und haben eine gemeinsame Geschichte –, so zu befassen, dass daraus eine gute gemeinsame Zukunft erwächst.

Ich danke Ihnen.

(Beifall im ganzen Hause)

Vizepräsident Dr. Norbert Lammert:

Ich erteile dem Kollegen Dr. Rainer Stinner für die FDP-Fraktion das

Wort.

Dr. Rainer Stinner (FDP):

Herr Präsident! Liebe Kolleginnen und Kollegen! Meine sehr verehrten Damen und Herren! Warum beschäftigen wir uns im Deutschen Bundestag 90 Jahre nach den hier zur Diskussion stehenden dramatischen Ereignissen mit Mord und Vertreibung mit diesem Phänomen? Es mag viele Gründe geben. Für mich ist der allerwichtigste Grund, dass wir als Deutsche und Europäer ein ganz vitales Eigeninteresse an einer friedlichen Entwicklung in dieser Nachbarschaftsregion haben. Das ist unser Interesse im Jahre 2005. Deshalb müssen wir uns auch mit der Geschichte beschäftigen.

Wir können und wollen aber keine Historikerkommission sein. Das ist nicht unsere Aufgabe. Es geht auch nicht – darin sind wir uns alle sicherlich einig – um Schuldzuweisungen an die heute lebenden Türken. Es geht vielmehr um einen Prozess der systematischen Aufarbeitung der eigenen Geschichte. Damit haben wir selber jahrzehntelange, schmerzhafte Erfahrungen. Wir haben daraus zwei Lehren gezogen. Erstens. In einem solchen Prozess darf es immer nur darum gehen, das eigene Tun kritisch zu hinterfragen. Ganz schlimm ist, wenn man bei dem kritischen Hinterfragen versucht, eigene gegen fremde Tote aufzurechnen. Das ist falsch. Das haben wir gelernt. Wir rufen daher unseren Nachbarn zu: Liebe türkische Freunde, das ist nicht die richtige Art, mit der eigenen Geschichte umzugehen.

(Beifall im ganzen Hause)

Zweitens. Wir haben gelernt, dass bei einem solchen Prozess externer Druck durchaus hilfreich ist. Deshalb rufen wir den Türken und den Armeniern zu: Jawohl, wir als Deutsche und Europäer schauen auf euch und beobachten, wie ihr den Prozess, für den ihr verantwortlich seid, bewältigt! Wir tun das, weil wir euch ermutigen wollen, diesen Prozess in aller Offenheit zu gestalten.

Die historischen Fakten können und wollen wir in diesem Hause nicht im Detail analysieren. Dazu sind andere berufen. Es hat ja die Turkish Armenian Reconciliation Commission gegeben, die einen sehr ausführlichen und detaillierten Report verfasst hat. Dort kommt man letztendlich zu dem Schluss, dass es sich um einen Genozid handelt. Ich möchte das hier im Einzelnen nicht bewerten. Interessant ist aber, dass sowohl die Türkei als auch Armenien die Veröffentlichung dieses Reports abgelehnt haben.

In der Türkei haben bis zum heutigen Tage – das wissen wir alle; die Kollegen haben bereits darauf hingewiesen – eine Auseinandersetzung und eine systematische Aufarbeitung leider nicht stattgefunden. Wir glauben aber, dass es wichtig ist, das zu tun. Wir rufen den Türken zu: Jawohl, wir alle wissen, dass das ein schmerzhafter Prozess ist! Auch für uns war das über Jahrzehnte hinweg ein sehr schmerzhafter Prozess. Es gibt erste ermutigende Zeichen, wie zum Beispiel Erdogans Ankündigung, eine Historikerkommission einzusetzen. Auch hier hat Druck von außen geholfen, Bewegung in die Sache zu bringen. Deshalb müssen wir daran weiter mitwirken.

Der Antrag der Union ist eine Grundlage für die weitere Behandlung in den Ausschüssen. Wir sind dazu gerne bereit. Herr Bergner, für meinen persönlichen Geschmack ist der historische Teil des Antrags Ihrer Fraktion allerdings noch zu groß und der politische zu klein. Wir werden daran sicherlich gemeinsam arbeiten.

Wie eingangs gesagt, beschäftigen wir uns damit aus deutschem und europäischem Interesse. Wir haben Interesse an einer friedlichen Zusammenarbeit mit der Region und daran, dass unsere Nachbarschaftspolitik, die unser Geld, unsere Energie und unser Brain kostet, in dieser Region erfolgreich ist. Die Öffnung der Grenzen zwischen Armenien und der Türkei wäre sicherlich ein erster wichtiger Schritt.

In diese Stoßrichtung muss unsere Arbeit in den nächsten Wochen und Monaten gehen. Auf dieser Basis können wir gerne einen gemeinsamen Antrag erarbeiten. Wir werden dazu unseren Beitrag leisten.

Vielen Dank.

(Beifall im ganzen Hause)

Vizepräsident Dr. Norbert Lammert:

Das Wort hat der Kollege Fritz Kuhn, Bündnis 90/Die Grünen.

Fritz Kuhn (BÜNDNIS 90/DIE GRÜNEN):

Herr Präsident! Liebe Kolleginnen und Kollegen! Meine Fraktion begrüßt die Debatte, die heute im Bundestag über die Vertreibung und weitgehende Vernichtung des armenischen Volkes im Jahre 1915 stattfindet. Wir führen diese Debatte, weil wir es für entscheidend halten, dass das Gedenken an die Opfer bewahrt und erneuert wird, und weil wir die Türkei eines Tages in der Europäischen Union haben wollen. Wir führen sie nicht, weil wir zeigen wollen, dass ein Beitritt der Türkei zur EU nicht möglich wäre.

Ich will in Bezug auf die schrillen Töne, die wir, alle Fraktionen, in den letzten Wochen gehört haben, sagen: Diese Debatte ist keine Einmischung in eine innertürkische Angelegenheit. Der Deutsche Bundestag entscheidet allein – nur er entscheidet –, worüber er diskutiert und womit er sich befasst.

(Beifall im ganzen Hause)

Was in unseren Schulbüchern steht, wird in der Bundesrepublik Deutschland in den Bundesländern entschieden.

Jetzt kommt ein wichtiger Punkt: Wenn bei uns jemand der Überzeugung ist, dass in einem Schulbuch etwas Falsches steht, dann kann er das frei und öffentlich sagen und dann findet unter Umständen eine gesellschaftliche und politische Debatte darüber statt, ob er Recht hat oder nicht.

(Beifall bei Abgeordneten der SPD)

Für uns ist diese Debatte europäisch und auch deutsch; deswegen müssen und können wir sie im Deutschen Bundestag führen. Beginnen wir also bei uns selbst. In verschiedenen Beiträgen ist schon deutlich gemacht worden, dass es eine in Kauf genommene Billigung der Vertreibung und der Vernichtung von Teilen des armenischen Volkes durch Deutschland gegeben hat; es gab eine spezifisch deutsche Verstrickung. Die Zitate von Bethmann Hollweg will ich nicht wiederholen. Konsuln in der anatolischen Provinz haben in vielen Drahtberichten an die Botschaft in Konstantinopel, aber auch nach Berlin nicht nur die Ereignisse, sondern auch das Planvolle der Ereignisse immer wieder im Detail vermittelt. Deswegen wusste man in Deutschland eindeutig Bescheid. Aber man hat sich darum – das drückt auch das vorher wiedergegebene Zitat aus – aufgrund irgendwelcher Interessen nicht kümmern wollen. Man hat geschwiegen.

Wir haben deswegen nicht nur ein Mitwissen, sondern auch eine Mitschuld. Ich möchte mich für meine Fraktion und, ich glaube, für alle in diesem Haus heute, 90 Jahre nach diesen schrecklichen Ereignissen, beim armenischen Volk für diese Mitschuld entschuldigen.

(Beifall beim BÜNDNIS 90/DIE GRÜNEN sowie bei Abgeordneten der SPD, der CDU/CSU und der FDP)

Wenn man sich die Debatte in den letzten Wochen in Deutschland, natürlich auch in der Türkei und in Armenien genau anschaut, dann hat man das Gefühl: Letztendlich scheint es nur noch um die Frage zu gehen, ob man von Völkermord spricht oder nicht. Ich halte diese Zuspitzung für falsch und unklug. Ich will diese Gelegenheit gern nutzen, um zu erklären, warum. Wenn ich mir die Berichte etwa der deutschen Konsuln und Botschafter nach Berlin anschaue, wenn ich mir auch die Berichte über die Sonderkriegsgerichte ab 1919 – es wurden von türkischen Richtern Urteile gesprochen – anschaue, dann komme ich persönlich zu der Auffassung, dass es keine irgendwie unglückliche Vertreibung gab, die zu negativen Ereignissen geführt hat, sondern eine kalkulierte Vertreibung mit dem Ziel, das armenische Volk zu vernichten. Deswegen erkläre ich für mich – viele Kollegen in meiner Fraktion stimmen dem zu –: Es handelte sich um einen Genozid, also um Völkermord.

(Beifall des Abg. Günter Nooke [CDU/CSU])

Das ist die eine Seite.

Wir müssen aber auch eine andere Seite berücksichtigen. Dabei geht es um die Frage: Welche Diskussion lösen wir mit Beschlüssen des Bundestages in der Türkei aus? Wenn wir hier einen Antrag verabschiedeten, in dem steht, der Deutsche Bundestag stellt fest: es war Völkermord; wir fordern die Türken auf, dies endlich zuzugeben – ich finde es richtig, dass die Union den Begriff Völkermord nicht verwendet hat –, dann würden wir nach meiner festen Überzeugung das Gegenteil von dem erreichen, was wir tatsächlich wollen.

(Beifall beim BÜNDNIS 90/DIE GRÜNEN, bei der SPD und der FDP)

Bei unserer Verantwortung für die Opfer geht es nicht nur um das Gedenken – darum geht es auch –, sondern auch darum, dass wir – unabhängig davon, dass wir im Sinne historischer Wahrheit Recht haben – Recht bekommen in Bezug auf das, was in der Türkei und in Armenien und zwischen diesen beiden Ländern heute tatsächlich stattfinden kann.

(Beifall beim BÜNDNIS 90/DIE GRÜNEN und bei der SPD)

Wir sollten deswegen nicht mit der Geste von Richtern auftreten; vielmehr sollten wir uns subjektiv um Erkenntnisse und um die historische Wahrheit bemühen. Aber wir sollten den Diskussionsprozess in der Türkei – er hat positiv begonnen; ich verweise auf die zarten Pflanzen einer Erinnerungskultur – wirklich aktiv und offensiv unterstützen.

(Beifall beim BÜNDNIS 90/DIE GRÜNEN sowie bei Abgeordneten der SPD und der CDU/CSU)

Deshalb gilt an diesem Tag unser Respekt denen, die in der Türkei jetzt darüber offen diskutieren, Menschen, die mit einer offenen Diskussion viel riskieren, aber auch denen, die in der türkischen Regierung und im türkischen Parlament erkennen, dass man sich in diesem Land der historischen Verantwortung annähern muss, wenn auch nur schrittweise. Wir haben also nicht auf die Türkei zu zeigen mit der Absicht, irgendjemanden zu entlarven oder vorzuführen, sondern wir haben eine Diskussion zu führen, in der wir den europäischen Standard vertreten, dass man nämlich in Europa reflexiv über die eigene Geschichte, auch über die Schattenseiten der eigenen Geschichte, diskutiert. Wir müssen alle in der Türkei einladen, diese auch schmerzhafte Diskussion europäisch miteinander zu führen.

Ein Kernelement der europäischen Wertekultur ist, dass es freie Diskussionen über strittige Fragen geben kann. Zur Aufklärung gehört, nicht immer nur die Vernunft zu betonen, sondern auch die Schattenseiten und ihren Missbrauch zu sehen.

Ich will für meine Fraktion noch einmal Folgendes sagen: Wir hoffen und wünschen, dass der Weg des türkischen Volkes und der Türkei zur europäischen Wertegemeinschaft und zur Europäischen Union eines Tages erfolgreich abgeschlossen werden kann.

(Beifall beim BÜNDNIS 90/DIE GRÜNEN und bei der SPD)

Dass die Diskussion zwischen den Türken und den Armeniern schmerzhaft und schwierig ist, ist angesichts dieser Geschichte klar. Es ist schwer, historische Tabus aufzubrechen. Das ist mit Schmerzen verbunden. Ich bin der Überzeugung, dass man die Bewältigung geschichtlicher Probleme manchmal erleichtern kann, indem man in der Gegenwart anfängt. Deswegen möchte ich betonen, dass es der Versöhnung zwischen dem armenischen Volk und der Türkei sehr viel helfen würde, wenn jetzt endlich die Grenzen geöffnet und normale diplomatische Beziehungen aufgenommen würden, und zwar jeweils ohne Vorbedingungen. Dies kann kein Prozess sein, in dem es heißt, gehe du den ersten Schritt, sondern das muss zusammen gemacht werden. Ich bin der Überzeugung, dass manche Diskussion in der Türkei einfacher wäre, wenn es heute zu mehr Austausch und zu mehr Kontakt zwischen Bürgern und Bürgerinnen aus Armenien und der Türkei kommen könnte.

(Beifall beim BÜNDNIS 90/DIE GRÜNEN und bei der SPD)

Ich möchte zum Schluss kommen und der CDU/CSU dafür danken, dass sie den Antrag eingebracht hat. Der Antrag hat eine rege Diskussion ausgelöst, auch wenn wir im Einzelnen noch Veränderungen erreichen wollen. Wir werden im Ausschuss und in Vorgesprächen zwischen allen Fraktionen diskutieren. Die Diskussion ist, glaube ich, durch die öffentliche Berichterstattung in den letzten Wochen und Monaten sensibler geworden. Wir wollen auch einen offenen Diskurs mit den Abgeordneten und mit der Bevölkerung in der Türkei. Wenn dies mit der Debatte heute angestoßen wird, dann haben wir ein gutes Stück Arbeit geleistet für eine positive europäische Erinnerungskultur, die keine Opfer tabuisieren kann.

Vielen Dank.

(Beifall im ganzen Hause)

Vizepräsident Dr. Norbert Lammert:

Das Wort hat nun der Kollege Friedbert Pflüger, CDU/CSU-Fraktion.

Dr. Friedbert Pflüger (CDU/CSU):

Herr Präsident! Meine sehr verehrten Damen und Herren! Ich möchte mich bei Ihnen, Kollege Kuhn, und auch bei allen anderen Kollegen, die geredet haben, bedanken, und zwar für die große Übereinstimmung, für die große Sachlichkeit und Ernsthaftigkeit, die in einem großen Gegensatz zu den aufgeregten und diffamierenden Anklagen mancher in der Türkei in diesen Tagen steht.

Ich möchte der Debatte einige Anmerkungen hinzufügen:

Erstens. Wir als Deutsche haben keinen Grund, auf andere herabzublicken; niemand hat das hier im Parlament getan. Wir sind uns unserer deutschen Verantwortung für den einzigartigen industriellen Massenmord in unserer Geschichte, den Holocaust, und auch der Mitverantwortung des Deutschen Reiches für die Massaker an den Armeniern bewusst.

Zweitens. Viele bei uns sagen, dass wir Deutsche uns unserer Vergangenheit gestellt hätten und der Vergangenheit ins Auge schauen würden, während die Türken verdrängen und beschönigen würden. Das ist wohl wahr. Aber das liegt nicht daran, dass wir Deutschen bessere Menschen als die Türken sind.

Es ist nämlich, wenn man nach dem Grund spürt, für die Türken auch schwerer, sich ihrer Vergangenheit zu stellen. Denn Deutschland hatte mit dem 8. Mai die totale Niederlage und Kapitulation, den totalen Zusammenbruch, und die Bundesrepublik Deutschland wurde in Diskontinuität, ja als Gegenbild zum nationalsozialistischen Deutschland gegründet. Es war von Anfang an Teil dieses Gegenbildes, sich mit Auschwitz offen auseinander zu setzen, so schwer die Einsicht in die Wahrheit uns Deutschen auch gefallen ist und vielen bis heute fällt.

Anders in der Türkei. Ein Schuldbekenntnis greift in den Augen der meisten Türken auch die moderne Türkei an, zumindest den Gründungsmythos der Türkei. Denn dieser Gründungsmythos porträtiert diese Phase der türkischen Geschichte als den nationalen Kampf gegen den europäischen Imperialismus. Die Zwangsdeportationen der Armenier erscheinen seit den Jungtürken in der Türkei als Verteidigungsmaßnahme zur Rettung des Vaterlandes gegen den inneren armenischen Feind.

So haben es Generationen von Türken in der Schule gelernt. Sie haben ebenso gelernt, dass die erdrückende Dokumentenlage in europäischen und amerikanischen Archiven nichts ist als Kriegspropaganda mit dem Ziel, die Türkei klein zu halten.

Drittens. Es führt deshalb nicht weiter, mit Druck auf die Türkei endlich die Anerkennung des Völkermordbegriffes durchzusetzen. Es wird die Türken wenig beeindrucken, wenn wir hier, wie das andere Parlamente getan haben, die Entscheidung treffen, dass auch wir der Meinung sind: Das ist Völkermord.

Wir wollen eben nicht anklagen. Wir wollen nicht beschönigen, aber wir wollen die Türkei auch nicht in die Ecke stellen. Wir wollen nicht mit dem Knüppel kommen. Es geht uns um Klärung und nicht um Angriff. Es geht uns um Warnung und nicht um Bloßstellen. Wir wollen diejenigen in der Türkei ermutigen, die sich den Schrecken von 1915 und 1916 stellen.

(Beifall im ganzen Hause)

Viertens. Es ist mir wichtig festzustellen, dass keiner bei uns Gebietsansprüche der Armenier an die Türkei unterstützt, allerdings auch nicht die Grenzblockade und Isolierung Armeniens.

(Beifall im ganzen Hause)

Fünftens. Es geht auch nicht um eine Kollektivschuld der Türken. Schuld ist wie Unschuld immer persönlich und nie kollektiv. Heutige Generationen sind sowieso nicht schuldig. Aber auch die damaligen Türken waren keinesfalls alle der Meinung, dass das, was dort geschah, richtig und menschlich ist.

Übrigens beschreibt das Franz Werfel in seinem wunderbaren Roman „Die vierzig Tage des Musa Dagh" sehr eindrucksvoll. Er beschreibt nämlich Situationen, wo Türken und Armenier zusammen weinten, als armenische Familien aufgefordert wurden, auf die Todesmärsche zu gehen, und wie sie vor dem Mudir auf die Knie gingen und flehten: „Lasst sie bei uns! Sie haben nicht den richtigen Glauben, aber sie sind gut. Sie sind unsere Brüder. Lasst sie hier bei uns!" Es geht also nicht um die Verdammung der Türken oder der Türkei, genauso wenig wie es richtig wäre, alle Deutschen für die Untaten der Hitler-Zeit in die Schuld zu nehmen.

Sechstens. Trotzdem sagen wir: Die Türkei sollte sich der Wahrheit öffnen. Es macht – Herr Kollege Meckel hat das sehr schön gesagt – eine Nation nicht größer, wenn sie die Augen vor den dunklen Zeiten ihrer

Geschichte verschließt. Ich glaube in der Tat, dass das Gegenteil der Fall ist. Wenn man im persönlichen Leben, aber auch sonst die Kraft hat, sich der eigenen Fehler, Irrtümer und Irrwege zu stellen, wird man hinterher eher stärker und nicht schwächer. Das Geheimnis der Erlösung ist Erinnerung, sagte Richard von Weizsäcker in seiner Rede am 8. Mai 1985.

(Gert Weisskirchen [Wiesloch] [SPD]: Eine jüdische Weisheit!)

Siebtens. Wer redet heute noch von der Vernichtung der Armenier? Kollege Meckel hat diesen Satz von Adolf Hitler, der in den Akten des Auswärtigen Amtes dokumentiert ist, zitiert. Wenn wir uns nicht erinnern, dann wird die Gefahr der Wiederholung größer. Wenn wir uns nicht erinnern, wenn sich die Türken nicht erinnern, wenn es möglich ist, solches Grauen in Europa und den angrenzenden Gebieten zu begehen, ohne dass daran heute erinnert wird, dann besteht die Gefahr von Nachfolgeaktionen.

Achtens. Mit der Debatte zu unserem Antrag wollen wir die Annäherung der Türkei an Europa – das betone ich ausdrücklich – nicht mit einem neuen Hindernis belegen.

(Beifall im ganzen Hause)

Wir haben unterschiedliche Vorstellungen darüber, wie dieser Annäherungsprozess vollzogen werden sollte; aber wir alle haben das Interesse, mit der Türkei enger und freundschaftlich zusammenzuarbeiten. Es ist eher umgekehrt: Wir wollen die Annäherung der Türkei an Europa durch eine gemeinsame Erinnerungskultur verstärken.

(Beifall bei Abgeordneten der CDU/CSU und der SPD)

Jorge Semprún hat in Weimar am 10. April eine große Rede gehalten. Mit Blick auf die Länder Mittel- und Osteuropas sagte er:

Eine der wirksamsten Möglichkeiten, die Zukunft eines vereinten Europas ... zu bahnen, besteht darin, unsere Vergangenheit miteinander zu teilen, unser Gedächtnis, unsere bislang getrennten Erinnerungen zu einen. Der kürzlich erfolgte Beitritt von zehn neuen Ländern aus Mittel- und Osteuropa ... kann kulturell und existenziell erst dann wirksam erfolgen, wenn wir unsere Erinnerungen miteinander geteilt und vereinigt haben werden.

Das gilt auch – in einem anderen Zusammenhang – für die Türkei.

(Beifall bei der CDU/CSU sowie bei Abgeordneten der SPD und des BÜNDNISSES 90/DIE GRÜNEN)

Neuntens. Die bisherigen offiziellen Reaktionen seitens der Türkei, vom Botschafter und vom Parlament, auf unsere Debattenbeiträge sind nicht ermutigend. Man hat die Bemühungen um Differenzierung in der Türkei bisher nicht gewürdigt. Das ist bedauerlich.

Zehntens und letztens. Es gibt aber auch großartige, ermutigende Signale aus der Türkei. Orhan Pamuk ist zitiert worden. Er hat ganz offen den Mut gehabt, von Genozid zu sprechen. Professor Berktay spricht von "ethnischen Säuberungen" und von 1 Million Toten und fordert, dass man darum trauern muss. In der Tageszeitung „Radikal“ schreibt Ismet Berkan:

Jedoch wissen wir alle, dass in jenen Jahren Dinge geschehen sind, und selbst nach 90 Jahren seit diesen Vorkommnissen können wir heute noch immer nicht offen darüber reden, was damals genau geschah.

Es gibt inzwischen in der Türkei eine Initiative "Geschichte für Frieden": Juristen, Historiker, Pädagogen und Elternvereinigungen verwahren sich gegen die gezielte Geschichtsverfälschung in Schulbüchern und wollen ihre Kinder zu Achtung und Toleranz erziehen.

Vorgestern habe ich einen Brief von dem "Menschenrechtsverein Türkei - Deutschland" erhalten. In diesem Brief heißt es:

Es muss deutlich gemacht werden, dass der türkische Staat als Nachfolger des Osmanischen Reiches sich der historischen und moralischen Verantwortung zu stellen hat. Wir tragen dafür die Verantwortung. Wir Türken verneigen uns voller Achtung und Trauer vor den Opfern des Völkermordes an den Armeniern.

Ich glaube, dass das ein eindrucksvolles Dokument ist.

Vielleicht gelingt es uns mit den differenzierten Tönen, die wir im Rahmen unserer heutigen Debatte aus allen Parteien gehört haben, ja doch, dazu beizutragen, dass man sich in der Türkei diesen Fragen etwas mehr öffnet. Dann kämen wir gemeinsam, auch auf dem Weg zum vereinten Europa, ein Stückchen voran.

(Beifall im ganzen Hause)

Vizepräsident Dr. Norbert Lammert:

Das Wort hat der Kollege Dietmar Nietan, SPD-Fraktion.

Dietmar Nietan (SPD):

Herr Präsident! Liebe Kolleginnen und Kollegen! Lassen Sie mich zu Beginn sagen, dass nur diejenigen, die nicht am Dialog interessiert sind, und nur diejenigen, die etwas zu vertuschen haben, die heutige Debatte als Hetze gegen oder Beleidigung der Türkei bezeichnen können.

(Beifall im ganzen Hause)

Dafür, dass alle Kolleginnen und Kollegen, die vor mir gesprochen haben, dazu beigetragen haben, dass wir in dieser verantwortungsvollen Weise mit diesem sehr schwierigen Thema umgehen, möchte ich mich ganz herzlich bei Ihnen allen bedanken.

(Beifall bei Abgeordneten der SPD, des BÜNDNISSES 90/DIE GRÜNEN und der FDP)

„Wer sich dazu herbeilässt, die Erinnerung an die Opfer zu verdunkeln, der tötet sie ein zweites Mal.“ Diese eindringliche Mahnung richtete Elie Wiesel am 27. Januar des Jahres 2000 von diesem Rednerpult aus an alle Menschen. Das ist eine Mahnung, die auch für uns Abgeordnete des Deutschen Bundestages wichtig ist und die uns daran erinnern sollte, unseren Beitrag zur Versöhnung zu leisten, indem wir dem Vergessen das Erinnern als Grundlage von Versöhnung und verantwortlichem Handeln entgegenhalten.

Ich finde, dass es für uns – auch für mich als Vertreter der jungen Generation – eine große Verpflichtung ist, dort, wo es möglich und sinnvoll ist, zur Versöhnung beizutragen. Dies resultiert aus der Verantwortung, die wir alle für die unvorstellbaren, präzedenzlosen Verbrechen haben, die in deutschem Namen gegen die Menschlichkeit begangen wurden.

In diesem Sinne gibt es gute Gründe für den vorliegenden Antrag der Kolleginnen und Kollegen der CDU/CSU-Fraktion. Aber ich sage auch: Das gilt ausdrücklich nur dann, wenn die Verstärkung der deutschen Bemühungen für eine Versöhnung zwischen Türken und Armeniern bei der weiteren Beratung dieses Antrags wirklich unser Hauptanliegen ist.

(Beifall bei Abgeordneten der SPD)

Deshalb sollten wir auf der Grundlage des vorliegenden Antrags mit der notwendigen Geradlinigkeit und mit dem Mut zur Ehrlichkeit einen gemeinsamen Antrag aller Fraktionen dieses Hauses erarbeiten. Ich will noch einmal unterstreichen, was bereits manche Kolleginnen und Kollegen gesagt haben: Uns allen wird es dabei um Versöhnung, nicht um Anklage gehen.

(Beifall im ganzen Hause)

Die Gründung der Europäischen Union und der Erfolg der großartigen Idee der Europäischen Union beruhen auf dem Willen zur Versöhnung. Wer könnte das besser behaupten als wir Deutsche? Denn unsere schnelle Wiederaufnahme in die europäische Gemeinschaft demokratischer Staaten ist für uns wegweisend. Sie zeigte den Mut unserer Nachbarstaaten, uns zu vergeben, obwohl wir ihnen großes Leid angetan hatten. Gerade deshalb muss es für uns alle ein entscheidender Punkt, eigentlich der Ausgangspunkt all unserer Bemühungen sein, dass das Gedenken an das Schicksal von mehr als 1 Million Armeniern, die Opfer von staatlicher Vertreibung und Vernichtung wurden, immer im Vordergrund unserer Beratungen steht.

Wir können die Opfer zwar nicht mehr lebendig machen, aber wir sollten immer wieder und unverzagt dafür Sorge tragen, dass sie niemals, wirklich niemals vergessen werden.

(Beifall im ganzen Hause)

Das Buch über die europäische Geschichte wäre nicht komplett, wenn es darin nicht auch Seiten gäbe, auf denen diesen Opfern, den Armeniern, ein ehrendes Gedenken bereitgestellt würde.

Ich will noch einmal unterstützen, was manche Kolleginnen und Kollegen bereits gesagt haben: Der Bundestag ist nicht der Ort, an dem historische Urteile gefällt werden sollten. Das hat bereits die überwiegende Zahl seriöser Historiker getan, die die Verbrechen an den Armeniern eindeutig als Völkermord bezeichnet haben.

Unsere Aufgabe ist in der Tat, einen Beitrag zu einem aufrichtigen Umgang mit unserer europäischen Geschichte zu leisten. Deshalb sollten bei der weiteren Arbeit an diesem Antrag aus Sicht der SPD-Bundestagsfraktion drei Punkte im Vordergrund stehen. Erstens. Der Deutsche Bundestag erkennt an, dass es im Ersten Weltkrieg – teilweise durch Vertuschung, teilweise durch Verwicklung, klammheimliche Billigung und Unterlassung von wirksamen Gegenmaßnahmen – eine deutsche Mitverantwortung für den Völkermord an den Armeniern gab.

(Beifall der Abg. Claudia Roth [Augsburg] [BÜNDNIS 90/DIE GRÜNEN])

Deshalb will ich unterstreichen, was der Kollege Kuhn gesagt hat. Ich finde, in den überarbeiteten Antrag gehört auch eine Entschuldigung beim armenischen Volk.

Zweitens. Wir sollten alles tun, damit deutlich wird, dass wir nicht anklagen wollen, sondern dass wir mithelfen wollen, dass unsere Freunde in der Türkei, die das Ganze bisher überwiegend noch verdrängen, diese Verdrängung beenden, sich der historischen Verantwortung für das, was das jungtürkische Regime getan hat, stellen und die Nachkommen der Opfer um Vergebung bitten.

Drittens – auch das ist hier schon gesagt worden –: Wir sollten alles dafür tun, dass die Zusammenarbeit und die Freundschaft zwischen Armenien und der Türkei weiter gefördert werden, dass die Beziehungen normalisiert werden. Denn die Isolierung, die von Armenien betrieben wird, ist eine gefährliche, die nicht im europäischen Sinne sein kann und die nicht dem europäischen Gedanken entspricht.

(Beifall bei Abgeordneten der SPD und des BÜNDNISSES 90/DIE GRÜNEN)

Ich will abschließend noch einmal unterstreichen – und ich glaube, das hat die heutige Debatte gezeigt –: Es geht nicht darum, der Türkei auf dem Weg in ein vereinigtes Europa Stolpersteine in den Weg zu legen. Ich gehöre zu denjenigen, die immer mit Überzeugung dafür eingetreten sind und das auch heute tun, Beitrittsverhandlungen mit der Türkei aufzunehmen. Ich habe große Hochachtung vor den Leistungen des türkischen Volkes, vor den Menschen in der Türkei, aber auch den türkischstämmigen Menschen, die hier leben.

(Beifall bei Abgeordneten der SPD, des BÜNDNISSES 90/DIE GRÜNEN, der CDU/CSU und der FDP)

Aber diese Hochachtung und Freundschaft gebietet es, ehrlich miteinander umzugehen. Ich glaube, dass es am Ende für keine Seite länger tragbar gewesen wäre, wenn wir aus falsch verstandener Freundschaft die Kultur des Schweigens mitgetragen hätten, nur weil wir meinten, damit den einen oder anderen türkischen Freund schonen zu können. Das ist keine wirkliche Freundschaft. Wirkliche Freundschaft ist, dass man um Ideen ringt, dass man sich die Wahrheit sagt. Wolfgang Thierse hat es so beschrieben: Wenn wir gemeinsam an der europäischen Erinnerung arbeiten, bedeutet das, dass die nationalen kollektiven Erinnerungen Schritt für Schritt von einer europäischen kollektiven Erinnerung abgelöst werden müssen. Das wird für alle ein schmerzhafter Prozess sein und dieser Prozess wird auch Zumutungen beinhalten. Aber ich sehe zu diesem Prozess, wenn wir dauerhaft ein wirklich vereintes Europa mit der Türkei werden wollen, keine Alternative. Ich hoffe, dass dadurch auch deutlich wird, dass es hier darum geht, den Weg nach Europa gemeinsam mit der Türkei zu gehen und nicht gegen sie.

(Beifall bei Abgeordneten der SPD und des BÜNDNISSES 90/DIE GRÜNEN)

Wenn Sie mir das noch erlauben, will ich hier einen letzten Punkt anfügen: Unser langjähriger, ehemaliger Kollege Dietrich Sperling hat sich, wie viele von Ihnen vielleicht noch wissen, immer für die Versöhnung im Kaukasus eingesetzt. Es gibt ein Schreiben von ihm, aus dem ich zitieren will: Er schlägt vor, darüber nachzudenken, was wir als Deutsche tun können, um die Konflikte dort zu mindern und zur Versöhnung beizutragen. Er sagt, wir sollten um eine unverfälschte Darstellung des damaligen Geschehens und der Motivierung seiner Akteure bemüht sein. Das würde eine internationale Zusammenarbeit, nicht ein Gegeneinander erfordern. Zu der sollten wir als Deutsche einladen und uns daran beteiligen, und zwar nicht unter dem Aspekt der Anklage anderer, sondern um uns mit unserem Anteil am damaligen Geschehen vertrauter zu machen. Wir sollten uns die Gewissheit verschaffen, dass wir uns über uns selbst nicht mehr belügen sollten. – Ich glaube, Dietrich Sperling hat Recht und seine abschließende Forderung, dass wir als Bundestag bzw. als Bundesregierung uns dafür einsetzen sollten, ein Forschungsvorhaben zu starten, das Deutschlands Rolle in der armenischen Frage klärt, ist wegweisend und unterstreicht noch einmal: Hier geht es auch um uns selbst und nicht um den Fingerzeig auf andere.

Vielen Dank.

(Beifall bei Abgeordneten der SPD, des BÜNDNISSES 90/DIE GRÜNEN, der CDU/CSU und der FDP)

Vizepräsident Dr. Norbert Lammert:

Ich schließe die Aussprache.

Wir sind damit am Ende einer Debatte, bei der schon die Tonlage aller Beiträge deutlich gemacht hat, dass dies für dieses Haus nicht einer von vielen Dutzend Tagesordnungspunkten gewesen ist, mit denen wir uns in jeder Sitzungswoche auseinander zu setzen haben.

Angesichts manch verständlicher Besorgnisse, aber auch manch unverständlicher Verdächtigungen, denen dieser Antrag und diese Beratungen im Deutschen Bundestag in den letzten Wochen ausgesetzt gewesen sind, verdient es sicher festgehalten zu werden, dass der Deutsche Bundestag mit dieser Debatte und den sich anschließenden weiteren Beratungen in den zuständigen Ausschüssen seiner Aufgabe als Vertretung des deutschen Volkes und als politisches Forum der Nation in besonderer Weise gerecht geworden ist.

(Beifall im ganzen Hause)

Interfraktionell wird die Überweisung der Vorlage auf Drucksache 15/4933 an die in der Tagesordnung aufgeführten Ausschüsse vorgeschlagen. Sind Sie damit einverstanden? – Dann ist die Überweisung so beschlossen.

Quelle: www.bundestag.de

Gedenken an Schicksal der Armenier zum Ausgang von Versöhnung machen

SPD-Bundestagsfraktion 21.04.2005

Stellvertretender Fraktionsvorsitzender

Zur Bundestagsdebatte zum Gedenken an die Vernichtungsaktionen gegen die türkischen Armenier im Jahr 1915 erklärt der stellvertretende Fraktionsvorsitzende der SPD-Bundestagsfraktion, Gernot Erler:

Eine der Grundvoraussetzungen für ein Zusammenwachsen Europas ist die Versöhnung von Völkern, die in der Vergangenheit miteinander in Konflikten und Feindschaft verstrickt waren. Unabdingbar dafür ist eine ehrliche Aufarbeitung der Geschichte und das Anerkennen von Verantwortung und historischer Schuld. Nur dann ist gegenseitiges Verzeihen und die Entwicklung friedlicher und normaler Beziehungen möglich. Gerade in Deutschland wissen wir, wie schwierig, aber auch alternativlos ein solcher Weg ist.

Die Debatte, mit der der Deutsche Bundestag an die Vernichtungsaktionen gegen die türkischen Armenier im Jahr 1915 gedenkt, verfolgt drei Ziele, die von allen Parteien gemeinsam getragen werden:

- Der Deutsche Bundestag erkennt an, dass es im ersten Weltkrieg durch teilweise Billigung und durch Unterlassung von wirksamen Gegenmaßnahmen eine deutsche Mitverantwortung an diesem Völkermord gegeben hat, und bittet dafür das armenische Volk um Verzeihung.
- Der Deutsche Bundestag fordert die Türkei auf, die bisher überwiegende Verdrängung zu beenden, die historische Verantwortung des jungtürkischen Regimes für die Massaker an den Armeniern anzuerkennen und die Nachkommen der Opfer um Vergebung zu bitten. Er ermutigt die Kräfte in der türkischen Gesellschaft, die sich in diesem Sinne zunehmend engagieren.
- Der Deutsche Bundestag setzt sich dafür ein, dass die zwischenstaatlichen Verhältnisse zwischen der Türkei und Armenien normalisiert werden, auch um die gefährliche Isolierung Armeniens

zu beenden. Gutnachbarliche Beziehungen mit den Staaten des Kaukasus sind nicht nur im Interesse Europas, sondern stellen eine wichtige Voraussetzung für die Stabilität in der gesamten Kaukasus-Region dar.

Die SPD-Bundestagsfraktion erhofft sich von dieser Debatte einen fruchtbaren Anstoß für einen Versöhnungsprozess, der eine wichtige Grundlage für den weiteren Integrationsprozess der Türkei auf dem Weg nach Europa darstellen wird.

Quelle: www.spdfraktion.de

Deutscher Bundestag
15. Wahlperiode

Drucksache 15/5689
15.06.2005

Antrag
der Fraktionen SPD, CDU/CSU, BÜNDNIS 90/DIE GRÜNEN und FDP

Erinnerung und Gedenken an die Vertreibungen und Massaker an den Armeniern 1915 – Deutschland muss zur Versöhnung zwischen Türken und Armeniern beitragen

Der Bundestag wolle beschließen:

Der Deutsche Bundestag verneigt sich im Gedenken an die Opfer von Gewalt, Mord und Vertreibung, unter denen das armenische Volk vor und während des Ersten Weltkrieges zu leiden hatte. Er beklagt die Taten der jungtürkischen Regierung des Osmanischen Reiches, die zur fast vollständigen Vernichtung der Armenier in Anatolien geführt haben. Er bedauert auch die unrühmliche Rolle des Deutschen Reiches, das angesichts der vielfältigen Informationen über die organisierte Vertreibung und Vernichtung von Armeniern nicht einmal versucht hat, die Gräuel zu stoppen.

Der Deutsche Bundestag ehrt mit diesem Gedenken die Bemühungen all der Deutschen und Türken, die sich unter schwierigen Umständen und gegen den Widerstand ihrer jeweiligen Regierung in Wort und Tat für die Rettung von armenischen Frauen, Männern und Kindern eingesetzt haben. Besonders das Werk von Dr. Johannes Lepsius, der energisch und wirksam für das Überleben des armenischen Volkes gekämpft hat, soll dem Vergessen entrissen und im Sinne der Verbesserung der Beziehungen zwischen dem armenischen, dem deutschen und dem türkischen Volk gepflegt und erhalten werden.

Der Deutsche Bundestag ist sich aus langer eigener Erfahrung darüber bewusst, wie schwer es für jedes Volk ist, zu den dunklen Seiten seiner Vergangenheit zu stehen. Er ist aber fest davon überzeugt, dass eine ehrliche Aufarbeitung der Geschichte notwendig ist und die wichtigste Grundlage für Versöhnung darstellt. Dies gilt insbesondere im Rahmen einer europäischen Kultur der Erinnerung, zu der die offene Auseinandersetzung mit den dunklen Seiten der jeweiligen nationalen Geschichte gehört.

Vor diesem Hintergrund bedauert der Deutsche Bundestag, dass heute in der Türkei eine umfassende Diskussion über die damaligen Ereignisse im Osmanischen Reich immer noch nicht möglich ist und Wissenschaftler und Schriftsteller, die sich mit diesem Teil der türkischen Geschichte auseinandersetzen wollen, strafrechtlicher Verfolgung und öffentlicher Diffamierung ausgesetzt sind. Der Deutsche Bundestag sieht allerdings auch erste positive Anzeichen, dass sich die Türkei im Sinne der erwähnten europäischen Kultur der Erinnerung zunehmend mit der Thematik beschäftigt. Beispiele dafür sind:

- Die Große Türkische Nationalversammlung hat erstmals türkische Bürger armenischer Abstammung zu Gesprächen über die Verbrechen an den Armeniern und die türkisch-armenischen Beziehungen eingeladen.
- In Wien fand ein türkisch-armenischer Frauendialog statt.
- Erste Kontakte zwischen türkischen und armenischen Historikern führten zum Beginn eines Dokumentenaustauschs.
- Ministerpräsident Erdogan eröffnete mit dem armenischen Patriarchen Mesrob das erste armenische Museum der Türkei in Istanbul und schlug öffentlich die Einrichtung einer bilateralen türkisch-armenischen Historiker-Kommission vor.

In diesem Zusammenhang erfüllt es den Deutschen Bundestag aber erneut mit tiefer Sorge, dass die Armenier-Konferenz international angesehener türkischer Wissenschaftler, die vom 25.-27. Mai 2005 in Istanbul stattfinden sollte, durch den türkischen Justizminister unterbunden wurde und die von der türkischen Regierungsmeinung abweichenden Positionen dieser türkischen Wissenschaftler als „Dolchstoß in den Rücken der türkischen Nation“ diffamiert wurden. Der Vorschlag von Ministerpräsident Erdogan, eine gemeinsame türkisch-armenische Historiker-Kommission einzurichten, kann nur dann Erfolg haben, wenn er auf der Basis eines freien und öffentlichen wissenschaftlichen Diskurses umgesetzt wird.

Auch Deutschland, das mit zur Verdrängung der Verbrechen am armenischen Volk beigetragen hat, ist in der Pflicht, sich der eigenen Verantwortung zu stellen. Dazu gehört, Türken und Armenier dabei zu unterstützen, über die Gräben der Vergangenheit hinweg nach Wegen der Versöhnung und Verständigung zu suchen.

Seit langem haben sich vor allem die beiden großen Kirchen in Deutschland für eine Integration der Armenier aus der Türkei eingesetzt. Die hier entstandenen armenischen Gemeinden bieten Möglichkeiten der Begegnung und des Gedenkens. Gerade angesichts der großen Anzahl der in Deutschland lebenden Muslime aus der Türkei ist es eine wichtige Aufgabe, sich die Geschichte zu vergegenwärtigen und dadurch auch zur Aussöhnung beizutragen.

Die Auseinandersetzung mit diesen historischen Ereignissen hat aber auch unmittelbare Bedeutung für die Gegenwart. Heute ist die Normalisierung der Beziehungen zwischen der Republik Türkei und der Republik Armenien für die Zukunft der ganzen Region von besonderem Interesse. Was dringend notwendig ist, sind vertrauensbildende Maßnahmen auf beiden Seiten im Sinne der OSZE-Prinzipien. So könnte z.B. die Öffnung der Grenze durch die Türkei die Isolierung Armeniens aufheben und die Aufnahme diplomatischer Beziehungen befördern.

Deutschland kommt aufgrund seiner historischen Rolle in den deutsch-türkisch-armenischen Beziehungen heute eine besondere Verpflichtung im Rahmen der Nachbarschaftsinitiative der EU zu. Ziel muss sein, dabei mitzuhelfen, eine Normalisierung und Verbesserung der Lage zwischen Armenien und der Türkei zu ermöglichen und damit einen Beitrag zur Stabilisierung der Kaukasus-Region zu leisten.

Einen wichtigen Beitrag zur Erinnerung können die Bundesländer leisten. Aufgabe der Bildungspolitik ist es, dazu beizutragen, dass die Aufarbeitung der Vertreibung und Vernichtung der Armenier als Teil der Aufarbeitung der Geschichte ethnischer Konflikte im 20. Jahrhundert auch in Deutschland erfolgt.

Der Deutsche Bundestag fordert die Bundesregierung auf,

- dabei mitzuhelfen, dass zwischen Türken und Armeniern ein Ausgleich durch Aufarbeitung, Versöhnen und Verzeihen historischer Schuld erreicht wird,

- dafür einzutreten, dass sich Parlament, Regierung und Gesellschaft der Türkei mit ihrer Rolle gegenüber dem armenischen Volk in Geschichte und Gegenwart vorbehaltlos auseinandersetzen,
- sich für die Bildung einer Historiker-Kommission einzusetzen, an der außer türkischen und armenischen Wissenschaftlern auch internationale Experten beteiligt sind,
- sich dafür einzusetzen, dass nicht nur die Akten des Osmanischen Reiches zu dieser Frage allgemein öffentlich zugänglich gemacht werden, sondern auch die von Deutschland der Türkei übergebenen Kopien aus dem Archiv des Auswärtigen Amtes,
- sich für die tatsächliche Durchführung der in Istanbul geplanten, aber auf staatlichen Druck hin verschobenen Konferenz einzusetzen,
- sich für die Gewährung der Meinungsfreiheit in der Türkei, insbesondere auch bezüglich des Schicksals der Armenier, einzusetzen,
- dabei zu helfen, dass die Türkei und Armenien ihre zwischenstaatlichen Beziehungen normalisieren.

Berlin, den 15. Juni 2005

Franz Müntefering und Fraktion
Dr. Angela Merkel, Michael Glos und Fraktion
Katrin Göring-Eckardt, Krista Sager und Fraktion
Dr. Wolfgang Gerhardt und Fraktion

Begründung

Vor 90 Jahren, am 24. April 1915, wurde auf Befehl der das Osmanische Reich lenkenden jungtürkischen Bewegung die armenische politische und kulturelle Elite Istanbuls verhaftet, ins Landesinnere verschleppt und zum großen Teil ermordet. Dieses Datum wurde zum Gedenktag der Armenier in aller Welt für die Vertreibungen und Massaker an den armenischen Untertanen des Osmanischen Reiches, die bereits Ende des 19. Jahrhunderts, verstärkt aber dann im Ersten Weltkrieg stattfanden.

Die rekrutierten armenischen Soldaten der osmanischen Armee wurden zu Beginn des Kriegseintritts des Osmanischen Reichs in Arbeitsbataillone zusammengefasst und mehrheitlich ermordet. Frauen, Kinder und Alte wurden ab Frühjahr 1915 auf Todesmärsche durch die syrische Wüste geschickt. Wer von den Verschleppten noch nicht unterwegs ermordet worden oder umgekommen war, den erreichte dieses Schicksal spätestens in den unmenschlichen Lagern in der Wüste um Deir ez Zôr. Massaker wurden auch von eigens dafür aufgestellten Spezialeinheiten ausgeführt. Widerstand ranghoher türkischer Beamter gegen dieses Vorgehen wie auch Kritik aus dem osmanischen Parlament begegnete das jungtürkische Regime mit brutaler Ablehnung. Viele Gebiete, aus denen die christlichen Armenier vertrieben worden waren, wurden mit Kurden und muslimischen Flüchtlingen der Balkankriege besiedelt. Ebenso waren Angehörige anderer christlicher Volksgruppen, insbesondere aramäisch/assyrische und chaldäische Christen, aber auch bestimmte muslimische Minderheiten von Deportationen und Massakern betroffen.

Den Deportationen und Massenmorden fielen nach unabhängigen Berechnungen über 1 Million Armenier zum Opfer. Zahlreiche unabhängige Historiker, Parlamente und internationale Organisationen bezeichnen die Vertreibung und Vernichtung der Armenier als Völkermord.

Die Rechtsnachfolgerin des Osmanischen Reichs, die Republik Türkei, bestreitet bis heute entgegen der Faktenlage, dass diesen Vorgängen eine Planmäßigkeit zugrunde gelegen hätte bzw. dass das Massensterben während der Umsiedlungstrecks und die verübten Massaker von der osmanischen Regierung gewollt waren. Die zugegebene Härte gegen die Armenier wurde stets mit der Tatsache gerechtfertigt, dass sowohl 1878 als auch 1914/15 viele Armenier auf Seiten Russlands gegen die Türkei gekämpft haben und dass die Gefahr bestanden hätte, dass die Armenier auch im Ersten Weltkrieg dem Osmanischen Reich in den Rücken fallen würden. Andere türkische Rechtfertigungen berufen sich auf armenische Gewaltanwendung gegen Türken, die beim bewaffneten Widerstand gegen die türkischen Umsiedlungsmaßnahmen vorkamen. Auch die bis in die 1980er Jahre von Armeniern gegen Türken verübten terroristischen Anschläge werden zur Rechtfertigung der türkischen Position herangezogen.

Insgesamt wird das Ausmaß der Massaker und Deportationen in der Türkei immer noch verharmlost und weitgehend bestritten. Diese türkische Haltung steht im Widerspruch zu der Idee der Versöhnung, die die Wertegemeinschaft der Europäischen Union leitet. Auch heute noch sind Historiker in der Türkei bei der Aufarbeitung der Geschichte der Vertreibung und Ermordung von Armeniern nicht frei und kommen trotz Lockerung der bisherigen Strafbarkeit nach wie vor unter großen Druck.

Das Deutsche Reich war als militärischer Hauptverbündeter des Osmanischen Reiches ebenfalls tief in diese Vorgänge involviert. Sowohl die politische als auch die militärische Führung des Deutschen Reichs war von Anfang an über die Verfolgung und Ermordung der Armenier informiert. Die Akten des Auswärtigen Amts, die auf Berichten der deutschen Botschafter und Konsuln im Osmanischen Reich beruhen, dokumentieren die planmäßige Durchführung der Massaker und Vertreibungen. Trotz dringender Eingaben vieler deutscher Persönlichkeiten aus Wissenschaft, Politik und den Kirchen, darunter Politiker wie Philipp Scheidemann, Karl Liebknecht oder Matthias Erzberger und bedeutende Persönlichkeiten aus der evangelischen und katholischen Kirche wie z. B. Adolf von Harnack und Lorenz Werthmann, unterließ es die deutsche Reichsleitung, auf ihren Osmanischen Verbündeten wirksamen Druck auszuüben.

Als der evangelische Theologe Dr. Johannes Lepsius am 5. Oktober 1915 im Deutschen Reichstag die Ergebnisse seiner im Juli/August 1915 in Istanbul durchgeführten Recherchen vortrug, wurde das gesamte Armenier-Thema von der deutschen Reichsregierung unter Zensur gestellt. Ebenso wurde 1916 von der deutschen Militärzensur die Dokumentation von Johannes Lepsius' „Bericht über die Lage des Armenischen Volkes in der Türkei" verboten und beschlagnahmt. Die von Lepsius direkt an die Abgeordneten des Deutschen Reichstags gesandten Exemplare dieser Dokumentation wurden durch die Behörden abgefangen und den Abgeordneten erst nach dem Krieg 1919 ausgehändigt.

Diese fast vergessene Verdrängungspolitik des Deutschen Reiches zeigt, dass dieses Kapitel der Geschichte auch in Deutschland bis heute nicht befriedigend aufgearbeitet wurde.

Quelle: www.bundestag.de

DRUCKEREI
DES ARMENISCHEN KATHOLIKOSATS
DES GROßEN HAUSES VON KILIKIEN
ANTELIAS-LIBANON